베이징
황해
경주
교토
도쿄
나라
뤄양
용문석굴
상하이
동중국해
타이베이
대만
홍콩
하노이
베트남
남중국해
마닐라
필리핀
태평양
호치민
인도네시아
자카르타
보로부두르
파푸아뉴기니

아잔타에서 석불사까지

아잔타에서 석불사까지

발행일 초판 1쇄 2017년 10월 31일
지은이 최영도
펴낸이 안병훈
펴낸곳 도서출판 기파랑
등록 2004년 12월 27일 제300-2004-204호
주소 서울시 종로구 대학로8가길 56 301호(동숭동 1-49 동숭빌딩)
전화 02)763-8996 편집부 02)3288-0077 영업마케팅부
팩스 02)763-8936
홈페이지 www.guiparang.com
이메일 info@guiparang.com

ISBN 978-89-6523-675-7 03910

아잔타에서 석불사까지

최영도
지음

기파랑

◎ 귀중한 도판 사용을 유·무상으로 허락해 주신 분들과 기관들께 감사드립니다.

◎ 일부 도판들은 저작권자의 연락처를 알지 못하거나, 연락을 드렸으나 회답을 받지 못했습니다.
이 책 출판 후라도 연락을 주시면 정당한 비용을 지불하겠습니다.

책을 내면서

인생은 우연하고 사소한 일로 크게 좌우되는 것 같다. 1969년 어느 날 나는 서점에서 작은 책 한 권을 집어 들었다. 야나기 무네요시(柳宗悅)의 글을 모아 놓은 『한국과 그 예술』이라는 책이었다. 나는 그 책에 실린 「석불사의 조각에 대하여」라는 글을 연거푸 세 번 읽고, 두 가지 느낌이 들었다. 하나는 놀라움이었다. 석불사가 이렇게 지고한 예술성을 지닌 위대한 작품이었구나 하는 놀라움이었다. 둘은 부끄러움이었다. 지식인임을 자처하면서 우리의 위대한 예술에 대하여 어쩌면 이렇게 모르고 지냈나 하는 부끄러움이었다. 그래서 석불사에 대하여 공부하기로 마음먹었다. 그 후 나는 석불사에 갈 때마다 굴 안에서 몇 시간씩 머물며 무엇을 찾아내고 느끼려고 애썼다. 그러면서 불교미술에 대한 동경과 열의가 싹트기 시작했다.

나는 중·고등학교 시절에 어른이 되면 아시아 4대 역사문화유적인 보로부두르, 아잔타, 앙코르 와트, 둔황을 모두 답사하겠다고 마음먹었다. 그러나 젊었을 때에는 공직생활을 하면서 여유가 없었고, 정부는 개인의 사적인 해외여행을 일체 허용하지 않아, 40대 중년이 될 때까지 아무 데도 갈 수 없었다. 그러다가 1985년 처음 보로부두르에 가게 되었고, 그 후 해외여행이 자유화되어 아잔타, 엘로라, 바간, 앙코르, 티베트, 둔황 막고굴, 용문석굴, 중국 시안(西安)과 뤄양(洛陽), 일본 교토(京都)와 나라(奈良), 그리고 실크로드를 답사했다. 그 지역의 거의 8할은 불교미술유적이었고, 그곳의 답사는 바로 불교미술 순례나 다름없었다. 그것은 불교미술의 동점(東漸)에 대한 추적이었고, 결국은 경주 석불사로 귀결되는 여정이었다.

2012년 4월 나는 서울대학교 미술대학에서 위 유적답사를 간략하게 소개하는 특강을 했다. 그 일을 계기로 그해 7월부터 『서울지방변호사회보』(월간)에 답사기를 연재하다가 2015년 10월 중단하였다. 그때 이미 이 책의 원고는 거의 대부분 작성되어 있었으므로, '석불사'와 '고려불화'를 마저 써서 단행본으로 출판하기로 했다.

이 책의 '앙코르', '둔황', '티베트' 편은 내가 2003년에 썼던 글을 수정·보완하고 축약하여 다시 썼다. '고려불화' 편은 자료와 공부가 부족했으나, 불교미술에 고려불화가 빠질 수 없어, 『한국의 미 7: 고려불화』(중앙일보, 1981)에 많이 의존해 썼고, 미진한 글이지만 부록으로 첨부하였다.

'석불사' 편은 감히 엄두가 나지 않아 2년 반 동안 한 줄도 쓰지 못하다가 2015년 세모에 겨우 펜을 잡았다. 나는 '석불사' 편을 쓰면서 야나기 무네요시의 글로 석불사에 매혹된 지 46년 만에, 그리고 보로부두르를 향하여 떠났던 여행에서 30년 만에, '석불사'로 다시 돌아왔다.

나는 여행할 때 주로 비디오카메라로 찍고, 스틸사진은 보조적으로 조금 찍었기 때문에 도판으로 사용하기에 부족했다. 그래서 위키피디아에서 저작권자를 표기하고 사용할 수 있는 사진작가들의 사진 4,300여 장을, 인터넷 블로그에서 7,900여 장을 각각 내려받고, 50여 권의 책과 내 앨범에서 900여 장을 골라내어, 도합 1만 3,100여 장으로 '사진 풀(pool)'을 만들었다. 그리고 그중에서 가장 적합한 사진 396장을 골라 이 책에 실었다. 유적답사나 미술 관련 글은 백문불여일견(百聞不如一見)이라, 도판을 풍부하게 사용했다.

인터넷 블로그에서 내려받은 사진은 이메일이나 쪽지로 저작권자들에게 사용을 허락받았다. 박병욱 님을 비롯한 대부분의 저작권자들은 흔쾌히 사용을 허락해 주셨다. 그러나 메일이나 쪽지가 '발송 실패', '읽지 않음' 또는 '회신 없음' 등의 사유로 연락되지 않는 분들의 사진은 죄송하지만 닉네임이나 아이디(ID)를 표기하여 사용하고, 후일 저작권자가 밝혀지면 양해를 구하고 응분의 사례를 하기로 했다.

나는 이 책을 내면서 먼저 세상을 떠난 아내에게 용서를 구해야겠다. 책을 쓴다는 구실로 밤낮 서재에 틀어박혀 지내며, 투병 중인 아내에게 소홀했다. 아내와 많은 시간 같이 지내며 치유와 재활을 도왔어야 하는데, 탈고할 때까지만 기다려 달라며 아내의 간병을 뒤로 미루었다. 그러나 탈고가 자꾸 늦어지는 바람에, 아내는 혼자 무료하게 지내다가 2014년 8월 먼저 세상을 떠나고 말았다. 세상에 사람의 목숨보다 더 소중한 게 어디 있단 말인가. 그러나 이제 아무리 후회해도 소용이 없다. 나는 늘 건강을 회복하여 함께 더 살 수 있었던 아내를 내가 일찍 보내고 말았다는 죄책감에서 벗어날 수가 없다. 이제 이 책을 사랑하는 아내 데레사(신청자申晴子)에게 헌정하며 진심으로 용서를 빈다.

끝으로 독자 여러분의 많은 질정을 바라며, 이 책을 출판해 주신 기파랑 안병훈 사장님과 박정자 주간님, 편집자 김세중 교수님, 북디자이너 김정환 교수님, 그리고 원고와 사진을 정리해 준 내 사무실의 이금녀 실장에게 깊은 감사를 드린다.

2017년 10월

서울 서초동 정관헌(靜觀軒)에서

겸산(謙山) 최영도

제2부 불교 동점東漸의 루트 실크로드

제3부 한국 고대 불교문화유산

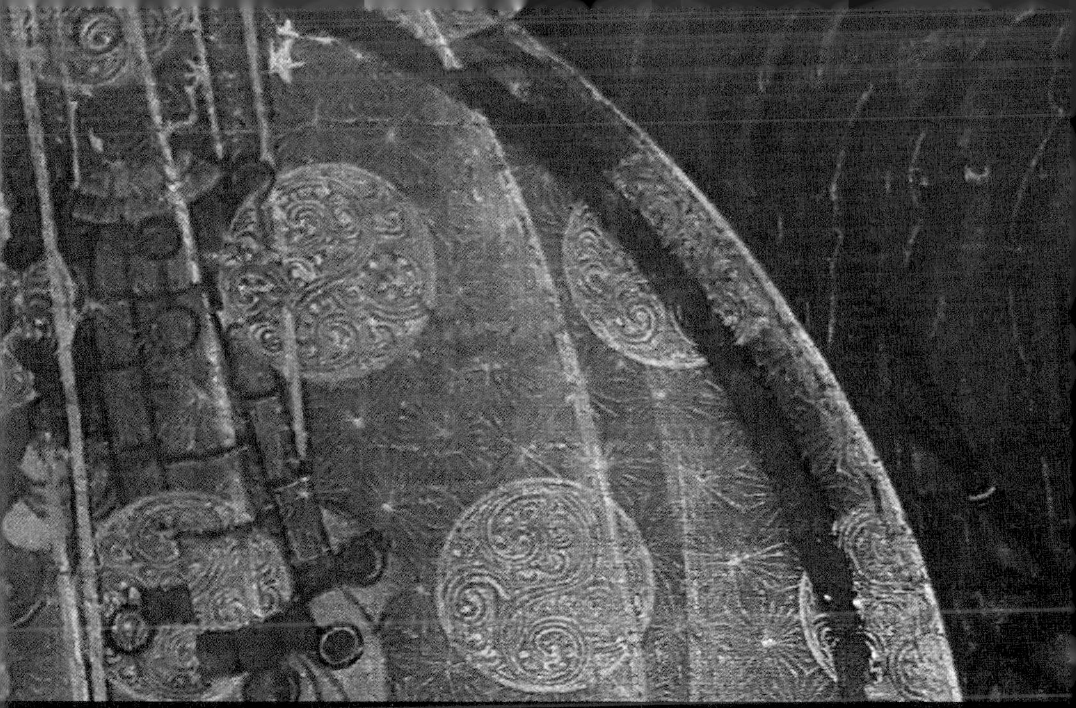

서장 序章

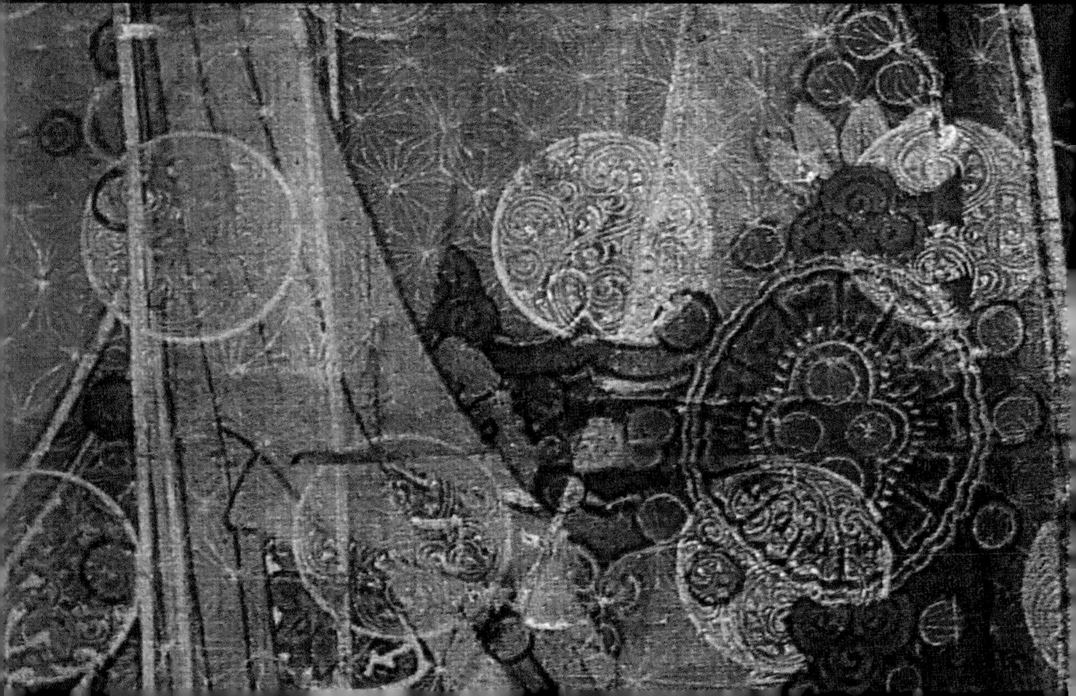

나는 석불사 마니아

나가 경주에 처음 간 것은 1960년 10월 대학 졸업 수학여행 때였다. 1950년 한국전쟁(6·25전쟁) 전에는 국민학교(초등학교) 6학년이 되면 대개 경주로 수학여행을 갔는데, 나는 6학년 때 전쟁이 일어나서 가지 못했다.

새벽에 토함산(吐含山)에 올라가 장엄한 동해의 해맞이를 하고, 석불사(石佛寺) 석굴 안으로 들어갔다(이하, 석굴암의 본래 이름인 '석불사'로 쓴다). 그 당시에는 굴의 전실이 노천에 개방되어 있었는데, 문도 없고 지키는 사람도 없어 누구나 마음대로 드나들 수 있었다.01, 02

막 떠오른 해의 빛살이 들어와 비추기 시작한 굴 한가운데 장중한 부처님 한 분이 앉아 계시고, 그 주위에 수십 분의 보살과 신장(神將)들이 둘러서 있는데, 그중에서 두 천신과 세 보살은 사진으로 많이 봐서 알겠으나, 나머지 분들은 누구인지 알 수 없었다.

모든 조각상이 뛰어난 솜씨로 조각되었다고 느꼈지만, 그중에서도 맨 뒤의 십일면관음보살이 가장 아름다웠다. 사람들이 하도 많이 만져서 새카맣게 손때가 탄 보살님의 통통한 오른손등을 나도 몇 번 쓰다듬어 보고는 굴을 나왔다. 석불사가 그저 막연히 훌륭하다고 느껴졌지만, 왜 어떤 점이 어째서 좋더냐고 구체적으로 물어 오면 대답할 실력이 없었다.

01 대학 졸업 수학여행(1960년 10월) 때 석불사 전실 비도 입구에서. 당시 전실은 노천에 개방되어 있었다. 뒷줄 왼쪽에서 세 번째가 필자 /최영도

1969년 어느 날 나는 서점에서 우연히 집어 든 책에서 일본의 저명한 종교철학자이자 예술평론가이고 민예운동가인 야나기 무네요시(柳宗悅, 1889~1961)가 쓴 「석불사의 조각에 대하여」(박재삼 옮김, 『한국과 그 예술』, 국민문고사, 1969)라는 글을 읽고 깜짝 놀랐다. 연거푸 두 번, 세 번 거듭해서 읽으며 찬탄해 마지않았다.

그는 먼저 석불사 위치 선택의 탁월함, 굴의 구조와 각 부분의 비례, 정연한 균제미(均齊美)를 논하고, 조각상 서른여덟 분의 신분과 명칭, 역할과 배치, 그들의 종교적, 미술적 의미와 특징을 고찰한 다음, 석불사는 하나의 마음에 의해 통일된 계획에 따라, 갈라 놓을 수 없는 하나의 유기체적 작품으로 제작되었으므로, 전체를 하나의 통일된 예술로 보아야 한다고 논했다. 또한 조각상들의 시선이 모이는 다섯 군데의 위치를 밝혀내고, 그 시선을 따라 이동하며 조각상들을 둘러보도록 설계한 석불사의 조성자는 관람자의 심리를 깊은 곳까지 꿰뚫는 위대한 인간심리의 관찰자였다고 지적했다.

'야나기 선생은 그렇게 많이 보았는데 나는 왜 아무것도 보지 못했나! 그분의 눈은 금강석으로 만든 혜안(慧眼)이었고, 내 눈은 진흙으로 빚은 허접한 눈깔이었단 말인가!'라며 수없이 탄식했다. 그때 나는 '아는 만큼 보이고, 보는 만큼 느낀다'라는 명제(命題)를 절실히 느꼈다. 그리고는 석불사를 공부해야겠다고 마음먹었다.

그 뒤 나는 경주에 갈 때마다 야나기 선생의 글을 집에서 다시 읽고, 경주 가는 버스 안에서 또 읽고, 석굴 안에서 해당 부분의 글과 도면을 실

02 석불사 본존불 앞에서(1960년 10월) / 최영도

물과 대조해 가며 감상했다. 그리고는 그런 식으로 세 시간 넘도록 굴 안을 서성거리며 위대한 예술에 심취하여 나오지 못하곤 했다.

나는 석불사에 관한 자료들을 구해서 읽으면서 점점 석불사 마니아가 되어 갔다.

내가 석불사에 그렇게 빠르게 빠져든 데에는 내가 자란 환경의 영향이 컸던 것 같다.

나는 어려서부터 독실한 불교 신자셨던 선친(휘諱 경慶자 진鎭자, 1906~1995, 아호雅號 회월晦月)께서 분향, 차(茶) 공양, 독경과 참선 하시는 모습을 보고 자라면서 불교에 대한 친근감을 갖게 되었다. 선친께서는 매년 가을 남도 명찰들을 순례하시면서, 구산(九山), 효봉(曉峰) 큰스님을 찾아 뵙고 때로는 주무시고 오셨다. 내 호(號) '겸산(謙山)'도 오대산(五臺山) 월정사(月精寺) 조실(祖室) 탄허(呑虛) 큰스님께 청하여 지어 오셨다. 그러나 나는 불교의 심오한 교리를 이해하지 못하고, 불교를 신앙의 대상이 아니라 예술의 대상으로 보며 끌려들어 갔다. 나는 가톨릭 신자지만 절에 가면 대웅전에 들어가 부처님께 합장하고 머리를 숙여 예(禮)를 갖춘다. 그것은 불상에 대한 숭배가 아니라 붓다의 가르침에 대한 예다. 인류의 위대한 스승께 바치는 한없는 존경과 초월자를 공경하는 마음을 담아서 한다.

나는 또한 비교적 예술 친화적인 환경에서 자랐다. 선친께서는 1948년 서울 장충동에 처마가 높이 솟은 기와집을 짓고, 미산(美山) 황용하(黃庸

河)의 석란도(石蘭圖) 열여섯 폭으로 방을 도배하셨다. 그리고 백단향(白壇香)을 피워 놓고 녹차를 음미하며 한시를 읊으시고, 노장(老莊) 철학에도 심취하셨다. 내 이름의 '도(道)'자도 노자(老子)의 『도덕경(道德經)』에서 따온 것이라고 하셨다. 우리 형제들은 어려서부터 그런 멋쟁이 아버지 손을 잡고, 1949년 제1회 국전(國展)부터 미술전람회와 서화전을 관람하면서 자랐다.

1954년 보성(普成)고등학교 1학년 때에는 백부님이 근무하시던 국립박물관(현 국립중앙박물관, 당시 덕수궁 소재)에 자주 가서 백부님의 제자인 최순우(崔淳雨) 과장님의 호의로 국보급 문화재들을 눈에 익혔다.

1955년 고등학교 2학년 때에는 우리나라 1세대 서양화가의 한 분인 청구(靑駒) 이마동(李馬銅) 화백의 서양미술사와 동양미술사 강의를 들었다. 고등학교에서 동·서양 미술사를 가르친 경우는 아마 보성 말고는 없을 것이다.

또 학교법인 이사장 간송(澗松) 전형필(全鎣弼) 선생께서는 매년 개교기념일에 학교에서 전시회를 열어 국보급 도자기와 서화를 보여 주셨다.

비록 전시(戰時)에 청소년기를 보냈지만, 이런 환경과 체험이 나를 미술에 일찍 눈뜨고, 석불사와 불교미술에도 쉽게 빠져들게 했던 것 같다. 그런 성향이 중년기 이후에는 미술사학을 새로 공부하고 싶다는 생각까지 하게 되었다.

낭만적 고고학 산책을 따라

오래전 어느 잡지사로부터 청소년에게 권장하고 싶은 책 한 권을 추천해 달라는 요청을 받고, 나는 주저 없이 독일 문명비평가 세람(C. W. Ceram)이 쓴 『낭만적인 고고학 산책』(원제 『신들諸神과 무덤과 학자들』, 안경숙 옮김, 평단문화사, 1984)이라는 책을 추천했다.

그 책에는 청소년들이 꿈의 나래를 한없이 펼칠 위대한 고고학적 발굴에 대한 이야기들이 담겨 있다.

호메로스(Homeros)의 『일리아스(Ilias)』를 읽고 트로이아(Troia)에서 프리아모스(Priamos)의 보물과 미케나이(Mykénai)에서 아가멤논(Agamemnon)의 황금 마스크를 발굴한 하인리히 슐리만(Heinrich Schliemann),

크레타(Krētē) 섬에서 미노아 문명의 크노소스(Knōsós) 궁전을 발굴한 아더 에번스(Arthur Evans),

이집트 룩소르(Luxor) '왕들의 계곡'에서 도굴당하지 아니한 유일한 파라오 무덤 투탕카멘(Tutankhamun)의 묘를 발굴한 하워드 카터(Howard Carter),

로제타 스톤(Rosetta Stone)에 쓰여 있는 고대 이집트 상형문자를 해독한 어학의 천재 장 프랑수아 샹폴리옹(Jean François Champolion),

구약성서에 나오는 아시리아 제국의 님루드(Nimrud)와 니네베(Nineveh) 궁전을 발굴한 오스틴 레이야드 경(Sir Austen H. Layard),

코판(Copan), 팔렌케(Palenque), 치첸 잇차(Chichén Itzá), 우슈말(Uxmal) 등 마야 문명의 유적을 탐험한 존 스티븐스(John L. Stephens)와 에드워드 톰슨(Edward H. Thompson) 등의 탐험 이야기들이다.

그들의 불굴의 의지와 찬란한 업적을 읽으면서, 나는 마치 소년처럼 가슴이 뛰었고, 신비에 싸인 인류의 고대문명에 대해 깊은 감명을 받고 따뜻한 애정을 갖게 되었다.

유럽과 미국을 몇 번 보고 온 다음, 나의 눈길은 서구·백인·기독교 문명권의 화려하고 편리한 문물 관광을 탈피하여, 인류 문명의 발자취와 고대 문화유산을 찾아 외진 곳으로 향한다. 그리하여 고대 이집트 문명, 크레타의 미노아(Minoa) 문명, 그리스의 미케나이 문명과 아테나이(Athénai) 문명, 멕시코의 마야(Maya) 문명, 아즈테카(Azteca) 문명과 톨테카(Tolteca) 문명, 페루의 잉카(Inka) 문명 등 그 현장을 하나하나씩 찾아가고, 답사의 영역을 다시 아시아 고대 유적까지 확대하게 된다.

아시아에는 상식적으로 꼽는 4대 역사문화유적이 있다. 인도네시아의 보로부두르, 인도의 아잔타 석굴, 캄보디아의 앙코르 유적, 중국의 둔황 막고굴이 그것이다. 서양사람들은 그중 앞의 셋을 자신들이 발견했다고 주장한다. 그러나 그중 아잔타는 그들이 재발견했다고 해도 좋겠지만, 보로부두르와 앙코르 유적은 현지 주민들이 알고 있었으니, 그들의 눈에 처음 띄었다는 것이 더 정확한 표현일 것이다.

위 4대 유적 중 보로부두르, 아잔타, 둔황 막고굴 전부와 앙코르 유적의 약3분의 1은 불교유적이다. 또 다른 세계적인 대형 유적인 바간 전부와 엘로라의 약3분의 1, 용문석굴 전부도 불교유적이다. 그렇다면 인도·중앙아시아 이동(以東)의 아시아 고대 문화예술은 대부분 불교예술이고, 그 지역의 문화유적을 답사하는 것은 곧 불교미술유적 답사가 되는 셈이다.

나는 1985년부터 여러 해에 걸쳐 위 일곱 곳의 대형 불교유적과 또 다른 불교문화의 커다란 축인 티베트와 실크로드를 답사했다. 그리고 불교문화가 꽃피웠던 역사적인 도시 중국 시안(西安)과 뤄양(洛陽), 일본 교토(京都)와 나라(奈良)도 답사했다. 이러한 나의 편력은 실크로드를 타고 온 불교미술의 동점(東漸)에 대한 추적이었고, 결국 그 동쪽 끝 경주 석불사로 귀결되는 여정이었다.

나는 2012년 4월 서울대학교 미술대학에서 위 열 곳에 대한 간략한 답사기에 대하여 특강을 했다. 그리고 그것을 계기로 2012년 7월부터 2015년 10월까지 『서울지방변호사회보』(월간)에 그 강의의 주제를 가지고 기행문을 연재했다.

이제 불교미술에 흠뻑 빠진 한 남자가 1985년 보로부두르를 향해 떠나서 30년 후인 2015년 경주 석불사로 돌아오는 불교미술유적 답사 여행을 하고자 한다.

1부
아시아 고대 문화유산을 찾아서

제1장

세계 최대의 석조 불교건축물

보로부두르 BOROBUDUR

프롤로그

보로부두르의 내력

보로부두르의 구조

보로부두르 관람

에필로그

01 하늘에서 내려다 본 보로부두르 /네이버 블로그

프롤로그

나는 어렸을 때부터 세계사와 세계지리에 대한 관심이 많아서, 지도 보는 것이 취미였고, 세계지도를 암기로 10분 안에 그릴 수 있을 만큼 지도에 익숙했다. 그래서 어른이 되면 아시아 4대 문화유적을 답사하겠다는 원(願)을 세웠으나, 젊어서는 공직 생활을 하면서 여유가 없었고, 해외여행도 자유롭지 못하여 장년이 될 때까지 아무 데도 가지 못했다.

1983년 어느 날 『타임』지가 보도한, 보로부두르가 유네스코의 협력으로 1973년부터 10년간의 대대적인 보수공사를 끝내고 일반에게 공개됐다는 기사를 읽고 몹시 가고 싶었다. 그러나 그 당시에는 사적인 여행을 위한 여권은 발급해 주지 않았다.

더군다나 사법파동(1971년) 당시 이른바 '사법권독립선언서' 기초자로 찍혀 1973년 유신정권에 의해 판사직에서 쫓겨나고, 변호사 개업지 제한도 받아 시골에서 정보기관의 감시를 받으며 3년간 귀양살이 변호사 생활을 하고 나서도, 정치범과 양심수들을 변론하는 등 군사정권에 날을 세운 내게 사적 목적의 여권을 발급해 줄 리 만무했다.

그 당시에는 소관부 장관이 공적인 또는 업무적인 출장이라고 인정하는 경우에만 외무부장관에게 여권 발급을 요청하고, 국가안전기획부의 신원조회와 소양교육(안보교육)을 받아야 단수여권을 발급해 주었고, 부부가 모두 여권 소지자일 경우에는 망명을 막기 위해 한 사람만 출국이 허용되었다.

내가 여권을 받을 수 있는 유일한 방법은 대한변호사협회 회원으로 해외법률가대회에 참가하는 길뿐이었다. 나는 1985년 호주 멜버른 법률가대회에 참가 신청을 하고 여권을 발급받았다. 그리고 호주 여행 일정을 짜면서 인도네시아 자바에 있는 보로부두르(Borobudur)를 슬쩍 끼워 넣었다. 국민 해외여행이 전면 자유화된 것은 1989년부터의 일이다.

보로부두르의 내력

보로부두르는 인도네시아 중부 자바에 있던 마타람(Mataram) 왕조의 고도(古都) 족자카르타(Jogjakarta)에서 북서쪽으로 42㎞ 떨어진 지점에 있다.

수마트라 섬 팔렘방(Palembang)의 슈리비자야(Śrivijaya) 왕국에 근거지를 둔 동남아 최강의 샤일렌드라(Sailendra) 왕조는 770년부터 자바 섬의 산자야(Sanjaya) 왕조에 대해 종주권을 행사하여 자바를 지배해 오다가, 856년 산자야와의 전쟁에서 패하여 수마트라로 쫓겨갔다.

보로부두르는 샤일렌드라가 중부 자바를 지배했던 위의 약 1세기 사이에 건립되었는데, 정확한 건립 목적, 설계자, 건립 시기, 공사 기간, 동원 인력, 소요 예산 등에 관해 기록된 자료는 없다고 한다.

인도네시아 정부가 유네스코에 제출한 공식 자료에 의하면, 사원 건축은 780~842년에 이루어졌다고 한다. 학자들은 다르마퉁가 왕(Dharmatunga, 재위 775~782)이 사원 건축을 주도하여 착공했고, 사마라퉁가 왕(Samaratunga, 재위 824~832) 때에 완공된 것으로 추정한다.

대승불교를 신봉하여 불교문화가 번성했던 샤일렌드라 왕조는 대승불교의 이상적 세계를 구현하기 위해 보로부두르를 조영했다. 그러나 얼마 지나지 않아 자바에 대한 지배권이 힌두 왕조인 산자야에게 넘어가자 불교는 급격히 쇠퇴하고, 보로부두르는 오랫동안 방치되었다. 게다가 1006년에는 불과 27㎞ 떨어진 머라피(Merapi) 화산(해발 2,911m)이 폭발하여 화산재 속에 묻히고, 그 위로 열대의 밀림이 우거져 사람들의 기억에서 점차 사라져 갔다.

1810년 나폴레옹이 네덜란드를 침공하여 프랑스에 병합하자, 네덜란드 식민지인 자바는 프랑스령으로 편입되었다. 1811년 영국은 인도에서 출병하여 네덜란드-프랑스 연합군과 치열한 전투를 벌인 끝에 자바를 점령하고, 훗날 싱가포르를 건설하는 약관 30세의 토머스 스탬퍼드 래플스(Tomas Stamford Raffles, 1781~1826)를 자바 부총독으로 임명했다.

래플스는 섬의 각지를 시찰하며 유적 조사를 하고 있었는데, 1814년 거대한 화산들로 둘러싸인 케두(Kedu) 평원에 이르러 수소문하던 중, 토착민들의 제보와 안내로 현지 주민들이 '보로부두르(언덕 위의 사원)'라고 부르는 거대한 건조물이 밀림 속에 매몰되어 있는 것을 발견했다. 래플스는 현지 사정에 밝은 네덜란드인 기사 코르넬리우스(H. C. Cornelius)를 파견하여 유적을 조사하고 발굴토록 지시했다. 코르넬리우스는 유적을 뒤덮고 있던 밀림을 벌채하여 불태우고, 20여 년에 걸쳐 거대한 유적의 대부분을 발굴했다.

1816년 런던협정에 의해 자바를 돌려받은 네덜란드 정부는 1907년부터 1911년까지 테오도르 반 에르프(Theodor van Erp)의 지휘 아래 보로부두르에 대한 제1차 조사와 수리 복원을 진행했다. 인도네시아가 독립한 후 보로부두르가 구조적 붕괴 위험에 직면하자, 1968년 유네스코에 보고서를 제출하고, 유적의 복원 지원을 요청했다. 1973년 유네스코의 주도로 28개국이 참가하여, 1983년까지 10년간 대규모 복원공사를 진행한 끝에 현재의 모습을 갖추게 되었다.

보로부두르의 구조

보로부두르의 규모는 상상을 초월한다. 한 변의 길이가 무려 123m나 되는 방형의 2중 기단(基壇)(상암월드컵경기장의 2.12배) 위에 방형단 5층, 원형단 3층을, 올라갈수록 크기가 체감(遞減)되는 피라미드 모양의 계단식 구조로 쌓아 올려 8층으로 구축하고, 맨 위에 커다란 종을 엎어 놓은 모양의 스투파(stupa, 불탑)를 올려놓은 형태다.02

02 북동쪽에서 바라본 보도부두르 전경 /Gunawan Kartapranata

이 건조물은 내부가 흙으로 메워져 있어, 승려가 거주하며 수도할 수 있는 공간이 없고, 예배공양할 본존도 따로 없으므로, 엄밀하게 말하면 사원이라고 할 수 없다. 건조물 전체가 예배공양의 대상인 하나의 거대한 스투파다. 이 건축물은, 하늘에서 조감(鳥瞰)하면 상하좌우가 정연한 기하학적 대칭을 이룬 형태로서, 전체적으로 천원지방(天圓地方)을 결합하고, 우주의 진리를 표현한 입체적 만다라(mandala, 曼荼羅. 붓다가 깨달은 우주의 진리를 상징적으로 형상화한 것)의 형상을 하고 있다.[01]

보로부두르는 넓이 약 1만 2천㎡, 높이 31.5m(자체 하중 때문에 가라앉기 전의 원형은 42m로 추정)의 장대하고 복잡한 건축물로서, 석조 불교건축물 가운데 단일 건조물로서는 세계 최대의 규모이며, 볼륨은 앙코르 와트보다 몇 배 크다.

03 보로부두르의 회랑, 주벽(왼쪽)과 난순(오른쪽)의 부조 /박병욱

보로부두르는 케두 평원의 한가운데 있는 천연의 구릉(해발 270m)에 성토를 하고, 그 위에 거의 일정한 크기로 자른 안산암(安山岩) 절석(切石) 약 160만 개(부피 약 5만 5천㎥, 무게 약 350만 톤)를 사용하여, 돌과 돌 사이에 홈을 파서 서로 맞물리게 결합하여 쌓아 올려서 건축했다.

보로부두르에는 1층부터 5층까지 방형단 각 층의 주벽(主壁)과 난순(欄楯, balustrade) 사이에 너비 2m가량의 회랑 4개를 만들고,03 그 양쪽 벽의 상하단과 기단부에 총 1,460면(面), 총연장 약 6㎞의 부조 패널을 설치했다. 그중 160면은 맨 아래 최초에 건축했던 '숨겨진 기단부'에 새겨져 있다.

보로부두르의 4면 중앙 네 곳에는 아치형 공문(拱門)을 내고,04 지상에서 정상까지 올라가는 계단이 일직선으로 만들어져 있다. 방문객들은 동쪽 공문으로 들어가 회랑을 시계방향으로 돌면서, 붓다의 삶과 가르침을 그림으로 표현한 부조들을 관람하며 정상부까지 올라갔다가 북쪽으로 내려온다.

기단에서 제1회랑 상면(床面: 바닥)까지는 중생들이 살아가는 물질의 세계인 욕계(欲界)를, 그 위 방형단 5층의 상면까지는 탐욕을 벗어난 청정한 세계인 색계(色界)를, 그 위의 원형단은 완전히 물질을 떠난 순수한 정신적 세계인 무색계(無色界)를 상징한다. 방문자는 정상에 이르러 깨달음을 얻어 붓다 열반(涅槃, 니르바나nirvana)의 세계로 들어가는 종교적 체험을 할 수 있도록 설계되어 있다고 한다.

04 보로부두르 정상으로 올라가는 동쪽의 아치형 공문(拱門)

/Gunawan Kartapranata

보로부두르 관람

자 이제 보로부두르로 올라가 보자.

우리 일행은 칼라(Kala, 힌두교의 귀면鬼面)의 무서운 얼굴이 조각되어 있는 동쪽의 공문을 통하여 계단을 올라가 제1회랑부터 시계방향으로 돌기 시작했다.05 이는 불교 신자들이 탑돌이를 할 때 불상을 오른쪽에 두고 도는 것과 같은 방향이다.

05 보로부두르 원형단 제1층 계단에서, 필자와 아내(1985) /최영도

1,460면 총길이 6킬로미터에 이르는 장대한 부조

① 제1회랑 주벽의 부조는 상하 2단으로 이루어져 있고, 그 상단에는 『방광대장엄경(方廣大莊嚴經, Lalitavistara)』의 붓다의 생애를 그린 불전도(佛傳圖)가 녹야원(鹿野苑)의 설법까지 120면에 걸쳐 조각되어 있다. 제한된 시간 내에 모두 다 자세히 관람하기는 어려워 그냥 천천히 걸어가면서 보았다. 그러나 지극히 주관적인 선정이지만 적어도 다음의 몇 개 부조는 우리가 잘 아는 주제이고 조각도 훌륭하므로 꼭 찾아서 봐야 보로부두르에 온 보람을 느낄 수 있을 것이다.

- 마야부인이 싯다르타 태자를 잉태하는 꿈을 꾸는 장면(패널 13)06
- 마야부인이 해산을 앞두고 룸비니 동산으로 행차하는 장면(패널 27. 나는 이 부

06 **마야부인이 태자를 잉태하는 꿈을 꾸는 장면** /Anandajoti

07 마야부인이 해산을 앞두고 룸비니 동산으로 행차하는 장면 /Gunawan Kartapranata

08 구도의 순례를 떠나는 선재동자. 제2회랑 주벽 패널 97 /Jpatokal

조를 보로부두르의 불전도 중 가장 좋아한다.)07

- 태자가 성문 밖으로 나가 생로병사의 무상함을 깨닫게 되는 사문유관(四門遊觀) 중 병든 자와 만나는 장면(패널 56)
- 태자가 애마 칸타카에 올라 성을 나설 때 4대 천왕이 소리가 나지 않도록 말발굽을 연꽃으로 받쳐 주는 '위대한 출발'의 장면(패널 65)
- 태자가 우유죽을 끓여 온 수자타(Sujata)로부터 금발(金鉢)을 받는 장면(패널 81)
- 마왕 파순(波旬)이 딸들을 보내 태자를 유혹하며 성도(成道)를 방해하는 장면(패널 95)
- 붓다가 사르나트 녹야원에서 행한 최초의 설법(초전설법初轉說法) 장면(패널 120. 이 불전도 중 최후의 부조다.)

② 제1회랑 주벽 하단의, 붓다의 전생을 담은 『본생경(本生經, Jataka)』의 부조 120면은, 그 상단의 부조를 관람할 때 함께 보면서 돌았다.

③ 제1회랑 난순 상하단의 『본생경』과 『비유경(比喩經, Avadana)』의 부조 500면은 시계반대방향으로 돌면서 봐야 하는데, 그런 줄 모르고 시계방향으로 돌면서 역순(逆順)으로 보고 말았다.

④ 제2회랑 주벽부터 제4회랑 난순까지에는 구법의 길에 나선 선재동자(善財童子, Sudana)08가 53명의 선지식(善知識)을 차례로 찾아가 깨달음을 얻어 가는 '구법(求法)의 길'인 『화엄경(華嚴經, Gandavyuha)』의 『입법계품(入法界品)』 488면과, 제4회랑 주벽에 『보현행원찬(普賢行願讚)』 72면이 조각되어 있는데, 그 규모가 너무 방대하여 일반 관람자로서 짧은 시간에 관람하기 어렵다. 내용을 모르니까 그냥 천천히 걸어가면서 구경하는 데 그쳤다.

09 난순에 일정한 간격으로 나란히 배치된 불감들 /Frank Wouters

10 불감 안에 1좌씩 안치된 등신불좌상 /박병욱

보로부두르의 부조들은 위치에 따라 우열은 있지만, 놀랍게도 1만 2천 명이 넘는 등장인물들의 표정과 동작은 매우 생동감 있게 표현되어 있다.

504체의 전아한 굽타 불상

보로부두르에는 방형단의 난순에 바깥으로 향한 432개의 불감(佛龕)을 일정한 간격으로 나란히 배치하고,[09] 그 안에 하나씩 등신불좌상 432체가 안치되어 있다.[10]

또한 원형단 3개 층에는 격자(格子) 모양의 구멍을 낸 복발형(覆鉢形: 종을 엎어 놓은 모양)의 작은 스투파[中空小塔] 72기(6층에 32, 7층에 24, 8층에 16)를 조성하고[11] 그 안에 전법륜인(轉法輪印)을 지은 석가여래좌상 72체가 안치되어 있다.[12, 13] 속설에 위 작은 스투파의 격자 모양의 창 안으로 팔을 집어넣어 붓다의 발에 손이 닿으면 소원이 성취된다고 하여, 관광 온 부인들이 많이 시도해 본다.

11 원형단 3개의 단에 세워진 72개의 복발형 작은 스투파 /Pandu Adnyana

원형단의 작은 스투파들에 3중으로 둘러싸여 있는 정상 중앙에 우주의 중심 수미산(須彌山, Sumeru)을 상징하는 지름 16.2m의 대(大)스투파가 세워져 있는데 그 속은 비어 있어, 공(空)의 세계를 상징하고 있다고 한다. 이곳 원형단 3층에서는 수십㎞ 밖까지 시계가 탁 트여 시원하고, 멀리 머라피 화산도 보인다.

보로부두르의 건립 시기는 경주 석불사와 거의 같은 시대다. 캄보디아의 앙코르 와트보다 300여 년 앞서며, 유럽의 대성당들보다는 400여 년 앞선다.

이런 초대형 건축물을 짓기 위해서는 고도의 건축기술과 엄청난 국가재정과 노동력이 소요되었을 것이다. 전제군주는 이를 조달하기 위해 수십 년간 가혹한 세금을 징수하고, 엄청나게 많은 백성들을 뜨거운 열

12 복발형 작은 스투파 안에 안치된 석가여래좌상 /Jim Liu

대우림의 무더위 속으로 몰아넣어, 2~3톤짜리 크고 무거운 돌 160여만 개를 채석하여 운반하고 조각하고 쌓아 올리는 작업을 강제하여, 백성들을 무자비하게 착취하였을 것이다. 종교시설을 짓는데 무엇 때문에 이처럼 터무니없이 크게 지으며 백성들을 가혹하게 수탈했을까? 그로 인해 샤일렌드라는 백성의 살림과 국가재정이 모두 피폐해져 불과 반세기도 못 되어 멸망하고 말았다.

그러나 보로부두르의 정교한 부조와 고졸(古拙)한 미소를 머금은 불상들은 모두 우수하고 전아(典雅)하며, 인도 후(後)굽타(Gupta) 조각의 전통을 계승한 것으로서, 인도-자바미술의 걸작으로 평가받고 있다.

보로부두르는 1991년 유네스코 세계문화유산으로 지정되었고, 2012년에는 세계 최대의 고대 불교 사원으로 기네스북에 올랐다.

13 엎어 놓은 종 모양의 작은 스투파 안에 모셔진 석가여래좌상
/Gunawan Kartapranata

에필로그

최근에 위키피디아를 통해 네덜란드 트로펜무제움(Tropenmuseum)이 소장하고 있는 1,400여 장의 보로부두르 부조 패널 사진을 보았다. 1873년 이시도르 반 킨스베르겐(Isidore van Kinsbergen), 1890~1981년 카시안 체파스(Kassian Cephas), 1900~1920년 데오도르 반 에르프 등이 촬영한 흑백사진인데, 그 사진들을 보면서 보로부두르의 아름다움과 위대함을 새삼 인식하게 되었다. 그러나 100여 년 전의 사진과 최근에 찍은 사진을 대조해 놓은 것을 보면, 그동안 산화가 빠른 속도로 진행되어 조각 표면의 석질이 부스러져 아름다웠던 100년 전 모습이 많이 사라진 것을 확연히 느낄 수 있었다. 안타까운 일이다. 산화를 늦출 대책은 없는가?

귀로에 아우랑가바드 동쪽 17㎞에 있는 프람바난 사원(Candi Prambanan)에 들렀다. 이름도 처음 듣는 유적이다. 9세기 마타람 왕조가 시바 신을 모시기 위해 건설한, 인도네시아에서 가장 크고 가장 아름다운 힌두교 사원이다.

주당(主堂)은 시바를 모신 높이 47m의 웅장한 탑형(塔形) 건물로, 로로 종그랑(Lolo Djonggrang: '허리가 가는[細身] 여인')이라고 불린다. 당내에 있는 시바의 아내 두르가(Durga) 여신상은 정말 허리가 가늘다. 좌우에 비슈누와 브라흐마를 각각 모신 높이 23m의 소사당(小祠堂)들이 있다.

주당 회랑에 인도의 대서사시 『라마야나』를 새긴 42장의 부조 패널이 있는데, 보로부두르의 것에 견주어도 결코 뒤지지 않는 걸작이다.

이 대단한 유적이 보로부두르 근처에 있어 존재가 묻혀 버렸다.

제 2 장

인도 불교미술의 보고寶庫

아잔타AJANTA 석굴

아잔타 석굴로 가는 길
아잔타 석굴 건설
망각과 재발견
아잔타 석굴 관람

01 아잔타 석굴 입구에서, 필자의 아내(1994) /최영도

아잔타 석굴로 가는 길

1991년 노벨문학상 수상자인 남아프리카공화국 작가 네이딘 고디머(Nadine Gordimer, 1923~) 여사는 1997년 아잔타 석굴을 둘러본 뒤 "친구들에게 시스티나 성당은 잊어버리고 아잔타 석굴을 보라고 권하겠다"고 말했다. 도대체 아잔타 석굴에서 무얼 보았길래 그랬을까?

1994년 1월 나는 석가모니가 태어나 불교를 창시한 나라, 우리 문화에 지대한 영향을 끼친 불교의 발상지 네팔·인도 여행을 기획하고 일정을 짜고 동호인을 모집해서 떠났다. 타지마할보다는 아잔타와 엘로라가 궁금해서 더 이상 미룰 수가 없었다.

아잔타로 가는 길은 참 멀었다.

인천 → 방콕 → 카트만두 → 델리 → 자이푸르 → 암베르 성 → 파테푸르 시크리(Fatephur Sikri) → 아그라(카주라호, 바라나시행 항공편 결항) → 마투라(Mathura) → 델리 → 뭄바이(Mumbai, 봄베이) → 아우랑가바드 → 아잔타. 이렇게 비행기를 다섯 번 타고, 열한 곳을 거쳐, 다시 육로로 106㎞를 달려 갔다.

아잔타 석굴 건설

아잔타(Ajanta) 석굴은 인도 마하라슈트라(Maharashtra) 주 데칸 고원의 북서쪽을 굽이쳐 흐르는 와고라(Waghora) 강의 만곡부(湾曲部)에, 높이 70여m의 현무암 절벽 중간을 파서 만든 불교석굴사원군(群)으로, 길이 1.5㎞에 걸쳐서 29개의 굴이 줄지어 있다.

기원전 2세기경 사타바하나(Satavahana) 왕조 때 남북을 오가던 불교 승려들이 우기에 비를 피하고, 혹서기에는 더위를 피하며, 맹수와 독충으로부터 안전한 수행을 계속하기 위해 아잔타에 석굴을 파기 시작했다. 기원후 1세기 말까지 석굴 6개를 조영한 후 사타바하나 왕조의 붕괴로 일단 중단되었다(전기 석굴군).

그 후 5세기 바카타카(Vākātaka) 왕조의 하리세나 왕(Harisena, 475~500경)에 의해 석굴의 조영이 재개되어, 7세기까지 왕실과 지방귀족, 교역에 의해 막대한 부를 축적한 상인들의 통 큰 시주로 23개의 석굴이 더 조영되어(후기 석굴군), 아잔타 석굴은 총 29개가 되었다.

석굴 중에는 스투파가 있는 차이티야(chaitya: 예배용 탑원塔院)가 5개(제9, 10, 19, 26, 29굴), 나머지 24개는 승려들의 수행처인 비하라(vihara: 승원僧院)다.

승려들이 아잔타를 선택한 이유는 무엇이었을까?

멀지도 가깝지도 않은 곳에 아라비아 만에서 중국으로 통하는 주요 국제교역로가 있어, 많은 순례자와 상인, 장인(匠人)과 숙련공 들이 왕래하며 사원을 후원하고, 식료품 등 생필품 구입이 쉬웠으며, 교역로에서 적당히 떨어져 있어 수행과 명상을 방해받지 않을 수 있었기 때문이었을 것이라고 한다.

석굴 조성을 후원한 상인들도 장삿길에 쉽게 이 석굴에 들러 휴식을 취하면서 설법을 듣고 먼 장삿길의 안전을 기원하기도 했을 것이다.

전기 석굴 6개(제10, 9, 8, 12, 13, 15굴)는 구조가 간소하고 불상은 물론 조각 장식도 거의 없다.

고타마 붓다가 입멸한 지 100여 년 후, 원시불교가 계율 해석에 관한 견해 차이로 보수적인 상좌부(上座部)와 진보적인 대중부(大衆部)로 분열되자, 승려들은 상좌부불교(Theravada)를 신봉했고, 그 후 약 200년 동안에 그로부터 다시 분파된 20개의 부파불교(部派佛教)를 신봉하였다. 그 당시는 불상이 만들어지기 전의 무불상시대(無佛像時代)여서 불상 대신 석가의 사리를 모신 스투파가 예배의 대상이 되었다.

그러나 석굴의 조영이 재개된 5세기에는, 자기 혼자만의 수행에 의한 깨달음에 만족하고 형이상학적인 사유 중심으로 흐른 출가(出家)주의 부파교단에 대해 대중들이 반발하여, 일체 중생의 구제를 궁극적인 목표로 하는 재가(在家) 신도들의 대승불교(大乘佛教, Mahayana)를 신봉하면서, 상좌부불교를 소승불교(小乘佛教, Hinayana)라고 낮추어 불렀다.

그 무렵 대승불교 신도들 사이에서는 2세기 초부터 만들어지기 시작한 단독 불상에 대한 예배가 성행하여, 굴 내의 스투파 전면에 커다란 불상을 안치하고, 승원의 내당과 벽면에도 많은 불상을 조각하여 굴 전체를 화려하게 장식했다. 이 불상들은 단아한 굽타(Gupta) 양식의 작품으로 그 양식이 중앙아시아와 중국을 거쳐 우리나라에도 전해졌다.

한편 벽화는 현재 13개 정도의 석굴에 남아 있는데 동아시아 불교회화의 원류로서 주제는 불보살의 존상화(尊像畵), 본생담(本生譚), 불전(佛傳), 비유설화가 많이 그려졌다. 특히 제1, 2굴의 벽화는 인도예술의 황금기였던 굽타 왕조 회화의 정수(精髓)로서 인도회화사상 유례가 없는 걸작이라고 일컬어지며, 그 양식은 중앙아시아와 중국을 거쳐 우리나라에도 전해졌다.

아잔타 석굴은 재발견될 때까지 천여 년 동안 사람의 발길이 닿지 않았기 때문에, 벽화의 표면에 먼지층이 두텁게 쌓여, 역설적으로 화려한 색깔이 놀라우리만치 잘 보존되었다. 아잔타는 이렇게 회화, 조각, 건축 등 여러 장르의 불교예술의 정수가 응축된 인류의 귀중한 문화유산이다.

이런 석굴은 어떻게 만들어졌을까?

치밀하고 완벽한 설계를 마친 다음, 망치와 정을 든 석공들이 절벽 위에서 줄을 타고 내려가 허공에 매달린 채 위에서 아래로, 또 앞에서 뒤로 암벽을 쪼아 천장과 기둥, 방과 회랑을 만들고, 스투파와 불상, 기둥과 벽면의 장식 들을 조각했을 것이다.

그다음 화공들이 줄을 타고 내려가 벽과 천장과 기둥에 그림을 그렸을 것이다. 전기가 없던 시절에 채광과 보온은 어떻게 했을까?

벽화는 거칠게 파낸 바위 표면에, 처음에는 진흙에 건초, 쌀겨, 쇠똥, 석회를 섞은 반죽을 거칠게 입히고, 다음에는 진흙에 고운 돌가루와 잔모래를 섞어 정교하게 입히고, 마지막으로 석회에 조갯가루를 섞은 치장벽토를 바르고 표면을 잘 다듬은 후, 물기가 마르기 전에 다람쥐털로 만든 붓으로 자연에서 채집한 천연물감(안료)을 물에 개어 그림을 그렸다.

이렇게 석굴 하나를 조영하는 데는 적어도 몇 년에서 몇십 년의 긴 세월이 걸렸을 것이고, 긴 공사기간에 석공도 많이 교체되었을 것이다. 또한 석굴 조영에는 엄청난 공사비가 들었을 것이다. 현세에서 공덕을 쌓아 다음 생애에서는 윤회의 굴레에서 벗어나고저 하는 상당한 재력가들의 후원 아래서만 조영이 가능했을 것이다.

보로부두르와 앙코르 와트가 돌을 하나하나씩 쌓아서 만든 것이라면, 아잔타와 엘로라는 암석을 깎아서 만든 것이므로, 더 어려웠을 것으로 짐작된다.

망각과 재발견

그런데 이렇게 큰 규모의 석굴사원이 왜 잊혀졌을까?

몇 가지 추론(推論)은 가능하다. 힌두교세가 급성장하면서 불교가 급격하게 쇠락했다. 해상실크로드가 열리면서 육상 교역로는 점차 버림을 받고 왕래하던 여행자들의 발길이 끊어졌다. 숙련공들이 힌두사원의 조영 현장으로 빠져나갔다. 아잔타에 대한 후원이 끊어지자 승려들 역시 떠나갔다. 그리고 텅 빈 아잔타에는 사람들의 발길이 끊어지고, 사원은 밀림 속에 묻혀 버렸을 것이다.

그렇다면 아잔타는 어떤 문헌에도 그 존재가 언급되어 있지 않았었단 말인가? 그래서 갑자기 아주 까맣게 잊혀졌다는 말인가?

1819년 4월 8일 마드라스(Madras, 지금의 첸나이Chennai) 주둔 영국군 기마대의 존 스미스(John Smith) 대위는 하이데라바드(Haiderābād) 번국(藩國)의 번왕(藩王)에게 초대되어 부대원을 이끌고 호랑이 사냥에 나섰다. 그들은 호랑이의 자취를 쫓다가 숲이 끝나는 곳에서 절벽에 다다랐다. 그 절벽 아래로는 강이 굽이쳐 흐르고 상 선너편 용암 절벽 중간에 검은 구멍들이 숭숭 뚫려 있는 것이 보였다. 그들은 강을 건너 절벽을 기어 올라가 한 구멍 안으로 들어갔다. 그곳이 아잔타에 맨 처음 조영된 제10굴이었다.

이렇게 하여 아잔타 석굴은 1,100여 년 만에 재발견되고, 그로부터 20년 후인 1839년 퍼슨(Person)이 상세한 조사보고서를 발표하여 비로소 세상에 알려지게 되었다.

아잔타 석굴 관람

1994년 1월 14일 우리 일행은 아침 일찍 아우랑가바드(Aurangabad)를 출발하여 10시경부터 아잔타 석굴 관람에 들어갔다.01

나는 벽화로 유명한 제1, 2, 16, 17굴과 조각으로 유명한 제9, 10, 19, 26굴은 집중적으로 보고 다른 굴들은 그냥 들어갔다가만 나오기로 했다.

일행들은 가이드를 따라 빨리 지나가면서 보기 때문에 나는 뒤처지다가 일행과 완전히 떨어졌다. 굴 안은 신발을 벗고 들어가야 하므로, 매번 신고 벗는 것이 번거로워 아예 구두를 벗고 햇볕에 따끈따끈하게 달궈진 땅을 맨발로 밟고 다녔다.

혼자서 제29굴까지 다 보고 버스로 돌아오니 오후 3시였다. 일행들은 호텔에서 싸 준 도시락을 먹고 두어 시간 나를 기다리고 있었다. 가이드는 인도는 식품위생이 열악하기 때문에 호텔 음식 말고는 물 한 모금도 먹지 말라면서, 그날 점심식사를 호텔에 주문해서 도시락으로 가져왔다. 나는 그제서야 시장기를 느꼈다.

주차장 마당에서는 백여 명의 굶주린 인도인들이 방금 버스에 올라온 나를 퀭한 눈으로 쳐다보고 있었다. 내가 뜯지 않은 도시락 대여섯 개를 나눠주려고 버스에서 내려서는 순간 수십 명의 인도인들이 일제히 달려들어 나를 덮쳤다. 이러다가 깔려 죽는 것 아닌가 하는 순간, 경찰들이 가죽 채찍을 휘둘러 사정없이 때리는 바람에 그들은 10여m씩 물러났다. 몇 분간 긴장된 침묵이 흐르고, 대장인 듯한 중년 남자가 다가와 도시락을 받았다. 그들은 그 남자를 따라 숲속으로 천천히 사라졌다. 나는 그까짓 음식 조금 얻어먹으려다가 매 맞은 그들에게 미안해서 어쩔 줄 몰라 했다. 그날 밤 나는 현대그룹 정주영 회장 같은 억만장자가 되어 미화 1억 달러를 풀어 매일 100만 달러어치씩 인도인들에게 먹을 것을 주겠다는 기자회견을 하고 있었다. 아주 생생한 꿈이었다.

아잔타 석굴은 1983년 인도 최초로 엘로라 석굴, 아그라 요새, 타지마할과 더불어 유네스코 세계문화유산으로 지정되었다.

자, 이제 아잔타 석굴로 들어가 보자.

여기서는 제1, 2, 10, 16, 17, 19, 26굴, 이상 일곱 개만 보기로 한다.

제1굴(6세기, 비하라)

인도 특유의 쨍쨍한 햇빛에서 갑자기 컴컴한 굴로 들어가면 처음엔 앞이 보이지 않는다. 조금 지나 어둠에 익숙해지니 그때 비로소 굴 안의 놀라운 정경이 눈에 들어온다.

제1굴은 36.7m×27.6m 크기의 장방형 비하라로서, 아잔타 석굴사원 중 가장 균형 잡힌 아름다움을 간직하고 있는 굴이다. 내부 중앙홀(19.5m×19.5m)에는 20개의 열주(列柱)가 4면을 돌아가며 한 면에 6개씩 정연하게 서 있고, 그 열주와 벽 사이에 회랑이 형성되어 있으며, 좌우 벽 뒤에 승방이 7개씩 14개 배치되어 있다. 정면 깊숙한 성소(聖所)에 붓다 설법상이 모셔져 있고, 불상의 대좌에는 사르나트의 초전법륜(初轉法輪)

02 제1굴-중앙홀 정면 성소 안의 붓다설법상, 왼쪽 벽의 〈연화수보살〉, 오른쪽 벽의 〈밀적금강보살〉
/Christian Luczants

을 상징하는 사슴, 사자, 공양자가 조각되어 있다.02

이 굴은 가장 후대에 조성된 굴로서 가장 완성도가 높은 풍부한 벽화들로 장식되어 있어, 마치 궁전과 같이 호사스럽다. 일부 벽화는 박락(剝落)과 훼손이 심하지만, 아직도 채색이 선명한 벽화들이 남아 있다. 보살상과 본생담(jataka)을 그린 벽화는 인체의 유려한 선묘와 화려한 색채로 아잔타 벽화의 정점에 선다. 그중에서도 성소 입구, 왼쪽 벽의 〈연화수보살〉03과 오른쪽 벽의 〈밀적금강보살〉04을 최고로 꼽는다.

〈연화수보살(蓮花手菩薩, Bodhisattva Padmapani〉(610㎝×122㎝)〉03은 관세음보살이 화려한 보관을 쓰고, 오른손에 연꽃 한 송이를 들고, 한곳을 응시하며 생각에 잠겨 있는 그림이다. 갸름한 계란형 얼굴에, 활처럼 휜 가느다란 눈썹, 연꽃잎처럼 부드러운 눈매, 오똑한 콧날, 도톰한 입술, 연꽃을 든 손의 섬세한 표현, S선 커브의 유연한 몸매와 육체가 탄력 있게 그려진 유려한 묘선 등으로, 아잔타 벽화 중 가장 우아하고 가장 기품이 넘치는 최고의 걸작으로 손꼽힌다.

그런데 놀라운 사실은 6세기에 그려진 이 그림에 음영법(陰影法)이 사용되었다는 것이다. 서양미술사에 음영법이 처음 등장하는 것은 14세기 조토(Giotto di Bondone, 1266~1337)에 의해서였다. 그는 1310년경 〈장엄한 성모(Majestà)〉(피렌체 우피치 미술관)를 그리면서 처음으로 음영법을 사용한 것으로 알려져 있다.

그런데 이 〈연화수보살〉의 얼굴에는 분명히 빛과 그림자에 의한 입체적인 효과가 나타나 있다. 콧날의 좌우와 향하여(이하 같음) 오른쪽 광대뼈, 그리고 왼쪽 턱 선에 그림자를 드리우고, 콧날과 턱, 왼쪽 뺨에 하이라이트를 주어 콧날을 오똑하게 세우고 얼굴이 도드라지게 보이도록 입체감을 주었다.

이러한 화법을 천축유법(天竺遺法)이라고 하는데, 인물을 이 방법으로 그리면 얼굴, 자태, 분위기 등 모든 것이 침묵적정(沈默寂靜)의 신비감에 싸인다고 한다. 인도에서는 이미 고대에 선진적인 명암법이 있었던 것이다.

서양에서는 키아로스쿠로(chiaroscuro)라는 명암법이 16세기 초 레오나르도 다빈치에 의해 비로소 완성되어, 〈모나리자〉(1503~1510)를 그릴 때 사용되었다. 그렇다면 〈연화수보살〉은 〈모나리자〉보다 1천 년 앞서 명암법을 사용하여 그려진 것 아닌가. 누굴까, 이 그림을 그린 화가는?

03 제1굴-〈연화수보살〉. 연꽃 한 송이를 들고 한곳을 응시하며 생각에 잠겨 있는 관세음보살. 아잔타 벽화 중 가장 우아하고 기품이 넘치며, 불교회화사상 최고의 걸작으로 손꼽힌다.
/*Ajanta & Ellora* (The Guidebook), p. 29

04 제1굴-〈밀적금강보살〉. 왕자처럼 화려한 집금강보살. 얼굴에 칠한 안료의 납 성분이 검게 산화되어 '검은 공주'라고도 불린다. /김원근

05 제1굴-〈난다 왕자의 출가〉. 난다 왕자가 출가하여 수도승이 되기로 결심하자, 아내 순다리가 적극 만류하고 있다. /*Ajanta & Ellora*, p. 26

〈밀적금강보살(密迹金剛菩薩, Bodhisattva Vajrapani)〉04은 금강저(金剛杵, vajira)를 손에 쥐고 있는 집금강(執金剛)보살로서, 일명 '검은 공주[黑姬]'로도 알려져 있는 또 하나의 걸작이다. 이 보살은 더할 나위 없이 아름다운 왕관과 진주로 치장을 하고 마치 왕자를 연상시키는 화려한 모습을 하고 있으며, 온몸에 관능미가 넘친다. 얼굴은 안료의 연분(鉛粉)이 산화되어 흑색으로 변해 있다.

사람들은 위 두 보살은 종교적인 신비로움과 관능적 여성미의 아름다움을 동시에 표현해 주고 있다고 평한다.

〈난다 왕자의 출가〉05는 붓다의 이복동생 난다(Nanda) 왕자가 인생이 허무하고 온갖 부귀영화가 덧없어 출가하여 수도승이 되기로 결심하자, 아내 순다리(Sundari)가 난다 앞에 꿇어앉아 출가를 만류하고 있는 장면이다. 순다리의 터질 것 같이 탱탱한 유방, 잘록한 허리, 관능적인 하복부와 풍만한 엉덩이 등 농염(濃艶)한 여체가 관능적인 자세로 그려져 있다. 이런 그림이 승려가 수행하는 공간에 과연 적합한 것이었을까?

성소 앞의 두 기둥과 성소의 문틀은 나신(裸身)의 조각들로 가득 차 있고, 천장에는 네모로 구획된 칸 안에 기하학적 도형, 꽃무늬와 동물무늬, 디자인한 인물의 그림들로 가득하다.

제2굴(6세기, 비하라)

제1굴과 같은 시기에 조영된, 규모가 조금 작은(35.7m×21.6m) 비하라다. 굴 안의 정방형 중앙홀에 12개의 열주가 4면을 돌아가며 각 면에 4개씩 정연하게 서 있고, 정면 깊숙한 성소에 붓다설법상이 모셔져 있으며, 좌우의 벽 뒤에 6개씩 12개의 승방이 나란히 배치되어 있다.

바닥을 제외한 벽과 천장, 기둥 등 모든 면(面)이 붓다의 탄생 설화 등을 묘사한 찬란한 벽화로 가득하며, 벽화의 밀도가 제1굴보다 더 높다. 마치 굴 전체가 하나의 미술품 같다. 왼쪽 벽 승방의 문 위에 붓다가 전생에 도솔천에 머물던 때의 〈호명보살(護明菩薩)〉의 모습이 그려져 있고, 승방의 문 오른쪽 벽에는 〈과거천불도(過去千佛圖)〉가 그려져 있다.

성소 입구의 쿠션형 기둥머리와 성소 문틀에 장식된 나신의 조각들은 제1굴보다 더 정교하고, 열두 기둥은 섬세한 조각과 찬란한 그림으로 장식되어 있다.06 입구 양쪽의 감실에 23마리의 거위 행렬이 환상적

06 제2굴-주벽, 기둥, 천장을 가득 채운 벽화들. 왼쪽에 〈과거천불도〉가 보인다. /박병욱

07 제2굴-동심원 모양의 현란한 천장화 /박병욱

인 하늘세계를 묘사하고 있고, 천장 중앙에 그려진 동심원 모양의 화려한 장식화07는 뛰어나게 아름답다. 천장은 꽃무늬와 인물들의 그림으로 가득하다.

제10굴(기원전 2세기, 차이티야)

기원전 100년경에 조성된 아잔타에서 가장 오래된 사원으로, 길이 29.5m, 너비 12.5m의 널찍한 전기 차이티야다. 불상이 없던 소승불교 시대에 조영된 사원이므로 간소하고 조각 장식이 없다. 입구는 창문을 통하여 햇빛이 잘 들어오는 구조이며, 굴 내부는 좌우로 열 지어 늘어선 39개의 8모 돌기둥에 의해 주랑(主廊)과 양측랑으로 구획되는 삼랑식(三廊式) 구조다. 주랑의 가장 안쪽 후진(後陣)에 아잔타에서 가장 큰 스투파가 안치되어 있다.08 스투파는 중앙의 연화대 위에 커다란 반구상(半球

08 제10굴의 내부 /Aadi Maurya

狀) 돔을 얹고 그 위에 평두(平頭)와 산개(傘蓋)를 올린 형태다.

천장은 반원통형으로 둥글고, 측랑 천장은 돌을 목조건축의 서까래 모양으로 파서 목조건축의 영향을 강하게 남기고 있는데, 염불 소리에 에코가 생긴다고 한다.

이 굴에서 가장 중요한 것은 기원전 2세기경에 그려진 인도에서 가장 오래된 벽화인데, 박락(剝落)이 심하여 알아보기 힘들다. 4세기경 8모기둥에 가득 그려진 불입상09들은 솜씨가 좋은데 상태는 그리 좋지 않은 편이다.

서까래 모양의 천장 사이사이에 그려진 수많은 만다라 불좌상10들은 명상이나 수행을 위한 것이라고 하는데 상태가 비교적 양호하다.

09 제10굴-본래 장식이 없던 기원전 2세기 탑묘굴의 8모기둥에 4세기경 그려진 벽화 /Woudloper

10 제10굴-서까래 모양의 천장에 그려진 만다라 불좌상들 /박병욱

제16굴(5세기, 비하라)

이 굴은 대승불교 시대의 대표적인 대형 비하라다. 굴에서 발견된 명문(銘文)에 의하면, 이 굴은 바카타카 왕조의 하리세나 왕(재위 475~500경)의 통치 기간 중 지방장관인 바라하데바(Varahadeva)에 의해 조성된 것이라고 한다.

석굴 입구 좌우에 커다란 코끼리 두 마리가 앞다리를 구부린 채 내방객을 환영하는 자세로 서 있고, 그 가운데로 난 계단을 통해 안으로 들어간다. 중앙의 넓은 홀(22.25m×19.5m×4.6m)에 20개의 열주가 늘어서서 주랑과 좌우측랑을 형성하며, 중앙 정면 불당 안에 붓다설법상이 모셔져 있고, 승방이 좌우로 7개씩 14개 있다. 석굴 내벽에 아름다운 벽화들이 많이 그려져 있는데 그중에서 좌측랑의 〈죽어 가는 공주〉11가 아잔타 벽화의 백미(白眉)로 꼽힌다.

11 제16굴-〈죽어 가는 공주〉. 난다 왕자가 출가하자 아내 순다리 공주가 상심하여 시름시름 앓다가 죽어 가고 있다. 공주는 팔을 힘없이 늘어뜨린 채 몸을 가눌 힘조차 없이 보인다. 공주의 상심이 보는 이에게도 그대로 전해지는 아잔타 벽화의 백미다. /하진희,『아잔타 미술로 떠나는 불교여행』(인문산책), p. 51

석가의 이복동생 난다 왕자가 부귀영화를 버리고 깨달음을 얻기 위해 삭발하고 출가하자 상심한 아내 순다리 공주가 식음을 전폐하고 시름시름 앓다가 죽어 가고 있다. 공주는 커다란 쿠션에 몸을 기대고 누워 초점 없는 눈을 내리뜨고, 팔을 힘없이 늘어뜨린 채 몸을 가눌 힘조차 없어 보인다. 그녀를 둘러싼 시중드는 여인들의 근심 어린 얼굴 표정도 예사롭지 않다. 공주의 뒤쪽에 묘사된 두 여인도 공주의 슬픔에 관한 이야기를 수군거리고 있고, 심지어는 궁전의 지붕에 엎드린 공작도 공주의 슬픔에 동조하는 듯 보인다. 공주의 상심과 시녀들의 슬픔이 보는 이에게도 그대로 전해진다(하진희, 『아잔타 미술로 떠나는 불교여행』, 인문산책, 2013 참조).

제17굴(5세기, 비하라)

정방형 중앙홀에 20개의 기둥이 4면에 각 면마다 6개씩 줄지어 서 있고, 좌우 측벽에 승방이 7개씩 14개 있다. 정면 깊숙한 성소에 붓다설법상이 모셔져 있다.

이 굴은 아잔타 석굴 중에서 제1굴과 함께 벽화가 가장 풍부하며, 그 보존 상태 또한 가장 좋은 굴이다.

주출입구 상인방에 미래불인 마이트레야(Maitreya, 미륵보살)가 일곱 과거불(Manushi)과 대등한 위치에 나란히, 화려한 색상으로 선명하게 그려져 있고, 그 아래 약샤(Yaksa)와 약시(Yaksi) 부부의 다정한 모습이 그려져 있다.[12]

이 굴은 붓다의 생애를 그린 벽화로 인도미술을 대표하는 굴이다. 벽면 가득히 여러 가지 불전도가 그려져 있고, 그중 〈붓다의 탁발(托鉢)〉[13]이 유명하다. 성도한 후 카필라(Kapila) 성으로 돌아온 붓다가 속세에서 인연을 맺었던 아내 아쇼다라(Aśodhara)와 아들 라훌라(Lahula) 앞에 나타나 시식공양(施食供養)을 받는 장면인데, 모든 것을 버리고 출가한 붓다를 애처롭게 바라보는 가족들의 안쓰러운 눈빛이 사실감 넘치게 표현되어 걸작으로 꼽힌다. 붓다는 위대성을 나타내기 위해 상대적으로 크게 묘사되어 있다.

12 제17굴-입구 문 위 상인방의 벽화. 과거칠불과 미륵보살이 나란히 그려져 있고, 그 아래 약샤와 약시 부부의 다정한 모습이 그려져 있다. /박병욱

〈비스반타라(Visvantara) 자타카〉14의 이야기는 이렇다.

붓다가 전생에 제튜타라 왕국의 왕자 비스반타라로 태어났을 때, 어느 해 이웃 나라 칼링가(Kalinga)에 한발과 기근이 들어 백성들이 굶어 죽어 간다는 소식을 듣고 비를 내리도록 축원해 주는 신성한 힘을 가진 코끼리를 보내준다. 그러자 자국의 성난 백성들이 왕에게 왕자를 추방하라고 강력한 시위를 벌여 왕도 어쩔 수 없이 왕자를 추방한다.

관대한 성품을 가진 왕자는 떠나기 전에 의복과 음식 등 자신이 가진 모든 것을 원하는 이들에게 나눠주고, 심지어 자신이 타고 갈 말과 수레까지 나눠준다. 하늘의 신들이 왕자를 시험하기 위해 욕심 많은 브라흐만 승려를 늙고 병든 노인의 모습으로 왕자에게 보낸다. 그가 시중들 사람이 필요하니 두 아들을 자신의 몸종으로 달라고 청하자 왕자는 망설이다가 데리고 가도록 허락한다.

어느 날 학대받는 아이들의 신분을 알아차린 한 남자가 승려를 설득하여 그 아이들을 데리고 왕국으로 돌아오자, 국왕은 감동하여 손자들을 거두고, 깊은 산 속에 은거하여 수행하던 왕자 내외도 귀국시킨다.

벽화의 맨 왼쪽 파라솔 아래 서 있는 키크고 검은 남자가 비스반타라 왕자이고, 가운데 파라솔 아래 서 있는 여인은 시종들을 거느리고 외

13 제17굴-〈붓다의 탁발〉. 붓다가 성도한 후 카필라 성으로 돌아와 아내 아쇼다라와 아들 라훌라에게서 시식공양을 받는 장면. 붓다를 애처롭게 바라보는 가족들의 안쓰러운 눈빛이 잘 묘사된 걸작으로 꼽힌다. /『世界の大遺跡 8: インドの聖域』(講談社), f. 133

출하는 왕자의 아내 마드리(Madri)다. 시간과 장소가 바뀌어, 왕자 내외는 오른쪽의 누각 안에 앉아, 왕자가 시름에 잠긴 아내 마드리를 위로하며 술잔을 나누고 있다.

〈비스반타라 자타카〉는 불교의 보살심을 알기 쉽게 그림으로 그려서 보여 주는 이야기라고 한다.

이 굴은 특히 천장벽화[15]가 뛰어나다. 입구 회랑의 천장에는 중앙의 큰 원 안에 여섯 보살이 육판형(六瓣形) 꽃잎 속에 방사선 방향으로 앉아 있

14 제17굴-〈비스반타라 자타카〉. 왼쪽의 검은 남자가 비스반타라 왕자, 가운데 파라솔 아래 여인이 왕자의 아내 마드리, 오른쪽은 누각 안에서 마드리를 안고 위로하는 왕자 등, 시간과 공간을 달리하는 장면을 한 화면에 파노라믹하게 그렸다. /*Ajanta & Ellora*, pp. 48-49

15 제17굴-육판형 꽃잎 속에 여섯 보살이 방사선 방향으로 앉아 있는 천장화 /박병욱

고 그 주위에 다양한 식물 도안이 화려한 색상으로 그려져 있어 아름답기 그지없다.

이 굴에는 〈심할라 이야기〉 등 30개 정도의 본생담들이 벽을 따라 경계 없이 연속으로 그려져 있어, 어디서 시작되고 어디서 끝나는 것인지 분간하기 어렵다.

제19굴(5~6세기, 차이티야)

규모는 작으나 아잔타에서 가장 아름다운 조각상들로 장식되어 있어 일명 '조각가의 보물상자'라고 일컬어지며, 인도 불교미술의 가장 완전한 표본이자 최고봉으로 꼽히는 굴이다.

아잔타 석굴 중에서 가장 화려하고 아름다운 외관을 가지고 있어 그 앞

16 제19굴-아잔타 석굴에서 가장 아름다운 파사드 전경 /C. SHELARE

에 이르면 깜짝 놀라게 된다. 2층으로 이루어진 파사드(façade : 건축물의 정면) 상부에 목조 연목(椽木)을 모각(模刻)한 말발굽 모양의 대형 채광창이 있어, 당시의 목조사원 건축의 모습을 나타내고 있다. 그리고 그 아래 섬세하게 조각된 기둥 두 개가 받치고 있는 포치(porch) 형 출입문이 있다. 그 창문과 출입문 좌우에 불입상 등 크고 작은 100여 인물상과 다양한 문양들이 아름답게 부조되어 있다.16 채광창 좌우에 불법(佛法)의 수호신인 〈비사문천(毘沙門天, Vaiśravana)〉이 난쟁이의 시중을 받으며 비만한 몸을 세 번 구부린 자세로 커다랗게 조각되어 있다.17

출입문 포치 오른쪽 벽에는 성도 후 카필라 성으로 돌아온 붓다가 아내 아쇼다라와 아들 라훌라를 만나는 〈붓다의 탁발〉18 장면이 새겨져 있다. 붓다는 오른손을 뻗어 라훌라가 두 손으로 받쳐 들고 있는 발우(鉢盂)를 받으려 하고 있다. 붓다는 크게, 아쇼다라와 라훌라는 아주 작게 새겨 격이 다름을 나타내고 있다.

외부의 왼쪽 벽이 안으로 꺾어진 곳에 뱀의 왕 칠두사 〈나기스(Nagis)와 왕비 나긴스(Nagins)〉가 조각되어 있다.19 화려한 보관을 쓴 왕의 머리 뒤로 쫙 펼쳐진 뱀의 머리 일곱이 두광(頭光)처럼 둘러져 있다.

17 제19굴-파사드 채광창 오른쪽에 조각되어 있는 〈비사문천〉 /*Ajanta & Ellora*, p. 51

18 제19굴-출입문 포치 오른쪽에 조각되어 있는 〈붓다의 탁발〉. 붓다가 오른손을 뻗어 라훌라가 받쳐 들고 있는 발우를 받으려 하고 있고, 위에서는 두 천인이 붓다의 머리에 보관을 씌우려 하고 있다. /박병욱

19 제19굴-파사드 왼쪽 벽이 안으로 꺾어진 곳에 조각되어 있는 뱀의 왕 칠두사 내외 〈나기스와 나긴스〉 /박병욱

불싱도 후 3주가 되는 7일 동안 붓다가 부찰린다(Muchalinda) 나무 밑에서 참선에 드셨는데, 폭풍우가 불자 무찰린다 용왕이 나와 또아리를 틀어 붓다를 에워싸고 7개의 목을 우산처럼 넓게 펴서 비를 맞지 않도록 보호했다. 그 용왕이 뱀의 왕 칠두사 나기스 아니었을까?

석굴 내부는 스투파의 뒤를 돌아서 나와 좌우로 늘어선 17개의 기둥들에 의해 주랑과 좌우측랑으로 구획된다. 주랑의 후진에 스투파가 세워져 있으며, 그 탑신부 전면의 아치형 감실에 두드러지게 조각된

20 제19굴-내부 전경. 스투파 전면 아치형 감실에 불입상이 안치되어 있다. /박병욱

21 제19굴-오른쪽 기둥머리와 주랑 상인방을 장식한 불상, 천인, 비천상 들 /박병욱

불입상이 안치되어 있고, 원형탑신부를 돌아가며 불보살상들이 빈틈없이 조각되어 있다.20 스투파의 상륜부에는 3단으로 된 보개(寶蓋)가 있는데, 이는 삼보, 즉 불보(佛寶), 법보(法寶), 승보(僧寶)를 상징하는 것이라고 한다.

좌우 열주의 이맛돌과 들보에 불상과 천인, 비천상들이 빈틈없이 새겨져 있는데, 그 얼굴 모습이 생생하고 솜씨가 정교하기 이를 데 없어 감탄이 절로 나온다.21

반원통형의 천장에는 연목(椽木) 모양의 돌출된 조각이 줄지어 있어 당시 목조사원 건축의 모습을 나타내고 있다.20

채광창을 통해 들어온 햇빛이 굴 안을 비추며 불입상에 포커스가 맞춰져 신비한 분위기를 자아낸다.

22 제26굴-내부 전경. 스투파 전면의 사당형 감실에 보좌에 앉아 있는 붓다가 안치되어 있다. /C. SHELARE

23 제26굴-오른쪽 열주와 측랑. 열주 사이로 불의좌상들이 보인다. / daum.solsola

24 제26굴-왼쪽 열주와 측랑. 열주 사이로 석가열반상이 보인다. / Youri

25 제26굴-상인방을 장식한 불보살상들 /박병욱

26 제26굴-오른쪽 측랑의 불의좌상군(佛倚坐像群) /David Rodriguez

제26굴(7세기, 차이티야)

아잔타 최후의 시기인 7세기에 건축된 가장 큰 규모의 차이티야 굴이다. 굴에서 600~642년경 스타비라 아찰라(Stavira Achala)라는 스님이 위대한 스승 붓다를 위해 만든 석굴이라는 명문(銘文)이 발견되었다고 한다. 내부의 기둥과 벽의 조각들은 제19굴보다 더 발전하여 한층 더 섬세하고 아름답다. 굴 내 장식은 아잔타 석굴 중 최고다.

파사드는 상부에 말발굽 모양의 대형 채광창이 있고 그 좌우에 수많은 조각들이 부조되어 있는데, 제19굴 외벽의 조각들만은 못한 것 같다.

내부로 들어가면 눈앞에 벌어진 광경에 깜작 놀라게 된다.

깊이 약 20m의 공간에 28개의 기둥이 스투파를 돌아서 나와 좌우로 늘어서서 주랑과 좌우측랑을 구획한다. 전방후원(前方後圓)형 구조를 가진 굴의 후진에 스투파가 세워져 있고 그 정면의 사당형(祠堂形) 감실 안에 붓다가 조각되어 있다.22 붓다는 연화대 위에 발을 얹고 양쪽에서

27 제26굴-〈석가열반상〉(부분). 불교미술 조각의 세계적인 걸작으로 꼽힌다.
/dola.das85

코끼리와 사자가 떠받치고 있는 왕좌에 앉아 있다.

좌우 열주의 이맛돌과 들보에는 돌아가며 제19굴보다 더 많은 조각상이 더욱 정교하고 밀도 높고 현란하게 부조되어 있고,23~25 반원통형의 천장에는 서까래 모양으로 돌출된 조각이 줄지어 있어 목조사원 건축양식의 흔적이 남아 있다.22

좌우 양쪽의 측랑 벽에 수십의 불의좌상(佛倚座像: 의자에 앉아 있는 붓다상)이 조각되어 장관을 이루고 있다.26

이 굴의 압권(壓卷)은 좌측랑 입구 쪽 벽에 조각되어 있는 인도 최대의 〈석가열반상〉(길이 7.2m)27, 28이다. 아잔타 불상 중 최고일 뿐만 아니라 세계적인 걸작으로 손꼽힌다.

붓다께서 80세에 쿠시나가르에 이르러 사라(沙羅)나무 숲속으로 들어가셨다. 아난에게 자리를 깔게 하시고, 머리를 북으로 두고 서쪽을 향해 누워 조용히 무여열반(無餘涅槃)에 드셨다. 붓다는 오른손을 베개 삼아 누워 온화한 얼굴에 진리를 깨친 법열(法悅)에서 오는 엷은 미소를 띠고 있다. 어떻게 차갑고 단단한 돌에 생명을 불어넣어 저처럼 평온한 얼굴을 새길 수 있었을까? 누구일까? 이 위대한 조각가는?

28 제26굴-열반에 든 석가를 둘러싸고 대중들이 오열하는 가운데 애제자 아난이 고뇌하는 모습은 석가의 발치 밖(맨 오른쪽)에 따로 크게 새겨져 있다. /C. SHELARE

위에는 천상의 신들이 붓다를 맞아들이는 기쁜 모습을 하고 있으며, 아래엔 붓다의 열반을 경건하게 받아들이는 제자들과 슬퍼 오열하는 대중들의 모습이 새겨져 있고, 붓다가 평생 사용하던 지팡이, 물통과 바리때가 조각되어 있다. 발치에는 붓다를 25년간 시봉(侍奉)한 아난이 사라쌍수에 기대어 슬퍼하는 모습이 따로 커다랗게 새겨져 있다.

전체적으로 석가 적멸(寂滅)의 헤아릴 수 없는 정신세계의 숙연한 분위기가 감돈다.

제3장

인도 힌두예술의 백미

엘로라[Ellora] 석굴

엘로라 석굴의 구성

엘로라 석굴 관람

에필로그

01 제16굴-동쪽 언덕 위 사원의 뒤쪽에서 바라본 카일라사 /Pratheepps

엘로라 석굴의 구성

아잔타 석굴을 본 날 아우랑가바드의 쾌적한 호텔에서 하룻밤 피곤한 심신을 쉬고, 그다음 날 아침 엘로라 석굴 관광에 나섰다.

엘로라(Ellora) 석굴은 인도 마하라슈트라 주 아우랑가바드에서 북서쪽으로 약 25㎞ 지점에 있는 바위산의 서쪽 사면(斜面)을 깎아서 조성한 석굴사원군이다.

석굴은 남에서 북으로 약 2㎞에 걸쳐 총 34개의 굴이 개굴되어 있는데, 남쪽에서부터 세어 제1~12굴은 불교사원굴(6~8세기), 제13~29굴은 힌두사원굴(7~9세기), 제30~34굴은 자이나사원굴(9~10세기)이다.

이곳은 인도의 3대 종교가 4세기 이상 한곳에서 평화롭게 공존하면서 유물을 온전하게 보존한 세계 유일한 곳으로 인도 종교의 포용력과 관용 정신을 보여 준다.

엘로라의 주요 굴은 불교의 제10, 12굴, 힌두교의 제14~16, 29굴, 자이나교의 제32, 33굴이다.

여기서는 제10, 12, 16, 29, 32굴, 이상 다섯 개만 보기로 한다.

엘로라 석굴 관람

제10굴 비스바카르마(Visvakarma, 7세기, 불교 사원, 차이티야)

이 굴은 엘로라의 불교석굴 중 유일한 차이티야 사원이다. 아름다운 조각으로 외관이 장식되어 있으며, 굴 바깥에 2층짜리 건물이 3면을 'ㄷ'자형으로 둘러싼 전정(前庭)이 있다.

정면 2층의 베란다 중앙에 4각의 채광창 3개와 그 위에 원형 채광창이 있어 햇빛이 들게 했으며, 그 좌우에 천인(天人) 1명과 천녀 2명으로 조합된 3인조 비천이 하늘을 날고 있다. 베란다의 난간은 섬세하게 조

02 제10굴-파사드 상부의 테라스 /박병욱

03 제10굴-내부 전경. 스투파 앞면에 불의좌상이 안치되어 있고, 말발굽형 천장이 목조 서까래 모양으로 조각되어 있다. /박병욱

04 제10굴-붓다가 설법인을 짓고, 온화한 얼굴로 중생을 굽어보며 설법하고 있다. /Prithwiraj Dhang

각된 사람들의 행렬로, 그 아래 처마는 섬세하게 조각된 동물의 행렬로 아름답게 장식되어 있다.02 2층 베란다 좌우에 있는 출입문으로 들어가면 예배당 2층이며, 아래로 예배당이 내려다보인다.

1층 예배당(26m×13.4m)은 30개의 기둥이 스투파의 뒤를 돌아서 나와 좌우로 늘어서서 내부를 삼분한 삼랑식 구조다. 주랑 후진에 높이 8.2m, 직경 4.9m의 커다란 스투파가 세워져 있으며, 그 전면을 두드러지게 돌출시킨 앞쪽에 높이 5m의 대형 본존불 좌상이 반환조(半丸彫)로 조각되어 있다.03 스투파 전면에 불상을 안치한 것은 불탑과 불상의 공존을 의미하며, 스투파 숭배에서 차츰 불상 숭배로 넘어가는 과도기적 형태라고 한다.

이 붓다는 보리수 아래 의자에 앉아 지극히 인간미 넘치는 온화한 얼굴로 중생을 굽어보며 양손을 들어 설법하는 자세를 취하고 있다.04 어떻게 했길래 붓다의 얼굴에 이토록 아름다운 표정을 새겨 놓았단 말인가?

본존을 향하여 왼쪽에 연꽃을 들고 있는 연등보살(Padmasambhava)이, 오른쪽에는 금강수(金剛手)보살(Vajrapani)이 협시(脇侍)로 각각 조각되어 있고, 불상 뒤에 둘러진 띠 모양의 대형 광배에는 수많은 천녀(天女)들이 새겨져 있다. 스투파 뒤로 빙 둘러 불의좌상(佛倚坐象)과 보살들이 여럿 조각되어 있으며, 열주 위의 이맛돌에도 다양한 조각들이 새겨져 있다.

이 굴은 돌을 마치 나무처럼 다룬 능란한 솜씨로 목조건축 기법을 살려서 건축했다고 하여 '목수의 동굴'이라고 불린다. 말발굽형 높은 천장을 서까래 모양으로 깎아 목조건축의 형태를 띠게 만든 것은 사원의 건축양식이 목조에서 석조로 이행하는 과도기에 제작된 것임을 보여 주는 것이라고 한다.

2층 채광창에서 들어오는 빛이 본존불을 환하게 비추고, 사원 안에서 경전을 독송(讀誦)하면 그 소리가 공명하여 퍼지면서 신비로운 분위기를 자아낸다고 한다.

제12굴 틴탈(Tin Thal, 8세기, 불교 사원, 비하라)

이 굴은 파사드에 우람한 네모기둥들이 나란히 배열된 발코니 형태의 웅장한 3층 건물로, 1개 층의 바닥 면적이 746.5㎡(35.0m×21.33m)인 큰 굴이다.

1층과 2층에는 중앙에 큰 홀과 그 3면에 여러 개의 승방이 배치되어 있고, 정면 중앙의 감실에 연화좌에 앉아 설교하는 커다란 붓다상이 모셔져 있다.

05 제12굴-결가부좌를 한 자세에서 한쪽 다리를 아래로 내려뜨린 〈유희좌 삼존상〉 /박병욱

06 제12굴-염부나무 아래서 연화좌에 결가부좌하고 명상에 든 〈과거칠불상〉 /박병욱

07 **제12굴-발코니 측벽 감실 안에 안치된 삼존상들** /박병욱

3층에는 수많은 불보살상들이 조각되어 있어 마치 불상박물관에 온 것 같다. 기둥들이 정연하게 늘어선 중앙 홀 정면 깊숙한 곳에 전실과 성소가 있으며, 그곳에 사르나트의 초전법륜을 묘사한 석가모니불상이 모셔져 있다. 그 앞 'ㄱ'자 모양으로 구부러진 벽면에 한쪽 다리를 가부좌하여 대좌 위에 얹고, 다른 쪽 다리는 아래로 늘어뜨린 자세의 유희좌(遊戲坐) 삼존상 또는 육존상이 여러 곳에 조각되어 있다.05

전실 정면 안쪽 벽 좌우에는 염부나무(閻浮樹, jambu tree) 아래서 연화좌에 결가부좌(結跏趺坐)하고 선정인(禪定印)을 짓고 명상에 든 과거칠불(過去七佛)이 각각 7좌씩 도합 14좌가 조각되어 있어 장관을 이루고 있다.06 과거칠불은 석존 이전에 이 세상에 출현한 일곱 분의 부처들인데 그 존호(尊號)가 어려워서 외워지지 않는다.

발코니 좌우 얕은 감실 안의, 사자가 조각된 높은 대좌 위에 불좌상

과 좌우협시보살의 삼존상07이 여러 곳에 조각되어 있는데, 유희좌 삼존상과 더불어 그 조각 솜씨가 매우 뛰어나다.

이 굴은 깊어서 안쪽에는 햇빛이 들지 않아 그곳에 있는 조각상들은 어두워서 잘 보이지 않는다. 그런데 갑자기 환한 빛이 들어와 불상들을 비춰 준다. 인도인 한 분이 발코니에 앉아서 거울을 가지고 햇빛을 굴절시켜 조각상들을 비춰 주고 있었다. 그 빛을 따라 많은 불상들을 보고 나오면서 그분에게 약간의 돈을 보시했다. 그 사람은 그렇게 해서 먹고사는 것 같았다.

제16굴 카일라사 사원(Kailasanata, 8~9세기, 힌두교 사원)

이 사원은 인도 대중의 사랑을 받는 파괴와 사랑의 신 시바(Śiva)에게 바쳐진 사당이다. 엘로라에서 가장 크고 웅장하며 가장 예술적 완성도가 높은 사원으로 엘로라 석굴의 압권이자 하이라이트다.

카일라사(Kailasa)는 티베트의 서쪽 끝 히말라야에 있는 카일라스 산(Kailas, 해발 6,715m)을 형상화한 사원이다. 카일라스는 힌두교, 자이나교, 불교, 티베트 토착의 뵌교 등 4대 종교에서 공통으로 '우주의 중심'이며 '창조의 근원'이라 일컫는 성산(聖山)이다. 힌두교에서는 이 산을 시바 신이 거주하는 궁전 '카일라사'라 하고, 불교에서는 제석천(帝釋天)이 상주하는 '수미산'이라고 한다.

너무나 멀고 험난하여 갈 수 없는 성지 카일라스를 자신의 영토로 옮기겠다는 왕의 야망에 부응하여 백성들은 자신들이 사는 곳 근처에 오로지 망치와 폭 2.5㎝의 끌만을 사용하여 바위산을 쪼아 장대한 카일라사 사원을 건설했다.

이 사원의 장엄한 건축을 장식하는 조각들은 굽타 왕조 후기의 작풍(作風)으로 힌두 미술 최고 최대의 걸작이며 엘로라의 백미다. 보는 이를 압도하는 이 사원의 엄청난 볼륨은 타의 추종을 불허하며, 필설로는 도저히 형용할 방법이 없다. 너무 커서 시야각(視野角)이 부족해 카메라에 담아지지 않아 눈에 담아 가지고 오는 수밖에 없다.

이 사원은 장대한 규모와 치밀한 구성, 장식 부조의 다양성, 예술성, 기술성에 있어 타에 비할 데 없는 건축예술의 극치를 보여 준다.

이것이 정녕 인간의 손으로 만들어진 것이란 말인가? 과연 인간의 한계는 어디까지인가? 인류가 성취한 위대함에 옷깃을 여미고 숙연해지지 않을 수 없다. 그러나 상찬(賞讚)만 할 일은 아니다. 카일라사는 얼마나 많은 희생을 강요한 잔인한 건축물인가? 타락한 종교가 전제군주의 절대권력과 결탁하여 100년 이상 백성들을 가혹하게 착취한 가장 비종교적인 본보기 아닌가?

이 사원은 라슈트라쿠타(Ráshtraküta) 왕조의 단티두르가 왕(Dantidurga, 재위 735~755)에 의해 기획되고, 757년 크리슈나 1세(Krișuna I, 재위 757~773)에 의해 착공되어, 그 후계자들이 공사를 계속해 완성되기까지는 100년 이상 소요되었다. 당시 인도인의 평균 수명이 30세 전후였으니 여러 세대에 걸친 대역사(大役事)였다.

이 사원은 7천여 명의 석공이 한 덩어리의 거대한 바위산에 달라붙어 정상에서부터 밑으로 쪼아 내려가면서 탑다운(top-down) 방식으로 건설했다.

개착은 우선 현무암 큰 바위의 평편한 정상부에 너비 약 50m, 길이 약 90m의 범위를 구획하고, 'ㄷ'자 모양으로 너비 약 3m의 트렌치(trench)를 수직으로 굴착해 내려가면서 시작했다. 뒤이어 곧바로 조각가들이 건물의 모든 부분을 정교하게 원각(圓刻)하여 점차 밑으로 작업을 진행해 나가면서 사원 전체의 형태를 완성하고(두산백과 참조), 사원의 창문과 처마 장식, 벽기둥과 벽감 들을 풍부하게 장식했다. 그들은 그 'ㄷ' 자 획의 안쪽에는 중앙사원을, 그 바깥쪽에는 회랑을 건축했다.

이 초대형 사원은 파낸 돌의 무게만 무려 20만 톤이 넘고, 체적이 약 8만 5천㎥에 이르는 세계 최대의 단일석(單一石) 석조물이다. 사원의 규모는 입구의 너비 46m, 전체의 깊이 86m, 중앙사원은 폭 34m, 깊이 54m, 높이 35m이며, 전체의 구성은 완벽한 좌우대칭이고, 바닥 면적이 그리스 파르테논(Parthenon) 신전의 약 1.8배, 높이는 약 1.5배나 된다.

이 사원은 엘로라 석굴군에 속해 있지만 횡혈식(橫穴式) 석굴이 아니다. 거대한 암반을 밑으로 쪼아 내려가 건축을 돌출시킨 노천 사원이다. 사원의 전체적인 모습은 데칸 고원 양식이 아니고, 전형적인 남인도 사원 건축양식인 드라비디언(Dravidian) 양식이라고 한다.

자, 이제 사원 안으로 들어가 보자.

서쪽으로 열린 누문(樓門, 고푸라gopura)을 통해 안으로 들어가면, 정면에 2층의 난디(Nandi) 사당이 있고, 그 좌우(남북) 회랑에 시바 신의 상징적 요소들이 섬세하게 조각된 거대한 네모기둥(높이 15.5m, 폭 2.4m)의 당주(幢柱, 스탐바stambha)와 실물 크기의 코끼리가 대칭으로 서 있다.08 사원의 건물 배치는 난디 사당과 그 안쪽 중앙사원의 전전(前殿), 배전(拜殿)과 본전(本殿)이 동서 방향으로 일직선상에 놓여 있는 구성이다.

난디 사당은 높이 15m의 방형 평지붕의 건물로 상층 중앙의 바닥에 시바가 타고 다니는 황소 '난디 상(像)'이 조각되어 있고, 공중다리로 중앙사원의 전전과 연결되어 있다. 누문과 사당을 연결하는 돌다리 아래, 사원의 입구 정면에 비슈누의 아내 마할 락슈미(Mahal Laxumi)의 궁전이 있는데, 보석으로 화려하게 치장한 수문신들이 입구 양쪽에서 지키고 있고, 코끼리 두 마리가 양쪽에서 물을 뿌려 연화좌에 앉아 있는

08 제16굴-남쪽 회랑에서 바라본 난디 사당, 전전(前殿), 배전과 스탐바(당주) /Y. Shishido

09 제16굴-입구 정면에 있는 마할 락슈미 여신의 궁전. 입구 좌우에 호화롭게 치장한 수문신이 지키고 있고, 궁 안에서는 코끼리 두 마리가 양쪽에서 물을 뿌려 여신을 목욕시키고 있다. /G41rn8

여신을 목욕시키는 장면이 조각되어 있다.09 전전의 북쪽 외벽에는 고대 인도의 대서사시 『마하바라타(Mahabharata)』의 내용을, 남쪽 외벽에는 역시 고대 인도의 대서사시 『라마야나(Ramayana)』10의 내용을 세밀하게 새긴 부조가 장식되어 있다.

이 사원의 내부에는 전전을 지나서 16개의 네모기둥이 4열로 정연하게 서 있는 열주실, 배전(만다파mandapa)이 있고, 그 깊숙한 안쪽에 본전(비미나vimina)이 있으며, 그 중심에 있는 지성소(至聖所)에 시바의 상징인 링가(linga, 남근상男根像)11가 모셔져 있다. 남성 성기 모양의 원통형 돌기둥인 링가는 여성 성기 모양인 요니(yoni)를 형상화한 받침대를 뚫고 우뚝 서 있다. 이는 남성과 여성, 하늘과 땅의 결합이며, 만물의 생성을 위한 결합을 상징적으로 나타내고 있는 것이라고 한다. 관광 온 여인들이 스

10 제16굴-전전(前殿)의 남쪽 외벽에 조각되어 있는 고대 인도의 대서사시 『라마야나』 부조. 북쪽 외벽에는 『마하바라타』가 조각되어 있다. /G41rn8

11 제16굴-본전의 중심 지성소에 안치된 링가(남근상). 참배객들이 바친 꽃과 돈이 놓여 있다. /이상욱

12 제16굴-사원의 기단부를 떠받치고 있는 코끼리 떼 /다음 블로그

스럼없이 다가가서 쓰다듬기도 하고, 순례자들은 링가에게 꽃이나 돈을 바치고 주위를 빙빙 돌며 기도한다. 그들은 링가를 시바의 화신으로 숭배한다.

중앙사원의 하부 기단은 높이 7.5m로서, 4단의 석대 위에 코끼리 떼와 염소, 사자 등 다양한 동물들이 거대한 건물을 떠받치고 있는 모습으로 조각되어 있다.[12]

난디당과 중앙사원의 외벽에는, 시바의 아바타인 '춤의 왕' 나타라자(Nataraja)[13]가 네 개의 팔과 두 다리로 역동적으로 춤동작을 취한 '춤추는 시바' 등 시바 신화의 여러 장면과 신상(神像)들이 거의 빈 공간이 없을 정도로 많이 조각되어 있는데,[14] 그중에는 농염한 여체, 적나라한 자세의 성애 장면까지 묘사한 것도 적지 않다.

중앙사원의 동·남·북 3면과 주변 암벽 사이에는 넓은 측랑이 있고, 그

13 **제16굴-난디당 측벽 하단, 네 개의 팔과 두 다리로 역동적인 춤을 춤추는 시바의 아바타 '춤의 왕' 나타라자** /David Rodriguez

14 제16굴-지층 외벽에 조각되어 있는 힌두 신상들 /네이버 블로그

15 제16굴-북측랑. 사원의 기단부를 떠받치고 있는 코끼리 떼, 그 건너편 4각기둥의 회랑 안에 힌두 신상 조각과 승방이 있다. /박병욱

16 제16굴-북쪽 언덕 위 측면에서 바라본 카일라사. 배전의 평지붕(중앙)과 복잡한 탑 모양의 본전(왼쪽) /Y. Shishdo

내벽에 코끼리 떼가 사원의 기단부를 받치고 있으며, 그 외벽에 네모 기둥이 늘어선 회랑이 둘러쳐 있다.[15] 그 안에는 기둥으로 구획된 공간에 다양한 힌두의 신상들이 새겨져 있고, 더 안쪽에는 화려하게 조각된 네모기둥으로 받쳐진 광간(廣間)과 그 주변에 승방들이 배치되어 있다.

이제 사원 뒤(동쪽)의 언덕 위에 올라가 이 사원의 외관을 보자.

사원 뒤의 언덕에 올라서면 이 웅장한 사원 전체를 한눈에 조망할 수 있다.[01, 16] 배전의 방형 평지붕(높이 29m) 위에는 연꽃 모양으로 새겨진 3단의 동심원 중심에 성난 사자 네 마리가 사방을 경계하며 신전을 침탈하면 용서하지 않겠다는 기세로 바깥쪽을 향해 포효(咆哮)하고 있다.[17]

배전 뒤엔 복잡하고 거대한 탑 모양의 본전이 가장 높이 솟아 있고(높이 35m), 그 정상에 카일라스 산을 상징하는 거대한 남인도 양식의 반

17 제16굴-배전 지붕 위에서 바깥쪽을 향해 포효하고 있는 네 마리의 사자들 /박병욱

구형 시카라(sikhara, 정석頂石)가 솟아 있으며,01, 16 네 마리의 황소01가 사방에 둘러앉아 있다. 이 탑 아래 뒷부분에는 본당의 형태를 모방한 5개의 작은 사당들이 둘러서 있다.

한국의 여행자 중에는 "아잔타와 엘로라는 경주 석굴암(석불사)을 수십, 수백 개 합쳐 한곳에 만들어 놓은 것 같다"면서 열등감을 드러내는 분들이 더러 있다. 그러나 예술품은 규모만 가지고 단순 비교하여서는 안 된다. 예술은 '양'이 아니라 '질'이며 그 속에 담겨 있는 정신으로 평가해야 한다.

제29굴 두마르 레나(Dhumar Lena, 7세기, 힌두교 사원)

이 굴은 비하라 식 힌두교 사원으로 카일라사 다음으로 크며, 풍부한 조각으로 꾸며져 있는데, 조각상들은 크고 웅장하지만 그 가짓수는 많지

18 제29굴-자그마한 여신과 짝지어 서 있는 당당한 체구의 수문신 드바라필라(높이 약 3.5m)
/대마왕-daum.sungwha

않다. 서쪽 주출입구로 들어가면 기둥이 늘어서 있는 넓은 열주 홀 만다파(mandapa, 30m×30m, 높이 5.3m)가 있고, 그 동쪽 깊숙한 본존실 중앙에 링가를 모신 사당이 있다. 그 사당은 사방에 출입구가 있는 차트루무카(Chatrumukha) 양식의 사면당(四面堂)으로 출입구마다 좌우에 자그마한 여신을 동반한 수문신(守門神) 드바라팔라(Dvarapala)의 거대한 상(높이 약 3.5m)들이 조각되어 있다.[18]

이 굴에서 눈길을 끄는 조각으로는,

- 카일라스 산을 흔드는 라바나[19]: 열 개의 얼굴과 스무 개의 팔(십면이십비十面二十臂)을 가진 실론(Ceylon, 스리랑카)의 마왕 라바나(Ravana)가 시바의 거처 카일라스에 들어가려다가 수문장에게 쫓겨나자 분을 참지 못하여 카일라스 산

19 제29굴-10개의 얼굴과 20개의 팔을 가진 랑카의 마왕 라바나가 시바와 파르바티가 거주하는 카일라사 산을 들어 올려 흔들고 있다. /G41rn8

20 제29굴-시바의 춤추는 아바타인 '춤의 왕' 나타라자가 하늘의 구경꾼들이 지켜보는 가운데 악사들의 반주에 맞춰 시바의 '우주적 춤'을 추고 있다. /대마왕-daum.sungwha

을 들어 올려 흔드는 장면이다. 시바의 아내 파르바티(Parvati)가 놀라서 시바의 품 안으로 숨고, 시바는 오른쪽 엄지발가락으로 가볍게 산을 눌러 라바나를 산 아래 가둬 버렸다는 신화를 조각한 것이다. 파르바티의 터질 듯이 풍만한 모습이 관능적으로 묘사되어 있다.

- 춤추는 시바[20]: 시바의 춤추는 아바타인 '춤의 왕' 나타라자가 천상의 구경꾼들이 지켜보는 가운데 악사들의 반주에 맞추어 '우주적 춤'을 추고 있다.
- 암흑을 지배하는 악마 안다크(Andhak)를 칼로 찔러 죽이는 시바[21]: 파르바티가 앉아서 감탄하며 시바를 쳐다보고 있다.
- 시바와 파르바티의 결혼[22]: 시바와 파르바티가 히말라야 산 신(神)의 도시에서 천신과 현자들의 축복을 받으며 결혼하는 장면이다. 파르바티는 산의 신 히말라야의 딸로 시바의 첫 번째 아내 사티(Sati)의 후생으로 태어나, 시바의 두 번째 아내가 된다. 평소에는 자비롭고 온화한 여신으로 묘사되지만, 들소 악마 마히사를 퇴치한 여신 두르가(Durga), 검은 모습의 분노의 여신 칼리(Kali) 등 파괴적인 여신의 모습으로도 나타난다.
- 시바와 파르바티가 권속들을 거느리고 체스를 두는 장면

등이 있다.

21 제29굴-암흑을 지배하는 악마 안다크를 칼로 찔러 죽이는 시바 /G41rn8

22 제29굴-시바와 파르바티의 결혼 /대마왕-daum.inmisonara

23 제32굴의 외관. 안뜰 중앙에 남인도 양식의 복잡한 시카라를 얹은 작은 사면당이 있다. 그 동쪽에 실물 크기의 환조된 코끼리가 있고, 그 8m 서쪽에는 서로 등을 맞대고 앉아 있는 네 사람을 꼭대기에 이고 있는 높이 10m의 스탐바가 서 있다. /『世界の大遺跡 8: インドの聖域』(講談社), f. 189

제32굴 인드라 사바(Indra Sabha, 9~10세기, 자이나교 사원)

이 굴은 엘로라에서 가장 늦은 시기에 조성된 자이나교 사원으로, 최고의 조각 장식을 자랑하는 굴이다.

출입문을 들어서면 안마당 왼쪽에 서로 등을 맞대고 앉아 있는 네 사람을 꼭대기에 이고 있는 높이 10m의 화려한 석주(스탐바)와 오른쪽에 실물 크기의 석조 코끼리가 서 있다. 안뜰 중앙에 하나의 암석을 통째로 깎아서 만든 차트루무카 양식의 독립된 사면당이 세워져 있는데, 정상에 매우 복잡한 남인도 양식의 시카라가 얹혀 있다.[23] 이를 중심으로 2층 건물이 동·남·북 3면을 둘러싸고 있는데, 1층은 미완성이어서 아무런 장식이 없고, 2층에는 매우 섬세하고 화려한 조각과 벽화가 가득 차 있다.

24 제32굴-2층 인드라사바에 자이나교의 성자 고마테스바라(Gomastevara) 등 3명의 티르탕카라가 나신으로 서 있고, 인드라니가 사자 위에 앉아 있다. /*Ajanta & Ellora*, pp. 8-9

25 제32굴-2층 전랑(前廊) 북쪽 끝에 코끼리를 타고 앉아 있는 인드라. 좌우에 필자 내외(1994) /최영도

자이나교는 석가모니와 동시대의 인물인 마하비라(Mahāvīra, 기원전 599~기원전 527)가 세속적인 브라흐만교를 개혁하여 창시한 출가주의 종교다. 불살생(不殺生)을 핵심 윤리로 하여 생명을 품고 있는 씨앗도 열매도 먹지 않고, 극단적인 무소유를 실천하여 옷조차 벗어 던지고 나체로 수행하며, 걸식을 위한 그릇마저 휴대하지 않는다.

사원 2층에 제24대 티르탕카라(Tirthankara, 자이나교의 교조敎祖, 성자) 마하비라와 자이나교의 스승 구루(Guru, 조사祖師)들의 형상이 조각되어 있는데, 모두 옷을 벗고 남성의 성기를 고스란히 드러낸 정면 입상이다.[24] 그것은 인간의 욕망을 배제한, 보통인이 평소 가지고 있는 그대로의 모

26 제32굴-2층 전랑 남쪽 끝에 사자를 타고 앉아 있는 인드라의 아내 인드라니. 좌우에 필자 내외(1994) /최영도

습이다. 그 앞에 인드라니(Indrani) 여신이 사자를 타고 앉아 있는데, 그녀의 볼록한 젖가슴은 사람들이 하도 만져서 검은 광채가 난다.

2층 전랑(前廊)의 북쪽 끝에 '신들의 왕' 인드라(Indra)가 코끼리를 타고 앉아 있어,25 이 석굴을 일명 '인드라사바(Indrasabha, 인드라의 회의실)'라고 부른다. 그 대척점인 남쪽 끝에 그의 아내 인드라니가 사자의 등을 타고 앉아 있다.26

본당은 안쪽으로 깊게 파여 있으며, 2층 전전(前殿)의 넓은 홀(16m×20m)은 화려하게 조각된 12개의 기둥으로 지탱되어 있고, 정면 깊숙한 곳에 지성소가 있는데, 장식 기술의 완성도가 매우 높아 조각예술의 극

27 제32굴-2층 전전(前殿)의 넓은 방(16m×20m)에 12개의 당당한 열주로 지탱된 방형 회랑이 형성되어 있다. 열주는 쿠션 형의 기둥머리와 각주(角柱) 등 다면(多面)의 석주로 이루어져 있고, 장식 기술의 완성도가 매우 높은 화려한 부조로 장식되어 있다. /『世界の大遺跡 8: インドの聖域』, f. 190

치를 보여 준다.27

극단적인 무소유를 추구하는 종교가 엄청난 공사비를 들여 이처럼 화려한 사원을 건설하고 그 안에서 수행하였다니, 너무 심한 아이러니가 아닐 수 없다.

사람들은 아잔타와 엘로라를 비교하여 아잔타는 섬세한 벽화로 보는 이를 사로잡고, 엘로라는 웅장한 조각으로 보는 이를 압도한다고 말한다.

에필로그

인도를 다녀온 사람들은 '인도병'에 걸린다고 한다.

차마 눈 뜨고는 볼 수 없는 처참한 가난, 뻗은 손이 저절로 움츠러드는 불결함. 강심장인 나도 그들의 빈민촌에 가서는 감히 카메라를 들이대지 못했다.

낳은 아기를 걸레에 싸서 안고 구걸을 하는 앳된 소녀를 그들 무리에서 유인해 구석으로 데리고 가서 몇 달러 쥐어 줬다가, 수십 명의 거지들이 일제히 달려들어 깔려 죽을 뻔했다. 나는 세 번이나 그런 짓을 해서, 절대로 적선하지 말라고 주의를 주던 가이드에게 번번이 혼났다.

끈질기게 달라붙는 상술에 질리고, 약속은 지켜지지 않는다. 교통수단의 시간표도 있으나 마나, 예약된 국영 항공사의 비행기가 아무 예고도 없이 착륙하지 않고 그냥 지나가 버리고는 안내방송조차 없는 극도의 무질서와 불친절에 당하고, 매사에 "노 프라블럼(no problem)"이라고 허풍 떠는 여행사 매니저에게 속고는, 분개하여 주먹을 불끈 쥐고 이를 갈면서, "내가 다시 인도에 오나 봐라!" "인도를 향해서는 오줌도 누지 않겠다!"라고 저주하며 도망치듯 돌아왔는데…. 그러나 그들의 무진장한 문화유산에 대한 감동과 환희, 느긋한 삶, 마치 해탈한 것 같은 무욕과 체념에 대한 경외(敬畏)로, 한 달도 못 돼 다시 가고 싶어 안달을 하게 되고, 인도라는 말만 들어도 귀가 쫑긋 해지는 현상은 뭐라고 설명을 해야 할까.

나는 유럽에서 바티칸(Vatican)의 산 피에트로 대성당(Basillica San Pietro)과 시스티나 예배당(Cappella Sistina)을 장식한 장엄한 르네상스 미술의 회화와 조각과 건축을 보고 기가 팍 죽었었다. 그리고는 유럽인은 아시아인보다 우월하다는 생각까지 했다.

그러나 아잔타와 엘로라를 보고는 죽었던 내 기가 좌악 펴졌다. 유럽 어디에 아잔타 제1, 2굴 같은 벽화가 있으며, 아잔타 제19, 26굴, 엘로라 제16굴 같은 조각이 있는가. 고대 인도 사람들은 그 엄청난 일들을 유럽보다 거의 1천년 앞서 해냈다. 그래서 네이딘 고디머 여사가 시스티나를 잊고 아잔타를 보라고 한 것에 수긍이 갔다. 나는 아잔타, 엘로라를 보고 나서 신께 감사했다. 혹시 유럽에 대한 유치한 열등의식의 발로 아니냐고 비웃어도 할수없다. 그때 내 솔직한 심정이 그랬으니까.

아잔타, 엘로라는 죽기 전에 꼭 보아야 할 '버킷 리스트(bucket list)' 제1호다.

제4장

무모한 전제군주의 허황된 욕망

앙코르 와트 Angkor Watt

앙코르의 약사略史

앙코르 와트 건설

앙코르 와트 관람

상념

01 제1회랑을 배경으로 서쪽 참배도 끝에 서서, 필자 내외(1997) /최영도

앙코르의 약사略史

1세기경 인도차이나 반도 남동쪽 메콩 강 하류에서 부남(扶南, Funan)이라는 나라가 일어나 해상중계무역으로 크게 번영했다. 그러나 7세기 초 메콩 강 중류에서 세력을 키운 진랍(眞臘, Chenla)이 남하하여 부남을 멸망시키고 국토를 통일했다. 그러나 8세기 초 내란이 일어나 남쪽의 수진랍(水眞臘)과 북쪽의 육진랍(陸眞臘)으로 분열되었다.

767년 수진랍은 자바의 샤일렌드라 조(朝)에게 점령되었고, 그때 인질로 잡혀간 왕자가 800년경 풀려나 메콩 강 하류와 중부의 광대한 지역을 정복하고, 802년 성산(聖山) 프놈 쿨렌(Phnom Kulen)에서 자야바르만 2세(Jayavarman II, 재위 802~835)로 즉위했다. 그는 자신이 전륜성왕(轉輪聖王)으로서 시바 신과 합일된 존재이며, '왕이 곧 신(王卽神)'이라는 신왕신앙(神王信仰)에 따라 '데바라자(Devaraja, 신왕神王)' 제의(祭儀)를 거행하고, 크메르(Khmer) 제국 앙코르(Angkor) 조(802~1432)의 시조가 되었다.

600여 년 동안 번영하던 앙코르 조는 1431년 샴(Siam, 타이)의 아유타야(Ayuthaya) 조의 침공을 받아 앙코르 도성이 함락되고 왕이 피살되자, 1432년 앙코르 톰을 버리고 318㎞ 남동쪽에 있는 프놈펜(Phnom-Penh)으로 천도했다.

버려진 도성과 사원들은 오래지 않아 열대밀림에 뒤덮였다. 그러나 아주 망각된 것은 아니었다. 힌두 사원으로 세워진 앙코르 와트는 불교 사원으로 변해, 인근 주민들의 인적(人跡)과 향화(香火)가 이어졌다.

앙코르 와트는 어떻게 서구에 알려졌을까?

1850년 프랑스인 신부 샤를 에밀 뷔요(Charles Emile Vuillot)가 앙코르를 방문하고 돌아가 1858년 파리에서 여행기를 발표했다.

1860년 1월에는 프랑스 태생의 영국인 박물학자 앙리 무오(Henri Mouhot, 1826~1861)가 3주 동안 앙코르 유적을 탐사하며 꼼꼼하게 기록하고 스케치했다. 그리고는 이듬해 11월 10일 라오스 루앙 프라방(Louang Prabang) 근교의 정글에서 말라리아에 걸려 사망했다. 그러나 자칫 일실(逸失)될 뻔했던 그의 일기와 데생, 채색화와 표본은 무오가 가장 신뢰했던 현지인 조수 프라이(Phrai)에 의해 방콕으로 보내져 유럽으로 갔다. 그리고 1863년 파리의 『르 투르 뒤 몽드(Le Tour du Monde)』지에 연재되고, 1864년 영국에서 학술적인 여행기로 발간되어 앙코르 유적이 서방세계에 알려지게 되었다. 그는 "앙코르 사원 중의 하나—솔로몬의 성전이나 미켈란젤로의 건축물에 필적하는—는 서구의 가장 아름다운 건축물 사이에 갖다 놓아도 손색이 없을 것이다. 이 사원은 그리스 로마 문명이 우리에게 남겨 놓은 그 어떤 건축물보다 장엄하다", "서양의 고대문명이 우리에게 남겨준 것 이상으로 완벽한 예술적 감각을 갖춘 유물이 이곳 동양에도 존재한다는 사실을 어서 빨리 알리고 싶다"고 했다.

캄보디아는 1794년 타이에 합병되고, 1863년 프랑스의 식민지가 되었다가 1953년 독립하여, 캄보디아왕국(1953~1973)으로 탄생되었다.

그러나 1970년 론놀(Lon Nol) 장군이 친미 쿠데타를 일으켜, 노로돔 시하누크(Norodom Sihanouk, 1922~2012) 국왕을 축출하고, 1973년 크메르 공화국(1973~1975)을 수립하여, 북베트남 견제책으로 베트남계 주민 수십만 명을 학살했다. 북베트남과 전쟁 중이던 미군은 B-52 폭격기로 캄보디아의 농촌지대를 융단폭격하여, 50만~80만 명을 살육했다. 그러자 100여만 명의 농민들이 갑자기 도시로 밀려들어 와 기아와 빈곤 등으로 혼란은 극에 달하고, 반미감정이 극도로 고조되었다.

그 틈을 타서 폴 포트(Pol Pot) 파의 극좌공산당 크메르 루주(Khmer Rouge, 붉은 크메르)가 1975년 론놀 정권을 전복하여 민주캄푸치아(1975~1978)를 수립하고, 이상적인 농촌공산사회를 건설한다면서 도시인들을 농촌으로 추방하고, 지식인, 부유층, 정치인, 군인, 교사, 부녀자, 심지어 어린이까지 양민 100여만(?) 명을 학살하여, 캄보디아는 이른바 '킬링 필드(Killing Fields)'가 된다.

1979년 베트남 공산군이 캄보디아를 침공하여 폴 포트 정권을 타도하고 캄푸치아인민공화국(1979~1993)을 수립하자, 폴 포트 파는 북부 밀림지대로 쫓겨가 게릴라 투쟁을 벌였다. 캄보디아 전 국토는 쌍방이 매설한 수백만 개의 지뢰로 지뢰밭이 되어 버렸다.

1993년 유엔이 개입하여 입헌군주제 헌법을 제정하고, 시하누크 공을 왕으로 선출하여 캄보디아왕국(1993~)이 20년 만에 부활되었다. 그리고 내전 중 닫혔던 문호를 다시 대외에 개방했다.

밀림에 묻혀 있던 앙코르 유적은 원동박고원(遠東博古院, École française d'Extrême-Orient. 1898년 베트남에 설립된 프랑스 극동학원)의 관할 아래 1907년부터 조사, 복원, 보존이 진행되다가 1970년 내전으로 중단되고, 내전이 끝난 1993년부터 재개되어 프랑스, 일본, 유네스코가 국제위원회를 만들어 계속하고 있다.

나는 어려서부터 앙코르 와트는 세계에서 가장 큰 석조건물이며, 아시아의 4대 문화유적의 하나라고 들었고, 김찬삼(金燦三) 교수의 세계여행기 『끝없는 여로』(삼중당, 1972)에서 캄보디아 여행기를 읽고 그곳에 몹시 가고 싶었으나, 내전으로 외국인의 입국이 봉쇄되어 갈 수 없었다.

그러다가 1993년 문호가 다시 개방되자, 1997년 1월 나는 대망의 앙코르 유적 답사의 길에 올랐다.

02 성호(聖湖)에 비친 앙코르 와트를 배경으로 서 있는 스님들 /sam garea

앙코르 와트 건설

크메르 제국의 제18대 왕 수리야바르만 2세(Suryavarman Ⅱ, 재위 1113~1150경)는 오랜 기간 피비린내 나는 왕위 계승 다툼으로 흐트러진 왕국을 재통일하고 국토를 크게 확장하여 앙코르 왕조의 최성기를 구축했다. 그는 비슈누(Viṣṇu) 신에게 세계 최대의 사원을 바치기로 맹세하고, 1113년 즉위하자마자 앙코르 와트(Angkor Wat)02 건설에 착수했다. 앙코르는 '도성(왕도)', 와트는 '사원'이라는 뜻으로, 앙코르 와트는 '왕도의 사원'이라는 뜻이다. 그는 매일 2만 5천여 명의 인력을 동원하여 37년간 공사를 강행한 끝에 1150년 완성했다.

앙코르 와트는 세계에서 가장 크고 가장 아름다운 사원으로 앙코르의 유적 중에서 가장 웅장하고 화려하다. 사학자 아널드 토인비(Arnold J. Toynbee, 1889~1975)는 "일생 동안 여기 머물며 이 아름다움에 도취되고 싶다"고 상찬했다.

이 사원은 동서 1,500m, 남북 1,300m, 폭 190m의 엄청나게 큰 환호(環濠) 안에, 섬처럼 떠 있는 1,080m×820m의 성토기단을 축조하고,03 그 위에 길이 540m의 서참도(西參道)와 3중의 회랑과, 높이 65m의 중앙첨탑을 중심으로 4기(基)의 당탑(堂塔)을 좌우대칭으로 정연하게 배치했다.04, 05 이러한 정연한 기하학적인 평면 전개와, 중앙탑과 네 모서리 당탑의 입체적 배치는 신의 임재(臨在)를 상상케 하는 절묘한 하모니를 창조하고, 인간의 천계(天界)에 대한 동경을 시현(示現)하고 있다. 중앙탑의 사당에는 신왕 사상에 따라 왕과 비슈누 신이 합일된 비슈누 라자(Viṣṇu Raja) 신왕상이 봉안되어 있다. 중앙첨탑에는 언제라도 비슈누 신이 강림하여 왕과 신이 합일된 세계를 이루도록 하고, 다섯 개의 탑은

03 하늘에서 내려다본 앙코르 와트 전경. 넓은 환호(環濠) 안에 섬처럼 떠있는 대지(臺地)의 중앙에 사원이 건축되어 있다. /Charles J. Sharp

04 하늘에서 내려다본 앙코르 와트 전경 /www.seoultravelservice.com

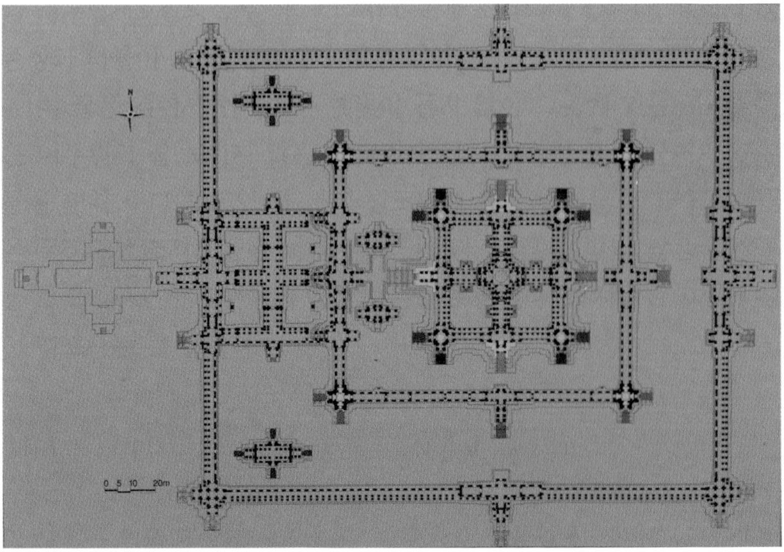

05 앙코르 와트 평면도. 3중의 회랑 안에 본전의 중앙탑이 배치되어 있고, 좌우대칭의 정연한 기하학적인 평면 전개와 균제미가 돋보이는 구성이다. /*ANGKOR: Cities and Temples* (Thames and Hudson), p. 157

세계의 중심에 있는 신들의 궁전 메루 산(Meru, 수미산)을 나타내며, 주벽은 히말라야의 영봉을 본떴고, 환호는 깊고 무한한 대양을 상징하는 등 이 사원은 크메르적인 신의 세계와 우주관을 이 지상에 구현한 것이라고 한다06(『世界の大遺跡 12: アンコールとボロブドゥル』, 講談社 참조).

건축학 상의 경이라는 이 사원은 어떤 방법으로 건축되었을까?

먼저 부근의 땅속에서 잘라낸 라테라이트(laterite, 홍토석紅土石)를 쌓아 올려 건조물의 주요 부분을 구축하고, 그 표면에 사암을 두껍게 붙인 다음, 그 외면을 갈아서 벽면을 완성하고, 그 벽에 환쟁이가 그림을 그리고, 조각가가 조각을 하고, 칠장이가 바탕에 분을 바르고 밑칠을 한 위에 금박을 눌러 붙이고, 다시 그 위에 채색을 입혔다고 한다.

06 하늘에서 내려다본 앙코르 와트 중심부의 웅장한 모습. 제2회랑 안뜰에서 제3회랑으로 올라가는 가파른 대계단, 제3회랑 모서리 네 개의 당탑, 그 십자형 회랑 중앙의 본전과 중앙첨탑(높이 65m) /『世界の大遺跡 12: アンコールとボロブドゥル』(講談社), f. 66

석재 소요량은 이집트 기자(Giza)의 최대 피라미드인 쿠푸(Kufu) 왕의 피라미드에 사용된 석재의 양과 같으며, 7톤짜리 돌기둥 1,532개가 소요되었다. 사암은 앙코르에서 40㎞ 떨어진 프놈 쿨렌의 채석장에서 수만 명의 전쟁포로와 노예를 동원하여 잘라 내서 우차나 코끼리로 끌고 왔으며, 우기에는 하천을 이용하여 운반했다고 한다.

앙코르 와트 관람

자, 이제 앙코르 와트로 들어가 보자. 이 사원은 오후에 가는 것이 좋다. 오전에 가면 해가 동쪽인 사원 건물의 뒤에 떠 있어, 서쪽에서 들어가면서는 역광으로 그늘진 건물만 보게 되기 때문이다.

서문-환호-석조탑문-참배도-십자형 테라스

우리 일행은 칠두사 나가와 심하(사자)가 지키고 있는 서문(정문)으로 들어가, 환호에 놓인 길이 190m, 폭 15m의, 인간계와 신계를 연결하는 돌다리를 건너 석조탑문(고푸라)07에 이르렀다.

이 탑문은 속계를 떠나 신계(神界)로 들어가는 관문으로, 중앙과 좌우에 하나씩 세 개의 문이 있다. 중앙문은 왕이, 좌우문은 승려가 출입하는 문이다. 이 탑문에는 좌우로 폭이 235m나 되는 익랑(翼廊)이 붙어 있고, 그 양쪽 끝에 문이 하나씩 더 있다. 그 문은 주력 전투부대인 코끼리

07 고푸라(석조탑문) 전경. 3개의 문과 좌우 폭이 235m나 되는 익랑(翼廊)의 파노라마 /Public Domain

08 서쪽 참배도. 길이 475m, 폭 9.5m /Der Fussi

군단이 개선하거나 열병식을 하기 위해 드나드는 문이다. 그 탑문을 지나서 칠두사의 몸통 모양으로 좌우 난간을 장식한, 길이 475m, 폭 9.5m의 긴 참배도08를 따라가면, 그 끝에 날씬한 몸매의 심하 4마리가 좌우에 앉아 있는 높이 5m의 층계가 있다. 그 층계를 오르면 십자형 테라스가 나오고, 그 테라스를 지나면 바로 본건물 제1회랑에 다다른다.09

제1회랑

제1회랑은 천장이 덮인 동서 215m, 남북 187m의 회랑으로 세계 최대의 석조건축물이다(상암월드컵경기장의 5.63배).09 이 회랑에는 여덟 개의 패널로 구성된 높이 2.4m, 총연장 520m의 세계에서 가장 긴 석조 부조가 조각되어 있다.10

09 제1회랑. 동서 215m×남북 187m로 세계 최대의 석조건물이다. /L-Bit

10 제1회랑 부조의 벽(총연장 520m) /www.zzzxxx.com

11 서회랑 남익벽에 부조된 인도의 대서사시 『마하바라타』 중 〈쿠루크세트라 전투〉(부분). 카우라바 군이 진격하고 있는 가운데 위쪽에 총사령관 비슈마가 판다바 측 천하무적의 전사 아르주나가 쏜 수많은 화살을 맞고 침상에 누워 죽어 가고 있다. /*Of Gods, Kings and Men* (Serindia Publications), p. 13

12 남회랑 서익벽에 부조된 〈역사적인 행렬〉(부분). 이 사원의 건축자인 수리야바르만 2세가 나가의 발이 달린 긴 안락의자에 앉아 신하들로부터 충성 서약을 받고 있다. /Michael Gunther

우리는 회랑 입구에서 시계반대방향으로 돌며 〈쿠루크세트라 전투〉, 〈역사적인 행렬〉, 〈천국과 지옥〉, 〈우유의 바다 휘젓기〉, 〈아수라에 대한 비슈누의 승리〉, 〈아수라 '바나'에 대한 크리슈나의 승리〉, 〈데바와 아수라의 전투〉, 〈랑카 전투〉 순으로 관람했다. 그중에서 다음 네 개가 유명하고 뛰어나다.

〈쿠루크세트라(Kurukhsetra) 전투〉(서회랑 남익벽南翼壁, 길이 49m)

고대 인도의 대서사시 『마하바라타』 중 바라타(Bharata) 왕국의 왕족으로 사촌형제 간인 '판다바(Pāndava)'와 '카우라바(Kaurava)' 무리가 우주적 조화의 재정립과 올바른 왕위 계승을 위해 쿠루(Kuru) 평원에서 벌인 18일간의 처절한 전투를 묘사한 것이다.

악한 세력인 카우라바 100형제의 11개 사단은 왼쪽에서 오른쪽으로, 선한 세력인 판다바 5형제의 7개 사단은 오른쪽에서 왼쪽으로 진군하여 패널 중앙에서 격돌한다.[11] 전투는 선의 승리로 귀결된다. 패널 왼쪽 위에 카우라바 군의 총사령관인 비슈마(Bhiṣma)가 판다바 측 천하무적의 전사 아르주나(Arjuna)가 쏜 수많은 화살을 맞고 침상에서 죽어가고 있다.

〈역사적인 행렬〉(남회랑 서西익벽, 길이 94m)

이 사원의 창건자인 수리야바르만 2세의 영광스러운 사적(史蹟)이 묘사되어 있고, 여러 나라의 왕과 지도자들이 21장면에 걸쳐 왼쪽에서 오른쪽으로 행진한다.

패널 왼쪽에서 수리야바르만 2세가 신성한 산에서 왕좌에 앉아 4명의 대신과 신하들로부터 충성 서약을 받고 있고, 양옆에 시종들이 14개의 일산(日傘)과 5개의 부채를 들고 있다.[12] 충성 서약이 끝난 후 왕은 군대를 이끌고 산에서 내려와 코끼리 위에 서서 창과 방패를 든 보병 밀집

13 〈역사적인 행렬〉. 작은 방패와 창을 가진 맨발의 병사들과 짐승 머리 헬멧을 쓰고 정교하게 장식된 패딩 관복을 입고 말을 탄 지휘관들이 행진하고 있다. /Michael Gunther

14 〈역사적인 행렬〉. 넓은 스커트를 입은 샴(Siam)인 병사들이 창과 긴 방패를 들고 선두에서 행진하고 있다. /Michael Gunther

부대와 함께 행진하고 있다.13, 14 이 패널의 부조는 인물과 동물을 두텁게 묘사하는 수법(후부조厚浮彫), 원근법의 전개 등으로 이 회랑의 부조들 중에서 솜씨가 가장 뛰어나고 보존 상태도 가장 좋다.

15 동회랑 남익벽에 부조된 크메르 창세의 신화 〈우유의 바다 휘젓기〉. 비슈누가 자신의 아바타인 거북의 왕 '쿠르마'의 등에 실려 있는 교반기 만다라 산 위에 앉아 데바와 아수라의 줄다리기를 통제하고 있다. /Markalexander100

〈우유의 바다 휘젓기〉

(동회랑 남익벽, 길이 49m)

힌두교 성전(聖典) 『바가바타 푸라나(Bhagavata Purana)』로부터 유래한 비슈누의 천지창조 신화를 묘사한 것이다. 패널 중앙에 비슈누가 검(劍)과 차크라(chakra, 원반disc)로 무장을 하고, 자신의 아바타인 거북의 왕 쿠르마(Kurma)의 등에 실린 교반기(攪伴機) 만다라(Mandara) 산 위에 앉아, 데바(Deva, 신인神人)와 아수라(Asura, 阿修羅) 사이의 줄다리기의 전후운동을 통제하면서, 우유의 바다를 휘저어 세상을 뽑아 올리고, 불로장생의 영약 '암리타(amrita, 甘露)'를 방출하고 있다.[15]

16 〈우유의 바다 휘젓기〉 중 36개의 머리를 가진 아수라 왕 발리가 나가의 왕 오두사 바수키의 머리를 잡고 아수라들을 지휘하고 있다.
/*ANGKOR: Cities and Temples*, p. 162

밧줄은 지하세계 뱀의 왕 오두사(五頭蛇) '바수키(Vasuki)'의 몸통이다. 오른쪽에서 꼬리 부분을 잡아당기는 88명의 데바는 선을 상징하고, 왼쪽에서 머리 부분을 잡아당기는 92명의 아수라는 악을 상징한다. 패널 왼쪽 끝에 36두(頭), 18수(手), 2족(足)의 아수라 왕 '발리(Vali)'가 바수키의 머리를 잡고 아수라들을 지휘하고 있고,[16] 패널 오른쪽 끝에는 원숭이 대장군 '하누만(Hanuman)'이 바수키의 꼬리를 잡고 데바들을 독려하고 있다. 상단에는 바다 휘젓기에서 탄생한 천계(天界)의 요정 압사라(Apsara)들이 하늘을 날아 다니며 춤추고 있다.

17 서회랑 북익벽에 부조된 인도의 대서사시 『라마야나』 중 〈랑카 전투〉(부분). 라마 왕자가 원숭이 대장군 하누만의 어깨에 올라타서 랑카의 마왕 라바나와 싸우고 있다. */Of Gods, Kings and Men*, p. 79

〈랑카Lanka 전투〉(서회랑 북北익벽, 길이 51m)

고대 인도의 대서사시 『라마야나』 중 랑카의 마왕 라바나(Ravana)가 코살라(Kosala)국의 왕자 라마(Lama)의 아내 시타(Sita) 공주를 연모하여 납치해 가자, 라마가 원숭이왕국 키슈킨다(Kiṣkinda)의 왕 수그리바(Sugriva)와 동맹을 맺고, 원숭이 군단과 연합하여 랑카(스리랑카) 섬에 상륙해 라바나를 죽이고 시타 왕비를 구출하는 전투를 묘사한 것이다. 패널 중앙에 라마가 원숭이 대장군 하누만의 어깨에 올라타서 라바나와 싸우는 장면17이 매우 역동적으로 묘사되어 있다.

18 십자형 중회랑의 사방에 있는 못. 옛날에는 이 못에 물을 채우고 참예자가 몸을 깨끗이 씻고 참배토록 했다. /Jorge Lascar

십자형 중회랑

제1회랑에서 더 들어가자 십자형 중회랑18이 나온다. 이곳에는 동서남북에 사방 12m의 못[池]이 네 개 있다. 옛날에는 여기에다 의식용 물을 채우고 참예자(參詣者)들이 몸을 깨끗이 씻고 들어갔다고 한다.

이 중회랑 남측 벽에 많은 목조 불상이 세워져 있다. 앙코르가 버려진 후 이 사원은 불교 사원으로 바뀌고 불상들이 반입되어, 재발견 당시에는 너무 많은 불상이 통로까지 막고 있어, '일천불(一千佛)의 회랑'이라고 불렸다 한다.

19 제2회랑 내정에서 바라본 제3회랑과 당탑. 그 앞에 서 있는 필자의 아내(1997) /최영도

제2회랑-제3회랑-중앙탑

십자형 중회랑에서 15계단을 올라가면, 동서 115m, 남북 100m의 제2회랑으로 둘러싸인 내정(內庭)이 나오고, 높게 쌓아 올린 제3회랑과 우뚝 솟은 중앙첨탑이 불쑥 나타난다.[19] 그 내정에서 제3회랑으로 올라가는 대계단(높이 13m, 37계단)[06]이 12군데 설치되어 있는데, 인체공학을 무시한 급경사(70도)여서 엎드려 두 손으로 짚고 기어오르지 않으면 안 된다. 게다가 돌계단이 반들반들하게 닳아서 미끄럽기까지 하다. 천계로 오르려는 자는 겸허하게 몸을 낮춰 네 발로 기어 올라오라는 뜻인가 보다(내가 다녀온 후 어떤 관광객이 이 계단에서 추락사하여, 계단은 일시 폐쇄되고, 동쪽 계단 양쪽에 손잡이가 있는 목조계단이 가설되었다고 한다).

제3회랑(60m×60m)의 네 모서리에 각각 연봉오리 모양의 당탑이 있고, 그 회랑의 내정을 4분하는 십자형 열주랑(列柱廊)의 중심에 메루 산을 상징하는 높이 65m의 중앙탑[20]이 서 있다. 그 중앙탑 바로 아래 본

20 제3회랑 내정을 4분하는 십자형 회랑과 그 중심인 본당에 우뚝 솟아 있는 중앙탑(65m) /s.Greg Willis

전 사당에 수리야바르만 2세와 비슈누 신이 합일된 신왕 '비슈누 라자(Viṣṇu Raja)' 상이 봉안되어 있다. 당시 그 사당에는 왕과 사제만 출입이 허용되었다고 한다. 그곳에 앉아 사방을 둘러보니 따뜻한 햇살 아래 고즈넉한 이 사원의 텅 빈 분위기가 마치 딴 세상에 온 듯하다.

압사라와 데바타

이 사원에는 기둥과 벽면에 크기, 용모, 표정, 머리 모양, 보관, 의상, 손의 위치와 장신구가 각각 다른 여신 데바타(Devata, 신을 공양하는 여신)와 천계의 요정 압사라(Apsara, 춤을 추거나 음악을 연주하는 요정)가 1,737체나 조각되어 있다.21~23 화려한 보관과 목걸이, 팔찌와 발찌로 장식을 하고, 미소 짓는 얼굴, 풍만한 유방, 잘록한 허리, 상반신은 나신이고 하반신은 치마

21 서탑문 외벽의 코너에 부조된 데바타와 장식문양. 늘씬한 8등신 몸매, 입가에 엷은 웃음을 띤 아름다운 얼굴, 상체는 벗고 하체에는 속이 훤히 비치는 시스루 치마를 입었다. /『アンコール遺跡見聞録』, p.45

22 여신 데바타. 보관, 목걸이, 벨트의 장식이 더욱 화려하다. /Hans Stieglitz

23 제2회랑 내정 북서쪽 코너에 부조된 12명의 천녀 압사라 /*ANGKOR: Cities and Temples*, pp. 186-87

속이 훤히 들여다보이는 시스루(see-through) 패션이다. 당시 왕궁의 아름다운 궁녀니 무희를 모델로 하여 실사(實寫)했을 것이다.

24 제3회랑 대계단 위에서. 고푸라와 서참도, 제2회랑의 문을 배경으로 앉아서(1997) /최영도

상념

제3회랑 서쪽 대계단 위에 앉아, 멀리 사원 입구에서 들어온 서참도를 내려다보며 잠시 상념(想念)에 젖는다.[24] 왕은 왜 수십 년간 가혹하게 세금을 징수하고 엄청난 노동력을 착취하여 이렇게 터무니없이 큰 사원을 지었을까? 왕은 정말 자신이 신과 합일된 존재이며 죽어서 신이 된다고 믿고 있었을까?

무모한 전제군주의 허황(虛荒)된 욕망이라기엔 노예처럼 부려진 백성들의 희생이 너무 크고 아프다. 사실 이 건축물은 죽어서 신이 되고 싶은 왕의 영묘(靈廟, 분묘사원)다. 그렇기 때문에 태양(수리야)이 저무는 죽음의 땅, 서방정토가 있는 서쪽을 향해 지어졌다. 왕은 이 분묘사원을 완공한 해인 1150년 참파로 출정한 후 사라져서 영영 돌아오지 않았다. 왕의 불귀(不歸)가 시사하는 바는 무엇일까? 학정(虐政)에 대한 신의 노여움일까?

역설적이게도 우리는 폭군이 학정으로 만들어 낸 초대형 성과물을 관광하면서 감탄하고, 그 후예들은 그 덕에 먹고산다.

1992년 앙코르 유적은 유네스코에 의해 세계문화유산으로 지정되었다.

제5장

12세기 세계 최대의 계획도시

앙코르 톰 Angkor Thom 과 그 주변 유적들

앙코르 톰 건설

앙코르 톰 관람

앙코르 톰 주변의 유적군遺蹟群

01 바욘의 정문인 동쪽 문 /Charles J. Sharp

앙코르 톰 건설

크메르 왕국은 오랜 전쟁과 앙코르 와트 같은 대사원의 무리한 건축으로 국력이 피폐해져, 1177년 참파(Champa, 말레이계 참족이 베트남 중부 동해안에 세운 나라)의 침공을 받아, 왕이 피살되고 수도 야소다라푸라(Yasodarapura)가 함락되어 4년간 그들의 지배를 받는다.

이때 한 지방 호족장의 아들이 나서서 참파를 토벌하고 국권을 회복한 후 1181년 즉위하니, 그가 바로 제21대 왕 자야바르만 7세(Jayavarman VII, 재위 1181~1220)다. 그는 대승불교를 새로운 지배 이념으로 삼고, 12세기 말에서 13세기 초에 걸쳐 앙코르 와트 1.5㎞ 북쪽에 앙코르 톰(Angkor Thom)을 조영했다.

앙코르 톰은 '큰 도성[大都城]'이라는 뜻이며, 제4차 앙코르 도성이다. 이 성은 한 변의 길이가 3㎞씩인 정방형이며, 둘레에 높이 8m, 폭 3m의 라테라이트 성벽을 쌓고, 그 바깥쪽에 폭 113m의 해자를 파서 2중의 방어벽을 구축했다. 그리고 정중앙에 바욘 사원을 짓고, 그곳에서 폭 25m의 두 추축대로(樞軸大路)가 동서와 남북으로 달리며 도시를 4분하고, 그 도로 끝에 동서남북의 4대문과 동북쪽의 '승리의 문' 등 5개의 성문을 세웠다.

앙코르 톰 관람

남대문

남대문02 밖 해자를 건너는 다리(길이 114m)의 왼쪽 난간에서는 27명의 데바가, 오른쪽 난간에서는 27명의 아수라03가 각기 줄지어 늘어서서 칠두사(七頭蛇) '나가(Naga)'의 몸통을 끌어안고 줄다리기를 하고 있다. 이들은 지금 '우유의 바다를 휘저어' 천지를 창조하고 있는 중이다.

남대문은 높이 23m의 석조탑문(고푸라)으로, 꼭대기에는 관음보살(Bodhisattva Avalokitesvara)의 얼굴이 사면에 조각되어 있고, 하부에는 폭

02 앙코르 톰의 남대문. 4면에 관세음보살의 얼굴이 새겨져 있는 사면불안탑문이다. 이 문 바깥의 해자를 건너가는 다리의 양쪽 난간에서 데바와 아수라가 '우유의 바다 휘젓기' 줄다리기를 하고 있다. /BluesyPete

4m의 코벨 아치(corbel arch, 돌출받침형 아치)형 출입문이 있다. 그 문 안팎에서는 머리가 셋 달린 흰 코끼리(삼두상三頭象, 인드라의 상징) '아이라바타(Airavata)'가 코로 연꽃을 건져 올리고 있다.

바욘 사원

남대문을 지나 1.5㎞ 들어가면, 도성의 정중앙에 앙코르 와트와 함께 앙코르 문화의 쌍벽을 이루는 바욘(Bayon)01 사원이 나온다. 자야바르만 7세는 앙코르 톰을 왕권의 신격화와 결부된 종교적 도성으로 건설하여 신의 세계를 지상에 구현하려고 했다. 왕은 불교에 깊이 귀의하여 대승불교를 국교로 장려하고 1200~1230년경 바욘 사원을 건설했다.

03 앙코르 톰 남대문 바깥의 해자를 건너가는 다리 오른쪽 난간에서 '우유의 바다 휘젓기' 줄다리기를 하고 있는 아수라의 행렬 /Yosemite

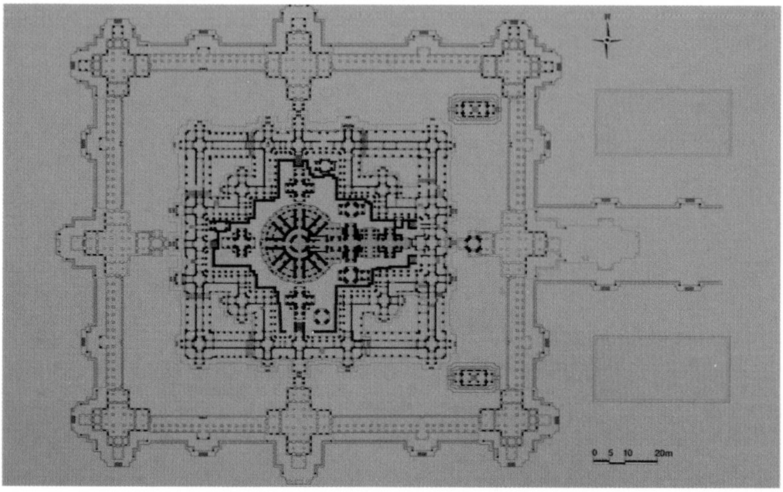

04 바욘의 평면도. 좌우대칭의 정연한 기하학적인 전개와 균제미가 돋보인다.
/*ANGKOR: Cities and Temples* (Thames and Hudson), p. 253

05 하늘에서 내려다본 바욘의 조감도. 바깥에서부터 제1회랑, 제2회랑, 십자형 상부 테라스, 원형 본전, 중앙탑을 차례로 구축하고, 그 아래 왕과 붓다가 합일된 '붓다 라자 상'을 봉안했다. 오른쪽 아래가 정문(동문) /『世界の大遺跡 12: アンコールとボロブドゥル』(講談社), f. 86

06 바욘의 제1회랑 북면에서 제2회랑으로 들어가는 입구. 문 안으로 중앙탑이 보인다.
/『アンコール遺跡見聞録』(KDDクリエイティブ), p. 64

이 사원은 가장 바깥쪽에 동서 160m, 남북 140m의 제1회랑을, 그 안에 80m×70m의 제2회랑을, 그 중앙에 십자형 상부 테라스를 차례로 구축하고, 다시 그 중앙에 원형의 본전을 짓고, 그 위에 수미산을 상징하는 높이 45m의 중앙탑을 세웠다.04~06 왕은 자신을 불왕(佛王)으로 신격화하여 중앙탑 바로 아래 있는 지성소에 왕과 부처가 합일된 '붓다라자(Buddha Raja, 불왕)' 상으로 봉안되어 있다.

바욘에는 총 54개의 연봉오리 모양의 거대한 불탑을 세우고, 탑마다 4면에 크기와 표정이 서로 다른 관음보살의 얼굴을 조각하여 모두 216면의 불안(佛顔)이 있었는데, 지금은 37개의 탑밖에 남아 있지 않다. 이 사면불안탑(四面佛顔塔)07, 08은 부처의 자비로운 빛이 사방을 비추어 신왕의

07 ‘바욘의 미소’라 불리는 관세음보살의 얼굴이 4면에 조각된 사면불안탑 /Duyguide

08 은은한 미소를 머금고 있는 바욘의 불안들 /archer10

지배가 온 세상에 미치는 것을 상징하는 것이라고 한다. 이 부처들이 짓고 있는 신비한 미소를 '바욘의 미소'라고 하는데, 어떤 불상의 얼굴은 내게는 어딘지 차갑고 공허하고 비웃는 듯한 표정으로 느껴지기도 한다.

제1회랑

외벽면에 길이 35m의 패널 8개(총연장 280m)가 있고, 각 패널은 2단 또는 3단으로 구획되어 있다. 그 안에 참파의 침략에서 나라를 구한 전쟁의 기록과 12세기 크메르 서민들의 세속적인 삶의 모습을 따뜻하고 사실적으로 묘사한 부조가 가득 새겨져 있다.

대표적인 것으로는,

• **동벽 북익(北翼)** 1177년에 이어 1190년 참파 왕이 다시 쳐들어오자 자야바르만 7세는 스스로 총사령관이 되어 전상군(戰象軍), 기마군, 보병군을 이끌고 나가 대적한다. 크메르 군은 왼쪽에서 오른쪽으로, 참파 군은 오른쪽에서 왼쪽으로 진군하여 중앙에서 격돌, 서로 전투 코끼리를 앞세워 백병전을 벌이고 있다. 크메르 군의 지휘관은 코끼리 위에서 전투를 지휘하고, 놀란 코끼리는 머리를 좌우로 흔들고 포효하며 날뛴다.**09**

정말 피가 튀어 날아오를 듯한 이 혼란한 결전의 장면은 약동감과 힘이 넘쳐, 박진감 있는 사실 묘사의 극치로 높이 평가받는다고 한다. 이 부조는 바욘 사원의 벽면 부조 중 가장 뛰어나고 보존 상태도 가장 좋은 것으로 꼽힌다.

• **남벽 동익(東翼)** 1177년 참파 수군이 톤레삽 호(Tonlc Sap)로 침공하자 크메르 수군이 이에 맞서 싸우는 수전(水戰) 장면이다. 참파의 전선

09 바욘 제1회랑 동벽 북익에 부조된 육상 전투 장면. 크메르 군은 왼쪽에서 오른쪽으로, 참파 군은 오른쪽에서 왼쪽으로 진격하여 중앙에서 백병전을 벌이고 있다. /dalbera

10 바욘 사원 남벽 동익에 부조된 톤레삽 호수에서의 수전 장면. 참파의 전선은 오른쪽에서 왼쪽으로, 크메르의 전선은 왼쪽에서 오른쪽으로 돌진하여 중앙에서 전투를 벌이고 있다. /dalbera

(戰船)은 오른쪽에서 왼쪽으로, 크메르의 전선은 왼쪽에서 오른쪽으로 돌진하여 배들이 접촉하는 순간,[10] 육병(陸兵)이 적선에 뛰어올라 백병전을 벌인다. 부상당한 병사가 수중으로 떨어져 커다란 물고기에 잡아먹히고 있다.

그다음 패널은 톤레삽 호에서 고기잡이와 뱃놀이를 즐기는 평화스러운 장면이다. 뱃놀이 장면 아래 번잡한 〈시장 풍경〉[11]이 묘사되어 있다. 오른쪽으로부터 닭싸움, 차양을 친 생선가게에서 여인이 소리를 지르며 호객하는 모습, 부인의 손금을 보며 운명을 점치는 수상가(手相家), 그 뒤를 지나가는 두 명의 중국인, 천칭봉(天秤棒)으로 물건을 운반하는 사람, 노점상 여인, 어린아이를 데리고 장보러 나온 여인, 개싸움이 보인다.

그 왼쪽 패널 하층에는 〈취사장 풍경〉이 묘사되어 있다.[12] 오른쪽으로부터 꼬챙이에 끼운 마른 생선 같은 것을 굽는 사람, 돼지를 통째로 찌려고 가마에 넣는 두 남자, 화덕 불의 가감을 살피는 중년 남자, 밥을 하려고 솥에 쌀을 쏟아 넣는 노인, 조리대에서 가루를 반죽하는 사람, 주방에서 아랫사람들을 지휘하는 조리장, 음식 담은 쟁반을 머리에 이고 가는 사람 등 음식의 조리와 식생활의 모습이 묘사되어 있다.

〈시장 풍경〉 중 시장에서 싸움닭을 옆에 끼고 마주 앉아 서로 상대방을 노려보고 있는 두 노인(오른쪽의 머리를 묶은 이는 중국인, 왼쪽은 크메르인)의 긴장된 모습과 그 뒤에 닭싸움에 돈을 걸고 서로 삿대질하며 언쟁하는 시골 사람들을 묘사한 〈닭싸움〉 장면[13]은 싸우는 사람들의 손동작과 몸을 앞으로 내미는 모습의 섬세한 묘사가 일품이다.

그 밖의 다른 패널에 '전장으로 행군하는 남편을 따라가며 자라를 몰래 건네주는 여인', '아기를 낳는 여인과 산파', '서당에서 생닭으로 월사금을 내는 모습' 등 재미있는 일상이 부조되어 있다.

11 바욘 제1회랑 남면의 〈시장 풍경〉. 오른쪽으로부터 닭싸움, 차양을 친 생선가게에서 소리를 지르며 호객하는 여인, 부인의 손금을 보며 운명을 점치는 수상가, 그 뒤를 지나가는 두 명의 중국인, 천칭봉으로 물건을 운반하는 사람, 노점상 여인, 어린아이를 데리고 장보러 나온 여인, 개싸움
| *Of Gods, Kings and Men* (Serindia Publications), p. 107

12 바욘 제1회랑 남면의 〈취사장 풍경〉. 오른쪽으로부터 마른 생선 같은 것을 굽는 사람, 돼지를 삶으려고 통째로 가마솥에 넣는 두 남자, 화덕불의 가감을 살피는 중년 남자, 밥을 하려고 쌀을 쏟아 붓는 노인, 조리대에서 가루를 반죽하는 사람, 아랫사람들을 지휘하는 주방장, 음식을 담은 쟁반을 머리에 이고 가는 사람 /『世界の大遺跡 12: アンコールとボロブドゥル』, f. 64

13 〈시장 풍경〉 중 〈닭싸움〉 장면. 싸움닭을 옆에 끼고 서로 상대방을 노려보는 두 노인의 긴장된 모습, 오른쪽의 머리를 묶은 이는 중국인, 왼쪽은 크메르인, 그 뒤에서 닭싸움에 돈을 걸고 서로 삿대질하며 싸우는 시골 사람들의 손동작과 몸을 앞으로 내미는 자세의 섬세한 묘사가 일품이다. /Clemens Vasters

제2회랑

외벽면에 〈목신(木神) 크리슈나의 이야기〉, 〈문둥이 왕의 전설〉, 〈라마야나〉, 〈마하바라타〉 같은 신화와 전설 등이 부조되어 있고, 동벽에 아름다운 여신 데바타[14]가 많이 조각되어 있다.

14 **바욘 제2회랑 동벽의 데바타** /Allie Caufield

15 바푸온 사원으로 들어가는, 100여 개의 돌기둥으로 지탱된 길이 172m의 돌다리 /Diego Delso

16 바푸온 사원 정면(동면) /Clay Gilliland

바푸온 사원

바푸온(Baphuon) 사원은 바욘 사원 바로 서북쪽에, 1060년 제14대 왕 우디야디티아바르만 2세(Udiyadityavarman II)가 건립하여 시바 신에게 바친 제2차 앙코르 도성의 중심 사원이며, 왕이 제사를 지내는 국가사원이었다.

입구로부터 100여 개의 돌기둥으로 지탱된 길이 172m의 돌다리(지상과 천상을 연결하는 무지개다리)[15]를 건너고, 테라스와 고푸라를 지나서 들어간다. 사원 외곽 벽의 둘레는 425m×125m, 본전의 1층은 동서 120m×남북 100m, 2층은 70m×65m, 3층은 50m×45m의 규모이고, 중앙에 메루 산을 상징하는 높이 34m(원래 50m로 추정)의 원형 석탑을 얹은 거대한 피라미드형 구조[16]이며, 맨 위에 성소가 있다. 많이 파괴되어 있어 해체복원(anastylosis)의 방법으로 보수 중에 있다.

피메아나카스

바푸온 사원 바로 북쪽에 1432년 아유타야의 침공으로 불타 없어진 왕궁의 터가 있고, 그 중심에 '천상의 궁전'이라 불리는 피메아나카스(Phimeanakas, 동서 35m, 남북 28m, 높이 12m)[17]가 있다. 이 사원은 10세기 중엽 라젠드라바르만 2세(Rajendravarmaban II, 재위 941~968)에 의해 착공되어 그 세기 말 완공되었으며, 3단의 기단 위에 사암으로 된 회랑이 있고 그 중심에 중앙사당이 있다.

심하 6마리가 앉아 지키고 있는 정면(동쪽) 돌층계는 너무 가파르고 돌이 닳아 미끄러워서 올라갈 수 없다. 뒤로 돌아가서 조금 완만한 서쪽 돌층계로 올라가니, 회랑은 폭이 1m 정도밖에 안 되어 비좁고, 회랑 안쪽에 있었다는 목조 고층 누각은 불타서 없어져 흔적조차 없다.

17 **'천상의 궁전' 피메아나카스의 정면(동면)** /Munford

1296년 4월 원(元)나라 성종(成宗)의 사신으로 와서 이듬해 7월까지 체류하고 돌아간 주달관(周達觀, 1266~1346)이 쓴 『진랍풍토기(眞臘風土記)』에 의하면, 왕은 나라의 평화를 위해 매일 밤 이 건물의 탑에 올라가 미녀로 변신한 구두사(九頭蛇)의 정령(精靈)과 동침을 하고, 하룻밤이라도 탑에 가지 않으면 왕이 죽거나 나라가 망한다고 했다고 한다.

코끼리의 테라스

피메아나카스 동쪽에 왕궁의 정문인 석조 탑문이 있고, 그곳을 나가면 왕실 광장이 나온다. 그곳에 12세기 말~13세기 초 자야바르만 7세에 의해 축조된 코끼리의 테라스(높이 3.5~4m, 폭 14m, 길이 350m)[18]가 있다. 왕은 그 중앙 단상 위의 로열박스[19]에서 외국 사신을 영접하고, 동남아 최강

18 코끼리의 테라스 연병장, 귀족용 계단 /Diego Delso

19 코끼리의 테라스 로열박스. 자야바르만 7세는 이곳에 서서 동남아 최강의 크메르 군단을 사열하고, 전쟁터로 떠나는 군단을 격려하여 출진시키고, 개선하는 군단을 영접하여 치하했다. /『アンコール遺跡見聞録』, p. 70

의 크메르 군단을 사열하고, 전쟁터로 떠나는 군단을 격려하여 출진시키고, 개선하는 군단을 영접하여 치하했다.

중앙단은 국왕 전용이고, 그 좌우의 단은 귀족용이며, 그 계단의 좌우에서는 머리가 셋인 코끼리 '아이라바타'가 연꽃을 모으고 있다.[18] 평민은 테라스 남북쪽 끝에 하나씩 더 있는 계단을 이용했다.

테라스 옆 벽면에는 실물 크기의 전투용 코끼리 300여 마리가 행진하는 모습이 부조되어 있고, 국왕 전용의 중앙단에는 비슈누 신이 타고 다니는 신조(神鳥) '가루다(Garuda)'들이 떠받치고 있는 역동적인 모습이 조각되어 있다.[19] 또한, 북쪽 내부벽 안에 머리가 다섯 개 달린 오두신마상(五頭神馬像)이 조각되어 있다.

20 문둥이 왕의 테라스 내부 미로에 고부조로 조각된, 지옥에 사는 남녀 악마들과 칠두사 나가의 머리
/Jasoneppink

문둥이 왕의 테라스

어느 날 왕이 숲속에서 나가 한 마리를 격투 끝에 죽였는데, 그때 나가의 피로 신체를 더럽혀 문둥병에 감염되어 죽었다는 전설이 있다. 코끼리의 테라스 바로 북쪽에 12세기 말~13세기 초에 자야바르만 7세에 의해 축조된 문둥이 왕의 테라스(길이 25m, 높이 6m)가 있다. 7단의 테라스 외벽과 그 안쪽에 숨어 있는 좁은 미로의 벽에는 지옥에 사는 뱀 나가와 가루다, 화려한 보관을 쓰고 목걸이를 한 수백 명의 남녀 악마들이 툭 튀어나온 반환조 기법으로 빼곡하게 조각되어 있다.[20]

이 테라스에 있던 문둥이 왕의 석조 좌상(높이 1m)은 국립프놈펜 박물관으로 이관되었고, 지금 여기에 있는 것은 그 복제품이다. 학자들은 이 조각상을 사후(死後) 재판을 관장하는 다르마 라자(Dharma Raja, 염라대왕)나 저승의 신 야마(Yama)로 추정한다고 한다.

승리의 문

코끼리의 테라스에서 다시 동쪽으로 1.5㎞ 가면 승리의 문[21]에 다다른다. 이 문은 강대한 왕국을 구축한 크메르 군의 정예부대가 보무당당하게 원정을 떠나고 또 개선한 영광의 문이다. 전사자의 장례 행

21 바깥에서 안쪽을 향하여 바라본 승리의 문. 승전한 군대가 개선해 들어오는 영광의 문이었다.
/Tomber

렬은 이 문 바로 남쪽에 있는 '사자(死者)의 문'으로 들어왔다.

'타 프롬 승가원', '프레아 칸 사원', '반테아이 스레이' 등 앙코르 도성 주위의 사원군은 대개 승리의 문을 나가서 돌아보게 된다.

앙코르 톰, 12세기 세계 최대의 도시

크메르 제국은 역사상 두 번 최성기를 맞는다.

제18대 왕 수리야바르만 2세(재위 1113~1150)는 왕국을 재통일한 후 앙코르 와트를 건립하고, 외국 정벌에도 적극적으로 나서 국토를 크게 확장했다. 그는 '크메르 왕 중의 왕'이란 칭호로 불리며 앙코르 왕조의 최성기를 구축했다.

제21대 왕 자야바르만 7세(재위 1181~1220)는 앙코르 왕조 630년(802~1432)간 28명의 왕 중 가장 위대한 왕이다. 그는 앙코르 톰을 조영하고, '바욘', '타프롬', '프레아 칸' 등 수많은 사원을 건립했으며, 네악 페온(Neak Peon) 등 전국에 102곳의 무료 시료원(施療院)을 지어, 건사왕(建寺王)이라는 칭호를 받았다. 그는 외국 정벌에도 힘써, 중부 베트남 해안에서 미얀마 국경까지, 라오스 비엔티안(Vientiane)에서 말레이 반도 북부까지, 인도차이나 반도 전역을 석권해 다시 한 번 캄보디아 역사상 최대의 제국을 구축했다.

그때 크메르의 영광은 최고조에 달했고, 그 수도 앙코르 도성은 넓이 약 100㎢, 인구는 앙코르 톰 70만 명, 외곽까지 합치면 100만 명을 넘었다. 그 무렵 송(宋)나라 수도 개봉(開封)이 80만 명, 런던이 7만 명, 파리는 10만 명에 불과했다는 점을 감안하면, 앙코르 도성은 당시 세계에서 가장 큰 도시였다(조르주 크로시).

앙코르 톰 주변의 유적군遺蹟群

앙코르는 동서 20㎞, 남북 10㎞, 넓이 232㎢의 광대한 지역으로, 그 안에 왕궁, 수십 개의 사원, 성벽, 해자, 방죽과 저수지 등, 등록대장에 등록된 유적만 약 1,200개소나 산재해 있다. 그중 세 군데만 보자.

타 프롬 승가원

타 프롬(Ta Prohm, '범천梵天의 지혜로운 노인')은 1186년 자야바르만 7세가 건축하여 모후께 헌정한 불교 사원이다. 이 사원은 동서 1천m, 남북 600m의 성벽으로 둘러싸인 총면적 60헥타르의 넓은 경내에 3중의 회랑을 두르고, 그 안에 넓이 1만 2천㎡(112m×108m)의 본전이 건축되어 있는 구조다.

넓은 마당을 지나 화려하게 조각된 탑문으로 들어가니 내정이 나온다. 거기서 보이는 석문의 좌우 벽면, 격자창 사이, 건물이 구부러지는 모서리 등에 수많은 데바타22가 조각되어 있고, 여러 명의 압사라가 군무를 추는 곳도 있다. 제2주벽에는 왕의 모

22 타 프롬의 주벽 코너에 새겨진 청초한 모습의 데바타 /Clay Gilliland

23 타 프롬의 돌담을 집어삼킬 듯 감싸 안은 거목의 뿌리 /Markalexader100

후가 지혜의 완성자인 반야바라밀다보살(般若波羅密多菩薩, Prajñaparamita)의 모습으로 조각되어 있다. 이 사원은 너무 많이 파괴되어 출입금지의 금줄을 쳐 놓고, 건물이 무너질 수도 있으니 주의라하는 경고문을 붙여 놓은 곳도 여러 군데 있다.

1898년부터 앙코르의 유적을 조사, 복원하고 있던 원동박고원(프랑스 극동학원)의 고고학자들은, 1908년 이 사원을 일부러 재발견 당시의 열대밀림에 의해 침식된 모습 그대로 두기로 결정했다. 거대한 벵골보리수(용수榕樹)의 지주근(支柱根)이 마치 낙지발처럼 사방으로 십수 미터씩 뻗어나가 석조 건물을 안으로 파고들고 밖으로 감싸 안아 유적을 파괴하고, 유적을 지탱해 주기도 한다.23

타 프롬은 폐허와 숲에 침식된 모습이 오히려 기묘한 신비감을 연출하고 있어, 사이먼 웨스트가 감독하고 앤젤리나 졸리가 주연한 영화 〈툼 레이더(Tomb Raider)〉(2001)의 촬영 현장이 되기도 했다. 앙코르 유적을 침범하는 거대한 나무는 실크코튼트리(silk-cotton tree)와 무화과나무 종류인 스트랭글러피그스(strangler figs) 두 종류라고 한다.

프레아 칸 사원

이곳은 원래 11세기에 야소바르만 2세(Yasovarman II)가 만든 왕궁이었는데, 1177년 참파 군이 쳐들어와 점령하고 크메르 제20대 왕 트리부나디티아바르만(Tribunaditiavarman)을 죽였다. 4년 후 자야바르만 7세는 이곳에서 참파 왕 자야인드라바르만 4세(Jayaindravarman Ⅳ)를 죽여 복수하고 대승을 거두었다. 그리고 승리한 기념으로 1192년 그 자리에 프레아 칸(Preah Khan, '성스러운 칼') 사원을 건립하고, 부친인 다라닌드라바르만 2세(Dharanindravarman II)의 모습으로 조각한 관음보살을 안치했다. 부친은 왕이 아니라 수도에서 155㎞ 떨어진 반테아이 츠마 지방의 호족장이었는데, 마치 왕처럼 높여서 기렸다.

이 사원은 직사각형의 해자로 둘러싸인 동서 800m, 남북 700m, 총면적 56헥타르의 광대한 부지를 가졌음에도 불구하고, 3중으로 두른 회랑 안에 본전이 차지하고 있는 면적은 겨우 3,400㎡(62m×55m)에 불과하다. 그 안에 회랑, 사당, 승방 등이 꽉 들어차 있어 회랑망(回廊網) 안에서 길을 잃기가 십상이다. 나도 사원 내부를 촬영하다가 길을 잃어 출구를 찾지 못하고 한참 헤맸다.

서탑문 밖 해자의 다리 위에는 27명 데바와 27명의 아수라가 좌우로 나뉘어 나가의 몸통을 끌어안고 '우유의 바다 휘젓기' 줄다리기를 하고 있는데 목이 모두 잘려 나가 성한 것이 몇 개 없다.

24 프레아 칸의 서탑문 참배도 좌우에 도열한 86기의 소탑 /주찬양

25 프레아 칸 '무희의 홀' 상인방에 새겨진 압사라들의 군무 /Michael Gunther

서탑문 안에는 길이 150m, 폭 9m의 참배도 좌우에 4면감실의 소탑 86기가 일정한 간격으로 서 있는데,[24] 아랫부분은 가루다가 사방에서 받치고 서 있고, 윗부분에는 사면불상이 새겨져 있다.

서탑문에서 내정을 지나 본전으로 들어가는 문틀 위에 섬세한 장식 조각이 있고, 문 좌우에 이 지역에서 처음 보는 우람한 수문장이 서 있다. 경내에 수많은 압사라가 장식되어 있는데, 그중에서 왕의 무도실인 '무희의 홀' 상인방에서 군무를 추는 13명의 압사라가 가장 유명하다.[25] 회랑 한가운데 석조 링가가 세워져 있고, 회랑 십자로의 중앙사당에 소형 스투파가 안치되어 있다.

이 사원은 건축 당시 대규모 승가대학으로 운용되었으나, 지금은 안타깝게도 타 프롬 못지않게 많이 파괴되어 있다.

라테라이트로 쌓은 길이 3㎞의 담장 외벽에 오두사를 밟고 서 있는 높이 5m의 가루다 조각이 50m 간격으로 72마리 장식되어 있다.

반테아이 스레이

나는 프레아 칸에서 나와 버스 기사에게 다음은 반테아이 스레이(Banteay Srei, '여인의 성城')로 가자고 요청했다. 그 사원은 앙코르 톰에서 동북쪽으로 25㎞쯤 떨어진 곳에 세워진 힌두교 사원이다.

앙코르 조의 제9대 왕 라젠드라바르만 2세(Rajendravarman II, 재위 944~968)는 968년 11세의 어린 아들 자야바르만 5세(Jayavarman V, 재위 968~1001)에게 선위(禪位)했다. 이 사원은 라젠드라바르만 2세의 왕사(王師)이자 자야바르만 5세의 장인이며, 어린 왕의 섭정이고 대학자이자 의사이며 바라문교의 승려였던 야즈냐바라하(Yazñavaraha)가 967년 착공하여 창건한 앙코르 건축예술의 걸작품이다.

해자둘림 110m×98m, 건물 38m×42m로 비록 규모는 작지만 내부에 삼탑당과 경장(經藏) 등의 공간 배치와 조각의 입체감이 뛰어나고, 분홍색 사암과 붉은색 라테라이트를 많이 사용해서 지어, 사원 전체가 붉은 색조화장을 한 여인처럼 아름다우며, 특히 저녁노을이 질 때에는 전체가 장밋빛으로 붉게 물든다고 한다.

사원의 출입구를 고푸라(탑문) 대신 린텔(lintel: 양쪽 문설주 위를 가로지르는 버팀돌)과 프론톤(pronton: 린텔 위 삼각형의 구조조각)으로 장식하고, 힌두 신화와 동식물을 세밀하게 도안한 뛰어난 부조로 채워, '보석상자'라는 별명이 붙어 있다.26 특히 북사당(北祠堂)과 남사당(南祠堂)의 네 귀퉁이를 2구(軀)씩 장식하고 있는 16구의 데바타상27은 가장 비례가 훌륭하며, 섬세하고 우미한 아름다움으로 인해 '동양의 모나리자'라고 불리는 앙코르 지역 최고의 여신상으로 알려져 있다.

그런데 놀랍게도 이 사원은 발견되지 않고 있다가(현지 주민들은 알고

26 반테아이 스레이, 북장경각 동쪽 박공벽. 힌두 신화와 동식물의 문양이 세밀하게 조각된 린텔과 프론톤 /Markalexander100

27 반테아이 스레이 북사당의 데바타. 섬세하고 우미하여 '동양의 모나리자'라고 불리는 앙코르 지역 최고의 데바타이다. /Michael Gunther

있었겠지만) 1914년 프랑스 지리관측장교 에이모니에(E. Aymonier)에 의해 뒤늦게 재발견되었고, 1924년 유적보존위원회가 복원을 결정할 때까지 방치되어 있었다. 그 사이에 도둑이 들었다.

뒤에 프랑스 문화부장관이 된 전위작가 앙드레 말로(André Malraux, 1901~1976)는 파리에서 증권투자에 실패하여 파산에 직면하게 되자, 1923년 아내와 함께 이 사원에 잠입해, 두 손으로 연꽃을 쥐고 수줍은 미소를 머금고 있는 북사당의 데바타(높이 65㎝) 등 몇 개의 조각상을 떼어내 밀반출했다. 그는 프놈펜에 도착해 파리로 돌아가는 배를 타려다 체포돼 유적 파괴와 약탈죄로 구속기소되었다.

식민지 사회는 전위파 작가가 예술품 절도로 재판받는 것을 흥미롭게 지켜보았다. 파리에서도 학자와 작가들 사이에 비난과 옹호의 맹렬한 논쟁이 벌어졌다. 말로는 1심에서 실형을 선고받았다. 그의 아내가 파리로 돌아가 도움을 요청해, 문우(文友)들이 구명운동을 펼친 덕분에, 항소심에서는 징역 1년, 집행유예 2년의 판결을 선고받고 풀려났다.

그런데 그는 그 뒤 오히려 식민지정부를 통렬하게 비난하며 돌아다니고, 그때의 절도 체험을 살려 캄보디아의 밀림에 묻혀 있는 크메르 문명의 유적을 찾아다니는 모험소설 『왕도로 가는 길』을 저술하는 뻔뻔한 면모를 보였다.

나는 그 데바타를 보고 싶어 반테아이 스레이로 가자고 했던 것이다.

그러나 기사는 갈 수 없다고 거절한다. 그 지역에는 아직도 폴 포트파의 게릴라들이 출몰하고 있어 우리의 안전을 보장할 수 없다는 것이다. 목숨을 걸 일은 아니어서 포기하고 말았다

제 6 장

세계 최대의 불교문화유적 '불탑의 도시'

바간Bagan

바간으로 가는 길
바간의 역사
바간 관광

01 바간의 파노라마를 배경으로 앉아 있는 필자의 아내(1997) /최영도

바간으로 가는 길

1996년 가을 어느 날, 평소 자주 회동하던 동국대학교 정명호(鄭明鎬) 교수를 만나 이번에 앙코르 와트에 갈 계획이라고 말하자, 그분은 '파간'도 가느냐고 물었다. 나는 "파간이 어딥니까?" 하고 무식한 반문을 했다. 나는 이상하게도 그때까지 바간(Bagan)에 대하여 들은 적이 없었다. 불교미술사를 전공한 정 교수는 버마(미얀마)에 있는 세계 3대 불교 유적지의 하나로 2,500여 불탑이 있는 곳이라고 설명을 하고는, 유네스코가 파간(Pagan, 바간의 영국식 표기)의 스투파 1,800여 개소를 조사하여 도면을 그리고 탑을 해설한 두껍고 커다란 영문 서적 4권을 보내주었다.

나는 며칠 동안 그 책을 대강 보고, ①아난다, ②쉐지곤, ③쉐샨도, ④탓빈뉴, ⑤틸로민로, ⑥다마양기, ⑦부파야, ⑧다마야지카, ⑨밍갈라제이디, 이상 9개소를 선정했다. 그리고는 바간과 앙코르 유적을 답사하는 일정을 짜고 동호인을 모집하여, 1996년 세모(歲暮)에 출발했다.

인천 → 호치민 → 방콕 → 양곤 → 바간까지 비행기를 네 번 탔다. 1997년 1월 3일 아침 7시 50분 바간 공항에 내려 즉시 전용 버스를 타고 사원과 파고다 관광에 나섰다. 그날 오후 6시까지 꼬박 10시간 동안에 위 9개소를 모두 답사했다.

02 광활한 평원에 2,200여 기의 불탑이 끝없이 점재해 있는 바간의 파노라마 /Roger Price

바간의 역사

1044년 퓨족(Pyu, 驃族)의 위대한 전사 아나우라타 왕(Anawratha, 재위 1044~1077)은 버마 중부 이라와디(Irrawaddy) 강 좌안(左岸)에 있는 바간에 도읍을 정하여 바간 왕조(1044~1287)를 세웠다.

그는 먼저 북부의 아라칸(Arakan) 지역을 정복하고, 이어서 남부 몬족(Mon)의 나라 타톤(Thaton) 국왕 마누하(Manuha)에게 불교 경전을 보내달라고 요청했다가 거절당하자, 1057년 타톤을 침공하여 멸망시키고, 마누하 왕과 왕비, 승려, 학자, 예술가, 건축기술자 등 3만여 명을 포로로 데리고 개선했다. 그는 정복 전쟁으로 영토를 크게 확장하여 서쪽으로는 인도, 북쪽으로는 중국, 동쪽으로는 크메르 제국과 국경을 맞대고, 남쪽으로는 안다만 해에 접하는 버마 최초의 통일왕국을 건설했다.

그는 실론(Ceylon, 스리랑카)에서 상좌부 불교를 도입하고, 인도문화에 바탕을 둔 몬족의 예술적 전통을 수용하여 수많은 파고다와 사원을 짓기 시작했다.

그 후 바간에는 200여 년간 대략 5천여 기(基)의 불탑과 사원이 건립되었고, 그로 인해 국력을 지나치게 소모했다. 바간은 송(宋)에게만 조공을 바치고 원(元)에게 조공을 거부했다가, 1287년 쿠빌라이 칸의 침공을 받아 정복당하고 1312년 멸망했다. 14세기 바간은 잊혀진 도시가 되었고, 도굴꾼과 산적의 소굴이 되었다.

1975년 7월 8일 이 지역을 강타한 진도 6.5의 대지진으로 유적 중

절반가량이 심한 피해를 입어 상당 부분은 복구할 수 없을 정도로 파괴되었다. 그리하여 13세기 4,446개에 이르던 탑과 사원이 1978년에는 2,227개밖에 남지 않게 되었다.

건물 내부로 들어갈 수 있고 사원과 사리탑의 기능을 겸한 탑을 파토(phato, 사원)라 하고, 건물 내부로 들어갈 수 없고 유물을 모시는 기능만 하는 탑을 파야(paya, 파고다)라고 한다.

03 석양에 싸여 신비감마저 자아내는 바간의 파노라마 /Christopher Michel

바간 관광

넓이 약 42㎢의 광활한 평원에 2,200여 기의 파고다와 사원들이 끝없이 점재(點在)해 있는 바간의 파노라마는 한마디로 충격적이다.01~03 웅장한 규모의 큰 사원과 파고다 들은 우리가 상상하는 사원이나 불탑의 규모가 아니다. 예컨대 아난다 사원은 건물의 바닥 면적이 약 3,300㎡, 높이는 51m나 된다.

대부분의 유적이 분포된 올드바간은 도시 자체가 고고학적 유적지로서 유네스코에 의해 인류문화유산으로 등록되었으며, 지금도 계속 발굴 및 복원 사업이 진행되고 있다.

아난다 사원

아난다 사원(Ananda Phato)은 바간의 유적을 대표하는 가장 크고, 가장 아름답고, 가장 조형미가 뛰어나고, 가장 잘 보존된 사원이다.04 이 사원은 높이와 넓이의 비율이 완벽한 구조이며, 수직과 수평의 비례가 완벽하게 균형을 이룬 몬 양식의 건축물이다. 인도 건축가들이 설계하여 1059년 아나우라타 왕이 착공하고, 버마 사람들이 시공하여 1091년 제3대 짠지타 왕(Kyanzittha, 재위 1084~1113) 때에 준공했으며, 붓다의 수제자 아난 존자의 존호를 따서 명명했다.

눈부신 백색의 본당은 한 변의 길이가 53m인 정방형 기단 위에 3단의 방형 테라스, 4층의 방형단, 탑의 본체인 거대한 인도풍의 포탄형 고탑(sikhara)을 차례로 얹고, 그 위에 버마 양식의 종 모양 첨탑(finial)을 올리고, 맨 끝에 티(hti, 탑의 왕관)를 씌웠다. 정방형 주건물의 높이는 11m,

총 높이는 51m에 이른다. 동서남북 4개의 출입구에 각각 길이 18m의 주랑현관(柱廊玄關)이 나와 있어, 평면으로는 그리스 십자가 모양이다. 테라스에는 두 개의 경사진 지붕이 있고, 그 지붕 4면에 현관이 있는데 그곳으로 들어온 빛이 사원 내부에 있는 거대한 불상을 환하게 비춘다. 건물의 구조체는 벽돌로 짓고 회벽으로 마감했다.

내부에는 본당의 중앙에 네 방향으로 한 둥치의 티크나무를 깎아서 만든 높이 9.5m의 목조도금불입상이 각각 모셔져 있다.05 이 불상들은 네 분의 과거불로, 북쪽에는 구류손불(拘留孫佛), 동쪽에는 구나함모니불(俱那含

04 아난다 사원 /Gerd Eichmann

05 아난다 사원 본당 중앙에 봉안된 높이 9.5m의 목조도금불입상(북쪽의 구류손불) /Hans A. Rosbach

牟尼佛), 남쪽에는 가섭불(迦葉佛), 서쪽에는 고타마(석가모니)불이라고 한다.

불상이 안치된 중앙기둥을 중심으로 사원 내부를 돌 수 있는 세 겹의 통로(회랑)가 안팎으로 만들어져 있다. 부처님과 가장 가까운 안쪽은 승려의 통로, 중간은 왕의 통로, 가장 바깥쪽은 서민들의 통로다. 남쪽에 모신 가섭불은 멀리 떨어진 서민들의 통로에서 보면 지긋한 미소를 짓고 있다가, 다가갈수록 미소가 엷어지면서, 더 가까이 가면 근엄한 상호로 바뀐다. 이는 중생에게는 무한한 자비를, 제왕에게는 절제된 책임을, 승려들에게는 엄격한 계(戒)를 묻는 부처님의 표정이라고 한다.

아치형의 천장이 높고 폭이 좁은 내부 통로의 벽에는 수많은 벽감들이 있고,06 그 안에 550좌의 소불상이 안치되어 있다. 또한 맨 바깥쪽 회랑에 새겨진 석가모니의 생애를 묘사한 본생담 80면을 비롯하여 긴 회랑에 도합 537면의 자타카가 정교한 솜씨로 새겨져 있다.

내부는 건축의 모델로 삼은 히말라야 산속의 전설적인 동굴 사원 난다물라(Nandamula)와 같이 신비스럽고 경건한 분위기를 자아내기 위해 조명을 어둡게 하고 자연광은 격자창을 통해 제한된 양만 들어오게 했다.

건립 900주년을 맞은 1990년 버마 정부는 고탑과 첨탑을 금박으로 장엄하고, 다른 부분은 백색으로 도장했다.

06 아난다 사원 회랑의 벽에 있는 소불감. 아난다에는 이런 소불감이 550개 있고, 그 안에 소불상이 1좌씩 모셔져 있다. /romaroo

쉐지곤 파고다

쉐지곤(Shwezigon Paya)은 아난다 사원과 더불어 바간을 대표하는 거대한 파고다이다.07 1057년 아나우라타 왕이 타톤을 정복하여 버마를 최초로 통일한 기념으로 건설에 착수하여, 1087년 짠지타 왕의 치세에 준공되었다. 3단의 방형 테라스 위에 곡선이 부드러운 거대한 종 모양의 탑신을 얹고, 꼭대기에 몬족 전통 양식인 종 모양의 첨탑을 올리고, 맨 끝에 티를 씌운 전형적인 버마 양식의 스투파다. 건물의 구조는 구운 벽돌로 쌓아 올렸다. 탑 전체가 금도금된 황금빛이며, 웅장한 규모와 화려함은 타의 추종을 불허한다.

07 쉐지곤 파고다 /Rodger Price

08 쉐지곤 파고다의 소법당 /Hans A. Rosbach

이 파고다는 몬 건축양식에서 버마 건축양식으로 옮겨가는 시기에 나온 최초의 버마 양식의 불탑으로, 이후 건설되는 버마 탑들의 모델이 되어, 양곤의 쉐다곤(Shewdagon, 1453년, 넓이 5만㎡, 높이 99.2m)을 위시해 많은 파고다가 만들어졌다. 스리랑카 왕에게서 받은 부처님의 두골과 치아가 봉안되어 있으며, 버마의 축제인 나다우(Nadaw) 기간에는 전국 각지에서 순례자들이 모여들어 전(全) 버마적 불교행사가 집전되는 성역이다.

이 탑의 맨 아래층 기단에는 일정한 간격을 두고 돌아가며 본생담(jataka)이 부조된 사각의 녹색 타일이 부착되어 있다. 4면 중앙에 나 있는 계단은 세 번째 테라스까지 이어지며, 그 앞에는 각각 탑 모양을 한 정방형의 소법당들이 있다. 법당의 목재로 된 부분은 붉은색 바탕에 장식 부분을 극세밀하게 조각하고 금박을 입혀 화려하게 장식했다. 탑들은 모두 9층이고 층마다 같은 모양의 장식이 체감되면서 반복된다.08

쉐산도 파고다

쉐산도(Shwehsandaw Paya)는 1057년 아노우라타 왕이 타톤을 정복한 후 곧바로 착공하여 가장 먼저 완공한 파고다이며, 점점 체감되며 올라가는 5단의 정방형 테라스 위에 둥근 종 모양의 탑신이 얹혀 있는 모습이다.09 타톤 원정에서 전리품으로 가지고 돌아온 부처님의 '성스러운 금빛 머리카락(성발聖髮)'이 봉안되어 있다.

테라스의 4면 중앙에 가파른 계단의 통로가 열려 있어 한 층 한 층

09 쉐산도 파고다 /『世界の大遺跡 12: アンコールとボロブドゥル』(講談社), f. 122

올라가면서 층마다 탑돌이를 할 수 있다. 5층 테라스에 올라서면 비교적 넓은 공간의 전망대가 있는데 바간 지역에서 가장 높은 위치이며, 일출·일몰 광경을 감상하기 가장 좋은 장소여서 일몰시에는 많은 관광객이 카메라를 들고 몰려든다.

경내의 부속 건물 안에 길이 18m의 와불이 모셔져 있다.

탓빈뉴 사원

탓빈뉴(Thatbyinnyu Phato)는 1144년 바간의 제4대 알라웅시투 왕(Alaungsithu, 재위 1112~1167) 때 건립된, 바간에서 가장 높은 61m의 사원이다. 멀리서 봐도 흰색의 웅장한 모습이 당당하며, 바간 전체를 조망할 수 있는 가장 좋은 장소다.10 사방으로 문이 나 있지만, 동쪽으로 가장 긴 돌출

10 탓빈뉴 사원 /Go-Myanmar-Bagan

현관을 내어 주출입구로 사용하고 있다.

내부 공간은 넓고 계단을 통하여 위로 오를 수 있는데, 1, 2층은 승방으로 사용하고, 3층 주불전에는 동쪽을 향해 앉아 있는 대불상이 모셔져 있으며, 4층은 장경고(藏經庫)로 사용한다고 한다. 1994년부터 일반에게는 1층만 개방한다.

틸로민로 사원

연대기에 의하면, 제7대 나라파시투 왕(Narapasithu, 재위 1173~1210)은 다섯 아들 중 막내인 나다웅미아에게 왕위를 물려주고 싶어 했다. 그는 아들들을 불러서 둘러서게 하고, 하얀 양산을 던져 그 양산의 꼭지가 가리키는 왕자를 왕으로 정하겠다고 말하고 양산을 공중에 던졌다. 떨어진 양산의 꼭지가 나다웅미아에게 향했고, 그가 후계자로 결정되었다. 다른 왕자들은 그 결정을 모두 받아들였다.

11 틸로민로 사원 /ESPARTOSA

나다웅미아 왕(Nadaungmya, 재위 1210~1234)은 1218년 양산이 자기를 가리킨 장소에, 그 결정을 깨끗하게 받아들인 형들의 우애에 감사하며 이 사원을 건립했다. 틸로민로(Htilominlo Phato)라는 이름은 '양산의 뜻대로'라는 의미라고 한다.

이 사원은 아름답고 규모가 웅장하며 구조가 정연하여, 바간을 대표하는 사원이다.[11] 사원의 외곽 4면은 높은 담장으로 둘러싸여 있고 각 방향으로 문이 나 있다. 주건물은 한 변의 길이가 42.5m인 방형 구조에 높이가 45.5m이다. 주출입구는 돌출현관이 많이 튀어나온 동문이고, 네 방향에서 들어갈 수 있는 내부에는 입구를 향하여 불상들이 각각 앉아 있다.

건물의 구조는 붉은 벽돌로 짓고 석고를 발라 마감했다. 바닥, 벽체 문양, 프리즈(frieze), 벽기둥 등이 매우 아름다운 디자인으로 되어 있고, 외벽에 화려한 스투코(stucco) 장식이 많이 남아 있어 바간의 유적 중에서 비교적 원형이 잘 보존된 사원이다.

다마양기 사원

다마양기(Dhammayangyi Phato)는 바간에서 체적이 가장 크고 장중한 사원으로 어디서든지 잘 보인다. 그러나 탑의 본체가 훼손되어 마치 피라미드같이 보인다.[12] 아난다 사원을 모방하여 지었으므로, 정방형 구조와 네 방향으로 난 입구, 돌출현관 등은 아난다 사원의 구조와 거의 비슷하다. 사방의 돌출현관 중 동쪽이 주출입구이고, 주실에 주불(主佛)이 안치되어 있으며, 서문 방향에 항마인을 취한 가섭불과 미륵불 병좌상(並坐像)이 있다.

연대기에 의하면, 1167년 바간의 제4대 왕 알라웅시투의 차남 나라

12 다마양기 사원 /Michael Gunther

투(Narathu, 재위 1167~1170)는 성격이 포악하여 부왕을 베개로 눌러 질식사시키고, 왕위를 이을 형을 유인해 독살하고, 자신의 아내와 처남, 아들까지 죽이고 왕위에 올랐다. 그의 여러 아내 중에는 인도 파테익카야 왕국의 칼라 왕이 그의 아버지에게 준 딸이 있었는데, 어느 날 그가 몸을 씻지 않고 잠자리에 들자 힌두교 신자인 그녀가 피했고, 왕은 분노하여 칼을 들고 쫓아가 직접 찔러 죽였다. 그는 즉위 후 자신의 죄를 참회하고 이 사원을 착공했는데, 재위 3년 만인 1170년 의문의 죽음을 당했다. 죽은 공주의 부왕이 8명의 자객을 브라흐만 승려로 변장시켜서 밀파해 암살했다고 한다.

전설에 의하면, 포악한 나라투는 사원 건립 중에도 벽돌 사이에 바늘 하나 들어갈 수 없을 정도로 빈틈없이 작업하라고 무리한 명령을 하고, 제대로 되어 있지 않으면 건축 담당자와 작업을 한 노예의 팔목을 가차없이 잘라 버렸다고 한다.

당시 최고의 기술을 발휘하여 빈 틈 없이 벽돌을 쌓아 올려 건축되어 가던 이 사원은 왕이 죽은 뒤 공사가 중단되어 아직까지 미완의 상태로 남아 있다.

입구에 들어서면 서늘하고 음침한 기운이 돌며, 천장에 사는 박쥐들의 분뇨 냄새가 피비린내처럼 코끝에 와 닿는다. 밤이 되면 유령이 나타난다는 소문이 있다.

부파야

부파야(Bupaya)[13]는 바간 왕조가 세워지기 전인 850년경 퓨족의 양식으로 지어진, 바간에서 가장 오래된 탑이다. 단층의 소규모이며, 호리병같이 생겼다 하여 '부(bu, 호리병박) 파야(탑)'라고 불리었다. 이라와디 강가

13 부파야 /naver.k2hoon

에 위치하여 옛날 뱃사공들의 등대 같은 역할을 해 왔는데, 1975년 지진으로 인해 강으로 굴러 떨어져 파괴되었다. 1976~1978년에 다시 똑같이 복원했다.

다마야지카(Dhammayazika)사원과 밍갈라제이디(Mingalazeidi) 파고다는 생략한다.

제7장

사막 가운데 이룩한 세계 최대의 미술관

둔황 敦煌 Dunhuang

01 둔황 막고굴의 상징, 제96굴 북대불전 /Leon Petrosyan

프롤로그

나는 대학 시절 일본 작가 이노우에 야스시(井上靖, 1907~1991)가 쓴 소설 『돈황』을 읽고 둔황(敦煌돈황)에 완전히 매료되어, 둔황에 한번 가 보는 것이 소원이었다. 그러나 큰 기대를 갖고 떠난 1997년 8월 나의 제1차 둔황 답사는 실패로 끝났다. 공부를 거의 하지 않고 갔기 때문이다. 그 후 파키스탄 라호르에서 중국 시안까지 실크로드를 횡단하며 다시 둔황을 가게 되었다. 이번에는 공부 좀 했지만 그래도 시험 준비를 제대로 하지 않은 수험생처럼 불안했다. 막고굴은 정직하다. 꼭 공부한 만큼만 보여 준다. 그냥 관광 삼아 둘러볼 곳을 아닌 것 같다.

투르판에서 저녁 7시 40분발 특쾌열차(特快列車: 4인 1실 침대차)를 타고 밤새 고비 사막을 달려 이튿날 새벽 6시 10분경 둔황역에 내렸다.

소형버스를 타고 130㎞ 떨어진 둔황으로 일직선 도로를 달려가던 중 고비사막의 지평선에서 떠오르는 장엄한 일출을 맞았다. 이글이글 타오르는 커다란 햇님이 지평선에서 불쑥 올라오는 순간 너무 황홀하여 그만 땅에 엎드려서 고개만 쳐들고 우러러 보았다.

그날 낮 막고굴로 가는 도중에 아득한 전방에 파도가 넘실대는 큰 바다가 보인다.

'사막에 바다라니!'

눈을 비비고 자세히 보아도 틀림없는 바다다. 그러나 아무리 달려가도 사막일 뿐 바다는 없다. 사막의 지평선이 신기루(蜃氣樓) 같은 착시현상을 일으켜 꼭 바다같이 보였던 것이다.

둔황의 지리와 역사

중국의 중원(中原)에서 둔황으로 들어가려면 반드시 하서주랑(河西走廊)을 지나가야 한다. 하서주랑은 남쪽에 해발 4천~5천 미터가 넘는 만년설 덮인 장대한 기련산맥(祁連山脈, 길이 800㎞, 최고봉 6,203m)과 북쪽에 합려산(合黎山)과 용수산(龍首山)의 험준한 산맥 사이에 끼여 있는 길이 약 900㎞, 폭 수㎞에서 100㎞에 이르는 긴 낭하(廊下)처럼 생긴 땅이다. 그곳은 원래 강성한 북방 기마민족인 월지(月氏), 강(羌), 오손(烏孫), 흉노(匈奴)가 번갈아 가며 차지하고 유목 생활을 하면서 중국의 변경을 끊임없이 침공했다. 그러나 중원은 험준한 지세로 인해 그들을 정벌하지 못하고, 진시황은 만리장성을 쌓았고, 한 고조 유방(劉邦, 재위 기원전 202~기원전 195)은 천하를 통일한 여세를 몰아 흉노 정벌에 나섰다가, 기원전 200년 평성(平城) 전투에서 선우(單于, 흉노 왕) 묵특(冒頓)의 군에 대패하고, 도피한 백등산(白登山)에서 겹겹이 포위당해 7주 동안 굶주리다가, 선우의 비(妃)에게 뇌물을 바치고 풀려나, 곡물과 비단 등 막대한 연공(年貢)을 바치고, 선우에게 공주를 시집보내는 굴욕적인 조건으로 화친했다.

그러나 한 무제 유철(劉徹, 재위 기원전 140~기원전 86)은 기원전 127년과 기원전 121년 두 차례, 기련산(祁連山) 아래서 흉노를 쳐서 하서지방에서 내쫓아 버리고, 기원전 111년 하서주랑 바깥에 무위(武威: 양주涼州), 장액(張掖: 감주甘州), 주천(酒泉: 숙주肅州), 둔황(敦煌: 사주沙州)의 하서사군(河西四郡)을 설치하여, 그 지역을 역사상 처음으로 중국의 영토로 편입시켰다. 그리고 그중 가장 서쪽에 위치한 둔황은 한족이 이민족과 접촉하는 최전선의 군사적 요충으로 서역 지배의 거점이 된다.

이후 둔황은 중국의 서쪽 영토가 끝나고 서역이 시작되는 실크로드의 관문으로, 페르시아·그리스·인도 문화가 서역북도(西域北道)와 서역남도(西域南道)를 타고 중국에 유입되는 목구멍 노릇을 하며 크게 번영하였고, 유목세력과 토번(吐蕃, 티베트)과 중원이 각각 서역에 대한 지배권을 확보하기 위해 끊임없이 각축하는 장이 되었다.

둔황은 동한과 서진(西晉)이 차례로 망한 후에는 오호십육국(五胡十六國, 304~439)에게, 남북조시대(420~589)에는 북위(北魏)와 서위(西魏)에게, 당나라 때에는 안서절도사(安西節度使)에 의해 각각 지배를 받아 오다가, 781년 토번(吐蕃)에게 점령당해 67년간 지배를 받는다.

848년 한인(漢人) 호족 장의조(張議潮, 799~872)가 토번세력을 몰아내고 당나라로부터 귀의군절도사(歸義軍節度使)로 임명받아, 둔황과 하서도(河西道) 11주(州)가 장씨 가문에 의해 66년간, 914년부터는 한인 조의금(曹議金, ?~935)의 조씨 가문에 의해 122년간 실질적으로 독립된 소왕국으로 다스려진다.

1036년 둔황은 탕구트(Tangut, 당항黨項) 족이 세운 서하(西夏)의 침공을 받아 멸망하고, 1227년 서하가 칭기즈칸에게 멸망한 후 원 제국에 편입되었다.

명대에 들어와서 해상교통의 발달로 동서 교역이 바닷길로 이루어지게 되자, 고대 실크로드는 점차 쇠락하여, 둔황은 버림을 받고 변방의 한촌(寒村)으로 전락하고 만다.

둔황은 실크로드 동쪽 끝에 있는 오아시스로 동서 교역과 문화 교류를 중개하며 경제적 번영을 누리고 문화의 도시로 꽃을 피웠다. 불교는 1세기 초 실크로드를 따라 동점(東漸)하며 둔황을 거쳐 중국으로 처음 전래되었다. 751년 당이 탈라스(Talas) 전투에서 압바스(Abbas) 조(朝)(750~1251)의 아랍과 카를룩(Qarluk) 투르크의 연합군에게 패배한 후 주위가 모두 이슬람화된 가운데서도 둔황은 당, 토번, 한인, 몽골의 지배 아래서 불교 문화를 꽃피우고 면면히 이어 갔다.

막고굴

둔황 시가지에서 동남쪽으로 15㎞ 떨어진 명사산 동쪽 기슭에 자리 잡은 막고굴(莫高窟)[01]은 366년 전진(前秦)의 승려 낙준(樂僔)이 명사산 동쪽 끝 절벽에 첫 굴을 개굴한 이래, 오호십육국·남북조·수·당·오대(五代)·서하·송 및 14세기 원대에 이르기까지 1천여 년간 너비 1,618m의 절벽에 조영된 약 1천 개의 굴을 말한다. 그래서 막고굴을 천불동(千佛洞)이라 부른다.

모든 굴의 입구는 동쪽을 향해 열려 있다. 따라서 입구에 들어가서 정면이 서벽, 왼쪽이 남벽, 오른쪽이 북벽이다.

지금까지 발견된 굴은 모두 735개, 그중에서 벽화와 채소상(彩塑像)이 있는 굴은 492개, 그 안에 있는 벽화의 총면적은 4만 5천㎡, 이를 1m 폭으로 펴면 45㎞에 달하고, 채색된 소상이 2,415체이며, 현존하는 각종 불상화는 1만 2,208체이고, 경변화(經變畵)는 24종 1,055폭, 설법도는 933폭이니, 과연 막고굴은 가장 위대한 불교예술의 보고이고, 가히 '사막 가운데 이룩한 세계 최대의 미술관'이라 하겠다. 그로 인해 둔황은 오래전부터 만인의 낭만과 동경의 대상이 되어 왔다.

둔황석굴은 운강석굴(雲岡石窟), 용문석굴(龍門石窟), 간쑤성 톈수이(天水)시의 맥적산(麥積山마이지산) 석굴과 더불어 중국 4대 석굴 중 하나이며, 세계적으로도 규모가 가장 크고 보존상태가 좋아 1987년 유네스코 세계문화유산으로 등재되었다.

막고굴은 조영 시기에 따라 초기, 중기, 후기로 나뉜다.

초기는 4세기 중반부터 6세기 중반까지 200여 년간으로, 북량(北凉)·북위·서위·북주(北周) 때에 모두 37개의 굴이 조영되었다. 이 시기는 불교가 유입하여 보급되는 때로, 이민족에 의해 만들어진 굴들은 서역 양식이 농후한 것이 특징이다.

굴의 구조는 인도의 차이티야(chaitya)에서 변형된 중심석주의 '탑묘굴(塔廟窟)'과, 승려의 수행을 위한 비하라(vihara) 식의 '승원굴(僧院窟)'이 주류를 이룬다. 굴의 천장은 방형(方形)의 말각조정(抹角藻井: 네 모퉁이에서 세모꼽돌 걸치기를 반복하며 올라간 모줄임천장)이나 복두형 조정(覆斗形藻井: 되를 엎어 놓은 모양의 천장)이며, 굴 정면 중앙에 불삼존상(佛三尊像)을 안치하고, 불전(佛傳)과 본생담(本生譚)이 벽화의 주제로 등장한다. 북량의 제275굴과 서위의 제285굴이 이 시기를 대표한다.

막고굴의 중기는 수(隋)와 당(唐)대인데, 수대에 79개, 당대에 232개의 굴이 조영되었다. 이 시기에는 불교미술의 중국화가 진행되어, 당대에 이르면 탑묘굴과 승원굴은 자취를 감추고, 굴의 구조는 대부분 방형 복두형 천장으로 된다.

당대에는 존상굴(尊像窟), 대불굴(大佛窟), 열반굴(涅槃窟)이 등장하며, 후벽에 감실을 크고 넓게 파고, 그 안에 1불·2제자·2보살·2천왕의 칠존채소상(七尊彩塑像)을 안치했다. 벽화의 주제도 본생담이 사라지고 불경의 내용을 크고 화려하게 묘사하는 경변상도(經變相圖)가 유행했는데, 특히 정토변상도(淨土變相圖)가 주류를 이루었다. 벽화로는 당의 제57, 156, 158, 220굴이, 소상으로는 당의 제45, 159, 328굴이 각각 이 시기를 대표하는 굴이다.

막고굴의 후기는 전성기를 지나 쇠퇴하는 시기다. 오대·송·서하·원 때에 모두 134개 굴이 조영되었다. 오대의 제61, 100굴, 송의 제152굴, 원의 제465굴이 이 시기를 대표하는 굴이다.

내가 둔황에 열광하는 이유는 바로 이 막고굴 때문이다.

막고굴은 1천여 년의 장구한 세월에 걸쳐, 돈 많은 지배계층의 경건한 불교도들이 후원자가 되고, 가난하고 천대받던 민초 예술가들이 역경 속에서 불상과 벽화를 제작하여, 거친 모래바람을 이기고 사막의 한가운데 이루어 낸 찬란한 문화유산이며, 인류 역사상 '최대의 미술관'이다.

석굴에 들어가서 차차 눈이 어둠에 익숙해지면, 먼저 희미하게 소상들의 윤곽이 보이기 시작하고, 그 윤곽이 점차 뚜렷해지면서 아름다운 불상들이 그 자태를 나타낸다. 그다음 굴 사방의 주벽(周壁)과 천장의 현란한 벽화들이 서서히 그 모습을 드러낸다.

각 시대에 따라 굴의 구조, 벽화의 주제, 조각의 양식 등이 서로 다르고, 석굴 하나하나마다 그 시대, 그 민족의 문화가 배어 있어, 그 가운데서 그 시대의 불교사상을 엿볼 수 있으며, 예술이 찬란하게 꽃피웠다가 결국은 쇠퇴하여 스러져 가는 과정까지 1천여 년에 걸친 시간의 흐름을 느낄 수 있으니, 중국 불교미술사는 이 한 곳에서 거의 다 배울 수 있다고 해도 과언이 아니다.

또한 인도 간다라·마투라·굽타의 불교미술이 중앙아시아를 거쳐 이곳으로 들어와 찬란한 꽃을 피우고, 드디어 아시아 대륙의 동쪽 끝 경주에 위대한 석불사를 이룩하게 되는 불교 동점의 중간지점이 바로 이 막고굴이다.

둔황연구원은 매년 특별굴 13개의 대부분을 포함하여 40여 개 굴을 지정하여 일반에게 개방하고, 굴의 개폐 상황은 매년 조금씩 달라질 수 있다. 나는 1997년과 2001년 두 차례에 걸쳐 둔황연구원의 한국인 연구원 서용(徐勇) 선생과 한족(漢族) 최초의 한국어 해설원 리신(李新) 선생의 호의와 안내로 일반굴 29개, 특별굴 10개, 미개방굴 7개, 모두 46개의 굴을 관람하고, 그중 일부는 두 번씩 보았다. 리신 선생은 짧은 시간에 이렇게 많은 굴을 이렇게 열심히 관람한 사람은 처음 본다고 했다. 일반인으로서 이렇게 많이 본 경우는 아마 거의 없을 것이다.

패키지 투어로 둔황을 다녀온 몇 분에게 들어 보니 단시간에 일반굴만 열 개쯤 들어갔다 나왔다고 한다. 그러나 일반굴 몇 개만 보고서는 막고굴을 보았다고 할 수 없다. 막고굴의 진수는 거의 특별관람료를 내야 하는 특별굴에 있기 때문이다. 앞으로 둔황에 가는 분은 해설원에게 일반굴로는 제328굴과 428굴을 보고 싶다고 정중하게 부탁하고, 특별굴로는 그 먼 곳까지 가서 몇만 원 아끼지 말고, 제45굴, 제156굴, 제158굴, 제220굴 중 적어도 두세 개는 꼭 보기를 권한다.

앞으로 둔황의 대표적인 굴 15개(특별굴 9, 일반굴 4, 미개방굴 2)를 보도록 하자. 여기서 보는 굴들은 한국에는 거의 알려져 있지 않거나, 보존을 위하여 이미 폐쇄되었거나, 가까운 시일 내에 비공개로 전환되는 것이 많다. 감히 단언컨대 이런 막고굴 감상은 어디서도 할 수 없을 것이다.

장경동의 돈황유서

19세기 말경 후베이(湖北)성 마청(麻城)현 출신의 왕원록(王圓籙왕위안루, 1849~1931)이라는 도교의 도사(道士)가 숙주순방군(肅州巡防軍)의 병졸로 제대하고, 할일없이 떠돌아 다니다가 막고굴로 흘러들어 왔다. 그는 스스로 신성한 석굴사원의 수호자임을 자처하고 굴에 살면서, 도교사원을 건립하겠다고 인근에 시주를 받으러 다녔다.

1900년 5월 26일(양력 6월 22일) 왕 도사가 막고굴 제16굴을 청소하던 중 용도(甬道)의 오른쪽 벽 아래에 균열이 있는 것을 발견하고, 그 부근에 덮여 있던 모래를 치우자, 이상한 소리가 나며 벽이 점점 더 갈라졌다. 벽에 귀를 대고 두드려 보았더니 속이 빈 소리가 나므로 벽을 헐어내자, 작은 문이 드러나고, 그 안에 3m가 넘는 높이까지 흰 베로 싼 무수한 짐뭉치가 쌓여 있는 작은 방(2.8m×2.7m×3.0m)이 나타났다.

그것은 4세기에서 11세기, 북량·북위 시대로부터 북송 시대에 걸쳐 중국·산스크리트·티베트·쿠처·위구르·호탄·소그드·투르크·서하·몽골 등 여러 민족의 문자로 쓰인 불교·유교·도교·마니교·조로아스터교·경교(景教)의 경전들과 각종 필사본, 정치·군사·사회경제·역사지리·과학기술·문학 자료와 불화·자수물·염직포 등으로 총 수량은 무려 5만여 건에 달하는 것이었다. 문서의 80퍼센트는 한문 문서이고, 90퍼센트는 불교 관련 문서였다.

이 문서들을 '돈황유서(敦煌遺書)'라 하고, 그 문서가 발견된 제17굴을 '장경동(藏經洞)'이라고 부르게 된다. 후일 이 광범한 분야의 문서들은 광활한 연구의 영지를 제공하여, 각계 전문가들이 연구하는 '돈황학'이라는 새롭고 국제적인 학문분야를 탄생시켰다.

이 돈황유서는 20세기 최대의 발견이었다. 그러나 무능하고 부패한 청나라 정부는 그 고문서의 가치를 몰라보았다.

1903년 간쑤성 장학사 섭창치(葉昌熾)라는 사람이 견본으로 받아본 사경(寫經)이 당나라 시대의 것임을 알아보고, 란저우(蘭州)에 있는 성청(省廳)에 그 고서들을 전부 운반하여 보존할 것을 건의했다. 그러나 간쑤 총독은 그 고서들의 포장비와 운임으로 5천~6천 냥이나 지출할 수는 없다면서, 1904년 3월 둔황 현장(縣長) 왕종한(王宗瀚)에게 경권(經卷: 불교의 경문을 적은 두루마리)·화상(畵像)을 점검해서 봉해 둘 것을 명했다. 그래서 그 명을 전달받은 왕 도사는 벽돌을 쌓아 굴의 입구를 다시 막아 버렸다.

이 돈황유서는 곧 세계 열강의 탐험가들의 약탈의 표적이 된다. 그 과정이 『실크로드의 악마들』(피터 홉커크, 김영종 옮김, 사계절, 2000)에 상세히 기재되어 있다.

1905년 러시아의 지질학자 블라디미르 오브루체프(Vladimir Obruchev)가 근방의 지질조사를 나섰다가 소문을 듣고 맨 먼저 찾아왔다. 그는 승복의 옷감, 선향(線香), 등잔 기름, 구리 주발, 스테아린 양초 등의 물건 여섯 보따리를 왕 도사에게 주고, 고서 두 보따리를 가져갔다.

그다음 1907년 3월 12일 헝가리 출신의 영국 탐험가 마크 오렐 스타인(Marc Aurel Stein, 1862~1943)이 찾아왔다. 그는 무학(無學)이며 단순무식한 왕 도사를 교묘한 수단으로 유인하여 5월 21일 굴 문을 열게 했다. 왕 도사가 현장법사의 열렬한 숭배자임을 알아낸 그는, 자기는 현장법사를 숭배하여 그분의 족적을 따라 멀리 인도에서 찾아왔는데, 현장이 무덤에서 비밀 석굴에 감추어진 성스러운 불경들을 본래 있던 곳으로 가지고 돌아가기 바란다 했나고 거짓말을 하여 왕 도사의 마음을 움직인 후, 한문, 티베트어, 소수민족 문자로 쓰인 고문서 24상자(완전본 7천여 권, 기타 6천여 권), 회화와 자수품 등 미술품 5상자(회화 500장, 공예품 160점)를 마제은(馬蹄銀) 4개(약 130파운드 상당)를 건네고 헐값에 빼내어 런던 영국박물관(대영박물관)으로 가져갔다. 그중에 중국이 세계 최고(最古)의 목판인쇄본이라고 주장하는 『금강경』(868년)이 있었다.

1908년 2월 25일 베트남 하노이에 있는 원동박고원(프랑스 극동학원)의 프랑스인 교수 폴 펠리오(Paul Pelliot, 1878~1945)가 세 번째로 찾아왔다. 그는 13개 언어를 구사할 줄 아는 29세의 뛰어난 동양학자였다. 그는 완벽한 중국어 실력과 금전적 유혹으로 왕 도사를 설복시켜, 3월 3일 굴 문을 열게 했다. 그리고는 3주일 동안 석실 안에서 문서 전부를 열람하여,02 반드시 손에 넣어야 할 필수적인 것으로만 골라 고문서 24상자 6천여 권, 회화·직물류 5상자를 중국 은화 500냥(약 90파운드 상당)을 주고 헐값에 빼내어 프랑스국립도서관과 파리 기메미술관으로 가져갔다. 그중에는 불전 이외의 한문 문서 전부와 투르크, 티베트, 소수민족의 문자로 쓰인 문서 대부분과 정치, 경제, 사회, 역사지리, 문학 자료 등 연구 가치가 높은 문서들이 다수 포함되어 있었다. 그중에 신라 승 혜초(慧超, 704~787)가 쓴 『왕오천축국전(往五天竺國傳)』의 첫머리와 끄트머리가 떨어져나간 잔본이 포함되어 있었다.

돈황유서가 세계적인 화제로 등장하자, 뒤늦게 정신을 차린 청국 정부는 1910년에 이성탁(李盛鐸), 유정침(劉廷琛) 등 고관들의 건의를 받아들여, 둔황에 군대를 보내 장경동에 남아 있던 고서들을 모조리 베이징의 청조 학부(學部)로 실어 갔다. 그러나 운반 도중 좋은 것은 위 정부 고관들이 전부 빼돌려 사라지고, 베이징에 도착한 것은 6천 권가량이 되었는데, 그 99퍼센트가 불경이었고, 알맹이는 거의 다 영국과 프랑스에 빼앗기고 남은 찌꺼기에 불과했다.

왕원록은 베이징 당국이 문서 전량을 가지러 오기 직전에, 그 사실을 미리 알아채고 다량의 돈황 문서를 빼돌려 숨겨 놓았다가, 1914~1915년 러시아의 불교미술사학자 세르게이 올덴부르그(Sergei Oldenburg)에게 채색소조(彩色塑彫)와 필사본 200여 권을, 1912년 일본 오타니(大谷) 탐험대의 다치바나 즈이초(橘瑞超)에게 필사본 500여 권을, 1914년 다시 찾아온 오렐 스타인에게 사경 570권과 고문서 5상자, 자수, 직포, 회화류 등을 헐값에 팔아 넘겼다.

02 둔황 막고굴 제17굴 안에서 '돈황유서'를 살펴보고 있는 폴 펠리오 (1908). 사진 샤를 누에트(Charles Nouette, 1869~1910)

돈황유서는 서하(西夏) 왕 이원호(李元昊)가 쳐들어오기 직전인 1036년 둔황의 스님들이 불경과 서화를 전쟁의 참화에서 지키기 위해 장경동에 갖다 넣고 굴을 봉했다는 것이 정설이다.

명사산과 월아천

명사산(鳴沙山)은 둔황 시내 남쪽 5㎞에 위치한 동서 약 40㎞, 남북 약 20㎞, 해발 1,715m, 바닥에서 가장 높은 봉우리까지 표고차 250m의 거대한 모래산이다.03 바람이 불면 모래가 날려 떨어지는 소리가 마치 산이 울고 있는 것처럼 들린다고 해서 명사산이란 이름이 붙었다고 한다.

이 산은 알이 고운 모래로만 이루어져 있음에도 불구하고, 봉우리는 가파르고 능선은 칼날같이 날카롭다. 바람이 몹시 불거나 사람이 밟아서 많이 무너져 내려도, 하룻밤 자고 나면 다시 원상태로 돌아가

03 둔황 시내에서 바라본 명사산의 사구(砂丘) /Beefy SAFC

산의 모양이 변하지 않는다고 한다. 더욱이 바람이 불어 생긴 예각(銳角)의 사구(砂丘)에 햇빛이 만들어 놓은 양달과 응달의 강렬한 콘트라스트는 아름답기 그지없다.

해가 서쪽 하늘에 걸린 저녁, 사막의 기온이 서늘해질 무렵, 나는 낙타를 타고 월아천(月牙泉)으로 향한다.04 석양에 비친 큰 모래산의 그림자가 점점 길어질 때에, 낙타를 타고 뚜벅뚜벅 대열을 따라 가는 나의 기다란 그림자는 에스파냐 화가 살바도르 달리(Salvador Dali, 1904~1989)의 초현실주의 회화작품에 나오는 몽환적인 정경처럼 형언할 수 없는 아름다운 정취를 자아낸다.

명사산의 매력을 마음껏 즐기려면, 일본 작가 이노우에 야스시(井上靖)가 쓴 소설 『돈황』(1959)을 읽고 가야 한다. 나는 그 소설을 최준호 번역본으로 아홉 번 읽었다. 그리고 명사산에 가서는 아주 그 소설의 주인공 조행덕(趙行德)이 되어 버린다. 집에서 그 소설을 읽고 있어도 나는 명사산에 가 있고, 조행덕이라는 캐릭터가 겪는 모험·낭만·사랑·은원(恩怨)·분노와 헌신 등 모든 경험과 감정을 그대로 체험하게 된다.

04 **낙타를 타고 명사산 월아천으로 향하는 필자(2001)** /최영도

… 서하의 대군이 둔황을 향하여 짓쳐들어 오는 긴박한 순간에, 나는 신성한 불경을 전화(戰禍)에서 구하기 위해 낙타 등에 가득 싣고 천불동의 비밀 굴에 숨기려고 달빛이 쏟아지는 겨울밤에 사막을 가로질러 간다. … 그때 타부(駝夫)가 꿈을 깨운다. 월아천에 다 왔으니 내리란다.

05 명사산 월아천 /daum.ir43

월아천은 동서 218m, 남북으로 최대 폭 54m, 넓이 8,910㎡, 평균수심 3.2m(이상 2001년 기준)의 초승달처럼 생긴 작은 못[池]이다.05 쿤룬 산맥의 눈 녹은 물이 당하(黨河)의 강물이 되어 지하로 스며들어 흐르다가, 저지대인 이곳에서 솟아난 것이라고 한다.

이 샘은 건조한 사막에 둘러싸여 있으면서도 항상 푸르고 맑으며, 물맛이 달고, 폭풍이 불어도 모래에 덮이지 않고, 수천 년 동안 혼탁해지거나 고갈된 적이 없는 신비한 샘이라고 한다.

월아천 뒤에 세운 월천각(月天閣)에 올라가, 일몰의 석양에 비추어 시시각각 변하는 명사산과 월아천의 모습을 감상하다가, 해가 져서 불타오르던 서녘 하늘도 어두워진 뒤, 나는 다시 낙타 등에 실려 돌아오며 또 조행덕이 된다.

06 둔황 막고굴 입구에서. 왼쪽부터 최초의 한족(漢族) 한국어 해설원 리신(李新), 둔황연구원의 한국인 연구원 서용(徐勇), 필자(2001) /최영도

"지금까지 본 경치 중 어디가 가장 아름답던가?"라고 친구가 물으면,
"둔황의 명사산과 월아천이었다네."
"그까짓 사막이 뭐 그리 아름답겠나?"
"자네, 사막이 얼마나 아름다운지 본 적이 있나? 그것은 말로는 형용할 수가 없네. 직접 가서 느껴 보게."
라고 대답하겠다.

자! 이제 굴 안으로 들어가자.06

막고굴 감상

제45굴(특별굴, 성당盛唐)

둔황 최고의 채소칠존상

굴의 정면인 서벽의 큰 감실(龕室) 안에 1불, 2제자(가섭迦葉, 아난阿難), 2보살(관음觀音, 세지勢至), 2천왕(남방증장南方增長, 북방다문北方多聞)으로 조합된 〈채소칠존상(彩塑七尊像)〉07이 안치되어 있다.

이 군상(群像)은 막고굴의 채소상을 대표하는 가장 중요한 작품이다.

07 제45굴 서벽 〈채소칠존상〉 /『敦煌藝術精華』(香港廣彙貿易有限公司), p. 78, f. 10

08 제45굴 서벽 〈채소칠존상〉. 오른쪽부터 아난, 우협시 세지보살, 천왕 /『絲路勝迹』, f. 92

09 제45굴 서벽 〈채소칠존상〉. 왼쪽부터 가섭, 좌협시 관음보살, 천왕 /『絲路勝迹』, f. 93

중앙의 팔각대좌 위에 단정하게 결가부좌(結跏趺坐)한 본존불은 원만하고 온화하다.

젊은 아난08은 몸을 S자형으로 가볍게 비틀고, 두 손을 배 앞에 공손하게 마주잡고 서 있다. 맑고 깨끗한 얼굴이 영민하고 준수하며, 어린애 같은 모습이 한가하고 태연하다.

연로한 가섭09은 고개를 약간 수그리고 오른손바닥을 밖으로 향하여 가슴 앞에 펴들고 있는데, 미골(眉骨)과 관골(顴骨)이 튀어나왔고, 아래로 내려뜬 두 눈은 눈빛이 형형(炯炯)하다. 오랜 세월 풍상을 겪으면서 불법에 용맹정진(勇猛精進)하여 높은 사상적 경지에 이른 신중하고 지혜로운 고승대덕(高僧大德)의 모습이다.

이렇게 두 제자는 여러 가지 면에서 선명하게 대비된다.

좌우의 협시보살들08, 09은 콘트라포스토(contrapposto: 체중을 한쪽 발에 싣고, 다른 발은 편하게 놓는 구도)의 자세로 서서, 머리, 허리, 다리를 자연스럽게 S자형으로 세 번 구부린 삼굴(三屈)의 우아한 자세를 취하고 있다. 특히 풍만한 육체감을 잘 드러내고 있는 보살들은 나신(裸身)의 상체에 두른 비단 띠와 치마 사이에 드러난 배꼽과 아랫배의 살로 매우 관능적인 모습이다.

이 보살들은 옥같이 하얀 피부에 미소를 머금은 얼굴, 시원하게 활처럼 휘어진 기다란 눈썹, 살포시 내리뜬 긴 눈, 똑바르고 높은 코, 야무진 붉은 입술, 쭉 뻗은 늘씬한 팔과 다리, 가슴과 팔뚝을 장식한 섬세한 조각의 영락(瓔珞) 등으로 미루어, 당대의 대표적 미인을 모델로 하여 만든 것으로 보인다.

『돈황석굴』(박도화 옮김, 개마고원, 1999)의 저자 다가와 준조(田川純三)는 "이 보살의 관능적인 아름다움은 우리들 중생에게는 도리어 번뇌를 일으키게 할 정도로 풍만한 여성미를 담고 있다"고 했다.

가장 바깥쪽에 악귀를 밟고 서 있는 좌우의 두 천왕08, 09은 견고한 문양의 갑옷을 입고, 두 눈을 부릅뜨고 입을 벌려 무서운 표정을 짓고 있다. 한 손은 허리에 얹고 또 한 손은 주먹을 쥐고 휘두르는 강건한 동작을 취하고 있다.

나는 중국예술의 정화(精華)인 이 등신대(等身大)의 칠존상을 막고굴 최고의 소상(塑像)으로 꼽는다.

남벽에 『법화경』『관음보살 보문품변(普門品變)』이 있는데, 그중 〈호상우도(胡商遇盜)〉10가 유명하다. 부유한 호인(胡人, 서역인) 대상(隊商) 다섯 명이 험한 산길을 가다가 칼을 든 한족(漢族) 3인조 강도를 만나 봇짐을 모두 바치고 살려 달라고 애원하는 장면을 그린 것인데, 매우 사실적으로 그려서 높이 평가받는다. 이 그림의 주제는 일심으로 관음경을 읊으면 도적을 만난 사람도 무사하게 구제받을 수 있다는 것이다.

10 제45굴 남벽 '호상우도(胡商遇盜)'. 부유한 호인(胡人) 대상 5명이 험한 산길을 가다가 칼을 든 한족(漢族) 3인조 강도를 만나 봇짐을 모두 바치고 살려달라고 애원하는 장면
/『敦煌藝術精華』, p. 58, f. 67

11 제57굴 남벽 〈수하설법도〉 중 관음보살. 막고굴에서 가장 아름다운 미인 보살 /『敦煌石窟』(甘肅文化出版社), p.44

제57굴(특별굴, 초당初唐)

막고굴에서 가장 아름다운 '미인 보살'

남벽에 그려진 〈수하설법도(樹下說法圖)〉의 본존 아미타여래의 우협시관음보살은 갸름한 얼굴에 엷은 새먼핑크(salmon pink, 연어살색) 색조를 띤 윤택한 피부, 붉은 색의 둥근 무리[暈]가 번진 뺨, 가늘고 기다란 눈썹, 약간 내리뜨고 굽어보는 긴 눈, 쭉 곧은 콧날, 미소를 머금은 붉고 작은 입 등의 우미(優美)한 자태를 지니고 있다. 머리에 쓴 보관과 앞가슴을 장식한 영락에 역분퇴금(瀝粉堆金: 금가루를 칠에 개어 두껍게 발라서 굳히는 기법)을 한 장신구의 묘사 등으로 막고굴에서 가장 아름다운 미인 보살로 꼽힌다.[11]

이 그림은 초당기를 대표하는 걸작으로 평가받는다.

제61굴(일반굴, 오대五代)

세계 최고最古 최대의 형상지도 〈오대산도〉

947년~951년에 걸쳐 조의금의 3남 조원충(曹元忠, 재위 946~980)이 아내 적씨(翟氏)를 위해 조성한 아주 큰 굴이다.

서벽의 〈오대산도(五臺山圖)〉[12]는 북위 때부터 문수보살의 도량(道場)으로 불교의 성지가 된 산시(山西)성의 오대산을 그린, 폭 13.45m, 높이 3.42m의 큰 그림이다. 오대산 수백 리의 산천 지형, 도로, 교량, 67개의 사찰과 순례자의 여행, 농경 풍경과 서민생활의 풍속 등을 상세하게 묘사하고 있다. 현존하는 고대의 지지명승형상도(地誌名勝形象圖) 중 세계에서 가장 오래되고 가장 큰 것이며 진귀한 역사 자료라고 한다.

2005년 동서 고대문명교류사의 권위자인 정수일(鄭守一) 교수가 위 그림에서 막고굴 해설원 리신의 도움을 받아 '신라승탑(新羅僧塔)'을 발견하고, 오대산 건원보리사(乾元菩提寺)에서 입적(入寂)했다는 기록만 전해온 혜초 스님의 입적지를 밝히는 새 실마리를 찾아냈다.

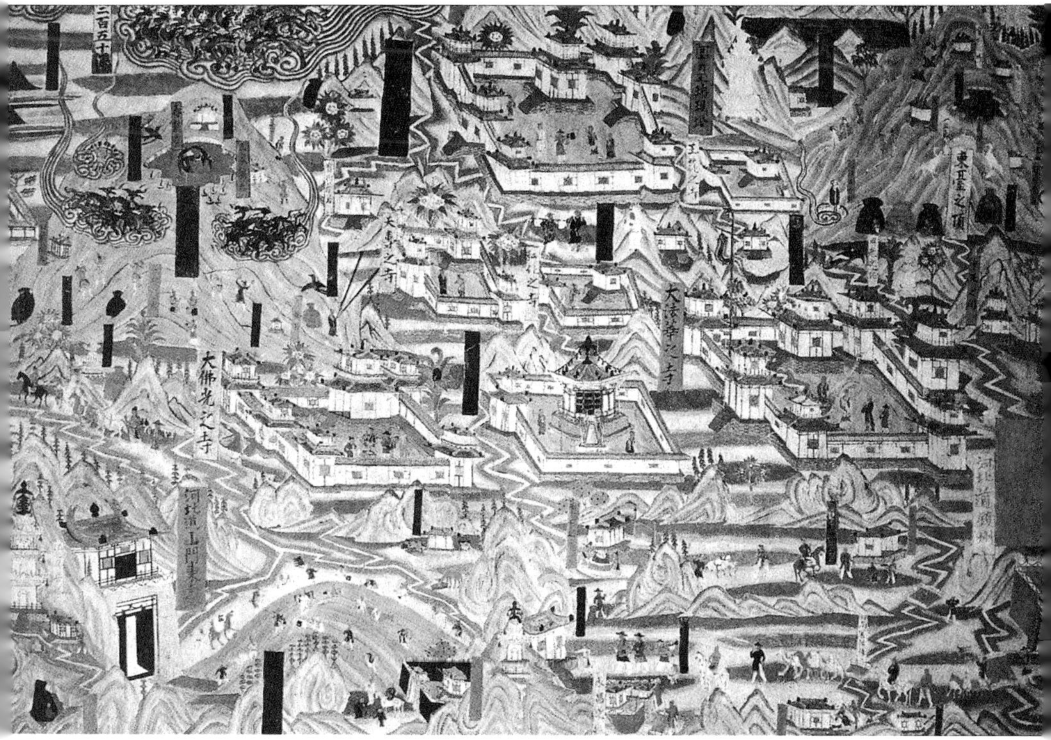

12 제61굴 서벽 〈오대산도〉(부분). 세계에서 가장 오래되고 가장 큰 형상지도 /Public Domain

제156굴(특별굴, 만당)

만당기의 둔황 벽화의 걸작 〈장의조출행도〉

865년 장의조의 조카 장회심(張淮深)이 조영한 굴이다.

토번은 당이 안사(安史)의 난(755~763)을 겪으며 혼란해진 틈을 타, 763년 장안을 일시 점령하고 조공까지 받았으며, 781년에는 하서 일대를 점령하여 67년간 통치했다. 848년 둔황의 한인 호족 장의조가 왕위 계승을 둘러싼 토번의 내란을 틈타 하서에서 그들의 세력을 몰아내고, 표문(表文)을 지어 장안으로 보내 당 선종(宣宗)에게 둔황이 다시 당조에 귀속되었음을 보고했다. 장의조는 그 공로로 귀의군절도사에 봉해지고, 그의 조카, 손자 등 4대에 걸쳐 914년까지 66년간 하서 일대를 실제 독립된 왕국으로 다스리게 된다.

남벽 하부의 〈귀의군절도사장의조통군출행도(歸義軍節度使張議潮統軍出行圖)〉와 북벽 하부의 〈송국하내군부인송씨출행도(宋國河內郡夫人宋氏出

13 제156굴 남벽 하부 〈귀의군절도사장의조통군출행도〉(부분) /『敦煌石窟』, pp. 90-91

行圖)〉는 모두 길이 855㎝, 높이 120㎝의 긴 두루마리 형식으로, 둔황을 지배했던 귀의군절도사의 권위와 호사한 당대 귀족 생활의 일단을 보여 주는 장려(壯麗)한 일품(逸品)이다.

〈장의조출행도〉13에서는 대폭의 화면에 100명이 넘는 사람과 말이 등장하여 화려한 행렬을 펼친다. 선두에 기마악대 네 쌍이 두 줄로 늘어서고 이어서 대기수(大旗手) 한 쌍, 소기수(小旗手) 한 쌍, 극수(戟手) 세 쌍, 전구(前驅) 한 쌍, 기사 다섯 쌍, 기사들 사이에 무녀(舞女) 네 쌍, 그 뒤에 12인의 악대가 늘어서서 나아간다. 그런데 무녀들의 옷소매가 길고 어깨춤을 추는 춤사위가 한국무용과 흡사하다. 다시 기수, 산지(傘持), 잡역부 등이 이어지고, 전후 두 사람씩의 기사에게 보호받으며 백모(白帽) 쓰고 적포(赤袍) 입고 백마에 올라앉은 주인공 장의조가 한층 커다랗게 그려져 있다. 그 뒤에서 자제군(子弟軍)이라고 이름 붙인 장의조의 근시일족(近侍一族)이 따른다(나가사와 카즈토시, 민병훈 옮김, 『돈황의 역사와 문화』, 사계절 참조).

이 그림은 사람과 말의 생동감 있는 여러 가지 모습, 참모와 전령의 바쁜 상황 등을 사실적으로 뛰어나게 묘사한 둔황 벽화의 걸작으로 꼽힌다.

第158굴(특별굴, 중당中唐)

막고굴 최고의 걸작 〈열반상〉

토번 통치기에 열린 최대의 동굴이다.

서벽 불단에 길이 15.8m의 대형 석태니소(石胎泥塑: 돌을 깎아서 신체의 윤곽을 만들고, 그 위에 진흙을 입혀 모양을 만들어 채색한 조소상) 〈열반상(涅槃像)〉14 이 머리를 남쪽에, 다리를 북쪽에 두고 동쪽을 향해 누워 있고, 남벽에 과거불 여래입상, 북벽에 미래불 여래의상(倚像)의 소상이 각각 안치되어 있다. 일명 '열반굴', 속칭 '와불동(臥佛洞)'이라 한다.

14 第158굴 서벽 북단 〈열반상〉과 남벽의 여래입상 /『敦煌石窟』, p. 80

이 〈열반상〉은 물결 모양의 육계(肉髻), 뚜렷한 눈썹, 길게 째진 눈, 쭉 뻗은 콧날, 깊게 파인 인중, 날카롭게 조각된 입술의 윤곽, 단정하고 빼어난 얼굴에 열반의 기쁨을 나타내는 엷은 웃음이 번져 있다.15 형체가 풍만하고 건강하며, 허리에서 대퇴부와 두 다리 사이로 흐르는 신체의 곡선이 육감적이고 유연하다. 전체적으로 석가 적멸(寂滅)의, 헤아릴 수 없는 정신세계의 조용한 분위기가 감도는 걸작이다.

서벽의 열반상 배후에는 불제자, 천룡팔부(天龍八部), 범석(梵釋) 등 여러 보살이 비탄하며 통곡하는 모습이 그려져 있다. 남벽의 머리 주위에 10대 제자가 가슴을 쥐어뜯고 발을 구르며 소리 높여 울고 있다. 북벽 서측 다리 부근에는 불교를 신앙하는 각국 왕자(王者)들이 석가의 열반 소식을 듣고 달려와서 그 당시의 습속에 따라 칼로 귀를 베고, 가슴을 찌르는 등 자신의 몸을 자해(自害)하며 슬퍼하는 장면을 그린 〈각국왕자거애노(各國王者擧哀圖)〉16가 빼어나다.

15 제158굴 〈열반상〉(부분) /『敦煌石窟』, p. 81

16 제158굴 북벽 〈각국왕자거애도〉 /『敦煌石窟』, p. 82

제159굴(특별굴, 중당)

티베트족의 지배를 증명하는 〈토번왕청문도〉

토번 시기에 건조된 이 굴은 동벽 출입문의 좌우에 있는 〈유마경변(維摩詰經變)〉(경변經變은 불경의 내용을 그린 경전변상도經典變相圖의 준말)으로 유명하다. 유마힐(維摩詰)이 문병을 온 문수보살과 열띤 불법(佛法) 논쟁을 벌이고 있다(뒤 제220굴 참조). 문수보살은 얼굴에 웃음을 띠고 왼손을 들어 보이며 유마힐의 질문에 변론을 하고, 그 아래 제왕(帝王)이 법론을 청문하고 있다.

17 제159굴 동벽 〈토번왕청문도〉 /『敦煌石窟』, p. 86

유마힐은 화려한 호상(胡床) 위에 몸을 뒤로 젖히고 앉아 문수보살의 변론을 듣고 있고, 그 아래 토번의 왕과 각국 왕자들이 모여 서서 법론을 청문하고 있다. 맨 앞에 화려한 흰 옷을 입고 붉은 모자를 쓴 토번 왕이 티베트 복장을 한 네 명의 귀족을 거느리고 단 위에 서 있고, 그 뒤에 모습과 복식이 각각 다른 각국의 왕자 열 명이 서 있다.[17]

이 그림은 토번 왕이 위풍당당한 모습으로 마치 각국 왕자들의 시위(侍衛)를 받고 있는 것처럼 그려, 당시 토번이 하서 일대를 지배하고 둔황이 그 통치 아래 있던 것을 드러내고 있다.

이 〈토번왕청문도〉는 토번 점령 시대의 걸작으로 당시 서역의 정치 상황과 각 민족의 우호적 관계를 객관적으로 반영한 귀중한 자료다.

제217굴(특별굴, 초당)

극락정토의 아름다움 〈관무량수경변〉

710~711년에 걸쳐 둔황의 호족 음씨(陰氏)네가 건조한 굴이다.

북벽의 〈관무량수경변(觀無量壽經變)〉[18]은 인도 마가다(Magadha)국에서 왕자 아사세(阿闍世, 아자타샤트루, 한역으로 미생원未生怨, 재위 기원전 550경~기원전 520경)가 부왕 빈바사라(頻婆娑羅)를 감금하여 굶겨 죽이고 왕권을 탈취한 비극이 벌어졌는데, 모후인 위제희(韋提希) 부인이 간절히 기원하자, 부처님께서 친히 부인 앞에 나토시어 고통 받는 부인과 미래의 모든 중생들을 위하여 극락정토에 왕생할 수 있는 마음가짐과 16가지 바른 수행법 '십육관(十六觀)'을 설(說)하신 〈관무량수경〉을 그린 것이다.

화면은 천궁(天宮)을 배경으로 중앙에 아미타불이 위풍당당하게 좌정하시고, 그 주위에 네 보살이 시립하여 설법회를 열고 있다. 배후에 장려한 고대(高臺) 건축이 우뚝 서 있고, 공중에 비천이 날며, 여러 보살, 공양

18 제217굴 북벽 〈관무량수경변〉 /『絲路勝迹』, f. 132

19 제217굴 남벽 〈화성유품(化城喩品)〉. 청록산수를 배경으로 중첩된 산봉우리, 산간을 꿰어 흐르는 강, 멀리서부터 점점 가까이 다가오는 행인 등의 정경 묘사가 아주 정미한 산수화로 이름이 높다. /『敦煌藝術精華』, p. 57, f. 66

자, 예불자, 청법자 들은 모두 화려한 영락으로 몸을 장식했다. 좌우대칭으로 그려진 화면은 장려한 건축과 많은 우아한 인물들이 어우러진 극락세계의 비할 데 없는 아름다움을 한껏 표현하고 있다.

남벽에서는 〈법화경변〉 중 〈화성유품(化城喩品)〉[19]이 유명하다. 보물과 행운을 찾아 500일 동안 전인미답의 험난한 길을 여행하는 비유 설화를 그린 것인데, 청록산수를 배경으로 중첩된 산봉우리, 산간을 꿰어 흐르는 강, 멀리서부터 점점 가까이 다가오는 행인 등의 정경 묘사가 아주 정미(精美)한 산수화로 이름이 높다. 오른쪽 끝에 그려진 도성이 중국풍의 건축이 아니고, 서역풍으로 그려져 있어 흥미롭다.

제220굴(특별굴, 초당)

막고굴 최고의 벽화 〈유마경변상도〉

이 굴은 둔황의 호족 적사원(翟思遠) 일가가 당 태종 정관(貞觀) 16년(642) 건조하였으므로 '적가굴(翟家窟)'이라 부른다. 1944년 둔황예술연구소가 서하시대의 벽화를 벗겨 내자 그 밑에서 초당기의 뛰어난 벽화들이 원래의 모습대로 고스란히 모습을 드러냈다.

이 굴에서 가장 유명한 것은 동벽 남측에 있는 〈유마경변상도〉다. 유마힐은 석가와 같은 시대 사람으로 비야리성(毘耶离城)에 살던 대부호이며, 학덕이 높고 지혜롭고 언변 좋은 대거사(大居士)였다. 그는 불법에 정통하고 일심으로 부처를 섬기며 세속에서도 청정함을 잃지 않은 재가신도(在家信徒)였다.

화면은 유마거사[20]가 칭병(稱病)하며 누워 있다가, 석가의 명으로 문수보살이 문병을 오자 장막을 드리운 호상에서 일어나 앉는다.

20 제220굴 동벽 〈유마경변상도〉 중 유마힐(부분) /『돈황석굴』(개마고원), p. 154

21 제220굴 동벽 〈유마경변상도〉 중 '제왕청문도'(부분) /『敦煌藝術精華』, p. 55, f. 62

문수가 “당신은 왜 병에 걸렸습니까?”라고 물으니, 유마힐은 “어리석음과 탐욕, 성내는 마음으로부터 병에 걸렸습니다. 모든 중생이 병들었으니까 나도 병을 앓습니다. 만일 모든 중생이 병이 나으면, 그때 내 병도 나을 것입니다”라고 대꾸하며, 문수를 상대로 열띤 논쟁을 편다.

문수보살은 여유 있는 자세로 왼손을 쳐들어 손가락을 V자 모양으로 펴 보이며 차분하게 변론한다. 화면은 눈빛이 형형한 유마힐의 열기와 문수보살의 냉정한 대응으로 박진감이 넘친다. 문수는 “중생이 앓으니 보살도 앓는다”며 중생과 동심일체(同心一體)를 이룬 유마힐과의 대화에서 대승불교의 깊은 교리인 불이(不二)의 법문을 깨우치게 된다.

문수보살 아래 많은 시종을 거느리고 법론을 청문하는 제왕을 그린 ‘제왕청문도(帝王聽聞圖)’[21]가 있는데, 제왕은 면류관(冕旒冠)을 쓰고, 곤룡포(袞龍袍)를 입고, 열두 가지 장식을 달고, 두 팔을 넓게 벌리고 위엄 있게 서 있다.

문수보살 뒤에 문수를 따르는 피부색, 민족, 직업, 연령이 각각 다른 각 족의 군장들이 모여 법론을 청문하는 ‘각족군장(各族君長)청문도’[22]가 있다.

유마거사 아래 법론을 청문하는 각국의 15왕자를 그린 ‘각국왕자청문도’[23]는 흑인, 눈이 깊고 코가 높은(심목고비深目高鼻) 백인 등 인물의 피부색과 모습, 복식이 모두 다르다. 왼쪽에서부터 다섯 번째 조우관(鳥羽冠)을 쓴 신라 왕자의 모습이 보인다.

둔황연구원의 서용 선생은 〈유마경변상도〉는 도상학상으로 문수보살 아래 제왕도를, 유마힐 아래 각국왕자도를 그리도록 되어 있으므로, 화가들은 화첩(畵帖)이나 모본(模本)을 보고 다양한 인종과 복식의 각국 왕자를 그려 넣는다. 그러므로 이 그림에 신라 왕자(고구려, 백제, 신라 중 어떤 나라인지 분명치 않으나 둔황연구원에서는 ‘신라 왕자’라고 칭한다)가 그려져 있다

22 제220굴 동벽 〈유마경변상도〉 중 '각족군장청문도'(부분) /『敦煌藝術精華』, p. 56, f. 64

23 제220굴 동벽 〈유마경변상도〉 중 '각국왕자청문도'. 왼쪽에서 다섯 번째가 신라 왕자 /『敦煌藝術精華』, p. 55, f. 63

하더라도 그것은 하나의 도상학상의 약속일 뿐, 실제로 신라 왕자가 왔었다는 뜻은 아니므로 특별한 의미를 부여할 일은 아니라고 한다. 이런 '신라 왕자'는 제237굴, 제332굴, 제335굴에도 그려져 있다.

정수일 선생은 '각국왕자청문도'는 여러 외국인들을 등장시켜 당나라 중심의 천하 사상을 은연중 과시하려는 양식화된 도상으로 봐야 할 것이라고 했다.(『실크로드 문명기행』, 한겨레, 2006)

막고굴에 모두 67개의 〈유마경변상도〉가 있다는데, 내가 본 것 중에서는 이 굴과 제103굴의 것을 걸작으로 꼽는다.

남벽의 〈아미타정토변〉에서는 무대 위에서 두 명의 무용수가 한 발은 치켜들고, 다른 한 발 끝으로 마주보고 서서, 16인조 악단의 반주에 맞춰 옷자락을 날리며 팽이처럼 빠르게 회전하는 〈호선무(胡旋舞)〉를 추는 장면이 유명하다.

제259굴(일반굴, 북위北魏)

'동양의 모나리자' 〈채소선정불〉

이 굴은 북위(386~534)의 이른 시기의 동굴이다.

이 굴의 북벽 아래층의 오른쪽 제3감실에 〈채소선정불(彩塑禪定佛)〉(높이 92㎝)24이 안치되어 있다. 장방형 수미좌에 결가부좌하고, 두 손은 배 앞에 가지런히 포개어 선정인(禪定印)을 짓고 있는데, 조형이 소탈하고 엄정하다. 활처럼 크게 올려 그린 가늘고 긴 눈썹 아래 두 눈을 살짝 내리뜨고, 반월형 작은 입술에 깨달음에서 오는 희열로 엷은 미소를 머금고 있다. 이 불상은 형신겸비(形神兼備)한 북위의 대표적 걸작으로 '동양의 모나리자'라고 불린다.

24 제259굴 북벽 〈채소선정불〉 /『敦煌石窟』, p. 21

25 제275굴 서벽 〈교각미륵보살〉 /『絲路勝迹』, f. 78

제275굴(특별굴, 북량北凉)

초기 소상塑像의 걸작 〈교각미륵보살〉

5세기 초 북량(397~439) 시대에 조영된, 막고굴에서 가장 오래된 굴이다. 정면인 서벽에 막고굴 초기 최대의 채소(彩塑)인 높이 334㎝의 〈교각미륵보살(交脚彌勒菩薩)〉25이 다리를 X자로 교차하고, 역삼각형의 광배 앞 쌍사자좌에 단정하게 앉아 있다.

왼손바닥을 펴서 무릎 위에 놓아 중생의 소원을 다 들어주겠노라는 여원인(與願印)을 짓고, 머리에 작은 화불(化佛)을 붙인 관을 쓰고, 어깨에 긴 머리를 풀어헤치고, 목은 영락으로 장식했다. 둥근 얼굴에 동그란 눈, 높은 코, 얇은 입술에 엷은 미소를 띠고 있다. 상반신은 거의 벗었고, 하반신에는 허리를 묶은 그리스 풍의 얇은 치마를 입었는데 다리에 물결 모양으로 주름이 져서 밀착되어 있다.

이 장중한 불상은 앉은 모습과 자세와 의상에 있어서 인도나 중앙아시아에서 전래된 양식을 반영하고 있으며, 초기 소상(塑像) 중 첫 번째로 꼽아야 할 걸작이다.

제285굴(특별굴, 서위西魏)

가장 오래된 발원문發願文 제기題記

막고굴 초기 서위(535~556) 시대에 조영된, 서위미술을 대표하는 굴이다. 대략 100㎡의 벽면에 벽화가 가득한, 모든 굴 가운데 가장 볼 것이 많은 굴이다.

정면 서벽(26의 왼쪽)에 열린 세 개의 감실 가운데 중앙의 큰 감실에, 통견(通肩)의 중국식 복장을 입은 여래가 의자에 앉아 있고, 그 주벽에 천부(天部), 보살, 공양자 들이 그려져 있다. 그 좌우 측벽에 힌두교의 신 비슈

26 제285굴 서벽(왼쪽)과 북벽(오른쪽)의 벽화 /『絲路勝迹』, f. 65

27 제285굴 동파(東坡), 중국 고대 신화의 세계 〈복희여와도〉 /『敦煌藝術精華』, p. 30, f. 23

누와 시바가 불법의 수호신으로 그려져 있고, 좌우 양측의 작은 감실에는 각각 좌선하는 승려의 소상이 들어 있다. 남·북벽에 각각 작은 선실(禪室)이 네 개씩 뚫려 있어 승원굴의 대표적인 예로 꼽힌다(26의 오른쪽).

북벽(오른쪽)의 공양자 행렬에 씌어진 제기(題記)에 '대위대통(大魏大統) 4년'(538, 서위 초대 황제 문제文帝 4년)이라는 막고굴에서 가장 오래된 명문(銘文)이 있다.

말각조정식의 방형 복두형 천장에는 중국 고대 신화의 세계가 펼쳐진다. 사다리꼴 천장의 네 모퉁이에 영락을 매어단 괴수의 머리가 풍탁(風鐸)을 2개씩 내려뜨리고 있고, 화면 가득 비천, 우레의 신(뇌신雷神), 청룡, 백호, 주작, 현무, 봉황, 기린 등 상상의 짐승들과 비천들이 다이내믹하게 난무하는 중국적인 신선풍의 벽화가 그려져 있다.

동파(東坡)에는 벌거벗은 두 역사(力士)가 씨름하는 자세로 받쳐 들고 있는 연지(連枝) 위에 마니보주(摩尼寶珠)가 있고, 그 왼쪽에 복희(伏羲), 오른쪽에 여와(女媧)가 그려져 있다.[27] 복희는 전설상 중국 최초의 황제이고, 여와는 그의 아내로서 천지창조의 신이다. 이들은 모두 인면사신(人面蛇身)으로 손에는 각자 곡척(曲尺)과 컴퍼스를 가지고 있고, 가슴의 원륜(圓輪)에는 해를 상징하는 삼족오(三足烏)와 달을 상징하는 두꺼비가 각각 그려져 있다.

제328굴(일반굴, 초당)

랭던 워너가 훔쳐간 걸작 〈공양보살상〉

서벽 감내에 아주 완전하게 보존된 1불, 2제자, 2보살, 4공양보살의 〈채소구존상(彩塑九尊像)〉[28]이 안치되었는데, 이 소상들은 당대의 채소를 대표하는 걸작들이다.

28 제328굴 서벽, 1불 2제자 2보살 4공양보살의 〈채소구존상〉. 랭던 워너가 훔쳐간 왼쪽 공양보살 1구의 자리가 비어 있다. /『敦煌石窟』, p. 56

본존불29(218㎝)은 통견의 가사를 입고, 결가부좌하여, 시무외인(施無畏印)을 짓고 있다.

불제자 중 노비구 가섭은 양손을 합장하여 신중하고 경건한 마음을 잘 나타내고, 청년 비구 아난은 허리를 가볍게 비튼 자세로, 총명하고 지혜가 넘치는 표정을 조용하게 나타내고 있다. 이 두 비구의 정신성이 넘치는 표현은 특히 우수하여 높이 평가되고 있다. 두 제자 소상의 배경에 여덟 제자가 그려져 있는데, 소상과 벽화가 일체를 이루어 석가의 10대 제자를 표현하고 있다.

반결가좌(半結跏坐)한 협시보살 소상 2구30, 31는 날씬한 체구, 갸름하고 예쁜 얼굴, 반들반들한 피부, 고상하고 정숙한 기품으로 제45굴의 풍만

29 제328굴 서벽 〈본존상〉
/『絲路勝迹』, f. 86

30 제328굴 서벽 〈우협시보살〉
/『絲路勝迹』, f. 87

31 제328굴 서벽 〈좌협시보살〉
/『絲路勝迹』, f. 88

32 제328굴 서벽 〈우공양보살〉
/『絲路勝迹』, f. 89

한 보살과 함께 당대를 대표하는 막고굴 최고의 '미인보살'들이다.

왼쪽 무릎을 세우고 꿇어앉아 있는 공양보살 소상 4구[32]는, 감실 안 좌우에 2구, 감실 밖 좌우에 2구가 있었는데, 그중 감실 안 왼쪽에 있던 공양보살(120㎝)[33]은 1924년 미국 하버드 대학 포그미술관의 동방부 주임 랭던 워너(Langdon Warner, 1881~1955)가 절취하여 미국으로 가져가, 현재 하버드 대학교 부속 포그미술관에 수장되어 있다. 그는 그 밖에도

33 1924년 랭던 워너가 제 328굴에서 절취해 간 〈공양보살채소상〉(높이 120㎝. 하버드 대학교 포그미술관 소장) /『돈황의 역사와 문화』(사계절), p. 70

특수한 화학용액을 사용하여 일곱 개 굴에서 26면, 총 3만 2,600㎠의 벽화도 떼어 가 '실크로드의 악마' 중 한 사람으로 지목되고 있다.

제329굴(미개방굴, 초당)

초당기의 대표적인 붓다 본생도

복두형 천장의 굴로 당대(唐代)를 대표하는 호화현란한 벽화로 유명하다.

감실 천장 오른쪽의 〈승상입태도(乘象入胎圖)〉34는 싯다르타 태자의 태몽을 그린 것이다. 카필라(迦毗羅) 왕국 정반왕(淨飯王)의 부인 마야부인(摩耶夫人)이 목욕을 한 후 잠이 든 사이에, 홀연 도솔천에서 천인(天人)이 흰 코끼리를 타고 내려오는데, 주위가 밝아지고 아름다운 음악이 크게 울리며, 천녀(天女)가 꽃을 뿌리고 향을 사르고, 기쁜 기운이 감돈다. 그 순간 흰 코끼리가 부인의 몸으로 들어가 보이지 않고, 주위는 다시 조용해진다.

화면에 전세(前世)의 석가가 코끼리를 타고 도솔천에서 인간세계로 하강하고 있고, 용을 탄 천인(승룡천인乘龍天人)이 코끼리를 인도한다. 주위 사방에서 상서로운 구름이 일어나고, 천화(天花)가 분분하게 떨어지며, 비천이 앞다투어 춤을 춘다.

감실 천장 왼쪽의 〈야반유성도(夜半踰城圖)〉35는 싯다르타 태자가 출가하는 장면을 그린 것이다. 태자가 29세 되는 생일날 불도를 구하여 성불하고 중생을 제도하려는 뜻을 세우고, 사랑하는 처자와 작별한 뒤, 한밤에 애마 칸타카를 타고 왕궁을 나서서 출가할 때, 사천왕이 강림하여 말의 네 발굽을 받쳐 들어 높은 성을 뛰어넘게 하고, 호랑이를 탄 천인(승호천인乘虎天人)이 인도하며, 비천들이 비상하고, 채운(彩雲)이 하늘에 가득 찬 광경이 펼쳐져 있다.

34 제329굴 〈승상입태도〉 /『敦煌石窟』, p. 58

35 제329굴 〈야반유성도〉 /『敦煌石窟』, p. 59

제390굴(미개방굴, 수말~당초)

가장 아름다운 천장의 '화개굴'

복두형 천장에, 꽃 덮개가 있는 굴이라 하여 화개굴(華蓋窟)이라고 한다. 이 굴의 천장은, 조정(藻井)의 정심(井心)에 연화초화문(蓮花草花紋)이 그려져 있고, 그 외곽에 사각의 연주문(聯珠紋) 휘장이 드리워져 있으며, 그 바깥쪽 홍색 바탕의 사파(四披)에 천불이 가득 그려져 있어 막고굴에서 가장 아름다운 천장으로 꼽힌다.36

36 **제390굴 화개굴의 천장** /『돈황석굴』, p. 67

제428굴(일반굴, 북주北周)

현란한 벽화로 가득 찬 굴

북주 시대에 조성된 폭 10.8m, 깊이 13.75m의 최대 규모의 중심탑주식 탑묘굴이다. 중심탑주는 평천장(平天障)의 주실(主室)에 있다. 그 네 면에 감실을 한 개씩 열고 1불, 2제자 그리고 감 밖에 2보살을 배치했는데, 감 밖의 좌우에 보리수를 엮어 붙여 수하설법(樹下說法)을 나타내고 있다.[37]

37 제428굴. 북조기(北朝期) 최대의 방주굴(方柱窟)로서 평천장 주실에 있는 방주의 4면에 불감을 열고, 1불, 2제자, 2보살을 안치했다. 요벽(腰壁)에 공양자 행렬과 약차상이 있고, 전실의 맞배형 천장에는 연꽃을 도안한 그림이 그려져 있다. /『世界の大遺跡 9: 古代中國の遺産』(講談社), f. 199

감실 앞면에 중국의 전통적인 지붕 구조를 모방한 인자파(人字坡) 맞배형 천장이 있고 반추상적인 꽃 문양이 그려져 있다. 요벽(腰壁)에는 공양자 행렬과 약차상(藥叉像)이 있다.

이 굴은 화려한 벽화로 유명하다.

동벽 북측에 말과 수레, 의복과 음식 등 자신이 가진 모든 것과 아이들까지 바라문에게 보시하고 단특산(檀特山)에 은거하여 수행한 〈수다나(順達拏)태자본생도〉가 있고, 남측에 새끼 일곱 마리를 낳고 기운이 쇠진하여 죽어 가는 어미 호랑이에게 새끼들이 젖을 달라고 울부짖는 참상을 목격하고 자신의 몸을 던져 먹게 하는 〈삿타(薩埵)태자사신사호(捨身飼虎)본생도〉가 그려져 있다. 수다나 태자나 삿타(싯다르타) 태자는 모두 전세의 석가였다.

남벽의 〈설법도〉38 가운데 보살, 비천 등 인물들은 모두 토홍색(土紅色) 바탕 위에 굵고 검은 선으로 윤곽이 그려져 있고, 눈과 코는 흰색으로 두껍게 묘사되어, 마치 조르주 루오(Georges Rouault)의 야수파 회화를 보는 듯 야성적이다.

그래서 한때 중국에서는 이미 천수백 년 전에 야수파 회화를 그렸다고 떠들썩했으나, 둔황연구원에서 연구한 결과, 원래 인물의 윤곽은 담홍색으로 우아하게 그린 것이었는데, 담홍색을 만들기 위해 조합제로 사용한 은주(銀朱)와 연분(鉛粉)이 공기와 접촉하자 산화되어 커피색, 회색 또는 흑색으로 변한 것으로 밝혀졌다.

이와 같이 붉은색으로 윤곽을 그리고(원권훈염圓圈暈染), 눈과 콧등을 백분(白粉)으로 칠해 입체감을 나타내는, 인도에서 전해진 요철법(凹凸法)을 '천축유법(天竺遺法)'이라 한다. 그러나 나는 원래의 담홍색보다 검게 변해 야성적으로 보이는 현재의 모습이 훨씬 더 좋다.

38 **제428굴 남벽 〈설법도〉의 붓다, 협시보살, 비천상** /wikipedia

북벽의 〈항마변(降魔變)〉은 석가가 성도하려고 할 때에, 천마(天魔) 파순(波旬)이 마군(魔軍)과 미녀들을 데리고 나타나 무력으로 위협하고 미녀로 유혹하여 석가의 득도를 방해한다. 석가가 항마인(降魔印)을 짓고, 미녀로 변장해 유혹하는 마녀 셋을 법력으로 추한 노파로 변모시켜 물리친다.

제 8 장

무소유로 만족하며 사는 경건한 불자의 나라

티베트 Tibet

티베트를 가다

티베트의 역사

티베트 불교

티베트 관광

01 티베트의 상징, 라싸의 포탈라 궁 전경 /Antoine Taveneaux

티베트를 가다

내가 중국에서 가장 먼저 가 보고 싶었던 곳은 베이징이나 상하이가 아니고, 무소유로 만족하며 사는 '경건한 불자의 나라' 티베트와, 사막 가운데 이룩한 '세계 최대의 미술관' 둔황이었다.

어린아이들도 "죽는 것을 두려워하지 않는다"고 말하는, 생사초탈(生死超脫)의 사생관을 가진 티베트인들의 신앙에 대하여 비상한 호기심과 동경을 가지고 있던 나는, 1997년 7월 27일 아침 9시 10분 '신의 땅' 라싸(Lhasa, 拉薩, 인구 2010년 56만)의 공가(Gonggar) 공항에 내렸다. 마중 나온 여자 가이드가 일행의 목에 '카타(khata, 고귀한 사람에게 존경의 뜻으로 목에 걸어 주는 흰색의 긴 천으로 무사안녕을 빌고 축복을 기원하는 등 모든 소원이 담겨 있다)'를 하나씩 걸어 주며 환영했다.

라싸는 해발 3,658m. 하늘은 진한 잉크를 풀어 놓은 것처럼 짙푸르고 공기는 삽상(颯爽)하며 주위는 황량하고 적막하다. 지구가 아닌 다른 별에 내려온 것 같은 이상한 기분이 든다.

라싸는 연간 일조량이 3천 시간을 넘는 '햇빛의 도시(일광성日光城)'이며, 세계에서 가장 이국적이고 매력 있는 은둔의 도시다.

티베트의 역사

몽골족에 속하는 티베트족(장족藏族)은 저(氐), 강(羌) 등 여러 파로 나뉘어 중국의 서부 일대에서 유목 생활을 해 오다가, 7세기 초 중부 티베트 얄룽 계곡에 있는 토번(吐蕃) 왕국에서 송첸 감포(Songtsän Gampo, 松贊干布, 617추정~650, 재위 629~650)라는 불세출의 영웅이 나타나, 주변 40여 개의 소국을 통합해 티베트 최초의 통일국가를 이룩하고, 사방으로 영토를 확장하여, 당시 토번의 위세는 당을 위협할 정도로 강성했다.

송첸 감포의 출생년은 미상. 581년, 604년, 617년 등 여러 설이 있는데, 그중 중국역대인명사전의 617년 설이 일반적으로 받아들여지고 있다. 그는 13세 때 독살당한 부왕 남리 송첸의 뒤를 이어 찬보(贊普, 군왕)로 즉위했다. 그는 토번의 제갈량이라는 명재상 가르 동첸(Gar Dong-chen, 祿東贊, 재임 652~667)의 보좌를 받아, 두 번의 국제적인 정략결혼을 통하여, 인도와 중국의 우수한 문화를 수용해, 토번 문화를 일신한다.

632년 네팔 공주 브리쿠티 데비(Brikuthi Devi, 赤尊)를 왕비로 맞으면서 인도의 선진 문화와 인도 불교를 받아들였다.

634년 송첸 감포는 당태종에게 재상 가르 동첸을 사신으로 보내 황제의 공주를 배필로 보내달라고 요청했다. 당태종이 거절하자, 638년 당의 속국인 칭하이 토욕혼(吐谷渾)을 공격하고, 당의 변방을 침범하여 압박했다. 그리고는 640년 다시 가르 동첸을 장안으로 보내 당 태종에게 황금 5천 냥과 수백 가지 진귀한 보물을 바치고 다시 청혼했다.

이에 당 태종은 외모가 아름답고 총명하며, 재주가 뛰어나고 교육을 잘 받은 종실의 딸을 배필로 정하여, 문성공주(文成公主, Wencheng, 623추정~680)로 책봉했다. 문성 일행은 예부상서(禮部尙書) 강하왕(江夏王) 이도

종(李道宗)의 호위를 받으며 641년 장안을 출발해 토번으로 향했다. 영민한 공주의 혼수에는 토번에 없는 순무 종자, 곡물, 채소, 과일의 종자와 잠종(蠶種, 누에 종자), 약재, 차, 경서와 경전 등 360권의 서책, 공구, 공예품과 석가모니상이 포함 되어 있었으며, 문사(文士), 공장(工匠), 장인(匠人), 요리사, 시녀 들과 호위군사들도 데려갔다.

송첸 감포는 칭하이 악릉호(鄂陵湖)까지 나가 문성을 맞이해 혼례를 치렀다. 문성공주는 토번인들에게 농업기술을 가르쳐 수확량을 크게 늘리고, 길쌈을 가르쳐 옷감을 짜게 하고, 천문역법(天文曆法)을 사용케 하는 등 중국 문물과 불교를 전파했다. 문사들은 대신과 귀족의 자제들을 가르치고, 공장은 종이와 먹을 만들고, 장인은 건축을 하였다. 당과의 국혼을 통해 선진 문물과 중국 불교를 받아들인 토번은 문화가 한 단계 성장 되고, 당과의 관계도 획기적으로 개선된다.

송첸 감포는 재상 톤미 삼보타(Thonmi Sambhota, 呑米桑布札)를 북인도로 파견해 산스크리트(Sanskrit) 문자를 본떠서 티베트 문자를 창제하고, 그 문자로 불경을 번역하고 역사를 기록하기 시작한다. 라싸를 수도로 삼고, 조캉 사원과 포탈라궁을 건축했다. 당을 모방하여 정치, 경제, 군사, 법령 제도를 확립하고 도량형을 통일했다. 그러나 650년 송첸 감포는 아깝게도 서른셋의 젊은 나이로 일찍 병사했다.

그 후 토번은 더욱 강성해져, 50전 전승의 명장 가르친링(Mgarchinling, 論欽陵, ?~699, 명재상 가르 동첸의 차남)이 이끄는 토번군이, 663년 토욕혼을 공격하여 멸망시키고, 669년 대비천(大非川) 전투에서 당군 10만 명을 전멸시키고, 적장 설인귀(薛仁貴)를 포로로 잡아 훈계 방면하고, 670년 안서사진(安西四鎭: 쿠처, 호탄, 카슈가르, 카리샤르焉耆)을 쳐서 빼앗고, 678년 승풍령(承風嶺) 전투에서 당군 18만 명을 격파하여 칭하이(靑海)를 획득하고, 696년 소라한산(素羅汗山) 전투에서 당군 40만 명을 궤멸시키는 등 당군을 연전연파하면서, 영토를 확장하고 실크로드의 지배권을 장악해 나갔다.

8세기 후반 '전륜성왕(轉輪聖王)'이라 일컬어지는 티송 데첸 왕(Trisong Detsan, 赤松德贊, 재위 754~797)은 761년 불교를 국교로 삼고, 티베트 역사상 최고의 전성기를 맞는다.

그는 중국의 감숙(간쑤甘肅), 청해, 사천(쓰촨四川), 운남(윈난雲南)까지 진출하고, 천축(天竺)을 공격했으며, 763년 동정원수(東征元帥) 다자뤼공(達磨札樂宮)에게 20만 대군을 줘 당의 수도 장안을 일시 점령하여 황제를 갈아치우고, 당으로부터 조공까지 받는다.

764~776년 양주, 감주, 숙주, 과주(瓜州)를 함락하고 781년에는 둔황(敦煌)을 점령하여, 그 후 67년간 그 지역을 통치하게 된다.

787년에는 신장(新疆)지역 북정(北庭)에서 당군을 격파하고, 파미르 고원을 넘어 소발률(小勃律, 길기트)을 정벌한다. 결국 실크로드의 세 갈래 길(서역남로, 서역북로, 천산북로)을 모두 점령하여, 당과의 서역 쟁패(爭覇)에 종지부를 찍는다.

그 후 티축 데첸 왕(Tritsug Detsan, 赤竹德贊, 재위 815~836경)은 수많은 사원을 건립하여 국가재정을 고갈시키고, 승려를 극단적으로 우대하는 등 지나친 숭불정책을 펴다가, 여러 세력들의 불만을 사서 폐불파(廢佛派) 대신에게 암살당했다. 왕을 타도한 세력에 의해 옹립된 랑다르마(Lang Dharma, 郞達瑪, 재위 836경~842)는 토착신앙인 뵌(Bön)교 승려들의 압박을 받아, 승원을 폐쇄하고 불경과 불상을 불사르고 승려를 강제환속시키는 등 억불(抑佛)정책을 펴다가, 842년 격분한 불교 승려에게 암살되었다.

그 뒤 왕자들이 왕위 다툼을 벌이다가 846년 토번왕조가 멸망하자, 불교 역시 쇠퇴하고, 봉건 영주들이 할거하여 400여 년간 혼란이 지속된다.

티베트는 1253년 몽골 왕 망구 칸(Mangu Khan, 헌종憲宗)에게 점령당했다. 원(元) 세조(世祖) 쿠빌라이 칸(Kublai Khan, 재위 1260~1294)은 1260년 티베트의 고승 팍파(Phags-pa, 파스파八思巴, 1235~1280)를 국사(國師)로 삼아 티베

트를 대리통치케하고, 1269년 제사(帝師)로 승임시켰다.

제5대 달라이 라마 로상 갸초(Lobsang Gyatso, 1617~1682)는 서몽골 오이라트(Oirat) 4대 부족의 하나인 호쇼트(Khoshot)의 수령 구시 칸(Güshi Khan, 고시한固始汗, 1582~1654)에게 출병을 요청하여, 1642년 서부 티베트를 통치하던 짱(Tsang, 藏) 지역의 카르마파 정권을 무너뜨리고 1645년 통치권을 이양받아 티베트 전역의 정치와 종교의 권력을 장악했다. 그때 제5대 달라이 라마를 법왕으로 하는 정교합일(政教合一)의 정권이 수립되어, 그 후 종교의 수장이 정치적 지배권도 가지게 되었다.

1720년 청(淸)나라 강희제(康熙帝, 재위 1661~1722)는 군대를 라싸로 진격시켜 티베트를 지배하고 있던 몽골의 준가르 부족을 몰아내고, 1727년부터 주장대신(駐藏大臣, Amban)과 군대를 상주시켜, 청조 멸망시까지 180여 년간 티베트 내정에 깊숙이 관여했다.

1911년 신해혁명(辛亥革命)으로 청조가 붕괴되자, 1913년 제13대 달라이 라마 툽텐 갸초(Thubten Gyatso, 1876~1933)는 중국의 종주권을 부정하고 티베트의 독립을 선포했다. 그러나 1949년 중화인민공화국이 성립된 후, 1950년 10월 7일 약 4만 명의 인민해방군이 티베트를 침공하여 창두(昌都)를 점령하고, 1951년 5월 23일 베이징에서 중국의 종주권과 티베트의 자치권을 인정하는 티베트화평해방조약이 강압으로 조인되었다.

1959년 3월 10일 티베트 민중 약 30만 명이 중국의 강압적인 통치와 달라이 라마 납치 기도 음모에 반발하여, 달라이 라마가 머물고 있는 라싸의 노르부 링카(Norbu Lingka) 궁을 에워싸고 대규모 시민 봉기를 일으키자, 중국군은 이를 진압하기 위해 발포했다. 3월 19일 제14대 달라이 라마 텐진 갸초(Tenzin Gyatso, 1935~)가 변장을 하고 가족과 극소수 경호원만 대동하고 비밀리에 탈출한 직후, 중국군은 궁선을 포격하고 폭격하여 티베트인 약 8만 6천 명(티베트 망명정부 추산)을 학살하고 2만 5천여 명을 투옥하여 봉기를 진압했다.

같은 해 3월 31일 달라이 라마는 80여 명의 측근들과 함께 히말라야를 넘어 2,600㎞의 대장정 끝에, 인도로 망명해 다람살라(Dharamsāla)에 티베트 망명정부를 수립하고, 비폭력 노선을 일관되게 견지하면서 독립운동을 전개하고 있다. 이러한 점이 국제사회의 지지를 얻어 1987년 그에게 노벨 평화상이 수여되었다.

중국이 티베트에 사회주의 국가를 건설한다는 기치 아래 사유재산을 몰수하고, 사회구조를 농민조합 중심의 집단체제로 바꾸고, 사원을 철폐하고, 티베트인의 자유와 생존을 역설한 제10대 판첸 라마를 투옥시키자, 티베트인들은 심하게 저항하며 무장투쟁으로 맞섰다. 1965년 9월 중국은 유화책으로 티베트에 장족(藏族)이 자치하는 시짱자치구(西藏自治區, 면적 122만 8,400㎢, 남한의 12.2배, 인구 300만)를 설치했다.

중국은 문화혁명 기간중 6천여 사원의 90% 이상을 파괴하고 승려들을 투옥, 강제노역, 강제환속 시키는 등 종교를 탄압하다가, 1978년 햇볕정책을 실시하여 판첸 라마를 석방하고, 1984년 개혁개방정책의 일환으로 종교의 자유를 일부 허용하고, 1986년 티베트의 문호를 외부세계를 향해 개방했다. 그러나 내가 방문한 1997년에도 티베트인이 달라이 라마의 연설문이나 사진을 소지하는 것은 엄격하게 금지되었다.

나는 개인적인 경험으로 제14대 달라이 라마를 지근거리에서 두 번 뵌 적이 있다. 1998년 12월 한국 NGO 대표로 프랑스 정부의 초청을 받아 파리에서 개최된 세계인권선언 50주년 기념행사에 갔을 때, 그분은 21세기인권전야제에 참석하셨고, NGO서밋(Summit)에서는 전세계의 인권지도자와 활동가들을 상찬하고 격려하는 연설을 하셨다. 그분은 의전이나 권위 같은 것은 벗어던지고 평범한 시민같이 소탈하고 거침없이 행동하셨다. 정말 생불이라면 그런 모습일 것 같았다.

티베트 불교

티베트 불교는 탄트라(tantra: 밀교의 교리를 담은 경전의 총칭)적인 인도의 후기 밀교(密敎) 사상이 티베트 토착의 원시적 주술(呪術) 신앙인 뵌교와 융합하여 신비스럽고 원초적 색채가 강한 특징을 갖게 되었다.

티베트 불교에는 4대 종파가 있다.

- 닝마파(Nyingma-pa, 寧瑪派, 홍모파): 8세기 중반 인도 스와트 출신의 파드마삼바바(Padmasam-bhava, 蓮花生, 717~762)가 전한 인도 밀교가 교리를 정비하여 종파의 체제를 갖춘 가장 오래된 종파다. 그들은 탄트라적인 성향이 강하고, 매장경전(埋藏經典)에 의한 수행에 중점을 둔다.
- 사캬파(Sakya-pa, 薩迦派, 화교花敎): 11세기 후반 짱(藏)지방에서 쾬 콘촉 걀포(Khön Konchog Gyalpo, 1034~1102)에 의해 일어난 쾬씨 씨족종파다. 사캬 판디타(Sakya Pandita, 1182~1251)가 몽골 조정에 들어가 포교하고, 그 후 팍파가 원(元)제국의 황실에 들어가 1270년 쿠빌라이 칸을 불교도로 개종시키고 티베트 불교를 원제국의 국교로 삼게 하여 교세를 크게 떨쳤다. 그는 사캬 정권을 수립하여 티베트를 통치했으며, 그 정권이 그 후 100년 가까이 티베트를 지배했다.
- 카규파(Kague-pa, 噶擧派, 흑모파): 11세기 후반 마르파(Marpa, 1012~1093)에 의해 수립되어, 시집 『십만송(十萬頌)』을 지어 티베트인들의 존경과 사랑을 한 몸에 받는 성자 밀라레파(Milarepa, 1040~1123)에게 전승되었다. 그 후 12개 지파가 생겨 커다란 세력을 형성했고, 그중 카르마파(Karma-pa)는 '전생활불상속제(轉生活佛相續制)'를 창출하여 강력

한 종파로 등장했다.

- 겔룩파(Geluk-pa, 格魯派, 황모파): 1409년 총카파(Tsong-kha-pa, 宗喀巴, 1357~1419)가 인도의 대(大) 학승 아티샤(Atīśa, 982~1054)의 가르침인 『보리도등론(菩提道等論, Lam rim)』에 기초하여 주술적인 닝마파를 배척하고 승려의 독신을 의무화하는 등 엄격한 계율을 주창한 개혁종파다. 그들은 카르마파와 날카롭게 대립하면서도 활불상속제를 도입하여 달라이 라마라는 존재를 등장시켰다. 1642년 정교합일의 달라이 라마 정권을 수립하여 전 티베트의 지배권을 장악하고, 간덴, 드레풍, 세라, 타쉬룬포 등 4대 학문 승원을 총림(叢林)으로 하여 체계적인 발전을 이룩해, 현재 티베트 불교 최대의 종파가 되었다.

달라이 라마(Dalai Lama, 達賴喇嘛)는 티베트의 정치와 종교의 수장이며 자비를 상징하는 관세음보살의 화현(化現)이라 여겨진다. 1578년 칭하이성 공화(共和)에서 몽골 왕 알탄 칸(Altan Khan)과 티베트 불교 교단의 대표 쇄남 갸초(Sönam Gyatso, 1543~1588)가 회합하여, 알탄 칸은 불교에 귀의하고 쇄남 갸초에게 '달라이 라마(바다같이 넓은 지혜를 가진 스승)'라는 칭호를 봉헌했다.

쇄남 갸초는 초대 타쉬룬포 승원장 겐뒨 둡파(Gendun Drubpa, 1391~1475)를 제1대, 겐뒨 갸초(Gendun Gyatso, 1475~1543)를 제2대 달라이 라마로 각각 추존(追尊)하고, 자신은 제3대 달라이 라마로 즉위했다.

그 후 달라이 라마는 14대에 걸쳐 '전생활불상속제(달라이 라마가 입적하면 그의 환생인 사내아이를 찾아내어 다음 달라이 라마로 세우는 제도)'로 계승되어 1959년 제14대 달라이 라마가 중국의 탄압을 피해 인도로 망명할 때까지 티베트를 통치했다. 달라이 라마는 라싸 중심의 '위(U)' 지방을 통치하는 겔룩파 서열 제1위의 최고 지도자다.

1645년 제5대 달라이 라마 로상 갸초는 티베트 전역을 효율적으로 통치하기 위해, 자신의 스승이며 타쉬룬포 승원장인 로상 최기 갤첸(Lobsang Choegyi Gyalchen, 1570~1662)에게 '판첸(위대한 학자)'이라는 칭호를 부여하여, 서부지역을 통치할 제2활불로 옹립했다. 로상 최기 갤첸은 타쉬룬포 승원장을 지낸 학자들, 케둡 제(Khedrup Je, 1385~1438), 쇄남 초크랑(Sönam Choklang, 1438~1505), 엔사파 로상 된둡(Ensapa Lobsang Döndrup, 1505~1568)을 제1~3대 판첸 라마로 추존하고 자신은 제4대 판첸 라마로 즉위했다. 아미타불의 화현이라 여겨지는 판첸 라마(Panchen Lama, 班禪喇嘛)는 현재까지 11대에 걸쳐 '전생활불'로 계승되었으며, 시가체 중심의 '짱(藏)' 지방을 통치하는 겔룩파 서열 제2위의 지도자다.

티베트 관광

삼예사: 티베트 최초의 대사원

공항에서 라싸 동남쪽 136㎞ 지점에 있는 자낭(Zanang, 札囊)현 삼예사(Samye, 桑耶寺) 02로 향했다. 폭이 5㎞쯤 되어 보이는 넓은 얄룽창포 강(갠지스 강의 상류)을 1시간 20분 동안 나룻배를 타고 퇴적된 모래톱을 피해 가며 건너가는데, 하늘은 진한 잉크를 풀어 놓은 것 같이 짙푸르고, 나룻배에는 차일도 없어, 챙 넓은 모자를 쓰고 긴팔 셔츠를 입고 목에 스카프까지 둘렀는데도 얼굴, 귀, 목과 등을 파고드는 햇볕은 마치 바늘로 쑤시는 것처럼 따갑다. 배 안에 앉아 있던 우리 일행 중 한 부인이 갑자기 옆으로 픽 쓰러진다. 얼른 휴대용 산소통을 열어 코에 갖다 대어 주자, 몇 번 숨을 들이쉬고 정신을 차린다. 고산증세였다.

02 **티베트 삼예사** /derivative work

티송 데첸 왕이 인도 날란다(Nalanda) 불교대학의 대학장 샨타락시타(Śāntarakṣita, 寂護, 725?~788)를 초빙하여 삼예사를 건립하려 할 때, 토착 종교인 뵌교의 저항이 극심하여, 인도 밀교의 대성취자 파드마삼바바(별칭 구루 림포체 Guru Limpoche: '위대한 스승')를 초청해, 뵌교의 훼방을 신통력으로 제압하고, 747년 삼예사를 착공하여 779년 완공했다.

삼예사는 티베트 최초의 대사원으로, 불교의 우주관을 그림으로 구현한 입체적 만다라 양식을 취하여 건축되었다. 중앙에 수미산을 상징하는 4층짜리 웅장한 대법당 중봉대전(中峯大殿, Utse, 건축면적 6천㎡)이 자리 잡고, 남쪽에 일광전, 북쪽에 월광전, 사방에 사천왕을 상징하는 청·홍·백·남색의 4색 탑과 그 바깥쪽에 4대주 8소주를 나타내는 12전각을 배치하고, 주위에 타원형 구조의 높은 담장을 둘러 쌓았다. 이 사원의 이러한 가람 배치는 고대 인도 마가다국 오란타푸리(Odantapuri) 사원의 수미산의 세계를 모방한 것이라고 한다.

삼예사는 '돈오점수(頓悟漸修)의 삼예 종론(宗論)'이 열린 곳이다.

759년 삼예사 보리원에서 티송 데첸의 입회 아래, 중국의 선불교를 대표하는 마하연(摩訶衍) 선사와 인도의 교학적 불교를 대표하는 학승 카말라실라(Kamalasila, 蓮華戒)가 교의 논쟁을 벌여, 마하연 선사의 즉각적 해탈론 '돈오(頓悟)'가 카밀라실라의 단계적 해탈론 '점수(漸修)'에게 논파(論破)당해 선사가 패배를 자인하고 티베트를 떠났다.

참배자는 1층 회랑에 설치된 수많은 금빛 마니통(嘛呢筒: 티베트 불교의 경전을 새겨 넣은 원통. 시계방향으로 돌려서 한 바퀴 돌아오면 불경을 한 번 읽은 것으로 셈하여 준다)을 시계방향으로 돌리며 '옴 마니 밧메 훔(Om mani padme hūm, '연꽃 속의 보석이신 분께 영광 있으라')'이란 여섯 자 진언(육자진언六字眞言, mantra)을 암송한 다음, 불당으로 들어가 붓다께 예배를 드린다.

1층 대법당에는 높이 3.9m의 대형 석가여래상과 번화하게 장식된 〈천수천안(千手千眼)관음보살〉이 있고, 2층에는 이 사원의 창건자인 인도의 고승 샨타락시타와 파드마삼바바, 티베트 불교 4대 종파의 라마상 들이 있고, 3층에는 보존 상태가 아주 좋은 벽화가 있다.

4층에 남불(男佛)의 무릎 위에 여불(女佛)이 마주보며 걸터앉아 서로 껴안고 있는 〈남녀불합환상(男女佛合歡像)〉이 안치되어 있는데, 밀교(密教)의 이런 불상을 처음 보는 현교권(顯教圈)의 우리는 괜히 민망하다. 티베트 불교에서는 마치 남녀 부처가 섹스를 통해 열반에 들어갈 수 있다고 표현한 것 같은 합환불(또는 환희불)이 가끔 눈에 띄는데, 이는 모든 이원론적 요소의 합일을 의미하는 시각적인 방편일 뿐, 남녀 부처의 합체 형식을 빌려 '완성'을 표현한 것에 불과하다고 설명한다. 어려워서 무슨 말인지 모르겠다.

사원 건물 밖으로 나와 몸짓으로 화장실이 어딘지 물어보니, 사원 앞마당에 흙을 약 3m 높이로 탑처럼 쌓아 올린 고대(高臺)를 가리킨다. 계단으로 올라가니 3~4평 넓이의 하늘에 개방된 노천 변소다. 남녀의 구별도 없고 아무런 칸막이도 없는 민망한 화장실이다.

조캉 사원: 티베트 불교의 총본산

7월 28일 아침 우리는 조캉 사원으로 갔다.

라싸 구시가지의 중심, '바코르(Barkor, 八角街)'(조캉을 중심으로 한 바퀴 도는 약 1㎞의 팔각형 도로) 거리에 있는 조캉 사원(Jokhang, 大昭寺)03은 티베트 불교의 총본산으로 가장 오래되고 성스러운 곳이며, 티베트인의 정신적 구심점이다.

이 사원은 639년 송첸감포가 네팔 공주 브리쿠티 데비가 가져온 아촉금강상(阿閦金剛像)을 모시기 위해 착공하여 647년 완공했으며, 네팔, 인도, 당(唐) 3국의 복합적 예술양식으로 건축된 4층, 연면적 2만 5,100㎡의 대찰(大刹)이다.

646년 문성공주는 당나라에서 가져온 석가모니상을 본존으로 모시기 위해 시집올 때 데려온 건축 장인들을 시켜 조캉 사원 북쪽에 라모체 사원(Ramoche, 小昭寺)을 착공하여 건립했다.

그 후 중국의 영향으로 두 사원은 본존불상을 서로 바꿔 놓았다고 한다.

조캉 사원 앞 바코르 광장04에는 가운데 풍마기(風馬旗)가 서 있고, 종교적인 성물(聖物), 기념품, 장신구, 약초 등을 파는 노점상들이 모여 제법 큰 시장을 형성하고 있다. 광장은 티베트 각지에서 온 순례의 군상들과 세계 각국에서 온 관광객들, 그리고 사원의 주위를 시계방향으로 한 바퀴 도는 '바코르 코라(kora) 순례자'들로 항상 활기가 넘친다.

03 **라싸 조캉 사원** /Bgabel

성지순례자들은 먼저 바코르 코라를 하고, 광장 바닥에 수없이 오체투지(五體投地)05를 하면서 '옴 마니 밧메 훔' 진언을 암송한다. 오체투지는 이마와 두 팔꿈치와 두 무릎, 신체의 다섯 부분이 땅에 닿도록 절을 하여 자신을 최대한 낮추어 붓다께 존경을 표하는 방식이다.

티베트인들은 불교의 성지인 조캉 사원과 포탈라 궁을 일생에 한 번 순례하는 것이 소원이라고 한다. 평생 별러서 성지순례를 나선 그들은 멀리 포탈라 궁이 보이는 곳에서부터 오체투지를 시작하여 조캉 사원까지 오는 것이 보통이지만, 때로는 수백 수천㎞의 전 여정을 몇 달 몇 년씩 걷거나 또는 삼보일배(三步一拜)의 오체투지를 하여 오는 경우도 있다고 한다.

나는 오체투지에 열중하는 그들의 자세가 하도 경건하여 큰 감동을 받고, 비디오카메라를 들이대는 것이 미안하여 주저했다. 그러나 그들은 카메라나 주위의 시선 따위는 전혀 의식하지 않는 듯 오체투지에만 열중한다.

바코르에서 땅바닥에 약초를 펴 놓고 파는 아주머니, 할머니들이나, 오체투지를 하는 순례자 아저씨, 할아버지들은 우리보다 더 조선 사람처럼 생긴 모습이다. 그들은 우리와 같은 몽골로이드 혈통에, 알타이어 계통의 언어를 구사하고, 시베리안 샤머니즘 무속신앙을 갖고 있어, 자주 눈에 띄는 동질성이 우리를 깜짝깜짝 놀라게 한다.

04 라싸 바코르 광장 /ignat

사원의 정문을 지나 안으로 들어갔다. 중정(中庭)에서는 라마승들이 수백 개의 야크 기름 등불을 켜 놓고, 향을 피우고, 방울을 흔들고, 피리를 불고, 바라를 치면서 시끄러운 가운데 법회를 거행하고 있었다.

순례자들은 이곳에서도 오체투지를 계속하면서 한 걸음 한 걸음씩 부처에게 다가간다. 그들의 그런 경건한 신앙심은 대체 어디서 오는 것일까?

주전(主殿)인 각강전(覺康殿) 내부는 컴컴했다. 수백 년간 수백 개의 야크 기름 등불을 켜서 기름 타는 매캐한 냄새와 자욱한 향연(香煙)이 코를 찌르고 눈도 따끔따끔하다. 내부의 기물들은 기름때에 찌들어 새카맣고 반들반들하다.

문성공주가 시집올 때 가져온 석가모니 12세 등신불상(等身佛像)06이 중앙에 본존으로 안치되어 있다. 금빛 얼굴에 터키석, 루비, 사파이어, 비취, 마노 등 각종 보석으로 호화찬란하게 장식된 이 불상은 7세기 당나라 공예미술의 정수를 보여 준다. 그 옆에 관세음보살, 미륵불, 파드마

05 조캉 사원에 도착해 오체투지를 하는 순례자들 /archer10

삼바바, 총카파와 역대 달라이 라마의 소상(塑像)들이 노란 모자를 쓰고 좌대에 안치되어 있고, 금·은·동·진흙으로 만든 무수한 불상들이 '카타(흰 명주 스카프)'를 휘감고 앉아 괴기(怪奇)한 분위기를 연출한다.

순례자들은 들고 온 야크 기름을 큰 기름통에 쏟아부어 시주하고, 석가모니 본존불을 중심으로 본전 내부를 시계방향으로 돌면서, 왼손에 쥔 휴대용 마니차를 돌리며 '옴 마니 밧메 훔' 진언을 암송하고, 오른손으로는 불상 앞에 꼬깃꼬깃하게 구겨진 지폐를 헌금하고, 불상들의 무릎을 하나하나 쓰다듬으며 머리를 조아린다. 불상들은 수백 년간 열성적인 신도들의 손길에 무릎이 닳아 반질반질하다.

대법당을 둘러싼 환희당(歡喜堂), 무량광당, 미륵당, 약사당, 관음당, 석가당 등 18개 법당과 2층의 아미타불, 관세음보살, 미륵불, 구루 림포

06 조캉 사원의 본존 〈석가모니 12세 등신불상〉 / *Travel on the Roof of the World* (中國旅游出版社), p. 26

체, 총카파 등의 불상이 안치된 20여 개의 소법당 안에는 약 3천여 좌(座)의 불상이 안치되어 있고, 벽은 총길이 1㎞가 넘는 티베트 양식의 종교적, 역사적 벽화들로 가득 채워져 있다.

이 사원의 맨 꼭대기는 금빛기와 지붕(금정金頂)07이 있는 테라스다. 5개 당(堂)의 지붕 용마루에는 금빛 보병(寶甁)으로 장식된 첨탑과 공명조(共命鳥)들이 서 있고, 지붕 모서리마다 정교하게 조각된 수많은 봉황, 용머리, 인면조신(人面鳥身)의 가루다(garuda, 신조神鳥) 등이 금빛으로 번쩍인다.

또한 붓다의 녹야원(鹿野苑) 초전설법(初轉說法)을 상징하는 정교한 법륜의 좌우에 사슴이 평화롭게 앉아 있는 금빛 〈상린법륜상(祥麟法輪像)〉이 조각되어 있다. 지붕의 기와와 서까래도 모두 금빛이며 목조 기둥과 들보에는 오색 단청이 눈부시다.

조캉 사원은 2000년 유네스코에 의해 세계문화유산으로 등록되었다.

07 조캉 사원의 금정(金頂: 금빛기와 지붕) /Christopher Michel

08 오른쪽 면에서 바라본 포탈라 궁 전경 /Antoine Taveneaux

포탈라 궁전: 티베트의 상징

조캉 사원에서 반쯤 넋이 나간 채 포탈라 궁으로 이동했다.

포탈라(Potala, 布達拉) 궁01, 08은 티베트의 상징이다. 해발 3,700m가 넘는 홍산(紅山) 위에 우뚝 서 있는데, 그 이름의 뜻은 관음보살이 상주하는 신성한 산 '보타락가(補陀落迦, Potalaka)'이며, 관음보살의 화현인 달라이 라마가 거주하는 궁전이라는 뜻이라고 한다.

이 궁전은 부지 면적 36만㎡, 건물의 연면적 13만㎡, 주궁(主宮)의 높이 117m, 동서 360m, 남북 140m, 최고 13층으로 건축되었고, 세계에서 가장 높은 곳에 위치한 가장 큰 궁전이며, 티베트 전통건축의 백미다. 못은 한 개도 쓰지 않고 목재(주니퍼juniper목)와 석재만으로 쌓아 올린 세계 건축사상 불가사의한 건축물이다.

포탈라 궁은 원래 7세기 라싸로 천도한 송첸 감포에 의해 1천 칸의 홍산궁전(紅山宮殿)으로 건축되었는데, 8세기 후반 벼락을 맞아 대화재가 일어나 불타고, 토번 왕족의 분열로 파괴되어 버려졌다고 한다.

1645년 제5대 달라이 라마는 서몽골 호쇼트 부와 청조의 지원을 받아, 홍산궁전이 있던 자리에 포탈라 궁을 착공했다. 4년간 매일 7천여 명의 한족(漢族), 네팔족, 티베트족의 공장(工匠)들을 동원해 1649년 백궁(白宮)을 완성하고, 정부청사와 거처를 드레풍(Drepung) 승원에서 새 궁전으로 옮겼다.

홍궁(紅宮)은 그의 사후 섭정인 상게 갸초(Sangye Gyatso, 1653~1705)가 공사를 계속해 1693년에 준공했다. 포탈라 궁은 문화대혁명 때 저우언라이(주은래周恩來) 총리의 은밀한 보호로 파괴를 면했다.

궁전 안내인은 후원으로 들어가 백궁, 홍궁, 금정구의 순서로 우리를 안내하며 관람시켰다. 궁전 내부는 두께 2~5m의 두터운 벽과 작은 창문으로 인해 어두웠다.

09 포탈라의 백궁 /onwardtibet

10 포탈라의 백궁문랑(白宮門廊) /*The Potala* (中國大百科全書出版社), pp. 12-13

백궁(Potrang Karpo)

정치적, 행정적인 기능을 담당하는 백궁09에는 정부 청사, 달라이 라마의 겨울 거처, 알현실, 섭정과 스승의 방, 불당 등이 있다. 백궁문랑(白宮門廊)10에는 대들보와 기둥과 천장에 모두 휘황하고 정치(精緻)한 조각이 새겨져 있고, 그 위에 다채롭고 화려한 채색으로 장식되어 있다. 벽에는 당나라 문성공주가 토번으로 시집오는 장면을 묘사한 〈문성공주진장도(文成公主進藏圖)〉가 있다.

동대전(동유적원만대전東有寂圓滿大殿)은 백궁의 주전(主殿)으로 백궁에서 가장 큰 전당(717㎡)이다. 달라이 라마의 보좌가 있고, 달라이 라마의 대관식 등 중요한 행사가 거행되는 곳이다.

7층에는 종일 햇볕이 잘 들어 달라이 라마가 겨울철에 기거하는 동·서일광전(東西日光殿)이 있다. 여기에 달라이 라마의 집무실, 거실,11 침실, 식당, 접견실, 도서실, 명상실 등이 있으며, 제14대 달라이 라마가 쓰던

11 포탈라 궁의 내부. 달라이 라마의 거궁(居宮) /Luca Galuzzi

안경 등 개인적인 집기가 지금도 그대로 놓여 있다.

홍궁(Potrang Marpo)

종교적인 기능을 담당하는 홍궁에는 대집회당, 알현실, 각종 불전과 경당(經堂), 황금과 각종 보석으로 호화찬란하게 장식된 8기(基)의 역대 달라이 라마(제5, 7~13대. 제6대는 객사)의 영탑(靈塔: 탑무덤)이 있다.

제13대 달라이 라마의 영탑전12은 가장 늦은 1934년에 시공하여 2년 후 준공되었다. 무게 590㎏의 황금으로 높이 12.97m의 영탑 표면을 싸고, 1만 개의 진주와 보석으로 상감한 유해는 세계 각처에서 수집된 보석의 덩어리로 불린다고 한다. 그 앞에 있는 20만 개의 진주를 촘촘히 박아서 만든 〈진주 만다라〉13는 궁극의 사치이며 세계 최고의 공예품의 하나라고 할 만하다.

역대 달라이 라마 중 가장 위대한 제5대 달라이 라마의 영탑전은 서대전 안에 있으며 8기의 영탑 중 가장 크고 가장 화려하다. 3층으로

12 포탈라 궁 제13대 달라이 라마 영탑전 / *The Potala*, p. 56

13 포탈라 궁 진주 만다라 / *The Potala*, p. 59

14 포탈라 궁 서대전 내부 /『世界の大遺跡 9: 古代中國の遺産』, f. 267

된 높이 14.85m의 탑신을 3,721㎏의 금박으로 씌우고, 탑면에 1만 개가 넘는 진주, 1,500여 개의 각종 보석, 1만 8,680개의 옥돌을 정교하게 박아 넣었다고 한다.

현존하는 가장 오래된 7세기의 건축물인 법왕동(法王洞)에는 죽은 자를 심판하는 법왕(法王: 염라대왕)이라고 존칭하는 송첸 감포 왕과 그 배우자들인 네팔의 브리쿠티 데비 공주, 당의 문성공주, 명재상 가르 동첸과 티베트 문자의 창시자 톤미 삼보타 등의 소상(塑像)이 있다.

서대전(서유적원만대전西有寂圓滿大殿)[14]은 포탈라 궁 최대의 전당(724㎡)으로, 1652년 제5대 달라이 라마가 청 순치제(順治帝)의 초청을 받아 베이징에 가서 황제를 만나는 〈청순치제관견도(觀見圖)〉[15]가 있다. 이 그림은 중요한 역사적 자료임과 동시에 예술적으로도 걸작이라고 한다.

그 밖에 파드마삼바바(구루 림포체), 시집 『십만송』을 남긴 음유시인 성

15 **포탈라 궁 서대전. 제5대 달라이 라마의 〈청순치제관견도〉** / *Travel on the Roof of the World*, p. 18

자 밀라레파, 총카파, 역대 달라이 라마의 소상과, 한 개의 커다란 옥덩어리를 깎아서 만든 옥제(玉製) 팍파상 등이 있다.

이렇게 안내인을 따라가며 관광객들에게 개방하는 30여 개의 방을 관람했다. 천여 개의 방마다 넘쳐 나는 금, 은, 청동, 보석, 도자기로 치장된 1만 좌가 넘는 불상, 불교의 우주관을 형상화한 만다라, 1천여 기의 스투파, 총넓이 2,500㎡의 극채색 벽화, 1만 폭이 넘는 탕카(권축卷軸 형태의 불화), 경문전적, 명·청의 역대 황제들이 선물한 금인(金印), 금책(金冊), 옥인(玉印), 옥책(玉冊), 금은제품과 옥기, 자기, 법랑기(琺瑯器), 금단품(錦緞品), 수공예품 등 다양한 보물 중 극히 일부를 본 것이다.

세상에 이렇게 사치한 궁전도 있었나? 이 궁전은 내가 일찍이 본 유럽의 어떤 궁전보다 더 화려하고 사치한 것 같다.

티베트인들은 옷 몇 벌과 담요 두어 장, 식기와 숟가락뿐인 최소한의 소유로 이 세상에서 가장 가난하고 검소하게 살고 있는 민족이다. 그런데 가장 사치한 궁전과 사원을 가지고 있다니, 도대체 이것을 어떻게 이해해야 할까?

작가 박완서는 "혼란스럽다… 티베트 사람들이야말로 욕망을 초극한 부처이고, 사치를 극한 절 안의 부처들이 오히려 번뇌 속의 속인처럼 여겨진다"고 했다(『모독冒瀆』, 학고재, 1997).

백성은 헐벗고 검소한데 왕궁과 사원은 사치의 극을 달리고 있다니, 이런 것이 정말 중생을 제도하겠다는 종교이고, 백성을 위한다는 정치의 진정한 모습이란 말인가?

티베트인들은 가난을 힘들어 하거나 부끄러워하지 않는다. 오히려 무소유의 생활에 만족하며 행복하게 산다. 재물이 인간에게 행복과 만족을 가져다주는 것은 아니라는 듯이 말이다.

금정구(金頂區)
궁의 지붕인 금정은 금빛의 보병과 공명조, 용머리 등으로 풍부하게 장식된 7좌의 금빛 지붕이며, 그 사방은 거대한 황금빛 마니통과 경당(經幢)과 경번(經幡) 및 각종 깃발로 장식되어 있다.

포탈라 궁은 1994년 유네스코에 의해 세계문화유산으로 등록되었다.

세라 승원: 토론 수행의 정원

오후 3시경 세라 승원(Sera Monastery, 色拉寺)으로 갔다.
이 승원은 1419년 총카파의 수제자 사캬예쉐(Sakya Yeshe, 釋迦也矢)가 스승의 뜻을 받들어 창건한 겔룩파 4대 총림 중 하나로서, 티베트 최고의 불교대학이었다. 티베트에서 두 번째로 큰 승원으로 전성기에는 5,500여 명의 승려가 한꺼번에 수학(修學)할 수 있었다고 한다.

16 라싸 세라 승원의 '최라(토론수행)' /Chris Falter

1710년에 건축된 대집회당(Sera Utse)은 바닥 면적이 2천㎡인 4층짜리 큰 건물로 그 안에 높이 6m의 미륵불이 안치되어 있다. 그 밖에 이방당(異邦堂), 하방당(下方堂) 등 수많은 승사(僧舍)들이 빽빽이 들어서 있다.

이 승원은 매일 오후 3시 30분~4시에 토론수행을 하는 것으로 유명하다. 경내 토론의 정원[16]에서는 젊은 수도승 수십 명이 두 사람씩 짝을 지어 한 명은 앉고 다른 한 명은 서서 토론을 하고 있는데, 서 있는 사람이 왼발을 구르고 손뼉을 치면서 벽력같이 큰 소리로 질문을 퍼부으면, 앉아 있는 사람은 쉴 틈 없이 답변을 하고, 그다음에는 서로 역할을 바꿔서 하는데, 마치 큰 소리를 지르며 격렬하게 싸우는 것처럼 보인다. 이는 '최라(Chöra)'라는 문답식 법경 토론으로, 교의논리(教義論理)를 연마하는 수행 방법의 하나라고 한다.

노르부 링카: 달라이 라마의 여름 궁전

노르부 링카(Norbu Lingka, 羅布林卡, '보석의 정원')는 역대 달라이 라마의 여름 궁전으로 총면적 36만㎡의 넓은 경내에 이 지역에서는 보기 드문 수백 년 된 거목의 숲이 울창한 정원이다. 1784년 제8대 달라이 라마가 창건하고, 그 뒤에 계속 증축하여 현재의 규모로 되었다. 동쪽의 신궁(新宮)[17]은 1954~1956년 제14대 달라이 라마에 의해 건축된 밝고 아름다

17 **라싸 노르부 링카 신궁** / *Travel on the Roof of the World*, p. 22

운 금빛 2층 건물로 알현실, 불당, 서재, 명상실, 목욕실, 침실 등 근대적 요소가 가미된 티베트 양식의 방들로 구성되어 있다. 1959년 인도로 망명한 달라이 라마가 사용하던 제니스(Zenith) 라디오, 쌍안경 등 일상용품이 떠날 때의 모습 그대로 보존되어 있어, 주인공이 잠시 자리를 떴다가 금방 돌아올 것 같은 착각이 든다.

얌드록초 호수: 티베트의 3대 성호

7월 29일 아침 라싸를 출발하여 갼체, 시가체로 가는 여정에 올랐다. 버스를 타고 해발 4,794m의 고개 캉발라(Kanba La) 정상에 오르니, 돌무더기(라체)에 신목(神木)을 꽂고, 거기에 여러 갈래의 줄에 맨 '타르쵸(thardhog, 경번기經幡旗: 불경의 기도문이 적힌 사각형의 오방색의 천)'가 마치 만국기처럼 주렁주렁 매달려 바람에 펄럭이고 있다. 딱 옛날 우리나라의 성황당 같은 모습이다.

18 얌드록초 호수. 티베트 3대 성호 중의 하나 /wikipedia

고개 바로 넘어 아래쪽에 티베트 3대 성호(聖湖) 중 하나인 얌드록초(Yamdrok Tso, 羊卓雍措) 호수(수면 해발 4,482m, 둘레 250㎞, 넓이 638㎢, 깊이 51m)[18]가 내려다보인다. 짙푸른 하늘 아래 귀기(鬼氣)마저 감도는 듯한 원시적인 호숫물의 푸르름, 고개 정상에 털썩 주저앉아, '전갈 모양의 터키석', '분노한 신들의 호수'라는 별명을 가진, 파아란 터키석 빛깔의 아름다운 호수를 내려다보고 있으려니 공연히 목이 메고 눈물이 나온다. 이 호수는 내가 지금까지 본 호수 중 가장 아름답고 성스러우며, 아마 앞으로도 이런 호수를 다시 보기는 힘들 것 같다. 호숫가에 앉아 도시락 점심을 먹는데 고산증 때문인지 모두 식욕부진과 소화불량을 호소한다.

다시 출발하여 노진캉상봉(Nojin Kangsang, 寧金崗桑峰, 7,191m)과 그 남쪽에 있는 장상라모 산(6,234m)의 안부(鞍部), 빙하에 덮인 해발 5,045m의 고개 카롤라(Karo La) 빙천(氷川, Glacier) 위에 올라왔다. 차에서 내려 사진을 찍고 있는데 숨이 몹시 가쁘고 머리가 깨질 듯이 아프다. 휴대용 산소통에 코를 박고 몇 번 심호흡을 했더니 조금 정신이 든다.

근처에는 집도 보이지 않는데, 어디서 왔는지 금세 순박해 보이는 어린아이, 여인과 남자들이 버스 앞으로 몰려왔다. 맨 앞줄에 선 어린아이들은 먹을 것을 달라고 다투어 손을 내밀고, 그 다음 줄에 선 여인들은 부끄러운 듯 몸을 꼬고, 남자들은 맨 뒷줄에 서서 멀뚱멀뚱 쳐다보고만 있다. 이 사람들은 도대체 무엇 때문에 제대로 먹지도 입지도 못하면서 산소조차 희박한 이런 척박한 땅에서 살고 있는가, 하고 생각하니 그들의 처연한 모습에 공연히 화가 치민다. 우리는 차에 남아 있던 도시락 등 음식을 전부 그들에게 내주었다. 음식이 더 있다면 얼마든지 더 주고 싶은 심정이었다.

갼체: 펠코르 최데 사원, 쿰붐 대탑

오후 4시 25분경 라싸 서남쪽 262㎞ 지점에 있는 티베트 제3의 도시 갼체(Gyantze, 장쯔江孜, 해발 4,040m)에 도착했다. 갼체는 차마고도(茶馬古道)의 연장길에 있는 교통, 무역의 요충지로, 인도, 네팔, 부탄으로 넘어가는 관문이다.

이곳에 1416년 갼체의 왕 랍텐 쿵상 팍파(재위 1389~1442)가 착공하여 1440년 완성한 대찰 펠코르 최데 사원(Pelkor Chöde Gompa, 백거사白居寺)19

19 갼체 쿰붐 대탑(왼쪽)과 펠코르 최데 사원(오른쪽 붉은 건물), 샤루파 사원(위) /Luca Galuzzi

이 있다. 붉은색 외벽의 대법당은, 중앙에 황동 2만 8천 근을 녹여 주조하고 그 위에 금동으로 도금한 높이 8m의 거대한 석가모니불을 안치하고, 좌실에 과거불인 아미타불을, 우실에 미래불인 미륵불을 모신 삼존당이다. 이 사원에는 사캬파, 겔룩파, 본붐파(오렌지파) 등 티베트 불교의 3파가 한 지붕 아래 사이좋게 공존하고 있는 여러 종파의 본산이다.

대법당 왼쪽에 쿰붐 대탑(Kumbum Chörten)이 있다. 이 탑은 1414년 착공하여 1424년 완공한 네팔 양식의 9층탑으로, 높이 42.4m, 기단의 1변 52m의 티베트 최대의 탑이며, 티베트 불교의 판테온이라고 할 만한 기념비적인 건물이다. 1층부터 5층까지는 다각형의 계단상 탑좌(階段狀塔座), 6층은 원주형 탑병(圓柱形塔甁), 7층은 사각형 탑신(塔身), 8, 9층은 황금빛 청동 탑두(靑銅塔頭)로 구성되어 있다.

탑 내부에 108개의 문과 72개의 불당이 있으며, 그 안에 1천 좌 이상의 토제, 청동, 금박의 불상이 안치되어 있고, 벽마다 극채색으로 그린 무수한 불화로 가득 채워져 있어 '십만불탑'이라고 불린다.

이 탑은 말이 탑이지 아주 규모가 큰 9층 건물이다. 얼마나 볼 것이 많고 훌륭한지 이 탑 하나를 보는 것만으로도 험난한 이곳에 찾아온 보람이 있다.

이 탑의 5층까지는 시계방향으로 돌면서 올라가고, 6층부터 8층까지는 계단으로 올라갔다. 해발 4천m가 넘는 곳에서 좁고 거의 수직에 가까운 가파른 나무계단을 한 스텝씩 올라가는데 숨이 차서 아주 혼났다.

이 탑 7층 외벽의 사방에 속세의 모든 것을 꿰뚫어 볼 수 있다는 길이 3m의 '지혜의 눈'이 그려져 있는데, 마치 부처의 거대한 눈이 인간세계를 굽어보며 준엄하게 꾸짖는 것 같아, 눈이 마주치면 괜히 움츠러든다.

대탑 앞마당에 룽따(lungda, 풍마기風馬旗: 곧고 긴 장대를 세우고 거기에 불경의 기도문이 적힌 오방색의 깃발을 매달아 놓은 것) 하나가 우뚝 서 있는데,20 깃발을 장대에 묶어 놓아 초원을 질주하는 말의 갈기처럼 휘날리는 풍마(風馬)의 모습은 볼 수 없다.

대법당 뒷산 중턱에 백색의 큰 건물이 있는데 샬루파 사원이라고 한다. 지금은 건물의 뼈대만 남아 있고, 내부는 텅 비어 있다고 하여 사람들이 올라가 보지 않는다.

쿰붐 대탑 위에서 건너편 산 정상에 있는 갼체성이 잘 보인다. 1365년 이 지역에 지방국가를 세운 팍파 팔 상포(Phagpa Pal Sangpo)가 구르카왕국(네팔)과 라다크왕국(인도)의 침공을 막기 위해 요새를 축조하여 왕궁으로 사용했던 난공불락의 갼체 종(Dzong, 宗, 요새)이다. 이 성은 티베트인들에겐 독립자존과 저항의 상징이며, '영웅의 성'으로 불린다.

20 갼체 쿰붐 대탑 /Dennis Jarvis

1903~1904년 프랜시스 영허즈번드(Francis Younghusband) 대령이 지휘하는 1,150명의 병사와 1만 명의 인부로 구성된 영국 원정대가 통상을 강요하며 시킴(Sikkim)으로부터 쳐들어왔다. 그때 티베트인들은 이 성에서 몇 자루의 화승총(火繩銃)과 궁시(弓矢), 도창(刀槍) 같은 구식 무기를 가지고, 대포와 기관총 같은 최신식 무기로 무장한 영국군을 맞아 3개월간 용감하게 항전했다. 많은 희생자를 낸 끝에 결국 함락되고 말았지만, 수많은 티베트 전사들은 포로가 되는 수치보다 절벽에서 투신하여 죽는 길을 택했다.

시가체 타쉬룬포 승원: 판첸 라마의 본찰

오후 8시 5분경 갼체에서 86㎞, 라싸에서 서쪽으로 354㎞ 떨어진 후장(後藏) 지역의 중심지이며 티베트 제2의 도시인 시가체(Shigatse, 日喀則, 해발 3,836m, 인구 2007년 67만)에 도착했다. 이곳에 판첸 라마의 본찰(本刹)인 타쉬룬포(Tashilhunpo, 札什倫布) 승원21이 있다.

그날 밤 감기 든 것처럼, 머리가 띵하고 숨쉬기가 힘들어 잠을 통 이

21 시가체. 새벽의 타쉬룬포 승원 / *Travel on the Roof of the World*, p. 66

22 타쉬룬포 승원의 승려들 /Peter Morgan

룰 수 없다. 생수를 많이 마시고 산소통에 코를 박고 아무리 심호흡을 해도 소용이 없다. 일어서도 앉아도 누워도 편치가 않다. 몹시 괴로워하다가 어느 사이에 겨우 잠이 들었다. 고도가 더 높은 곳에서도 잘 견뎠는데, 고산병으로 이렇게 고생하기는 처음이다. 시가체의 산소는 평지의 67%밖에 안 되어 머리가 띵하게 아프다고 한다.

타쉬룬포 승원은 1447년, 후에 제1대 달라이 라마로 추존된 총카파의 제자 겐뒨 둡파(Gendun Drubpa, 1391~1474)에 의해 창건되었다. 이 승원은 라싸의 3대 사원인 간덴, 드레풍, 세라와 함께 겔룩파 4대 총림의 하나며, 1600년 로상 최기 갤첸(뒤에 제4대 달라이 라마가 됨)이 승원장이 된 뒤 대규모로 확장되고 역대 판첸 라마의 본찰이 되었다.

좌우로 늘어선 황금빛 지붕의 큰 전당에, 50개 이상의 경당과 200

개가 넘는 객방이 있고, 총면적은 약 30만㎡, 전성기인 17~19세기에는 5천여 명의 승려가 한꺼번에 수도하였으며, 대집회당에는 한꺼번에 2천여 명 승려가 들어가 예불할 수 있다고 한다.[22] 또한 경전을 출판하는 능력과 시설까지 갖춘 대장경고(大藏經庫)가 경내에 있다.

이 승원은 서쪽의 제1전으로부터 동쪽의 제5전까지(필자가 임의로 붙인 연번) 다섯 개의 전당으로 구성되어 있다. 그 안에 판첸 라마의 사치스러운 옥좌, 1만여 좌에 달하는 불상과 수백 년 된 벽화, 청나라 황제가 선물한 진귀한 보물이 넘쳐난다.

- 제1전 대미륵전은 이 승원에서 가장 높은 건물이며, 그 안에 1914년 제9대 판첸 라마에 의해 건립된 세계 최대의 실내 금동불좌상이 안치되어 있다. 높이 26.5m, 어깨 너비 11.5m, 얼굴의 길이 4.2m, 가운뎃손가락 길이 1.2m의 〈미륵대불(Maitreya)〉[23]이다. 이 불상은 900여 명의 장인이 4년 걸려 제작했는데, 190㎏의 황금과 약 116톤의 순도 높은 구리로 주조되었으며, 티베트의 예술성과 장인정신의 본보기라는 이 불상의 얼굴은 백호(白毫: 붓다의 눈썹 사이에 난 흰 터럭, 광명을 무량세계에 비춘다)에 박은 복숭아씨만큼 큰 다이아몬드를 비롯한 32개의 다이아몬드, 300여 개의 진주, 1,400여 개의 산호와 호박(琥珀) 등으로 아로새겨져 있다고 한다.

- 제2전은 아주 작은 건물로 겔룩파의 시조 총카파 상을 모신 '총카파 본전'이다.

- 제3전은 1989년 입적한 제10대 판첸라마(1938~1989)의 등신불(等身佛, gilted Buddaha: 시신에서 내장을 뺀 다음 밀랍으로 형상을 만들고 그 위에 금박을 붙여 완성한 불상)을 안치한 영탑전이다.

23 **타쉬룬포 승원. 세계 최대 실내 금동미륵불 좌상(높이 26.2m)** /Dennis Jarvis

제10대 판첸 라마는 중국으로부터 명예직을 얻어 주로 베이징에 머물며 사무를 보아, 한때 중국의 어용이며 꼭두각시라고 매도되었다. 그러나 문화혁명 당시 마오쩌둥에게 티베트인들의 자유와 인권을 역설하는 장문의 탄원서를 보냈다가 베이징의 감옥에 투옥되어 9년 8개월 동안 감금당하고, 그때부터 티베트인들의 인정을 받았다. 그는 1978년 석방된 후에도 티베트의 독립을 주장하고 중국 정부에 대한 비판을 계속하다가, 1989년 1월 28일 타쉬룬포 승원에서 개최된 종교집회를 방문하던

24 타쉬룬포 승원 제5전, 제9대 판첸 라마의 영묘전 /Antoine Taveneaux

중 갑자기 사망했다. 중국 정부는 사인을 심장마비라고 발표했지만 티베트인들은 믿지 않는다.

중국 정부는 1993년 티베트 유화책의 일환으로 10억 위안을 들여 이 영탑전을 호화롭게 건립했다. 높이 11.35m의 영탑은 금 614㎏, 은 275㎏, 1만여 점의 각종 보석으로 호화롭게 치장되었으며, 벽에 1,008체의 부처와 천수천안관음을 그린 벽화가 있다. 전당 내부에 설치된 목조 계단을 통해 꼭대기를 올라가다가, 거의 해발 4천m 높이에서 그 가파르고 좁은 계단을 한 층계씩 올라갈 때마다 한 번씩 절을 하고 진언을 암송하는 경건한 순례자를 만났다. 그 순간 관광객인 나 자신도 숙연해져, 행여나 그들의 신앙 대상에 대해 무례를 범하는 짓을 하지는 않았는지 되돌아보며 조신한 몸가짐을 가져야겠다고 다짐했다.

1995년 다람살라에 망명 중인 제14대 달라이 라마는 1989년 4월 25일 티베트 암도에서 태어난 겐뒨 최기 니마(Gendun Choegyi Nyima)를 제11대 판첸 라마로 인정했다. 중국 정부는 당시 6세에 불과한 그를 가족과 함께 정치범으로 수감하고, 1990년 공산당원인 티베트인 부모 사이에서 태어난 갤첸 노르부(Gyalchen Norbu)를 제11대 판첸 라마로 인정하여, 1995년 12월 8일 타쉬룬포에서 성대한 즉위식을 거행했다. 그러나 대부분의 티베트인들은 그를 인정하지 않는다.

- 제4전은 1662년에 건립된, 제4대 판첸 라마 로상 최기 갤첸의 등신불이 안치된 영탑전이다. 높이 11m의 영탑은 금 76.5㎏, 은 935.5㎏, 구리 39톤, 실크 2,700m, 7천여 개의 진주, 보석, 마노, 산호 등으로 사치스럽게 장식되어 있다.

- 제5전[24]은 1937년 입적한 제9대 판첸 라마(1883~1937)의 등신불이 안

치된 영탑전이다. 이 영탑은 금 108.8kg, 은 1천kg, 수은 665kg, 적동 5,638kg을 들여 제작되었다.

1982년 중국 정부는 문화대혁명 기간 중에 홍위병에 의해 파괴된 제5대부터 제8대까지의 판첸 라마의 영탑에서 수습된 사리들을 이곳에 합장하여 스투파를 세웠다.

승원의 동쪽 끝 언덕 비탈에 높이 32m, 폭 42.5m의 거대한 흰 벽 구축물(21의 맨 오른쪽)이 있다. 티베트력으로 매년 5월 14일부터 16일까지(양력 6~7월) 개최되는 탕카 축제 때에 부처를 그린 약 1,200여㎡의 거대한 비단 탕카를 노천에 내다 거는 쇄불대(曬佛臺)라고 한다.

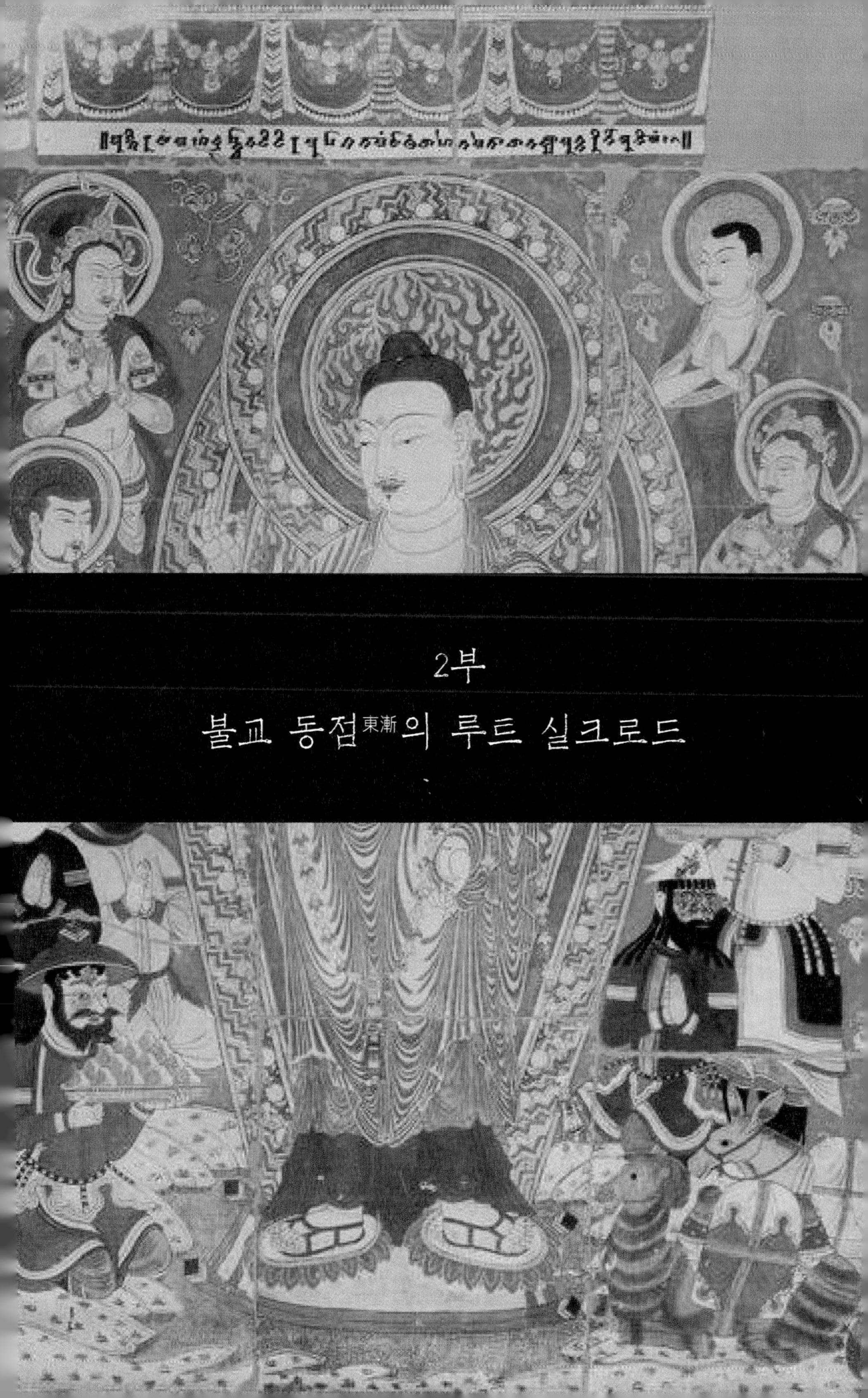

2부
불교 동점東漸의 루트 실크로드

실크로드
라호르~카슈가르 구간
N
카슈가르
우루무
중국
카라쿨 호
무스타그 아타
7,546m
타지키스탄
타슈쿠르간
와한 회랑
아프가니스탄
쿤자랍 고개
4,733m
훈자
파수
카리마바드
라카포시
7,788m
길기트
카라코람 하이웨이(KKH)
칠라스
파키스탄
낭가파르바트
8,125m
스카르두
베샴
스와트
밍고라
탁트이 바히
간다라
스리나가르
페샤와르
인도
이슬라마바드
탁실라
라왈핀디
라호르

제 9 장

동서 문명 교류의 통로

실크로드를 가다(1): 파키스탄

출발: 왜 실크로드인가
라호르 무굴제국의 건축박물관
불상의 기원 간다라 미술양식의 성립
탁실라 간다라 미술의 중심지
페샤와르 간다라 미술이 꽃핀 '연꽃의 땅'
탁트이 바히 승원 가장 뛰어난 간다라 불교 수도원
스와트 인도 밀교의 중심지
카라코람 하이웨이 세계에서 가장 높고 험난한 도로
칠라스 산악사마의 휴게소
길기트 아대륙 최대의 오아시스
훈자 은둔의 왕국, 천하의 비경
파수 장쾌한 산악미의 절정
쿤자랍 고개 두 대륙의 분수령

출발: 왜 실크로드인가

'실크로드(Silk Road)',01 그것은 나에게는 어려서부터 몽환(夢幻)의 세계였고, 어렴풋한 향수를 느끼게 하는 동경(憧憬)의 세계였다(나가자와 가즈토시長澤和俊 교수의 표현). 유사 이래 아시아와 유럽을 잇는 동서 문명 교류의 통로인 이 길은 크게 세 갈래로 나뉘어 있다. 처음에는 중앙아시아 일대에 점재(點在)한 여러 오아시스들을 경유하는 오아시스 루트(오아시스로)만을 실크로드라고 하였으나, 나중에는 북방 초원지대를 지나는 스텝 루트(초원로)와 남쪽의 바다를 이용한 해상 루트(해로)도 그 범주에 들게 되었다. 오아시스로는 다시 천산(톈산)산맥을 경계로 천산북로와 천산남로로 구분되며, 천산산맥 남쪽은 다시 타클라마칸 사막을 경계로 서역북도와 서역남도로 구분된다.

실크로드는 기원전 2세기 한나라의 장건(張騫, ?~기원전 114)이 서역을 개척한 이래, 비단, 도자기, 향료, 차, 옥, 유리, 종이, 보석, 모피, 칠기, 청동기 등의 상품을 거래하는 국제교역로였으며, 고대 중국, 인도, 페르시아, 아랍, 로마, 그리스 등 각기 다른 문명권을 하나로 이어 주고, 정치와 군사, 학문과 과학기술, 종교와 예술도 상호 교류한 문명의 통로였다.

또한 실크로드는 불교를 동쪽으로 전파시키는 통로였다. 인도에서 시작된 불교는 서기 1세기경 실크로드(오아시스로)를 타고 서역으로 전해져, 우전(于闐, 호탄)·구자(龜玆, 쿠처)·고창(高昌) 등 3개 지역을 중심으로 불교문화가 흥성하였고, 그곳에서 서역 전역과 중원으로 전파되었으며, 다시 한국과 일본으로 전해졌다.

01 〈간다라 불입상〉(265㎝). 간다라 초기(2세기) 불상의 대표작(페샤와르 박물관 소장) /wikipedia

그와 함께 인도 아잔타에서 시작된 석굴사원 문화는 아프가니스탄의 바미안(Bāmiyān) 등을 거쳐 실크로드를 타고 서역으로 들어와, 5세기 서역북도의 오아시스 주변에 대상무역(隊商貿易)으로 벌어들인 막대한 부(富)를 바탕으로 많은 석굴사원의 조영이 시작되고, 6~7세기에 그 전성기를 맞이하게 된다. 그 시기에 인도 석굴사원의 양식을 모방하여 쿠처 주변에 키질(Kizil) 석굴과 쿰트라(Kumtra) 석굴, 투르판에 베제클리크 석굴, 둔황에 막고굴 등이 조성된다. 그리고 불교가 점차 동쪽으로 전파됨에 따라 용문(龍門)·운강(雲岡)·맥적산(麥積山)에 대규모 석굴사원들이 조성되고, 드디어 신라 경주에 이른바 '동쪽에 핀 실크로드의 꽃'이라는 석불사가 지어지기에 이른다.

실크로드의 교역 상품 중에서도 비단은 가볍고 깨질 염려가 없어 낙타 등에 실어 운반하기에 적합하고, 단가가 비싸고 이윤이 많아 효율적이며, 금과 나란히 통화를 대신하는 지불수단으로 사용되어 실크로드의 대표적인 상품이 되었다.

1877년 독일의 지리학자 페르디난트 폰 리히트호펜(Ferdinand von Richthofen)은 중국과 서북인도 사이의 주요 교역품이 비단(silk)이라는 사실에 착안하여, 중앙아시아의 동서교역로를 통틀어 '비단길(Seidenstrassen, Silk Road, 絲綢之路)'이라고 명명했다. 그 후 실크로드의 개념은 동서로 확장을 거듭하여, 1910년에는 중국 시안(西安)에서 지중해 동안(東岸)의 시리아까지로 연장되었고, 오늘날에는 서쪽으로는 이스탄불을 거쳐 로마까지, 동쪽으로는 신라의 경주에까지 이르는 것으로 정의한다.

신라 왕릉급 고분에서 출토되는, 4세기경 지중해 동안(東岸) 지역에서 유래한 오이노코에(oinochoe)라는 봉수형(鳳首形) 유리병 등 로만 글라스(Roman glass) 계통의 유리제품과, 금제장식 보검(1973년 경주 미추왕릉 지구 계림로 출토), 황금가지 모양의 금관, 금제 허리띠, 황금 귀걸이 등 스키타이(Scythai)-흉노계 황금 장신구와, 그들의 묘제(墓制)인 적석목곽분(積石木槨墳), 그리고 괘릉(掛陵)과 흥덕왕릉의 색목인(色目人) 모습의 석인상 등은 신라가 실크로드를 통하여 서역과 활발하게 문물을 교류하였음을 말하여 준다.

중국의 신화는 기원전 2700년경 황제(黃帝)의 원비(元妃) 서릉씨(西陵氏)가, 뽕나무 잎을 먹고 자란 누에가 나방이 되어 고치를 벗고 나오는 것을 보고 누에를 길러 고치의 실로 비단을 짜기 시작했다고 한다.

기원전 5세기경 중국 비단이 로마제국에 알려지자 로마인들은 비단을 '세리카(Serica)', 생산국을 '세레스(Seres)'라고 부르면서, 비단의 재료와 제조 방법, 세레스라는 나라에 대하여 몹시 알고 싶어 했다.

그들에게 '비단'은 '구름처럼 가볍고 얼음처럼 투명하며, 질기고, 차가우면서도 따뜻하고, 가려 주는 듯하며 비치고, 입고 있으면서도 입지 않은 듯한 느낌을 주는 신비스러운 천이며, 세상의 온갖 직물 가운데 가장 고귀한 것'이었다(클라우스 리히터 외, 박종대 옮김, 『실크로드 견문록』, 다른우리, 1999).

중국에서 생산된 비단은 카라반(caraban, 대상隊商)들이 약 1~2년의 오랜 기간에 걸쳐 약 1만 2천km의 멀고 험한 길을 운송하는데, 그에 따르는 많은 경비와 경유국마다 부과되는 관세에 중개상인들의 폭리까지 합쳐져 로마에서는 금과 똑같은 무게로 교환되었다.

그래서 로마는 한(漢)에 사신을 파견하여 비단의 실체를 알아내고 직접 교역하고자 했으나, 실크로드의 서쪽을 장악해 비단의 중개무역으로 막대한 이윤을 독점하고 있던 파르티아(Parthia, 안식安息. 고대 서아시아의 이란계 왕국)의 방해로 성사되지 못했다.

중국의 역대 왕조는 비단 제조 기술이 밖으로 새나가지 않도록 엄격하

02 〈견왕녀도(絹王女圖)〉. 1900년 오렐 스타인이 호탄지구 단단윌릭에서 발굴한 목편(木片). 중국 공주가 호탄 왕에게 시집갈 때 누에고치와 뽕나무 씨앗을 머리장식 속에 숨겨 가지고 나와 비단 제조 기술이 서역으로 유출되었다는 전설도이다. 왼쪽 여인이 공주의 머리를 손으로 가리키고 있다. /『世界の大遺蹟 7: シルクロードの残映』(講談社), f. 33

게 통제하여, 중국인들도 누에와 뽕이라는, 동물과 식물의 조합에 의한 생산공정을 알지 못했다고 한다. 그러다가 중국 공주가 우전(호탄)국의 왕에게 시집갈 때 누에고치와 뽕나무 씨앗을 머리장식 속에 몰래 감춰 가지고 나와 양잠 기술이 서역으로 유출되었고, 6세기 중엽에는 유럽에까지 전파되었다고 한다. 이 공주에 의한 유출 설화는 당(唐) 현장(玄奘)이 『대당서역기(大唐西域記)』에 쓴 비단 제조 비밀의 누설에 관한 기록과 일치하고, 1900년 오렐 스타인이 호탄지구 단단윌릭의 유지(遺趾)에서 발굴한 목편(木片) 〈견왕녀도(絹王女圖)〉02의 그림과도 일치하므로 상당히 신빙성이 있어 보인다.

평소 동서 문명의 교류, 특히 불교의 동점(東漸)에 대해 관심이 많았던 나는 언젠가 꼭 한번은 실크로드를 탐사해 봐야겠다고 생각하고 있었다. 그러다가 2001년 7월 혜초여행사가 기획한 '실크로드 문명 대탐사' 팀에 참가하여, 오랫동안 동경해 마지않던 실크로드 횡단 여정에 올랐다.

그 일정은 무굴제국의 수도였던 파키스탄의 라호르를 출발하여, 이슬라마바드, 라왈핀디 → 간다라 미술의 중심지 탁실라, 페샤와르, 탁트이 바히 → 밀교의 중심지 스와트 → 카라코람 하이웨이와 인더스 강 상류, 칠라스 사막 횡단 → '죽음의 산' 낭가 파르바트(해발 8,125m) → 인도대륙 쪽 최대의 오아시스 길기트 → 라카포시(해발 7,788m) → 은둔의 왕국, 천하의 절경 훈자 → 울타르 사르(해발 7,388m) → 산악미의 절정 파수 → 파미르 고원, 두 대륙의 분수령 쿤자랍 고개(해발 4,733m) → 고대 중국의 성곽도시 타슈쿠르간 → 무스타그 아타(해발 7,546m) → 검은 호수 카라쿨 → 콩구르 타그(해발 7,719m) → 중국 쪽 최대의 오아시스 카슈가르 → 신장위구르자치구의 주도(主都) 우루무치 → 고대 문화유산의 보고(寶庫) 투르판 → 사막 최대의 미술관 둔황 → 천년의 수도 시안(西安서안)으로 들어가는 대장정이었다.

그것은 중앙아시아 사막지대의 오아시스들을 연결한 '오아시스로' 중 천산산맥의 남쪽 기슭을 따라가는 '천산남로'이며, 타클라마칸 사막의 북쪽을 지나가는 '서역북도'를 경유하는 것이다. 그것은 동진(東晉)의 도축승(渡竺僧) 법현(法顯, 338~423)이 399년 장안을 출발하여 간다라로 갔던 여정의 역(逆)코스이며, 당나라 구법승 현장이 641년 천축에서 귀국한 여정과 일부 겹치고, 신라승 혜초(慧超)가 5천축국을 순례하고 727년 장안으로 돌아온 여정과도 일부 같은 코스다. 그리고 고구려의 후예 고선지 장군이 여러 차례 서역 정벌을 위해 통과했던 길이다.

이번 실크로드 횡단은 비록 음식과 숙소가 열악하고 때로는 고통과 위험이 수반되는 불편한 여로였지만, 그 웅대한 스케일과 파란만장함으로 인해, 내 생애 40여 회에 걸쳐 6대륙 52개국, 310여 곳(중복지 제외)의 도시와 유적지, 관광지 등을 여행한 나에게도 최고의 여행 중 하나가 되었다.

이제 그 여행의 주요 일정을 따라가 보자.

라호르

무굴제국의 건축박물관

1524년 티무르의 5대손이며 외가로는 칭기즈칸의 후예인 바부르(Babūr)가 아프가니스탄에서 인도로 쳐내려와, 1526년 파니파트(Panipat)전투에서 델리의 로디(Lodi) 왕조를 무너뜨리고 인도 역사상 최대의 이슬람 왕조인 무굴제국(Mughal, 1526~1858)의 초석을 놓았다.

무굴제국은 아프가니스탄에서 인도까지, 러시아를 제외한 유럽과 비슷한 넓은 영토를 차지하고 최고의 번영을 구가했다. 제3대 황제 아크바르(Akbar, 재위 1556~1605) 이후 그들은 이슬람 전통에 페르시아와 힌두 문화가 융합된 무굴제국의 건축양식으로, 값비싼 자재를 사용하여 웅장하고 화려하며 예술성 있는 건물들을 건축하고, 사치스럽고 섬세한 장식으로 꾸며진 장대한 사원과 궁전, 왕성과 정원을 유산으로 남겼다. 그중에서도 무굴제국의 수도이며 실크로드의 출발지인 라호르(Lahore, 2006년 인구 648만)의 왕궁 라호르 성, 바드샤히 모스크와 샬리마르 정원은 무굴제국 건축예술의 꽃이다.

라호르 구시가지 하주리 바그(Hazuri Bagh) 정원의 중앙에, 1818년 시크의 지도자 란지트 싱(Ranjit Singh)이 건축하여 어전회의를 개최하던 바라다리(Baradari)라는 작고 아름다운 백대리석 전당이 있고, 그 전당을 중심으로 서쪽에 바드샤히 모스크가, 동쪽에 라호르 성이 마주보고 서 있다.

바드샤히 모스크

바드샤히 모스크(Badshahi Mosque)03는 1674년 제6대 황제 아우랑제브(Aurangzēb, 재위 1658~1707)에 의해 건축된 사원으로 무굴의 건축 중 가장 크고 가장 뛰어난 건축물이다.

높이 20m의 웅장한 정문04을 들어가면 한 변의 길이가 약 160m씩 되는 거대한 정사각형의 중정(中庭)이 나오고, 마당의 주변 3면은 백색 아치가 늘어선 아케이드로 둘러싸여 있다. 그리고 마당 네 모서리에는 높이 53m의 거대한 미나레트(Minaret, 예배시간을 알리는 탑)가 하나씩 서 있다.

중정의 바닥은 붉은 사암으로 깔려 있고, 마당의 중심에 백대리석으로 난간을 두른 분수가 있어, 참배자들은 그 분수에서 몸을 씻고 예배당으로 들어간다. 이 사원의 본당은 백대리석으로 덮은 양파 모양의 큰 돔(직경 21m, 높이 15m) 3개와 큰 아치형 중앙문의 좌우로 작은 아치형 문

03 라호르 바드샤히 모스크 /M. Umair Astro

이 각각 5개씩 있는 적사암의 벽으로 건축되어 있어, 적백(赤白)의 대비와 좌우대칭의 훌륭한 조화를 이루고 있다.

이 사원은 중정에서 약 6만 명, 건물 내부에서 약 1만 명의 참배자가 동시에 예배할 수 있는 규모이며, 사원 내부의 궁륭형 천장과 벽감, 아치형 문과 회랑05은 모두 스투코(stucco) 조각 위에 각종 식물의 아라베스크 문양과 기하학적 도형, 이슬람 장식문자(calligraphy)로 쓴 꾸란의 문구가 억제된 색상의 프레스코로 장식되어 있다.

04 바드샤히 모스크의 정문 /Ujphotos

05 바드샤히 모스크의 회랑 /Ujphotos

라호르 성

라호르 성(Lahore Fort)은 제3대 아크바르, 제4대 자한기르(Jahangir, 재위 1605 ~1627), 제5대 샤 자한(Shah Jahan, 재위 1628~1658), 제6대 아우랑제브 등 16~17세기 무굴제국의 최성기를 이끈 4명의 황제들이 대를 이어 건축하고 거처하던 화려하고 웅장한 궁전이다. 동서 424m, 남북 340m, 약 16만㎡의 부지를 둘러싼 두터운 성벽은 1560년대에 아크바르에 의해 축조되었고, 12개소의 망루는 그 뒤를 이은 황제들에 의해 조영되었다.

이 성의 정문인 육중한 알람기리 문(Alamgiri Gate)은 1674년 아우랑제브 알람기리 황제에 의해 건축되었는데, 코끼리를 타고 통과할 수 있도록 넓게 만들어졌다. 그 문을 지나 들어가면, 1631~1632년 샤 자한이 건축한 디와니 암(Diwan-e-Aam)이라는 '일반 백성의 알현궁'06이 나온다. 황

06 라호르 성, 일반 백성의 알현궁 디와니 암. 황제는 매일 아침 이곳 발코니에 나타나 백성들의 청원을 듣고 재판을 했다. /박병욱

제는 매일 아침 이곳 발코니에 나타나 백성들의 청원을 듣고 재판을 했다고 한다.

그곳에서 북쪽으로 올라가면 1645년 샤 자한에 의해 건축된 디와니 하스(Diwan-e-Khas)라는 '고관의 알현궁'07이 있다. 이 전당은 내부는 물론이고 기둥과 외벽까지 준보석으로 상감세공하는 '피에트라 두라(pietra dura)'로 화려하게 장식되어 있고, 그 바닥 중앙에 백대리석 바탕에 라피스 라줄리, 오닉스, 카닐리언, 재스퍼와 토파즈 등 준보석으로 활짝 핀 꽃 모양을 상감한 호화로운 분수08가 있다.

이 성의 북쪽 모서리에 이 궁전에서 가장 눈부시게 아름답고 사치스러운 '거울의 궁전' 시슈 마할(Shish-Mahal)09이 있다. 이 건물은 1631~1632년 샤 자한에 의해 건축된 왕비의 저택인데, 건물의 안쪽 전체는 아이

07 라호르 성, 고관의 알현궁 디와니 하스 /Ali Imran

08 디와니 하스 중앙의 활짝 핀 꽃 모양을 준보석으로 상감한 호화로운 분수대 /Hassantahir101

에나 카리(aiena kari) 또는 볼록거울의 모자이크로 덮여 있다. 동화 속의 궁전처럼 환상적인 이 건물은, 밤마다 난로의 불빛이 천장 모자이크의 볼록거울들에 반사되어 왕비의 거실을 별이 빛나는 밤하늘로 수놓았

09 라호르 성에서 가장 눈부시게 아름답고 사치스러운 '거울의 궁전' 시슈 마할 전경 /Mustafa

다고 한다.[10]

다섯 개의 아케이드 아치가 있는 메인 홀의 내부는 피에트라 두라로 장식되어 있고, 뒤쪽 창문은 대리석을 망창처럼 섬세하게 투조(透彫)한 '잘리스(jalis)'로 되어 있으며, 바닥은 백대리석을 기하학적 문양으로 짜 넣은 모자이크로 되어 있다.[11]

시슈 마할 중정의 서쪽에, 1631년 샤 자한에 의해 건축된 나울라하(Naulakha, '90만'이라는 뜻. 소요된 공사비 총액)[12]라는 작은 전당이 있다. 지붕은 벵골 식 대나무 오두막집처럼 네 귀가 처진 곡선 모양이고, 외부는 백대리석으로 덮여 있으며, 내부는 비취, 카닐리언, 라피스 라줄리, 마노, 흑옥 등을 사용하여 섬세한 꽃과 기하학적 도안으로 상감되어 있다.[13] 그중에서도 쌍기둥 머리의 좁은 벽감에 미세한 보석으로 상감세공한 102송이의 작은 꽃은 피에트라 두라의 극치를 보여 준다.

10 시슈 마할의 천장. 난로의 불빛을 반사하여 밤마다 왕비의 거실을 별이 빛나는 밤하늘로 수놓았던 모자이크 볼록거울들 /Khizra Naseem

11 시슈 마할의 메인 홀. 내부는 준보석으로 상감세공한 '피에트라 두라'로 장식되어 있고, 뒤쪽의 창문은 대리석을 망창처럼 섬세하게 투조한 격자 칸막이 '잘리스'이다. /Mjbrohi-Shhmhl

12 라호르 성, 나울라하 전당. 벵골 식 대나무 오두막집처럼 지붕의 네 귀가 처져 있다. /Ali Imran

13 나울라하의 내부. 비취, 카닐리언, 라피스 라줄리, 마노, 흑옥 등 준보석을 사용하여 섬세한 꽃과 기하학적 도안을 상감세공한 '피에트라 두라'로 장식되어 있다. /C+ +and html

샬리마르 정원

샬리마르 정원(Shalimar Gardens)은 1642~1643년 샤 자한에 의해 왕족의 휴양지로 조영된 왕실 정원으로, 인도 아대륙(亞大陸)을 통틀어 가장 완벽한 이슬람 정원이며, 꾸란에 묘사된 천상의 낙원을 지상에 실현한 것이라고 한다.

동서 258m, 남북 658m, 넓이 약 17만㎡의 직사각형 대지를 장벽으로 둘러싸고, 그 안에 가꾼 꽃밭과 과일나무 숲 속에 완벽하게 좌우대칭을 이룬 저수지, 분수, 폭포, 수로, 대리석 전당들과 주위를 걸어서 30분 정도 걸리는 그늘진 산책로를 배치했다. 대지는 북에서 남으로 5m씩 낮아지는 상·중·하 레벨의 테라스로 나누고, '높은 테라스'는 페르시아 양식의 정원으로 꾸며져 있다. 북쪽 담장 중앙의 '아람가(Aramgah)'에서 남쪽 중앙의 의식행사장(Grand Hall) '아이완(Aiwan)'을 향해 105개 분수대의 수로가 일직선으로 있으며,[14] 그 중간의 십자형 저수지가 이 테라스를 네 부분으로 분할한다. 저수지와 수로는 기하학적으로 엄격하게 배치되어 균제미가 돋보인다.

아이완의 바닥 밑으로 떨어지는 높이 4m의 폭포는 '상(上) 테라스'의 물을 '중(中) 테라스'의 중앙저수지로 끌어내리며, 폭포 앞에 백대리석 난간을 두른 방형 옥좌(方形玉座)가 저수지를 향해 놓여 있다.[15] 저수지 안에 152개의 분수가 정렬해 있는데, 그 분수들이 한꺼번에 물을 뿜으면 물 떨어지는 소리가 마치 교향악을 연주하는 것처럼 들린다고 한다.

저수지의 좌우에는 아름답고 경쾌한 적색 사암의 전당(Red Sandstone Pavilion)이 각각 서 있고, 그 전당에서 저수지 가운데로 들어가는 통로를 통해 대리석 난간을 두른 중앙의 방형 무대와 연결된다.[15] 황제는 달빛 속에 옥좌에 앉아 이 무대에서 악사들이 연주하는 음악과 무희들의

14 샬리마르 정원, 상(上) 테라스의 105개의 분수대. 꾸란에 묘사된 천상의 낙원을 지상에 실현한 가장 완벽한 이슬람 정원이다. /Ali Imran

15 샬리마르 정원, 152개의 분수대가 정렬한 중(中) 테라스의 중앙저수지. 저수지 중앙의 대리석 방형 무대를 향하여 황제가 앉아서 가무를 감상하던 대리석 옥좌가 놓여 있다. /Armughanmunir

춤을 감상했다고 한다.

중앙저수지의 남면 중앙에 있는 2개의 백대리석 전당 사완 바둔(Sawan Bhadun) 사이로 떨어지는 폭포수는 '하(下) 테라스'로 이어지고, 그 폭포 뒤에 백대리석으로 꾸민 3면의 벽에 상하 4층으로 216개의 작은 벽감(壁龕)16이 설치되어 있다. 이 벽감에 낮에는 금빛 화병에 담긴 꽃이, 밤에는 불을 켠 램프가 놓였다. 그래서 '하 테라스'에서 바라보면, 램프불 앞으로 떨어지는 폭포는 어른거리는 빛의 폭넓고 얇은 면(面)처럼 환상적으로 보였다고 한다.

'하 테라스'는 정원의 남쪽 끝까지 일직선으로 된 수로와 153개의 분수들, 기하학적으로 배치된 좌우의 정원에 정성 들여 가꾼 수목들로 매우 아름답게 꾸며져 있다.

16 샬리마르 정원, 중 테라스 끝에 있는 216개의 대리석 벽감. 이 벽감에 낮에는 꽃을 담은 금빛 화병이, 밤에는 불을 켠 램프가 놓였다. /Aun Muhammad-Aunzee

라호르 박물관

라호르중앙박물관(Lahore Central Museum)은 1894년 설립된 파키스탄 최대, 최고의 박물관이다. 설립 초기에 유물을 수집하고 큐레이터로 활약한 영국인 존 로크우드 키플링(John Lockwood Kipling)은 소설 『정글북』(1894)의 저자인 아들 러디야드(Rudyard, 1907년 노벨문학상 수상자)에 의해 소설 『킴(Kim)』에서 흰 수염의 영국인 큐레이터로 묘사된 인물의 모델이다.

이 박물관에는 진귀한 목조각, 필사본, 양탄자, 1천 년 이상 된 꾸란, 블루 타일의 모자이크, 대리석 잘리스, 칠보금속공예, 세밀화(miniature) 등이 많이 있지만, 기원전 28세기~기원전 18세기의 하라파(Harappa), 모헨조다로(Mohenjo-Daro) 등 인더스 문명의 도시들에서 발굴된 토기, 토제 인장 등은 다른 박물관에서는 볼 수 없는 귀중한 선사시대 유물이다. 그러나 이 박물관에서는 무엇보다도 간다라 미술 컬렉션이 압권이다.

간다라 불교미술실에서 〈단식하는 싯다르타〉(84㎝×53㎝, 시크리Sikri 출토)[17] 고행상(苦行像)을 참예(參詣)했다. 사람이 얼마나 굶으면 이런 모습이 될까? 보는 순간 충격을 받아 섬뜩한 전율이 느껴졌다. 6년에 걸친 치열한 고행, 죽음의 문턱까지 몰아 간 극단적인 단식으로 눈은 해골처럼 움푹 파이고, 뼈와 가죽만 남아 핏줄과 힘줄까지 드러나고, 뱃가죽은 등에 붙었다. 차마 보기 어려워 촉촉해진 눈을 돌려도 눈길은 곧 되돌아온다.

고귀한 분께서 세상의 온갖 번뇌를 짊어지고 목숨을 건 고행을 하시며, 아무 고뇌 없이 안락하게 살아온 우리 범인(凡人)들을 소리 없이 질타하신다. 아무 생각 없이 많이 먹고 산 것이 부끄러워 용서를 빌고 싶어진다. 태자는 결가부좌(結跏趺坐)한 자세로 선정인(禪定印)을 짓고, 반개(半開)한 눈으로 명상에 드셨다. 한 치의 흐트러짐도 없다. 치열한 구도자의 단호한 결기가 느껴진다. 범접하기 어려운 카리스마가 느껴진다.

17 간다라 불상 〈단식하는 싯다르타〉(84㎝. 시크리 출토, 라호르 박물관 소장) /네이버 블로그

이 불상은 놀라움, 굶주림, 연민, 탄식, 수치, 자괴(自愧), 존숭(尊崇) 등 여러 가지 상념을 불러일으키며 관자(觀者)를 숙연하게 만든다. 숨죽이며 침묵하게 한다. 돌아서서 가다가 언제 또 다시 오랴 싶어 뒤돌아본다. 태자의 신체와 정신을 이같이 사실적으로 잘 묘사한 이 불상은 동방적인 요소에 그리스 미술의 영향을 잘 융합시킨 간다라 미술 최고의 걸작으로 꼽힌다.

이슬라마바드와 라왈핀디

파키스탄은 1947년 영국으로부터 독립하여 카라치(Karachi)를 수도로 삼았다. 그러나 국토의 중심에서 너무 멀리 떨어져 있어 1959년 라왈핀디로 천도하고, 그 북동쪽 외곽에 신도시 이슬라마바드(Islamabad, 2010년 인구 69만)를 건설하여 1968년 천도했다.

샤 파이잘 마스지드(Shah Faisal Masjid)[18]는 마르갈라(Margalla) 구릉의 산기슭에 자리 잡고 있다. 하얗고 거대한 이 모스크의 육중한 미나레트(minaret)는 우주로켓을 연상케 하고, 예배당의 휩쓸린 지붕은 사막에 친 베두인(Bedouin)의 8면 텐트 모양이다. 이 사원은 파키스탄이 1976년 사우디아라비아의 파이잘 왕으로부터 미화 5천만 달러를 지원받아, 터키의 건축가 바다트 달로카이(Vadat Dalokay)의 설계로 착공하여, 1986년 완공했다.

내부는 파키스탄의 미술가 굴기(Gulgee)와 사데퀘인(Sadequain)에 의해 불루 모자이크로 장식되어 있으며, 천장 가운데 황금의 샹들리에가 걸려 있다.

이 사원은 실내에 1만 5천 명, 중정(中庭)에 8만 5천 명 등 도합 10만 명의 신도가 동시에 예배할 수 있다. 네 모퉁이에 세운 콘크리트 미

18 이슬라마바드, 샤 파이잘 모스크 /Obaid747

나레트는 높이가 90m나 되는 세계 최대의 모스크다. 예배당과 각 미나레트의 꼭대기에 있는 금빛 초승달은 이슬람 교조(教祖) 무함마드(Muḥammad)가 고향인 메카에서 박해를 받아 622년 메디나로 성천(聖遷, Hegira)할 때에 위기에서 그를 인도해 준 초승달로서 이슬람의 상징이다.

이 건물은 이슬람의 이미지와 현대적 기능을 잘 결합시킨 세계적인 명작 건축 중의 하나다.

시가지 북쪽에 숲이 우거진 마르갈라 구릉 중턱에 다마니 코(Daman-e-koh)라는 전망대가 있다. 이곳에서 일본인 도시설계가가 기본설계를 했다는 바둑판같이 정연한 시가지 전체가 조망된다. 오른쪽(서쪽) 가까운 산기슭에 샤 파이잘 모스크가 홀로 서 있고, 왼쪽(동쪽) 먼 곳에 초현대식

19 이슬라마바드 7번가 /Asjad Jamshed

으로 디자인한 대통령 관저, 국회의사당, 대법원 청사, 이슬람 센터 등 주요 관공서들이 모여 있다.

넓고 깨끗하며 쾌적하고 숲이 우거진 전원 같은 이슬라마바드 시내19를 벗어나 남쪽으로 14㎞ 내려가면, 사람과 건물이 과밀하여 북적거리는 지저분한 거리와 떠들썩한 바자르의 도시 라왈핀디(Rawalpindi, 2006년 인구 179만)에 다다른다. 차갑고 인정머리 없는 부자 동네에서 가난하지만 인정이 푸근하여 사람 사는 맛이 나는 동네로 들어온 느낌이다.

라왈핀디는 역사적으로 동서의 문화권을 연결하는 교역로에 위치하여, 기원전 15세기경부터 다양한 민족이 교차하는 장소로서 중요한 역할을 해 왔으며, 현재도 파키스탄 최대의 교통 요충지이다.

불상의 기원

간다라 미술양식의 성립

간다라(Gandhāra)는 고대 인도 서북부의 페샤와르 분지를 중심으로 인더스 강 서안(西岸)에 있는 동서 약 100㎞, 남북 약 70㎞의 땅(현재 파키스탄과 아프가니스탄)에, 강 동안(東岸)의 탁실라(Taxila)를 포함시킨 지역으로, 중국·인도·중앙아시아와 서방을 연결하는 무역의 교차로에서, 동서 양쪽의 문화·예술·상업과 종교를 교류시키는 역할을 해 왔다.

인도 역사상 최초의 통일왕조인 마우리아(Maurya) 조의 제3대 왕 아쇼카(Asóka, 재위 기원전 268~기원전 232)는 불교를 통치이념으로 삼아 통일국가를 이룩한 전륜성왕으로, 기원전 256년 성자 마드흐얀티카(Madhyantika)를 간다라에 파견하여 불교를 선교하고 전국에 수많은 스투파(stupa: 사리를 안치한 탑)를 건립했다.

기원전 326년 알렉산드로스 대왕의 동방원정 시 잔류한 그리스 군의 후예 디오도투스(Diodotus)가 기원전 256년 북아프가니스탄 발흐(Balkh)에 박트리아(Bactria, 대하大夏, 기원전 256~기원 139)를 건국하고, 박트리아는 기원전 183년 간다라로 쳐내려와, 탁실라에 시르캅 등 여러 도시를 건설해 그리스계 문화를 이식했다.

기원전 75년경 중앙아시아의 이란계 유목민 샤카(Sáka, 스키타이)족이, 기원전 1세기 말경에는 이란계 파르티아가, 서기 60년경에는 스키타이계 쿠샨(Kushān, 대월지大月氏)이 간다라를 순차로 병합했다.

간다라는 쿠샨 조의 제3대 왕 카니슈카(Kaniṣka, 재위 128~151 또는

144~173) 치세에 가장 번영했고 찬란한 불교예술은 그 절정에 달했다. 이러한 동서 여러 민족의 다양한 문화가 혼성되고, 동방의 인도불교와 서방의 그리스 예술이 서로 융합하여, 간다라 미술이라는 새롭고 역동적인 미술양식이 성립되고, 간다라 불상이 탄생하게 된다.

간다라 불상

간다라 미술의 가장 큰 특징은 인간의 모습으로 불상을 제작한 것이다.

원래 고대 중인도의 불교미술은 열반에 듦으로써 멸진(滅盡)되어 현상(現象)의 세계에서 완전히 벗어난 초월적 존재를 가시적인 형상으로 표현하는 것을 금기시(禁忌視)하여, 불전도 중 부처가 들어갈 자리에, 참선하는 장면일 경우에는 보리수나 금강보좌(金剛寶座)를, 설법하는 광경일 때는 법륜(法輪)을, 전도하러 다니는 부처를 나타낼 때에는 발바닥(불족적佛足跡)을 묘사하는 등의 상징을 통하여 표현했다. 이처럼 불상을 만들지 않았던 시대를 무불상시대(無佛像時代)라 하며, 그 시대에는 붓다의 사리를 안치한 스투파가 예배의 대상이 되었다.

그러나 석가가 열반에 든 후 약 400년이 지난 1세기경 서방세계와의 교역이 성행하고 서방 문물이 급격하게 유입되자, 인간의 모습으로 신상(神像)을 제작하고 숭상한 그리스인들의 영향을 받아, 인간의 모습으로 불상을 제작하기 시작한다.

최초의 불상은 불전도에서는 대략 1세기 말경부터 나타나기 시작하고, 독립 불상은 대략 2세기 전반 카니슈카 왕이 발행한 금화에서 처음 나타나며, 점차 헬레니즘 미술의 양식과 기법을 수용한 그리스 신화의 아폴론이나 아우구스투스 풍의 로마 황제의 모습으로 출현한다.

다만, 붓다의 초인간적인 존재로서의 특성을 상징적·조형적으로 나타내기 위해, 석존의 32상(相) 82종호(種好)의 상호(相好)가 약속되며, 수인

(手印, mudrā, 범梵. 불보살의 공덕을 상징적으로 표현하는 손 모양)도 석가불의 경우 시무외인(施無畏印), 여원인(與願印), 전법륜인(轉法輪印), 선정인(禪定印), 항마촉지인(降魔觸地印) 등 다섯 가지로 정해진다.

간다라 불상의 특징은,

① 회청색 편암(片岩)을 많이 사용한 점,
② 물결 모양의 구불구불한 머리카락(파상연모波狀軟毛), 깊은 눈 우뚝한 코(심목고비沈目高鼻), 얇은 입술 등 서양인 모습의 타원형 얼굴,
③ 반쯤 뜬 눈으로 아래를 내려다보며 명상에 잠겨 있는 싯다르타 태자 때의 우울한 표정,
④ 두껍고 폭넓은 한 장의 천으로 된 대의(大衣)를 통견(通肩: 양 어깨를 덮어 가사를 입는 착의법)으로 걸친 점,
⑤ 굵고 깊은 선으로 새겨진 옷주름의 사실적 표현에 치중하는 것,
⑥ 석가의 일생을 다룬 불전도(佛傳圖)가 많은 것

등이다.

간다라 불상은 1세기부터 4세기 초까지는 인도 특산의 암록색 편암과 검은색 점판암(粘板岩)의 석상으로 제작되었고, 4세기 초부터 6세기 초까지는 스투코나 테라코타로 만든 소상(塑像)이 주류를 이루었다.

간다라 미술은 실크로드를 따라 중국과 한반도로 전해져 불교미술에 커다란 영향을 끼쳤다. 그리고 훈족의 침입, 스투코 사용, 사산(Sassan)인들의 침입, 힌두교의 부흥, 후원의 결핍 등으로 인해 서서히 사라져 갔다.

도판 1 〈간다라 불입상〉(265㎝, 페샤와르 박물관 소장)은 간다라 초기(2세기 초) 불상을 대표하는 작품으로, 보기 드문 대형이며 보존 상태가 가장 좋다.

도판 20 〈간다라 불입상〉(도쿄국립박물관 소장)은 1~2세기 고타마 붓다를 표현한 최초의 불상 중 하나이다.

도판 21 〈미륵보살입상〉(120㎝, 파리 기메미술관 소장)은 2세기 간다라 보살상을 대표하는 작품으로, 파키스탄 샤바즈 가르히(Shabaz-Garhi)에서 출

20 〈간다라 불입상〉. 1~2세기 고타마 붓다를 표현한 최초의 불상 중 하나(도쿄국립박물관 소장) /World Imaging

21 〈간다라 보살입상〉(120㎝). 고타마 싯다르타로 추정되는 1~2세기 간다라 보살상의 대표작(파키스탄 샤바즈 가르히 출토, 파리 기메미술관 소장) /Vassil-Public Domain

22 예수의 상을 많이 닮은 〈간다라 보살입상〉(부분, 런던 빅토리아앤드앨버트 뮤지엄 소장) /Loop Zill

토되었다. 고타마 싯다르타로 추정된다고 한다.

도판 22 〈간다라 보살입상〉(런던 빅토리아앤드앨버트 뮤지엄 소장)은 예수의 상과 매우 닮은 얼굴로 간다라 불상의 특징을 잘 나타내고 있다.

마투라 불상

한편, 간다라 불상의 출현과 거의 같은 시기, 중부 인도 갠지스 강 유역의 마투라(Mathurā)에서도 고대로부터 지켜 오던 불상 불(不)표현의 금기를 깨뜨리고, 전통적인 재물의 수호신 약샤(Yaksa) 상을 변화시켜 독자적으로 순인도적인 형식의 불상이 제작된다. 마투라 미술은 인도 고래(古來)의 전통을 계승한 인도적인 성격이 짙은 것이 특색이다.

초기 마투라 불상의 특징은,

① 붉은 색의 사암(砂岩)으로 만든 불상이 많은 점,
② 인도인 모습의 둥근 얼굴, 큰 눈, 두꺼운 입술,
③ 소라 모양의 육계(肉髻: 붓다 정수리의 우렁상투),
④ 인도 고래의 요가 좌법인 결가부좌(結跏趺坐: 발을 각각 반대쪽 허벅다리 위에 놓고 앉는 자세)한 좌불상이 많은 점,
⑤ 얇은 법의를 신체에 밀착시킨 편단우견(偏袒右肩: 오른쪽 어깨를 드러내어 가사를 입는 착의법),
⑥ 밀집 평행한 가는 선의 추상적인 옷주름,
⑦ 시무외인(施無畏印: 중생의 두려움과 근심을 없애 준다는 붓다의 손 모양)이 많은 점,
⑧ 눈을 활짝 뜨고 생기발랄한 미소를 머금은 인상,
⑨ 깨달은 후 희열의 순간을 표현한 듯 매우 활달하고 생명감 넘치는 건강한 신체의 표현에 주력하는 점
⑩ 석가 전생의 이야기인 본생담(本生譚)이 많은 점

등이다.

1994년 1월 나는 인도 아그라에서, 예약된 델리발, 아그라 경유, 카주라호, 바라나시행 비행기가 착륙하지 않고 그냥 지나가 버리는 바람에, 버스로 다시 델리로 돌아가게 되었다. 그런데 꼭 가고 싶었지만 일정에 넣지 못했던 마투라를 지나게 되어 그곳의 박물관을 관람하게 되었다. 지

방도시의 창고 같은 허름한 박물관에 간다라 불상과 쌍벽을 이루는 수백의 마투라 불상들이 빼곡히 들어차 있는 것을 보고 깜짝 놀랐다. 그들은 둥근 얼굴, 동그란 눈, 두꺼운 입술, 활짝 웃는 얼굴, 건강한 신체, 착의법, 옷주름 등이 간다라 불상과 많이 다른 모습이었다.

도판 23 〈불좌상〉(69㎝, 마투라박물관 소장)은 가장 이른 시기(2세기 초)의 마투라 불상을 대표하는 작품으로, 카트라(Katrá)에서 출토되었다. 둥근 얼굴에 동그란 눈, 생기발랄한 신체에 힘이 넘친다.

도판 24 〈불입상〉(81㎝, 마투라박물관 소장)은 2세기 후반의 마투라 불상으로 활짝 웃는 얼굴이 '백제의 미소'로 알려진 우리나라 서산마애여래불(국보 제84호, 7세기 전반. 이 책 **제13장** 참조)과 많이 닮았다.

23 〈마투라 불좌상〉(69㎝). 2세기 초 붉은 사암으로 조각된 마투라 불상의 대표작(카트라 출토, 마투라 박물관 소장) /wikipedia

24 〈마투라 불입상〉(81㎝. 2세기 후반, 마투라 박물관 소장) /wikipedia

굽타 불상

간다라와 마투라, 두 지역의 전혀 다른 형식과 양식의 불상이 서로 영향을 주고받는 과도기를 거쳐 굽타 시대인 4~5세기경 두 양식이 조화를 이루는 이상적인 불상 양식이 마투라 지역을 중심으로 탄생하게 된다. 이른바 굽타(Gupta) 불상이다(강우방 외, 『한국미의 재발견 3: 불교조각 1』, 솔, 2003).

굽타 불상의 특징은,

① 나발(螺髮: 소라 모양으로 틀어 말린 머리카락),
② 이목구비가 마투라 양식인 둥그스름한 얼굴,
③ 몸에 밀착시켜 굴곡을 그대로 드러낸 통견의 얇은 천,
④ 추상적인 가는 융기선 띠가 평행을 이룬 장식적인 옷주름,
⑤ 깊은 명상에 잠긴 듯 반쯤 감은 눈,
⑥ 고요한 분위기,
⑦ 건장한 신체와 장대한 크기

등이다.

이러한 이상적인 불상의 고전(古典) 양식은 인도에서는 굽타 시대(320~550)에, 중국에서는 당나라 시대(618~907)에, 우리나라에서는 통일신라시대(676~935)에 각각 확립되었다.

도판 25 〈불입상〉(214㎝, 마투라박물관 소장)은 5세기 굽타불의 걸작으로 통견의 얇은 옷을 통해 아름다운 육체감을 표출하고, 평행하는 가는 선으로 옷주름을 표현했다.

25 〈굽타 불입상〉(214㎝). 5세기 굽타 불상의 걸작(마투라 박물관 소장) /wikipedia

26 〈초전법륜불좌상〉(161㎝, 5세기). 정적 우미한 굽타불의 명작이며, 인도미술을 대표하는 최고의 미불(美佛)(인도 사르나트 박물관 소장) /네이버 블로그

도판 26 〈초전법륜불좌상(初轉法輪佛坐像)〉(161㎝, 인도 사르나트박물관 소장)은 5세기의 정적(靜寂)하고 우미(優美)한 굽타불의 명작으로, 인도미술을 대표하는 최고의 미불(美佛)이다.

탁실라

간다라 미술의 중심지

탁실라(Taxila)는 간다라 미술이 절정에 달했던 도시로, 학문의 중심지였고 순례의 목적지였으며, 그 일대에 무수한 불교사원, 스투파가 산재해 있었다. 그러나 455년 중앙아시아의 유목민 에프탈(Hephthalites: 백흉노)의 침략을 받아 남김없이 파괴되었으며, 그때부터 불교는 교세가 기울어지기 시작하여, 8세기 말에는 거의 사라져 버린다.

오늘날 탁실라에는 기원전 5세기부터 기원후 5세기까지 1천여 년에 걸쳐 이룩된 비르 마운드(Bhir Mound, 기원전 5~6세기 아케메네스 조 페르시아가 세운 도시), 시르캅(Sirkap), 시르수흐(Sirsukh)라는 세 개의 고대도시 유적이 있다. 그중 시르캅 하나만 가 보자.

시르캅: 기원전 2세기의 계획도시

북아프가니스탄 발흐에 도읍한 그리스계 박트리아는 기원전 183년 남쪽으로 쳐내려 와 간다라를 점령하고 시르캅을 건설한다. 시르캅은 그 뒤 샤카(스키타이) 시대와 파르티아 시대를 거쳐 쿠샨 조에 이르러 번영의 절정을 누리며, 2세기 중엽 시르수흐로 천도할 때까지 약 300년간 존속했다.

이 도시는 높이 9m, 두께 5~7m, 총 길이 5.6㎞에 달하는 막강한 성벽으로 둘러싸여 있다. 북문으로 들어가면 너비 6m, 길이 500여m의 간선도로가 남쪽 끝까지 시원하게 나 있고, 기원전 2세기의 도시라고는 믿기 어려운, 바둑판 모양의 정연한 도시구획이 좌우로 전개된다.

간선도로를 따라 내려가면 좌우로 상점가가 늘어서 있고, 압시달(Apsidal) 사원, 태양의 사원, 쌍두독수리 스투파, 자이나 스투파, 왕궁 터가 차례로 나온다.

쌍두독수리 스투파(쌍두취탑雙頭鷲塔)27는 1세기에 그리스 양식과 인도 양식을 혼합하여 건축한 탑원으로, 지금은 스투파의 기단만 남아 있다. 그 기단 정면에는 중앙계단을 중심으로 좌우에 세 가지 양식의 건물 모양이 축조되어 있다. 계단 쪽 벽감에는 삼각형 박공벽(栱壁)의 그리스 식 건축이, 그다음 벽감에는 벵골 지방의 인도식 지붕 모양이, 바깥쪽 벽감에는 초기 인도 사원의 탑문 '토라나(torana)' 모양이 있으며, 그중 인도식 지붕 위에 힘의 상징인 쌍두(雙頭)의 독수리가 앉아 있다.

이 스투파에는 그리스, 인도, 샤카족계 서아시아의 서로 다른 모티프가 함께 사용되어 있어, 그 당시 이 지방에서 혼합된 민족의 문화 융합을 반영하고 있다.

27 탁실라 시르캅. 쌍두독수리 스투파 /Dawoodmajoka

28 탁실라. 모흐라 모라두 사원의 〈봉헌 스투파〉(복제품, 탁실라 박물관) /변은숙

시가지 남쪽 끝에 1세기 인도-파르티아의 곤도파레스(Gondophares, 재위 21~46경)로 추정되는 왕의 궁전 터가 있다. 신약성서 『사도행전』의 토마 사도가 기독교를 인도에 전도할 사명을 띤 제비를 뽑고 40년경 노예로 팔려 간 곳이 곤도파레스 왕의 궁전일 개연성이 높다고 한다. 그렇다면 여기가 성 토마가 노역했던 곳이란 말인가?

탁실라고고학박물관

박물관 입구로 들어서면 중앙홀 가운데 높이 3.6m의 아름다운 소형 스투파28가 손님을 맞는다. 모흐라 모라두(Mohrā Morādu) 승원에 있는 〈봉헌 스투파〉의 복제품으로, 5단의 원형 대좌, 돔, 평두(平頭), 7단의 산개(傘蓋)와 첨탑까지 간다라 스투파의 모든 부분을 완벽하게 갖추고 있다.

29 탁실라 박물관, 얼굴과 표정이 매우 아름다운 소조불두들. 귀공자 풍의 〈소년의 두상〉(왼쪽)과 그리스적 요소를 머금은 불두 2점 / *TAXILA: Story in Stone*, p. 28

왼쪽 전시실에는 불상, 붓다의 생애를 묘사한 스투코와 테라코타 조각상들이 전시되어 있는데, 그중 간다라 양식의 소조불두(塑彫佛頭)29들은 상호(相好: 얼굴)와 표정이 매우 우수하고 아름답다. 특히 〈소년의 두상〉(29의 왼쪽)은 물결치는 곱슬머리, 살짝 내리뜬 눈, 미소를 머금은 입매 등 잘생긴 귀공자상으로 간다라 미술의 수작으로 평가된다.

이 스투코로 만든 우수한 불상들은 3~5세기 탁실라에서 번성했던 미술양식의 소산으로, 그리스적 요소를 머금고 있어, 이질적인 동서 문명 융합의 상징으로 꼽힌다.

조울리안 승원

조울리안(Jaulian)30은 평지에서 약 90m 높은 언덕 꼭대기에 건축된 전형적인 간다라 수도원으로, 저탑원(低塔院), 주탑원(主塔院), 승원(僧院) 등 3개의 기본적 요소로 구성되어 있으며, 모두 적당한 길이와 넓이로 설계되어 쾌적하다.

이 승원은 2세기 쿠샨 시대에 건립되어 5세기 후반 백흉노에 의해 파괴되었는데, 탁실라에서 가장 훌륭한 스투코 조각으로 장식되어 있고, 보존상태 또한 가장 좋아, 유네스코 세계문화유산으로 지정되어 있다.

저탑원에는 5세기 순례자들이 봉헌한 다섯 기(基)의 스투파가 있는데, 모두 원통형 탑신과 돔은 상실되고 기단만 남아 있어 세월이 덧없음을 보여 준다.

주탑원(30의 왼쪽, 서쪽) 중앙에 있는 주탑은 방형대좌 위에 둥근 북 모양의 기단만 남아 있는데, 옛날에는 그 위에 황금의 돔과 산개가 하늘로 20m나 솟아 위용을 자랑했다고 한다.

주탑 주위의 커다란 스투코 불상들 틈에 천진난만한 어린아이 모습의 붓다31가 설법인(說法印: 붓다가 성도 후 녹야원에서 최초로 설법할 때의 손 모양)

30 탁실라, 하늘에서 내려다 본 조울리안 승원 전경 /Muhammad Ilyas Bhatti

31 조울리안승원, 설법인을 짓고 앉아 있는 〈아기붓다〉 /김만수

32 조울리안 승원의 스투코 선정불. 실물(사진)은 탁실라 박물관으로 이관되었고, 현장에는 복제품이 놓여 있다. /Dawoodmajoka

을 짓고 앉아 있다. 어린아이의 모습으로 불상을 표현하는 것은 때 묻지 아니한 순수한 동심(童心)이야말로 불심(佛心)이라는 뜻일 것이다.

주탑을 둘러싸고 21기의 작은 봉헌 스투파가 있는데, 그 기단의 대좌에는 벽감 속에 소형 붓다와 보살이 스투코 부조로 아름답게 조각되어 있고, 주탑원 벽을 따라 불전도의 붓다나 보살이 들어 있는 28개의 사당(祠堂)이 나란히 설치되어 있다.

승원(僧院)(**30**의 오른쪽, 동쪽) 의 안뜰은 28개의 작은 승방들이 'ㅁ'자형으로 둘러싸고 있고, 옛날에는 2층에도 같은 수의 승방이 있었다고 한다. 각 승방은 수도처답게 좁고 검소하며 작은 채광창과 소지품을 놓아 두는 벽감이 하나씩 있을 뿐이다. 현장과 혜초가 머물렀던 승방은 어디쯤일까?

서쪽 통로 오른쪽(북쪽) 사당에 스투코 선정불**32**이 앉아 있고, 그 좌우에 불입상이 있으며, 그 뒤에 두 시자(侍者)가 서 있다. 이 불상은 그레코-인도 양식에서 굽타 양식으로 이행하는 과도기 미술의 가장 훌륭한 본보기라고 한다. 실물은 박물관으로 이관되고 복제품이 있다.

페샤와르

간다라 미술이 꽃핀 '연꽃의 땅'

페샤와르(Peshāwar, 2006년 인구 125만)는 예로부터 무수한 민족의 정복과 흥망성쇠가 거듭된 패권 쟁탈의 땅이며, '중앙아시아의 관문'으로 동서 문화의 교류와 무역으로 번영한 도시다. 2세기 쿠샨 조의 카니슈카 왕은 겨울 수도를 이곳으로 옮겨 푸루샤푸라(Puruṣhapura)라 하고, 제국이 지배하는 동안 이 도시는 정치와 상업, 간다라 불교문화의 중심으로 중요한 순례지가 되었으며, '연꽃의 땅'으로 불리었다. 쿠샨 조가 망하자 불교의 영향력도 기울어지고, 우아한 간다라 미술의 자취도 점차 사라져 갔다.

예로부터 페샤와르 하면 바자르를 연상시킬 만큼 페샤와르 바자르는 유명하다. 미스가란(Misgaran) 바자르는 약재와 향신료 전문의 전통시장이고, 음유시인이 많아서 키싸 하와니(Qissa Khawani, 'story teller'라는 뜻)라는 로맨틱한 이름이 붙은 유서 깊은 바자르에서는 인간생활에 필요한 것은 뭐든지 다 판다고 한다. 대로 양쪽에 끝없이 늘어선 상점에 상품이 하도 많아, 돈 주고 살 수 있는 물건치고 페샤와르에 없는 것은 없다는 말을 실감케 한다. 특히 놋그릇과 도자기가 유명하다고 한다.

페샤와르박물관

페샤와르는 간다라의 중심지로 탁트이 바히, 사흐리 바흐롤(Sahrī-Bachlol), 자말 가르히(Jamālgarhi) 등 인근 불교 유적에서 출토된 간다라 불상, 보살상, 불전도 들을 가장 많이 수장하고 있는 박물관이다.

나는 1999년 8월 서울 예술의전당 미술관에서 '간다라 불교미술전'을 관람한 적이 있다. 그때 라호르, 탁실라, 페샤와르, 카라치 등 파키스탄 정부 산하 7개 박물관에서 온 국보급 불상들을 많이 보면서, 이렇게 빨리 그 본고장에 오게 될 줄은 몰랐다.

도판 33 사흐리 바흐롤에서 출토된 이 〈불좌상〉(74.5㎝)은 2~3세기 간다라의 대표적인 불상으로, 편단우견으로 결가부좌하고 전법륜인(설법인)을 짓고 있는 매우 아름다운 불상이다.

33 〈간다라 불좌상〉(74.5㎝, 2~3세기, 사흐리 바흐롤 출토, 페샤와르 박물관 소장) /『世界の大遺跡 8: インドの聖域』(講談社) f. 52

34 〈간다라 보살상〉(68.6m, 2~3세기). 싯타르타 태자의 첫 선정상(사흐리 바흐롤 출토, 페샤와르 박물관 소장) /『간다라미술』(사계절), f. 123

1층에는 부처의 생애를 테마로, 탄생에서 죽음까지의 각 장면을 묘사한 불전도 부조 74점이 진열되어 있다.

도판 34 〈싯다르타 태자의 첫 선정(수하관경樹下觀耕)〉(넘버 20)(68.6㎝)은 사흐리 바흐롤에서 출토된 2~3세기의 간다라 불상이다. 싯다르타 태자가 농경제(農耕祭)를 참관하던 중 새들이 흙 속에서 나온 벌레를 쪼아 먹고, 밭 가는 소가 채찍을 맞아 피를 흘리는 것을 목격하고 삶의 고통과 허무를 느껴 염부나무 아래서 첫 선정(禪定)에 든 모습이다. 그리스적 리얼리즘이 명료하게 나타난 수작으로 꼽힌다.

도판 35 〈카니슈카의 사리 용기〉(패널 74)(18㎝)는 2세기에 청동으로 만든 것으로, 카니슈카 대탑지에서 출토되었다. 2세기 쿠샨의 카니슈카 왕은 제국의 수도에 대탑(기단 87m×87m, 높이 180m)을 건조하고 그 안에 불사리를 봉안했다.

630년 이곳을 방문한 현장은 『대당서역기』에 카니슈카 대탑의 모습과 규모에 대하여 자세히 기록했는데(기단은 150척, 스투파 400척 이상, 25층의 금동상륜), 720년 이곳을 방문한 혜초는 『왕오천축국전』에 아무런 언급이 없다.

35 페샤와르 카니슈카 대탑지에서 발굴된 〈카니슈카 사리용기〉(18㎝, 2세기, 페샤와르 박물관 소장) /Ismoon

그 90년 사이에 탑이 없어져 버린 것이다. 2세기에 어떻게 높이 180m나 되는 대탑을 건축했으며, 언제 어떻게 하여 없어졌는지 불가사의하다.

1908년 스푸너 박사(Dr. Spooner)가 대탑지를 발굴할 때 이 사리용기가 발견되었다. 뚜껑 위에 붓다가 앉아 있고 좌우에 인드라과 브라흐마가 시립해 있다. 뚜껑의 둘레에 날아가는 거위들이 조각되어 있고, 그 아래 메인 프리즈에는 카니슈카 왕의 입상이 조각되어 있다. 뚜껑 위와 옆면에 왕과 도석수(都石手) 아기살라(Agisala)의 이름이 카로슈티(Kharoṣṭhi) 문자로 새겨져 있어 제작자와 제작 연대가 확실한 이 용기는, 불상 탄생의 시기를 비정(批正)하는 중요한 자료가 되었다. 청동의 사리함 속에서 불사리 3과(顆)가 들어 있는 6면체의 크리스털 용기가 나왔다. 그 사리는 영국 정부가 버마 만달레이(Mandalay)에 새 파고다를 건립하는 불교단체에 기증하여 봉안케 했다.

탁트이 바히 승원

가장 뛰어난 간다라 불교 수도원

탁트이 바히(Takht-i-Bāhi) 승원36은 페샤와르 북쪽 80㎞ 지점에 있는 간다라 불교 수도원으로, 평지에서 약 150m 높은 바위산 돌출부에 건축되어 있다. 섭씨 40도의 폭염에 500m쯤 되는 가파른 산길을 숨가쁘게 올라가면서, 옛날 현장과 혜초가 올라갔던 길을 지금 내가 오르고 있다는 기쁨에 더위와 갈증도 잠시 잊었다.

이 승원은 기원전 1세기 초에 건립되어, 기원후 2세기 쿠샨 조의 카니슈카 왕 때 가장 번영했다가, 6~7세기경 버려졌다. 파키스탄에서 가장 뛰어나고 가장 인상 깊은 이 불교 수도원은 주탑원, 소탑원, 승원, 회당, 삼탑원, 거인의 벽, 선방(禪房)으로 구성되어 있으며, 작은 벽돌 모양으로 다듬은 편암을 석회와 점토 모르타르로 쌓아 올린 석조 건축물이다.

36 남쪽 언덕 위에서 내려다본 탁트이 바히 승원 전경 /최영도

소탑원(小塔院, 36의 가운데)

소탑원의 내정(36m×15m)에 순례자들이 각기 다른 시기에 봉헌한 35기의 소탑의 기단이 남아 있는데, 옛날에는 이 탑들에 금박을 입히고 그림으로 그린 불상과 불전도 부조들로 가득 차 있었다고 한다.

내정의 동·남·북 3면은 높이 8~9m의 벽으로 둘러싸인 30개의 열린 감형사당(龕形祠堂)이었다. 옛날 이 사당에는 소조불상과 독실한 신자나 부유한 순례자가 기증한 조각상들이 안치되어 있었고, 모든 불상에는 금박을 입히거나 그림이 그려져 있었으며, 사당의 벽은 고부조(高浮彫)된 불전도 장면들로 장엄된 프리즈가 둥그렇게 둘러싸고 있었다고 한다.

승원(僧院, 36의 위)

승원의 안뜰(19m×19m)은 15개의 작은 승방이 3면을 'ㄷ'자 모양으로 둘러싸고 있는데, 옛날에는 2층에도 같은 수의 승방이 있었다고 한다. 각 승방은 아주 작고, 등잔과 소지품을 얹어 두는 벽감이 두 개, 높은 곳에 작은 환기창이 하나 있을 뿐이다. 이곳에서 수도하던 승려들의 청빈하고 금욕적인 생활 모습을 상상할 수 있다.

선방(禪房)

회당 건너편에 작은 사당 밑으로 난 계단을 내려가면, 아치형 복도의 좌우로 방이 다섯 개씩 있는데, 창문이 없는 동쪽의 큰 방들은 곡물창고이고, 창문이 있는 서쪽의 작은 방들은 승려들이 명상을 하던 선방이라고 한다.

주탑원(主塔院, 36의 아래)

주탑원 내정(17m×13.5m)의 중앙에 옛날에는 높이 약 10m의 탑신과 그 위에 더 높이 돌출된 돌우산(석산개石傘蓋)을 갖춘 대탑이 있었는데, 방형의 기단 위에 반구형 돔을 얹고 전체에 금박을 붙이고 그림으로 그려진 불상과 불전도의 장면들로 장엄되어 있었다고 한다. 그러나 오늘날 남아 있는 구조물은 1변이 6.2m인 정방형 기단부와 4스텝의 층계뿐이다.

옛날에는 이 주탑원도 3면이 모두 지붕을 씌운 부속 사당으로 둘러싸여 있었고, 한 면에 5개씩 모두 15개의 큰 사당과 그 사이사이의 공간에도 작은 사당이 들어 있었다. **도판 37**은 건축사학자 퍼시 브라운(Percy Brown)이 그린 탁트이 바히 주탑원 상상 복원도다.

이 사당들은 모두 독특한 구조의 감실형 불당으로, 큰 사당에는 대형 불상이 놓여 있었고, 작은 사당은 성인(聖人), 왕, 봉헌탑의 모양이나 고부조(高浮彫)된 불전도의 장면들로 장엄되어 있었으며, 내정의 벽 표면은 정교한 코린토스 식 기둥머리를 얹은 벽기둥으로 화려하게 장식되어 있었다고 한다.

도판 38 〈발우(鉢于)를 들고 있는 불입상〉(109㎝, 페샤와르 박물관 소장)은 이 승원에서 발굴된 2~3세기의 뛰어난 간다라 불상의 하나다.

37 건축사학자 퍼시 브라운이 그린 탁트이 바히 주탑원 상상복원도 /『간다라미술』, f. 85

38 〈발우를 들고 있는 불입상〉(109㎝ 2~3세기, 탁트이 바히 출토, 페샤와르 박물관 소장) /『간다라미술』, f. 108

스와트

인도 밀교의 중심지

스와트(Swat)는 북부 간다라에 스와트 강을 따라 생긴 길이 200㎞, 폭 75㎞의 스와트 계곡 일대를 지칭하는 지역으로, 울창한 수림 사이로 차갑고 맑은 물이 흐르고, 푸른 초원의 저편에 파란 하늘을 배경으로 눈 덮인 하얀 산이 우뚝 솟아 있는, 빼어난 풍광을 자랑하는 곳이다.

이곳은 기원전 2세기부터 서기 9세기까지 간다라의 주요한 종교적 중심지였다. 1세기부터 3세기까지 불교가 절정에 달했던 때에는 하(下)스와트의 우디야나(Udyana)에만도 1,400여 승원이 있었다고 한다.

6세기 간다라가 몰락한 후 스와트는 다른 지역들과 달리 8세기 인도 밀교(密敎)의 중심지가 되었으며, 불교는 주술적 요소가 가미된 탄트

39 스와트 붓카라 제1탑원, 대스투파의 기단과 그를 둘러싼 소스투파들 /김재화

라 불교로 진전되었다. 많은 탄트라(tantra: 밀교의 경전)가 이곳에서 편집되어, 실크로드를 따라 각지로 전파되었고, 스와트의 불교 신앙은 15세기까지 면면히 이어졌다.

8세기 우디야나에서 태어나 『티베트 사자(死者)의 서(書)』를 저술한 밀교의 대 성취자 파드마삼바바는 토번왕 티송데첸의 초청을 받고 티베트로 건너가 탄트라 불교를 전파하고, 닝마파의 개조(開祖)가 되었다.

붓카라 제1탑원: 가장 아름답게 장엄된 간다라 불교 탑원

사이두 샤리프(Saidu Shariff) 시의 박물관 바로 뒤에 스와트 최대의 불교 사원 붓카라(Butkara) 제1탑원이 있다. 바닥의 직경이 17m나 되는 거대한 주탑을 215기의 작은 소탑과 사당들이 둘러싸고 있다.[39] 주탑의 핵은 기원전 3세기 아쇼카 왕이 근본사리팔분탑(根本舍利八分塔)을 열어 부처의 사리를 재분배하였을 때, 이를 봉안하기 위해 건립된 것이라고 한다.

40 스와트 붓카라 제1탑원 출토 〈간다라 보살입상〉(부분, 로마 국립동양예술박물관 소장) /Sailko

주탑의 복발(覆鉢)은 덧씌우는 방법으로 다섯 차례에 걸쳐 확대되었다. 3세기 초 쿠샨 조에서 간다라는 번영을 구가했고, 불교는 스와트에서 그 절정에 달했다. 그 당시 붓카라는 순례의 중심지였고, 여러 집단의 순례자들이 신앙적 공덕을 쌓으려고 이 탑원을 탐방했다. 이 탑원은 그들의 재정적 후원으로 또다시 확장되고, 불전도를 조각한 석재와 석고로 풍부하게 장엄되었다. 그 전체에 금박이 입혀지고 그림이 그려지고 돌우산 삿갓이 씌워졌다.

주탑을 둘러싸고 종횡 직각 방향으로 정연하게 늘어서 있는 215기의 소탑들은 공덕을 쌓으려는 부유한 순례자들이 봉헌한 것으로, 이들도 주탑처럼 모두 조각상으로 장엄되었고, 그림이 그려졌고, 금박이 붙여졌으며, 꼭대기에 돌우산이 씌워졌다.

그러나 지금은 대부분 방형의 기단부만 남아 있고, 몇 군데 기단의 측면에 머리가 잘린 입불상이나 금강역사가 남아 있을 뿐이다.

이 사원의 옛 모습은 현재 로마의 국립동양예술박물관(Museo Nazionale d'Arte Orientale 〈Roma〉)에 소장된 〈간다라 보살입상〉40 등과 이 탑원의 계단 머름판에 조각된 헬레니스틱 스타일의 〈공양자상〉41(런던 빅토리아앤드앨버트 뮤지엄 소장) 등을 통해 그 화려함을 짐작할 수 있다.

붓카라의 양쪽으로 흐르는 하천은 이 유적 위로 자주 범람하였고, 7세기 큰 홍수가 휩쓸고 지나간 후, 간다라로 찾아오는 순례가 몰락하자, 재정적으로도 유지하기 어려워져, 8세기에 최종적으로 버려졌다.

41 **붓카라 제1탑원에서 출토된, 계단 머름판에 조각된 〈공양자상〉(1~2세기, 빅토리아앤드앨버트 뮤지엄 소장)** /Public Domain

카라코람 하이웨이

세계에서 가장 높고 험난한 도로

사이두 샤리프를 출발하여 해발 2,134m의 샹글라 고개(Shangla Pass)를 넘으니, 갑자기 산천이 온통 잿빛인 황량한 사막지대가 나온다. 그곳 베샴(Besham)에서 이슬라마바드로부터 북상해 온 카라코람 하이웨이(Karakoram Highway, KKH)를 타고 인더스 강을 거슬러 오르면, 길기트, 훈자, 쿤자랍 고개를 넘어 중국 신장자치구로 들어가게 된다.

KKH는 아보타바드(Abbottabad)에서 쿤자랍 고개까지 파키스탄 측 861㎞, 쿤자랍 고개에서 카슈가르까지 중국 측 423㎞, 총연장 1,284㎞의 장대한 도로다. 이 도로는 세계에서 가장 위험하고, 가장 아름답고, 국경을 가로지르는 가장 높은 쇄석도로(碎石道路)다.

42 인더스 강의 급류를 거슬러, 낭떠러지 중턱의 개착로를 구불구불 돌아가는, 세계에서 가장 험난한 도로 카라코람 하이웨이 /김원근

중국과 파키스탄 양국의 군인들은 공동 사업으로 1958년부터 20년간 삽과 곡괭이 등 원시적인 장비를 갖고 이 도로를 건설했다. 그들은 혹한과 혹서의 열악한 작업 환경에서, 옛날 현장과 혜초가 구법의 길로, 고선지가 정복의 길로, 목숨을 걸고 통과했던 비단길을 따라 히말라야·카라코람·힌두쿠시라는 세계 3대 산맥을 구불구불 돌아가고,[42] 험준한 계곡에서는 거의 수직으로 솟은 수백 미터의 절벽 중간을 폭파하여 그 안에 노반(路盤)을 앉힌 개착로(開鑿路, shelf cut)를 뚫어 KKH를 이어 나갔다. 또한 인더스·길기트·훈자 강을 따라가며 수많은 교량을 놓아, 1978년 현대 토건의 불가사의이며, 믿어지지 않는 위업이라는 이 도로를 부분 준공했다.

그들은 약 5,500만 년 전 인도판이 유라시아판의 밑을 파고들면서, 지금도 평균 3분마다 땅이 진동하며 산사태가 밥 먹듯 일어나는,

43 카라코람 하이웨이 베샴~칠라스 구간의 다수(Dasu) 마을. 계곡에 인더스 강이 굽이쳐 흐르고 멀리 절벽 위의 산허리를 돌아가는 카라코람 하이웨이가 보인다. /네이버 블로그

지질학적으로 가장 불안정한 지대에서 이 도로 건설공사를 강행하다가, 공식 통계로는 파키스탄인 810명, 중국인 82명, 도합 892명이 목숨을 잃었다.

베샴에서 칠라스까지 203㎞는 험준한 계곡을 따라 구불구불 흐르는 인더스 강 급류를 다섯 시간 동안 거슬러 치닫는 가장 험난한 '마(魔)의 구간'[43]이다. 인더스 강은 서부 티베트 카일라스 산에서 발원하여 장장 2,900㎞를 달려 아라비아해로 들어가는 남아시아 최대의 강이다. 우리는 앞으로 인더스 강과 그 지류인 길기트 강, 훈자 강을 따라가며 수없이 건너게 될 것이다. 15인승 소형버스는 인더스 강안(江岸)에 거의 수직으로 솟은 천 길 낭떠러지의 중턱, 강물에서 수백 미터 위의 절벽을 폭파하여 뚫은 개착로를 타고 백여 킬로미터를 달린다.

수없이 많은 커브를 돌 때마다, 맨 앞 조수석에 앉은 내 시야에서 도로는 사라지고 강 위의 허공만 떠오른다. 이제 꼼짝없이 떨어져 죽는구나 하고 눈을 질끈 감는 순간, 운전석보다 뒤에 붙어 있는 버스의 앞바퀴는 아슬아슬하게 커브를 돌아간다.

이 지역에서는 낙석과 추락사고가 빈발한다는데, 천천히 가자고 아무리 사정을 해도 운전기사는 들은 척도 않고 쌩쌩 달린다. 반대편에서 달려오는 차가 있으면 일부러 길 가운데로 차를 몰아 누가 비키지 않고 끝까지 버티나 겨뤄 보자는 치킨게임까지 즐긴다. 결국 충돌 직전에 아슬아슬하게 비켜 가는 목숨을 건 곡예운전을 하며 사람의 간담을 서늘하게 한다.

칠라스

산악사막의 휴게소

칠라스(Chilas, 1,200m)는 연간 강우량 100㎜ 이하의 황량한 산악사막 한가운데 있는 작은 휴게소다. 6~7월 한낮의 기온이 간혹 섭씨 50도 가까이까지 올라가는 뜨거운 곳이지만 밤에는 춥다. 어제 밤늦게 들어와 새벽에 일어나 보니 산천은 온통 잿빛이고, 호텔 뒤로 5천 년 전 고대 인더스 문명을 이룩한 위대한 강, 인더스 강의 잿빛 탁류가 험준한 산악을 뚫고 희뿌연 포말을 일으키며 도도하게 흐르고 있다.

암각화

칠라스 부근 탈판(Talpan)을 지나가는 KKH(카라코람 하이웨이) 남쪽 길가

44 칠라스, 탈판 길가의 바위에 조각된 암각화 불상 /Anthony Maw

에 불상과 스투파가 새겨진 바위가 있고,[44] 인더스 강 건너편 북쪽에는 '초전설법(初轉說法)'이 새겨진 바위가 있다. 이 부근에 암각화가 새겨진 바위 수백 개가 집중되어 있는데, 선사시대에 그린 야생동물로부터 4~8세기 간다라 시대에 조각된 불상과 불전도에 이르기까지 다양하다. 이 지역을 왕래하던 상인, 순례자, 군인, 유목민, 현지 주민들이 풍요와 안전한 여행을 기원하며 새겨 넣은 것이라고 한다.

거기서 KKH를 한참 달려가니 첫 설산이 나와 우리를 반긴다. 카라코람 산맥의 피라미드형 미봉(美峰) 디란(Diran, 7,268m)이다.

앞으로 우리는 KKH를 따라가며 지구상에서 두 번째로 높고 가장 강력한 산군(山群)의 하나인 카라코람 산맥의 허리를 뚫고 그 가운데로 지나간다.

낭가 파르바트: '킬러 마운틴'

라키오트(Rakhiot) 전망대에서 바라보면, 아주 가까운 거리에 엄청나게 큰 하얀 산이 우뚝 솟아 있다. 그 웅자가 자못 신비스럽고 장엄하다. 해발 8,125m, 세계에서 아홉 번째로 높은 산, 낭가 파르바트(Nanga Parbat)[45]다.

이 산은 주위에 높은 산이 없고, KKH가 해발 1,200m의 사막을 지나가고 있으므로, 정상까지의 표고차는 무려 7천m나 된다. 에베레스트는 나가르고트(Nagargot) 전망대에서 정상까지의 표고차가 5천m에 불과하므로, 실질적으로는 이 산이 세계에서 가장 높고 큰 산이라고 주장한다. 현지 주민들은 이 산을 숭배하며, '산중왕'이란 뜻으로 '디아미르(Diamir)'라고 부른다.

이 산은 몬순 지대의 서쪽 끝에서 항상 태풍의 맹공격을 받아 빙벽의 붕괴, 눈사태, 기상이변 등으로 세계에서 최고의 난이도(難易度)로 꼽히는 산이며, 세계등산사상 가장 많은 인명을 앗아가, '킬러 마운틴(the Killer Mountain)', '마(魔)의 산(the Devil Mountain)'이라는 별명이 붙어 있다.

1895년 영국의 저명한 산악인 앨버트 머머리(Albert Mummery, 1855~1895)가 구르카 병사 2명과 함께 디아미르 콜(Diamir Col)의 측면 루트를 개척하기 위해 해발 6,400m에서 정찰하던 중 아무런 자취도 없이 사라졌다. 이는 인간이 8천m가 넘는 높은 산에 대하여 시도한 최초의 도전이자, 히말라야에 바쳐진 등산가의 첫 희생이었다.

45 칠라스, 낭가 파르바트(8,125m)의 서북벽 디아미르 페이스. 세계 제9위의 높은 산으로 '디아미르(산중왕)', '킬러 마운틴' 등의 별칭을 갖고 있다. /『실크로드의 영혼들』(어드북스), p. 4

그 뒤 독일 원정대가 1932, 1934, 1937, 1938 및 1939년 등 다섯 차례에 걸쳐 연거푸 도전했다가 기상 악화, 빙벽의 붕괴 등으로 도합 16명의 대원과 9명의 셰르파를 잃고 번번이 패퇴했다.

이 산은 58년 동안 31명의 목숨을 앗아간 뒤, 1953년 제6차 독일 원정대의 오스트리아 산악인 헤르만 불(Hermann Buhl, 1924~1957)에게 비로소 첫 등정을 허락했다. 그는 7월 3일 새벽 2시 30분 단독으로 해발 6,900m에 설치된 제6캠프를 출발하여, 마지막 1,300m를 돌파해 오후 7시경 정상에 올라섰다. 돌아오는 길에 날이 저물어, 벼랑 한가운데 선 채로 영하 30도의 추위 속에서 하룻밤 비부아크(bivouac: 노숙)를 하고, 그다음 날 산소 결핍으로 환각과 환청에 시달리며, 굶주림과 추위로 삶과 죽음의 경계를 수없이 넘나든 끝에 40시간 만에 생환하는 쾌거를 이룩했다.

1986년 세계 최초로 8천m급 고산 14좌를 완등한 이 시대 최고의 등반가 라인홀트 메스너(Reinhold Messner, 1944~)는 "이 산은 세계에서 가장 높은 암벽과 빙벽으로 유명하다. 라키오트, 디아미르, 루팔(Rupal)의 3면으로 이루어져 있는데, 그중 남동쪽의 높이 4,500m의 루팔 벽이 가장 장엄하다"고 했다. 그는 1970년 루팔 벽을 초등하여 디아미르 벽으로 하산했으나, 동행한 동생 귄터는 돌아오지 못했다.

2009년 한국 산악인 고미영도 이 산을 등정한 후 하산하다가 6,200m 지점에서 실족해서 사망했다.

세계 3대 산맥의 집중점

여기서 하라모쉬(Haramosh, 해발 7,409m), 말루비팅(Malubiting, 7,458m), 디란(Diran, 7,268m)의 눈 덮인 정상을 바라보며 북상하다가 자글로트(Jaglot)에 이르면, 길기트 강이 인더스 강에 합류하는 곳에 세계에서 가장 높

46 자글로트, 세계 3대 산맥의 집중점. 정면이 카라코람, 왼쪽이 힌두쿠시, 오른쪽이 히말라야 /최영도

은 3대 산맥의 집중점46이 있다. 전망대에 올라 북쪽을 향해 서면 정면이 카라코람, 왼쪽이 힌두쿠시, 오른쪽이 히말라야다.

히말라야는 길이 2,400㎞, 폭 200~300㎞, 세계 최고봉 에베레스트(8,848m)를 비롯하여 8천m 이상의 고봉 14좌 중 10좌를 거느린, 세계에서 가장 크고 높은 산맥. 카라코람은 길이 800㎞, 폭 240㎞, 세계 제2의 고봉 K2(8,611m)를 비롯하여 8천m 이상의 고봉 4좌, 7,500m 이상의 고봉 15좌, 6,700m 이상의 고봉 60여 좌를 거느린 세계에서 두 번째로 높은 산맥. 힌두쿠시(Hindūkush)는 길이 1,200㎞, 최고봉 티리츠 미르(Tirich Mir 7,708m) 등 6천~7천m의 고봉 다수를 거느리고 있는 강력한 산맥이다.

길기트

아대륙 최대의 오아시스

길기트(Gilgit, 1,490m)는 고대로부터 중앙아시아로 가는 실크로드 교통의 요충으로 인도 아(亞)대륙에서 가장 큰 오아시스이며, 지금도 길이 2㎞의 큰 바자르(bazar, 전통시장)는 중국 카슈가르와 아라비아해를 잇는 유서 깊은 국제시장으로, 여러 종족들 간에 믿을 수 없을 만큼 다양하고 많은 상품들이 거래되고 있다.

47 길기트 카르가의 마애불 /Shah zaman baloch

모스크에서 기도 시간을 알리는 독특한 소리가 울려 나와 주위를 둘러싼 산들에 메아리치자, 상인들은 즉시 시장 가운데 있는 조그만 공터에 모여 러그(rug)를 깔고 앉아 메카를 향해 경건하게 기도를 드리고 절을 한다.

이슬람권을 여행하면서 보니 무슬림들은 신앙심이 깊고, 이방인들을 형제애로 대하며, 평화를 애호하고, 결코 적대적이거나 폭력적이지 않다. 17억(2015년)이라는 세계 최대의 종교 인구가 56개에 달하는 이슬람 국가에 살고 있음에도 불구하고, 우리는 서구의 시각에 편향되어 잘못 알고 있는 것이 너무 많은 것 같다.

길기트의 서쪽 카르가(Kargha) 계곡에 있는 암벽에, 지상에서 약 30m 높이에 조각된 〈카르가의 마애불〉47(높이 5m, 8세기경)이 있다. 이 부처님은 시무외인을 짓고 지나가는 행인들에게 두려워하지 말라고 하신다. 이 붓다의 완연한 몽골로이드형 얼굴은 당시 이 지역을 지배하던 티베트의 영향을 증명하고 있다.

747년 당나라 고선지(高仙芝, 700~755, 고구려 유민 2세) 장군은 마보병 1만을 이끌고 파미르 고원을 횡단하고, 와한(Wakhan) 계곡을 거쳐, 힌두쿠시의 보로길(Borogil) 고개(3,777m)와 다르코트(Darkot) 고개(4,575m)를 넘어, 옛날 길기트의 왕국인 소발률(小勃律)과 훈자 등 72개국을 정복하고, 훈자 왕과 왕비를 잡아 안서도호부(쿠처)로 개선했다.

1906년 그 원정 길을 탐사한 영국의 탐험가 오렐 스타인은 놀라운 나머지, 파미르 고원과 다르코트를 넘은 고선지야말로 고작 해발 2,500m의 알프스를 넘은 한니발이나 나폴레옹은 비교할 수 없는, 세계 역사상 가장 위대한 장군이었다고 칭송했다.

저녁식사 후 호텔 정원 의자에 앉아 밤하늘을 보았다. 마치 모래를 한 줌 확 뿌려 놓은 것같이 무수한 별들이 반짝이고 있었다. 내 생애에 이렇게 많은 별을 본 것은 1995년 7월 타히티(Tahiti) 보라보라(Bora Bora) 섬의 남태평양 하늘에서 남십자성을 본 이래 두 번째다. 길기트와 타히티는 모두 원시적인 자연환경이 잘 보존되고 대기가 청정해서 별이 잘 보이는 것 같다. 북두칠성과 은하수의 궤적, 북극성을 밤늦게까지 관찰하며, 한없이 넓은 우주와 성운(星雲)의 세계를 여행했다.

48 훈자 카리마바드에서 바라본 '훈자의 맹주' 라카포시(7,788m)와 훈자 계곡 /오성식

훈자

은둔의 왕국, 천하의 비경

환상적인 천하의 비경

훈자(Hunza) 왕국은 1891년 영국의 침략이 있기 전에는 높은 설산과 깊은 계곡에 숨겨져 바깥세상에 거의 알려져 있지 않았다. 훈자로 가는 길은 워낙 험난해서 1978년 카라코람 하이웨이(KKH)가 개통되기 전에는 접근하기조차 어려웠다.

오늘날 여행자들은 라왈핀디(Rawalpindi)에서 버스를 타고 낙석이나 산사태, 폭우로 인한 도로 유실로 도로가 막히지 않으면, 위험천만한 KKH를 24시간쯤 쉬지 않고 달려 훈자에 들어온다.

그들은 훈자에 도착하는 순간 "눈앞에 펼쳐진 놀라운 경관에 압도되어 잠시 넋을 잃는다." 그리고는 "말도 안 되는 … 환상적인 천하의 비경(秘景)", "세상에 있을 수 없는 비현실적인 풍경"이라고 말한다.[48]

훈자의 중심인 카리마바드(Karimabad, 2,438m)의 북쪽에는 1990년대에 전 세계에서 가장 높은 미정복 독립 봉우리로 남아 있던 유명한 산 울타르 사르(Ultar Sar, 7,388m),[49] '오직 악마의 영혼을 가진 말[馬]만이 통과할 수 있는 곳'이라는 보요하구르 두아나시르(Bojohagur Duanasir, 7,329m), 겐타 피크(Ghenta Peak, 7,090m), 송곳같이 튀어나온 부블리마팅(Bublimating, 별명 레이디핑거 피크Ladyfinger Peak, 6,000m)과 훈자 피크(6,270)[50]가 쏟아져 내릴 듯이 가파르게 솟아 있고, 남쪽에는 훈자의 맹주 라카포시(Raka-

49 훈자의 옛 왕궁 발티트 포트 위로 쏟아져 내릴 듯이 가파르게 솟아 있는 울타르 사르(7,388m).
카라마바드 하이데르 인(Inn) 마당에서 바라본 풍경 /강명훈

50 여인의 손톱처럼 날카로운 레이디핑거봉 부불리마팅(왼쪽, 6,000m)과 훈자 피크(6,270m) /서재근

51 카리마바드에서 바라본 스판티크(일명 골든피크, 7,027m). 인간의 접근을 거부해 온 거대한 수직 절벽 /Gul Batur

poshi, 7,788m)와 디란(7,268m)이, 동남쪽에는 인간의 접근을 거부해 온 거대한 수직의 절벽 스판티크(Spantik, 별명 골든 피크Golden Peak, 7,027m)[51] 등 카라코람 산맥의 7천m급 명봉들이 둘러싸고 있다.

이런 장대한 산악 사이를 뚫고 흐르는 훈자 강의 격랑에 계곡은 깊게 패였고, 가파른 산비탈에는 높게 자란 미루나무 숲속에 옹기종기 들어앉은 살구꽃 마을, 물결치는 계단식 논밭과 과수원의 목가적인 농촌 풍경이 그림처럼 환상적으로 펼쳐진다.[52]

도보여행가 김남희는, 훈자는 "봄이면 살구, 복숭아, 자두, 사과, 앵두나무가 다투듯 피운 꽃이 온 마을을 뒤덮고, 가을이면 빨갛게 익은 사과와 노랗게 물든 포플러 나무들 너머 흰 설산의 이마가 눈부신 곳"이라고 읊었다.

발티트 인(Baltit Inn) 호텔 발코니에 나와 앉으면 울타르 사르와 여인의 손톱같이 날카로운 부블리마팅의 수직절벽이 너무 가까워 고개를 뒤로

52 카리마바드. 가파른 산비탈, 높게 자란 미루나무 숲 속에 옹기종기 들어앉은 살구꽃 피는 마을, 물결치는 계단식 논밭과 과수원, 가축이 풀을 뜯는 목가적인 훈자의 농촌 풍경 /『실크로드의 영혼들』, p. 5

젖히고 올려다보아야 한다. 세상에 이처럼 웅장하고 호쾌한 산악 경치를 마을에 앉아 맛볼 수 있는 곳이 또 있을까?

에릭 쉽턴(Eric Shipton)이 "산의 웅장함에 대한 궁극적 표현"이라고 한 훈자의 산악 경치는, 유럽 제일이라는 스위스 체르마트(Zermatt)의 마터호른(Matterhorm, 4,478m)이나, 그린델발트(Grindelwald)의 아이거(Eiger, 3,970m) 북벽은 스케일이 달라서 비교가 되지 않는다. 투어 리더 강상훈 씨는 몇 년 전 유럽인 노부부가 이 자리에서 이 경치를 감상하다가 감격한 나머지 서로 손을 맞잡고 하염없이 울고 있는 것을 목격했다고 한다.

기원전 328년 이곳을 원정한 알렉산드로스 대왕도 이 경치에 매료되어 며칠간 머물렀다고 한다. 세계적인 애니메이션의 거장 미야자키 하야오(宮崎駿) 감독은 이 순수한 자연 경관을 무대로 〈바람계곡의 나우시카〉(2000)를 제작하여, 인류가 살아갈 수 있는 유일한 길은 '자연과의 친화'라는 메시지를 던졌다.

산적의 후예들

푸른 눈에 연갈색 머리, 흰 피부, 유럽인같이 생긴 훈자인들은 자신들이 알렉산드로스 대왕의 동방 원정 시 잔류한 그리스 원정군의 후예라고 믿고 있지만, 아무런 근거를 찾을 수 없다고 한다. 훈자에 사람이 처음 살기 시작한 것은 11세기부터이며, 그들은 현존하는 어떤 언어집단과도 명백한 연계가 없는 고립어, 부르샤스키(Burshaski)를 구사하는 훈자쿠트(Hunzakuts)족이고, 인도아리안계의 소수민족으로 원조(元祖) 산악민의 후예일 것이라고 한다.

그들은 11세기 이후 '미르(Mir)'라는 왕에 의해 통치되는 동일한 가문에 의해 지배되어 왔다. 그들은 험준한 산의 고개를 장악하고, 난공불락의 산채(山砦)에 앉아서 수백 년 동안 길기트와 카슈가르 사이의 실크로드를 왕래하는 카라반들로부터 통행세를 징수하고, 원정을 나가 대규모 카라반을 포획하여 살인강도, 약취유인, 인신매매로 잘 조직된 산적질을 하여 먹고 살았다.

그들은 아프가니스탄과 야르칸드(Yarkand) 사이에 사는 사람들에게 공포의 대상이었다. 카라코람과 힌두쿠시를 넘어 자주 급습을 나갔으며, 심지어 카슈미르의 레(Leh) 같은 먼 곳까지 출몰하여 카라반들을 강탈했다. 50마리의 낙타와 500마리의 조랑말에 가득 짐을 싣고 가는 대규모 카라반을 포획한 일도 있다고 한다. 약취해 온 남자와 여자, 어린아이들은 투르키스탄이나 키르기즈로 데려가 노예로 팔아넘겼다.

미르의 궁전, 발티트 요새

울타르 계곡의 언덕 꼭대기에 옛날 미르의 궁전이었던 발티트 요새(Baltit Fort)53가 위풍당당하게 서 있다. 이 건물은 13세기에 짓기 시작

53 훈자의 옛 왕궁 발티트 포트 /IbneAzhar

하여 15세기 초 토번(吐藩: 티베트)의 일부였던 발티스탄(Baltistan)의 공주 샤 카돈이 훈자의 미르 아예쉐 2세에게 시집올 때 혼수로 재건축해 준 성으로, 흰 벽에 붉은 목조, 조각된 발코니 등 티베트 건축의 양식을 따른 3층 53실의 복잡한 건물이다.

2층에 미르가 어전회의를 주재하던 주(主)접견실, 옥좌의 방, 침실, 거실, 목욕실, 왕국이 한눈에 시원하게 내려다보이는 발코니, 부엌과 식품저장실, 경비실과 무기고가 있고, 5대조까지의 미르와 종교지도자인 '이맘(Imam)' 아가칸 1~4세의 초상과 의상이 걸려 있다.

3층 슬래브 위에는 목조 발코니와 훈자 계곡을 향한 포대가 설치되어 있다. 이곳에서 내려다보면 카리마바드의 농촌 풍경과 훈자 계곡, 그 너머 라카포시의 장대한 경치가 환상적으로 펼쳐진다.48

미르는 1974년 훈자 왕국의 실질적인 통치권이 이슬라마바드로 이양될 때까지 이 요새에 앉아서 내정을 수행했다.

이 성은 1990년부터 6년간에 걸쳐 99%의 오리지널 부분을 보존하며 수복하고, 지금은 Baltit Heritage Trust에 의해 박물관으로 운영되고 있다.

54 훈자, 카라코람 최고의 전망대 이글스 네스트에서 내려다본 훈자 강의 격랑과 옛 왕궁 알티트 포트 /Raykkhan

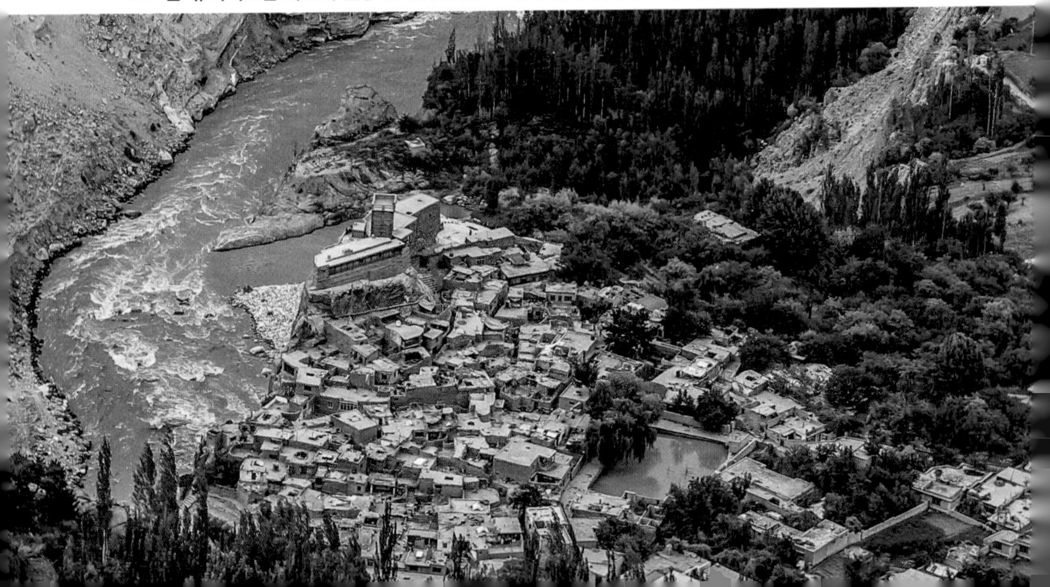

두이카르 전망대, 이글스 네스트

카리마바드의 동쪽에 돌출한 두이카르(Duikar, 약 3,100m) 암봉에 오르면, 카라코람 최고의 전망대라는 이글스 네스트(Eagle's Nest)가 있다. 이곳에서 바라보면 고산 설봉들이 훈자를 병풍처럼 에워싸고, 그 가운데 훈자 강과 훈자 계곡, 옛날의 왕궁이었던 알티트 포트(Altit Fort)와 카리마바드의 광대한 파노라마가 전방위로 펼쳐진다.[54]

요인 암살단 아싸신의 후예

훈자인들은 8세기 시아파에서 분파된 소수 지파인 이스마일파(Ismailism) 이슬람교를 신봉한다. 최고지도자인 이맘은 후손에 의해 승계되며, 현재의 49대 이맘은 하버드 대학교를 나온 세계적인 거부 카림 공자(Prince Karim) 아가 칸 4세(Aga Khan IV, 1936년 제네바 출생, 재위 1958~)다. 그의 조상은 마르코 폴로가 『동방견문록』에 기술한 10세기 전후 북부 페르시아의 알라무트(Alamut) 지역에서 암약했던 요인 암살단의 우두머리 '산(山) 노인' 하산 이븐 사바흐(Hasan Ibn Sabah, ?~1124)이다. 그는 암살단원에게 해시시(hashishi, 아랍어로 대마초)를 먹여 환각 상태에서 암살하도록 했기 때문에 '대마초를 피우는 사람'이란 아랍어 '하시시인(hashishiins)'에서 암살자를 뜻하는 영어 '어새신(assassins)'이 유래했다고 한다.

이스마일리들은 계율이 관용적이고 교육 수준이 높으며 개방적이다. 여성이 얼굴을 가리지 않고 교육을 받으며 생산과 상업활동에도 종사한다.

배낭여행자들의 천국

세계 여행족들은 방문하고 싶은 여행지 1순위로 훈자를 꼽는다. 또한 이집트 시나이 반도의 다합(Dahab), 라오스의 방 비엥(Vang Vien), 또는 태국 방콕의 카오산 로드(Khaosan Road)와 더불어 여행자가 한번 들어가면 헤어나올 수 없다는 '세계 3대 블랙홀'의 하나로 꼽는다.

배낭여행자들은 훈자의 빼어난 자연경관과 저렴한 물가, 높은 하늘과 맑은 공기, 쾌적한 기후, 밤하늘에 쏟아지는 별들, 봄의 꽃향기와 가을의 단풍, 수로를 따라 걷는 많은 트레킹 코스, 세계에서 가장 친절하고 순수한 주민들의 따뜻한 마음씨와 훈훈한 인심 때문에, 세상일 따위야 다 잊어버리고 오래오래 머물고 싶어 떠나지를 못한다면서, 짧으면 1개월에서 3개월, 길면 6개월에서 몇 년씩 장기 체류를 한다. 그들은 훈자에서는 시간이 멈춘 듯하다면서, 하루 종일 아무것도 하지 않고 빈둥거리고, 어슬렁거리고 뒹군다. 그리고는 훈자를 '배낭여행자들의 천국'이라며 이렇게 말한다.

55 예쁘고 생기발랄한 훈자의 아이들. 1991년 울타르 사르를 등반하던 중 눈사태에 휩쓸려 사망한 일본의 세계적인 산악인 하세가와 쓰네오(長谷川恒男)의 부인이 1999년 남편의 염원에 따라 카리마바드에 설립한 하세가와 메모리얼 퍼블릭 스쿨의 학생들이다. /정인숙

“동네를 어슬렁거리다가 수줍은 미소를 건네는 여인들과 마주친다. 그들은 낯선 이방인을 집으로 데려가 짜이(우유차)와 짜파티(통밀빵), 말린 살구 등을 대접하며 아무런 대가를 바라지 않는다.”

“아이들은 세계에서 가장 예쁜 것 같다. 귀엽고, 착하고, 잘 웃으며, 기꺼이 사진 모델이 되어 준다.”55, 56

“길 가던 어린아이가 먼저 다가와 인사를 하고, 들고 있던 사과 한 알을 슬쩍 내밀곤 한다.”

“훈자에서 보낸 몇 개월의 시간은 아직도 내게 인생 최고의 순간으로 기억된다.”

“훈자에서의 생활은 시간을 잊어버릴 만큼 황홀하고 즐거웠다.”

“지금껏 어디가 제일 좋았냐고 물어 오면, 그리 큰 고민을 하지 않고 ‘훈자’라고 대답하겠다.”

“훈자는 심한 몸살을 앓아야 빠져나올 수 있는 곳이다.”

56 세계에서 가장 예쁜 훈자의 아이들. 장차 미스 파키스탄을 겨룰 만한 미모의 쌍둥이 자매 /백승훈

세계 3대 장수촌의 허虛와 실實

훈자는 잘 알려진 바와 같이 에콰도르의 빌카밤바(Vilcavamba), 코카서스의 아브하지야(Abkhazia)와 더불어 세계 3대 장수촌의 하나로 꼽힌다.

훈자인의 장수 비결은,

1) 자연과 친하며 욕심 없이 소박한 삶을 산다,
2) 고산지대에 살고 있어 폐와 심장이 튼튼하고 암, 심혈관 질환 등에 걸리지 않는다,
3) 백 세가 넘어서도 밭일을 하는 등 죽을 때까지 즐겁게 적당한 노동을 한다,
4) 맑은 공기와 각종 미네랄이 풍부한 융빙수(融氷水: 빙하가 녹아 내린 물)를 마신다,
5) 짜파티, 우유, 치즈, 감자, 버섯, 당근, 보리, 밀, 살구, 복숭아, 사과, 포도, 호두 등 채소와 곡물, 과일 위주의 저지방, 저칼로리 자연식을 적은 양 먹고, 육류는 1주일에 한 번 정도만 소량 먹는다,
6) 사회적 스트레스에서 해방되어 산다,
7) 낙천적인 성격으로 가족과 함께 즐겁게 사는 것

이라고 한다.

훈자가 무병장수의 이상향이라는 신화는 사실과는 거리가 있다. 훈자쿠트들의 장수의 기적은 1933년 제임스 힐턴(James Hilton, 1900~1954)이 발표한 소설 『잃어버린 지평선(Lost Horizon)』에서 그린 샹그릴라(Shangri-La)라는 이상향의 모델이 훈자라는 소문과, 훈자에 한 번도 방문한 적이 없는 스위스 영양학자 막시밀리안 비르허베너(Maximilian Bircher-Benner)

가 쓴 "훈자, 병들지 않는 사람들"(1942)이라는 엉터리 논문이 『라이프』 잡지와 『내셔널 지오그래픽』에 대서특필되는 바람에 상당히 조작되고 부풀려졌다.

훈자인들은 인구에 비해 경작지가 적어 봄이 되면 식량이 바닥나 보리가 익을 때까지 굶어야 했다. 그들은 각종 질병에 시달리며 나이보다 훨씬 늙어 보이고, 영아 사망률은 약 25%나 되며, 주민의 약 7%는 요오드 결핍과 근친번식의 결과 백치로 생존하고 있다.

훈자인들은 1970년대까지 자신들이 생산하는 것만 먹고 살았으며 고령자가 많았다. 그러나 지금은 많은 사람들이 훈자 밖에서 돈벌이에 종사하며, 농업생산력을 떨어뜨린 결과, 먹거리의 거의 60%를 수입에 의존하게 되었다. 그러자 훈자인들의 수명은 현저하게 줄어들었고, 그 이유를 외래 식품 탓으로 돌린다.

오랫동안 문명과 단절된 생활을 해 오던 세계에 갑자기 밀어닥친 현대문명의 폐해가 장수촌의 신화를 점점 허물어뜨리고 있다.

자! 이쯤 되면 세계 최고의 장수촌이며 이상향이라는 훈자의 환상은 산산이 다 깨어져 버린다. 그러나 이제 그들은 세계 유수의 아름다운 환경 속에서 아가 칸 4세가 세운 학교와 병원에서 현대식 교육과 보건의료의 혜택을 받으며 생업에 열심히 종사하면서, 그들의 진정한 이상향을 가꾸어 나가고 있다.

파수

장쾌한 산악미의 절정

8월 3일 오늘은 쿤자랍 고개를 넘어 중국 타슈쿠르간까지 320㎞의 파미르 고원을 달리는 먼 여정이다. 새벽 5시 30분 아침을 먹고 6시 정각에 서둘러서 출발했다.

카리마바드에서 쿤자랍 고개(Khungerab Pass)까지는 177㎞, 도로 양쪽으로 기막힌 산악 경치가 장쾌하게 펼쳐진다.

굴미트(Gulmit)까지는 훈자 강의 동안(東岸)을 타고 올라가며 오른쪽으로 스판티크, 히스파르(Hispar) 산군(山群)의 트리보르(Trivor, 7,728m), 디스테길 사르(Disteghil Sar, 7,885m), 몸힐 사르(Momhil Sar, 7,343m), 루프가르 사르(Lupghar Sar, 7,200m) 등 7천m급 거봉 5~6개를 바라보며 나아간다.

57 파수, 원추형의 암봉 수십 개가 불꽃처럼 타오르는 투폽단 피크(6,106m) /Ziegler175

아이나바드(Ainabad)에서 강을 건너 훈자 강 서안(西岸)을 타고 올라가면, 전방에 원추형의 날카로운 암봉 수십 개가 불꽃처럼 타오르는 투폽단 피크(Tupopdan Peak, 6,106m)57가 우뚝 나타난다. 금강산처럼 생긴 이 산은 그 후에도 여러 차례 출몰하며 그 모습이 훈자 강에 비쳐 선경(仙景)처럼 아름답다. 이 산은 뾰족하게 하늘로 솟은 암봉들이 고딕식 대성당의 첨탑 같다 하여 커시드럴 픽스(Cathedral Peaks)라고도 불리며, 좌우 양쪽으로 날카로운 연봉이 이어져 산세가 웅장하고 화려하다.58

굴미트를 지나면서는 왼쪽으로 바투라(Batura) 산군에 속한 바투라 1~4봉(7,785m, 7,762m, 7,729m, 7,594m) 등 7천 미터급 거봉 5~6개가 멀리서 그 모습을 드러낸다.

영국의 전 인도 총독 조지 커즌(George Curzon, 재임 1899~1905)은 "알프스 산맥 전역에 분포해 있는 3,048m 이상 봉우리의 수보다 이 조그마한 훈자 주에 있는 6,096m 이상 봉우리의 수가 더 많다"고 했다. 나

58 파수, KKH에서 바라본 커시드럴 픽스 /Shimshalee

는 이번 여행에서 그런 산들을 원 없이 보면서 관산(觀山) 취미를 마음껏 즐겼다.

내가 다녀온 후 2010년 1월 4일과 22일 카리마바드 위쪽 15㎞ 지점의 아타바드(Attabad) 마을에 두 차례 큰 산사태가 일어나 훈자 강의 협곡 2㎞ 구간을 토사로 막았다. 그로 인해 자연 댐이 생기고, 그 안에 강물이 고여 상류로 파수까지 길이 21㎞, 최대 수심 100여m의 아타바드 호수(Attabad Lake)59가 생겼다. 그로 인해 26㎞의 KKH가 수몰되고, 34개 마을 4만여 명이 안전지대로 소개되었으며, 수몰 구간을 배를 타고 1시간 이상 이동하게 되었다고 한다.

카리마바드에서 56㎞ 북상하여 파수(Passu, 2,543m)에 이르면, 사방이 탁 트인 전망이 열린다. 왼쪽(서쪽)으로 열린 파수 계곡 안에 파수 빙하가 손에 잡힐 듯 가까운 거리까지 내려와 무수한 크레바스가 무시무시한 입

59 파수, 아타바드 호수. 뒤로 커시드럴 픽스가 보인다. /Ibrahimrana93

을 벌리고 있고, 빙하 위쪽에 파수 피크(Passu Peak, 7,284m), 왼쪽에 피라미드형의 미봉(美峰) 쉬스파레(Shispare, 7,611m)가 우뚝 서 있다.60

그 맞은편에 동쪽으로 열린, 깊은 쉼샬(Shimshal) 계곡 안에는 소(小)카라코람의 주봉 카룬 코(Karun Koh, 7,164m)가 하얗게 빛나고 있다.

60 손에 잡힐 듯 가까이까지 내려와 있는 파수 빙하. 가운데 산이 파수 피크(7,284m), 왼쪽이 카라코람의 미봉(美峰) 쉬스파레(7,611m)이다. 박용일 변호사(왼쪽)와 필자(2001) /최영도

쿤자랍 고개

두 대륙의 분수령

파수에서 다시 34㎞ 북상하면 중국 국경을 넘기 전 파키스탄의 마지막 마을 소스트(Sost, 2,760m)에 다다른다. 이 마을에 수호신처럼 우뚝 서 있는 카라코람의 마지막 봉우리 키릴로고즈(Kirilogoz, 일명 주주르 호사Jujur Khosa)61는 해발 5,463m에 불과하지만, 7천m급 산에 못지않게 산새가 웅장하고 날카롭다. 공식 이름조차 갖지 못한 6천m급 산이 수두룩한 이 나라에서 홀대받는 이 산을 떠다가 우리나라 서해 바다에 띄워 놓으면 동아시아 최고봉으로 많은 이의 사랑을 받게 되지 않을까? 산을 좋아하다 보니 별 공상을 다 한다.

61 소스트, 한국으로 옮겨 오고 싶은 키릴로고즈 봉(5,463m) /강명훈

62 두 대륙의 분수령 쿤자랍 고개 정상(4,733m). 중국과 파키스탄의 국경표지석 에 서 있는 필자(2001) /최영두

여기서 파키스탄 정부가 운영하는 중국행 NATCO(Northern Area Transport Corporation) 국제버스를 갈아타고 창고처럼 허름한 출입국관리사무소로 가서, 수백 명의 유럽인들 사이에 끼여 세관검사와 출국 절차를 마친 다음 다시 87㎞를 더 북상한다. 12시 30분경 해발 3,970m 지점에 이르렀을 때 폭우로 유실된 도로를 복구하는 동안 버스 안에서 도시락을 먹고, 30㎞를 더 올라간다.

2001년 8월 3일 오후 1시 20분경 드디어 해발 4,733m의 쿤자랍 고개(Khunjerab Pass,, 타지크어의 방언 와히어로 '피의 계곡' 중국명 총령葱嶺) 정상에 올라섰다.[62] 역사상 수많은 상인, 승려, 여행자, 군인 들이 목숨을 걸고 넘었던 고개다. 현장과 혜초와 고선지가 넘었던 바로 그 고개다. 갑자기 추워져서 윈드재킷을 꺼내 입어도 따뜻하지 않다. 이 고개는 매년 5월 1일부터 10월 15일까지만 개방된다. 나머지 기간은 춥고 눈이 많이 와서 폐쇄된다.

쿤자랍 고개는 인도 아대륙과 중국의 분수령이다. 파키스탄 쪽의 물은 인더스 강을 따라 아라비아 해로 흘러들어가고, 중국 쪽의 물은 야르칸트 강과 카슈가르 강이 되어 흘러 내려가 타클라마칸(Takla Makan, 위그르어로 '돌아올 수 없는') 사막에 의해 삼켜 버려진다.

세계의 지붕 파미르는 해발 4천m 이상의 고원으로, 여기서 유라시아 대륙의 5대 높은 산맥들, 즉 히말라야, 카라코람, 힌두쿠시, 쿤룬 산맥(Kunlūn, 곤륜崑崙, 길이 2,500㎞, 최고봉 콩구르 타그 7,719m), 톈산 산맥(Tiānshān, 천산天山, 길이 2,000㎞, 최고봉 포베다 7,439m)이 뻗어 나가므로 그 중심을 파미르 매듭(Pamir Knot)이라고 부른다.

또한 파미르 고원을 경계로 중앙아시아는 동쪽의 동투르키스탄(현재의 중국 신장위구르자치구 지역)과 서쪽의 서투르키스탄(구 소연방에서 독립한 카자흐스탄, 우즈베키스탄, 투르크메니스탄, 키르기스스탄, 타지키스탄의 5개국 지역)으로 구

63 쿤자랍, 파키스탄과 중국의 국경 /Anthony Maw

분되며, 동투르키스탄은 한대(漢代) 이후로 서역(西域)으로 불리었다.

고개 정상은 좁고 가파를 것이란 예상과 달리 눈 덮인 불모의 광활한 고원이고, 그 위로 1982년 개통된 카라코람 하이웨이가 실처럼 한 가닥 지나간다. 국경을 가로지르는, 세계에서 가장 높은 쇄석(碎石)이 깔린 도로다.

심하게 덜컹거리는 고물 버스 안에서 몹시 흔들리며 약간의 고산증세로 복통이 있었는데, 신선한 공기로 심호흡을 하고, 파미르 고원 한쪽에 쪼그리고 앉아 해우(解憂)를 하고 나니 씻은 듯이 낫는다.

국경까지 마지막 200여m는 차에서 내려 평지를 걸어서 가도록 되어 있다.[63] 서쪽 면에 'PAKISTAN', 동쪽 면에 '中国'이라고 쓴 경계석[62, 63]만 이곳이 국경임을 알려준다. 국경이라고 하지만 지도처럼 선이 그어져 있는 것도 아니고, 철조망이나 담장이 쳐 있는 것도 아니다. 그런데 인간들은 땅 위에 인위적인 상상의 줄을 그어 놓고 그것을 지킨다고 목숨을 걸고 싸우며 전쟁도 불사한다.

세계의 지붕 파미르 고원에서 두 대륙의 분수령 위에 서니 형언할 수 없는 감동이 밀려온다. 거대한 대자연 앞에 한없이 왜소한 나의 존재, 죽기 전에 다시 와서 볼 수 없는 정경이라 생각하니 눈물이 나온다. 30분쯤 머물며 코끝이 싸한 신선한 공기를 심호흡으로 폐에 가득 주워 담고 중국 땅으로 넘어간다.

제 10 장

동서 문명 교류의 통로

실크로드를 가다(2): 중국

타슈쿠르간~카라쿨 호수

카슈가르 중국 쪽 최대의 오아시스

우루무치 신장위구르자치구의 주도

투르판 고대 문화유산의 보고

시안 세계 최대의 역사와 문화의 도시

타슈쿠르간~카라쿨 호수

타슈쿠르간

2001년 8월 3일 오후 1시 50분, 쿤자랍 고개를 넘어 중국 땅에 첫발을 내딛었다. 여기서 첫 마을인 타슈쿠르간(Tashkurgan)까지는 143㎞. 중국 쪽의 동(東)파미르는 공항 활주로처럼 넓은 고원인데, 잘 닦아 놓은 넓은 직선도로를 아무리 달려가도 통행하는 차량도 없고 인적도 없다. 중국 국경 초소에서 앳된 중국군 장교의 싸늘한 검문을 받고, 다시 달리기를 몇 시간, 어두워진 다음에야 해발 3,300m, 인구 3만의 작은 국경 도시 타슈쿠르간에 당도했다.

이 한적한 도시는 실크로드의 요충으로, 한나라 때에는 푸리(蒲犁) 왕국의 중심지였고, 그 후 사리콜(Saricol, 색륵色勒) 왕국의 수도가 되었다. 당나라 때 고선지와 혜초가 이곳을 지나갔으며, 이곳에서 번영했던 석두성(石頭城)은 지금 허물어진 성벽만 남아 있다. 한랭 건조한 공기, 뼛속까지 파고드는 한기, 고산증으로 머리는 띵하고, 가슴도 답답하다. 음식, 숙소 모두 열악하여 고통스럽다.

아침 7시에 산책을 하려고 나가니 사방은 캄캄하고 호텔 내정의 문은 굳게 닫혀 있다. 중국은 전국이 베이징 표준시를 쓰기 때문에 실제로 베이징보다 두 시간 이상 늦은 이곳은 5시도 안 되었던 것이다.

어제 대륙의 분수령을 넘고 나니, 오늘 차창 밖으로 보이는 산천, 인종, 주거, 묘지, 생활양식은 하루 사이에 확 달라져 있다. 거주민의 90%

01 실크로드의 사막을 건너가는 카라반의 대열 /『新疆旅遊(Tour in Xinjiang)』(新疆人民出版社)

가 이란계 타지크(Tajik)족과 튀르크계 키르기스(Kyrgyz)족이라니, "여기는 중국 땅이래도 중국이 아니다"라는 말이 실감 난다.

카라쿨 호수

야크와 양과 말 들이 풀을 뜯는 넓은 초원을 지나고 황량한 불모의 고원 너머 오른쪽에서 장엄한 설산들이 가까이 다가온다. 거대한 순백의 얼음 덩어리가 한낮의 햇빛을 반사하여 유리알처럼 번쩍이는 '얼음산의 아버지' 무스타그 아타(Muztag Ata, 7,546m)02와 쿤룬 산맥(崑崙山脈)의 최고봉 콩구르 타그(Kongur Tagh, 7,719m)03다. 아홉 개의 봉우리가 연달아 붙어 있는 콩구르 타그는 중국에서 제일 높고(히말라야 제외) 체적이 엄청나게 커서, 예로부터 중국인들은 이 산을 '곤륜산(崑崙山)'이라 부르며 세상에서 가장 높고 큰 산으로 인식해 왔다.

02 '얼음산의 아버지' 무스타그 아타(7,546m) /Anthony Maw

03 카라쿨 호수에 비친 쿤룬 산맥의 최고봉 콩구르 타그(곤륜산, 7,719m) /Jialiang Gao

위 두 산과 그 사이에 있는 콩구르 튜베(Kongur Tiube, 7,530m)에서 만년설이 녹아 내린 물이 모여 카라쿨(Karakul) 호수(키르기스어로 '검은 호수')를 이루고, 흑경(黑鏡)같이 검은 수면에 다시 설산이 비쳐 장엄하고 환상적인 비경을 자랑한다.04 이 호수는 수면 해발 3,914m, 넓이 364㎢, 깊이 30m(최대 깊이 236m), 밖으로 흘러 나가는 하천이 없고 일 년 중 반은 얼어붙는다.

카슈가르를 향해 조금 북상하니, 거울 같은 호수 건너편에 눈이 내린 듯한 하얀 모래산이 나타난다. 흰 모래가 바람에 날아와 쌓인 백사산(白沙山, 3,400m, 일명 쿰타흐Kumtagh)이다. 그 하얀 산이 백사호(白沙湖)에 비쳐, 사산사호(沙山沙湖)의 경관05이 꿈속의 환영인 양 몽롱하게 보인다.

조금 더 가면 기이하게도 산 전체가 붉은 산도 나온다. 북쪽으로 멀리 또 하나의 장엄한 설산 연봉이 눈에 들어온다. 텐산산맥(天山山脈)이다.

04 검은 호수 카라쿨에 비친 무스타그 아타(7,546m) /김만수

05 백사산이 백사호에 비친 사산사호(沙山沙湖)의 몽환적인 경치 /See58

카슈가르

중국 쪽 최대의 오아시스

카슈가르의 역사

장장 1,284㎞를 달려온 카라코람 하이웨이(중국명 '중바궁루中巴公路')는 백양나무 가로수가 양쪽에 줄지어 늘어선 카슈가르(Kashugar, 카스喀什, 해발 1,290m, 2010년 인구 50만)에 이르러 끝난다. 카슈가르는 서역북로(천산남로, 오아시스로)와 서역남로가 만나는 중국 최서단 최대의 오아시스 도시로 동서 교역의 중심지다.

이 지역은 기원전 2세기부터 소륵국(疏勒國)의 수도로서 동서 교역의 요충으로 크게 번성했고, 1세기에는 후한의 반초(班超, 32~102)가 28년간(74~102) 주둔하여 경략(經絡)했다. 당나라 때 안서도호부가 설치되었다가, 751년 당이 탈라스 전투에서 패배한 이후 점차 이슬람교도들의 차지가 되었다. 10세기에는 위구르가 남하하여 세운 튀르크계 이슬람 왕조인 카라한 칸국(Karahan Khan)의 왕도가 되었고, 13세기 초 몽골제국에 편입되었다가, 16세기 초에는 카슈가르 한국(汗國)의 수도가 되었다.

청(淸) 건륭제(乾隆帝)가 1759년 톈산산맥 남쪽의 동투르키스탄을 정벌하고, 1763년 톈산산맥 북쪽의 몽골계 준가르(Dzungar) 부(部)마저 정복하자, 위구르(Uyghur)족은 청의 지배 시기 42차례 독립운동을 일으켰으나 번번이 좌절되었다. 1864년에는 야쿱 벡(Yaqub Beg, 1820~1877)이 카슈가르를 거점으로 위구르족의 독립정권을 세워, 러시아, 오스만투르크제국, 대영제국의 승인을 받고, 중앙아시아 전역을 휩쓸었으나, 1876년

한 번의 전략적 실수로 청에 패망했다.

주민의 약 75%를 차지하는 튀르크계 위구르족이 주류를 이루고 있는 카슈가르는 이슬람 종교의 중심지이며, 가무·악기·복식·자수 등 유구한 민족문화가 가장 잘 보존된 위구르족의 정신적 수도이자 자존심이다.

일요시장(선데이 바자르)

카슈가르는 2천여 년 전부터 실크로드에서 가장 큰 교역시장이 열리던 곳으로, 지금도 일요시장은 세계 최대의 재래시장이자, 중국과 인근 국가 간의 국제무역시장이다. 매주 일요일에는 호탄(허톈和田), 야르칸트 등 인근 각지와 파키스탄, 인도, 타지키스탄, 키르기스스탄, 러시아 등 인근 국가의 상인들까지 약 15만 명 이상 몰려오고, 동서양의 모든 문물이 모여들어 성시를 이룬다고 한다.

오늘은 마침 일요일이다. 오전 8시경(베이징 표준시, 실제로는 6시)부터 당나귀 수레, 노새, 말, 자전거, 경운기, 소형 화물차 등을 타고 장꾼들이 꾸역꾸역 끝없이 모여들어, 오후 2~3시경 시장은 피크를 이룬다. 5천여 점포의 시장 규모는 상상할 수 없을 정도로 크며, 다양한 인종들과 관광객들로 인산인해를 이룬다.06

수십 마리의 양을 잡아 통째로 걸어 놓고 도끼로 자르는 푸줏간 주인, 짐을 싣고 온 당나귀 머리에 검은 자루를 씌워 놓고 길거리에서 빵을 구워 파는 할아버지, 나무로 짠 커다란 만두 찜통을 산처럼 쌓아 놓고 노래를 부르며 호객하는 아저씨, 노점 가마솥에서 끓고 있는 수프, 즉석에서 만든 순대·국수·냉차·양고기꼬치구이를 파는 상인들, 새 장수. '난(naan)'이라는 빵, 채소·과일·견과류 등의 식료품, 가금류, 의류·모자·신발·그릇·악기·비단·모피·양탄자·금은세공품·장신구·목각공예품·도검

06 카슈가르 일요시장으로 가는 장꾼들 /Anthony Maw

07 카슈가르 일요시장 중에서 가장 활기찬 가축시장 /See58

류·라디오·TV·냉장고 등 팔지 않는 것이 없다.

길거리 노천 이발소에서는 머리를 깎고, 두 손으로 두피를 마사지한 후 식칼같이 큰 칼로 면도를 한다. 신기해서 카메라를 들이대니 이발사의 눈초리가 곱지 않다. 주차장에서는 당나귀 수레가 들어오는 순서로 주차권을 주고 맬 곳을 안내한다. 이 시장에서 가장 크고 시끄럽고 활기찬 곳은 가축시장07이다. 수많은 양, 염소, 당나귀, 말, 소, 낙타가 끊임없이 반입되고 흥정되고 팔려 나간다.

그레이트 게임

19세기 말 서투르키스탄을 병합하고 동투르키스탄(신장)으로 영토 확장을 꾀하는 제정 러시아의 동방정책과 인도를 차지하고 러시아와 대립하는 대영제국의 북방정책은 카슈가르 지역에서 격돌한다. 양국은 침략의 전초기지로 카슈가르에 앞다투어 영사관을 개설하고 정치·군사적 목적의 탐험대를 계속 파견하여 불꽃 튀는 군사외교첩보전을 하며, 이곳에서 이른바 '그레이트 게임(Great Game)'을 벌였다. 당시 조지 매카트니(George McCartney) 영사의 영국영사관 '치니바그(Chini-bagh)'는 연회용 식당으로, 니콜라이 페트롭스키(Nikolai Petrovsky) 영사의 러시아영사관은 내가 묵은 세만 호텔(色滿賓館)로 변해 있었다.

아바흐 호자의 묘당(향비묘)

일명 '향비묘(香妃墓)'라고 부르는 '아바흐 호자의 묘당(墓堂)'은 1640년부터 짓기 시작하여 1693년에 완공한 전형적인 이슬람 모스크 양식의 건물(높이 24m, 지붕의 직경 16m)08이다. 녹색과 황색, 남색 타일로 벽과 네 모퉁이 첨탑을 아름답게 모자이크한 건물 안에 17세기 신장 지

08 카슈가르 향비묘 /Colegota wikipedia

09 향비묘의 내부. '이파르한(향기가 나는 여인)'이라는 팻말을 세워 놓는 향비의 관 /daum humm99, Ducky Lim

10 서양 갑옷을 입은 〈향비융장상(香妃戎裝像)〉. 이탈리아 예수회 선교사 화가 주제페 카스틸리오네(Giuseppe Castiglione)의 작품 /네이버 블로그

역 수피즘(Sufism: 이슬람의 신비주의 종파)의 지도자로 백산당(白山黨)의 수장이자, 동투르키스탄의 강력한 군주였던 아바흐 호자(Abakh Khoja, 1622?~1694) 가문의 5대에 걸친 일족 72구의 관이 놓여 있다.

그중 1시 방향에 황금색 비단을 덮고, '이파르한(Iparhan, '향기가 나는 여인')'이라는 팻말을 세워 놓은 것이 향비의 관09이라고 한다. 그녀는 아팍 호자의 5대 손녀로 태어나 야르칸트 한국(汗國)의 지배자 자한(Jahan)의 아내가 되었는데, 자색이 뛰어났고 태어날 때부터 몸에서 늘 사막대추꽃 향기가 났다고 한다.

청 건륭제가 그 소문을 듣고 준가르 정복을 위해 출정하는 장군 조혜(兆惠)에게 그녀를 데려오라고 명해, 조혜는 그곳을 평정한 후, 남편이 청군에게 저항하다가 전사하여 홀로된, 뛰어난 미모와 이국적 체취를 지닌 이파르한을 데려다가 건륭제에게 헌상했다. 그러나 그녀는 끝내 황제를 거부하고 죽은 남편과 고향을 그리워하다가 3년 뒤 죽고 말았다.

위구르인들은 베이징에 가서 당국의 허가를 받아 124명이 상여를 메고 3년 반이나 걸려 향비의 유해를 운구해 이곳에 안치했다고 한다. 그때 향비의 유해를 운구해 왔다고 전해지는 목제 교자(轎子)가 입구 왼쪽에 놓여 있다.

그런데 정사(正史)에는 건륭제의 후비 중 향비라는 여인은 없고, 회부(回部, 신장 지방의 회족回族)의 호자(和卓)씨 출신인 용비(容妃, 1734~1788)라는 여인이 있다. 그녀는 1734년에 출생하여 26세 때인 1760년 건륭제의 후궁으로 들어가 35세 때 용비가 되었고,[10] 황제의 총애를 한 몸에 받다가 55세 때 병사하여, 청나라 황제들의 능침인 허베이(河北)성 동릉(東陵)에 안장되었다(김호동, 『황하에서 천산까지』, 사계절, 1999).

그렇다면 위에서 본 '향비 설화'는 역사적 사실에 부합하지 않는다. 그러나 향비 설화는 청에게 정복당한 위구르인들의 상처 난 자존심의 회복을 위해 저항적인 모습으로 윤색되어, 19세기 말부터 반청운동의 근거지인 이 고장에서, 위구르인들 사이에 널리 유포되었다. 이제 향비는 중국에 대한 저항을 상징하는 아이콘이고, 위구르인들의 민족적 자존심이며, 자주독립을 염원하는 위구르인들의 구심점이다.

이드카 모스크

이드카 모스크(Idkha, 또는 에이티가르Aitigaér Mosque)는 1442년 작은 사원으로 창건되었는데, 여러 차례의 대규모 보수공사로 크게 증축되어 넓이 1만 6,800㎡의 중국 최대의 이슬람 사원이 되었다. 건물은 외벽이 황색 벽돌과 블루 타일로 아름답게 장식되어 있고, 높이 12m의 문루(門樓)와 양쪽에 높이 18m의 미나레트가 있다.[11]

손과 발을 씻고 정문으로 들어가, 잘 가꾼 꽃밭과 백양나무 숲의 넓은 정원을 지나서, 회당 건물로 들어가니 144개의 기둥이 받치고 있는 동서 120m, 남북 140m의 큰 예배당이 나온다. 금요 예배 때 동시에

11 카슈가르 이드카 모스크. 중국 최대의 이슬람 사원이다. /곽영을

7천 명이 예배 드릴 수 있는 널따란 당내에 수백 명이 돗자리에 꿇어 앉아 경건하게 예배를 드리고 있다. 당내에는 이맘이 꾸란을 낭송하는, 메카를 향한 의자 '미흐랍' 외에는 아무런 장식이 없다.

외국 여성은 머리카락과 팔다리를 가리면 들어가서 둘러보는 것이 허용되지만, 이슬람 여성은 들어가지 못한다고 한다.

1988년 5월 이란의 시아파 이슬람 지도자 아야톨라 호메이니(Ayatollah Khomeini, 1900~1989)가 이곳을 방문했다.

우루무치

신장위구르자치구의 주도

카슈가르에서 신장위구르자치구의 주도(主都) 우루무치(Ürümqi, 烏魯木齊, 해발 915m, 몽골어로 '아름다운 목장')까지 1,473㎞는 비행기로 이동했다. 옛날 목숨을 걸고 수십 일씩 걸려 타클라마칸 사막을 횡단하던 길01을 과학기술이 발달한 덕분에 불과 두세 시간 만에 날아간 것이다.

신장 웨이우얼(위구르)자치구(166만5천㎢, 남한의 16.6배, 2012년 인구 2,181만)는 중앙에 있는 톈산산맥을 경계로 북쪽의 준가르 분지와 남쪽의 타림 분지로 크게 나뉜다. 그중 우루무치가 위치한 준가르 분지는 수천 년 동안 흉노, 돌궐, 몽골 등 여러 유목민족이 그들 고유의 혈통, 언어, 문화, 종교를 가지고 독자적으로 번갈아 가며 살아온 터전이었다.

1763년 청 건륭제가 몽골계 준가르를 정벌하고, 1884년 이 지역이 신장(新疆, 새로 얻은 강토)이라는 이름으로 청의 행정구역으로 편입되자, 위구르인들은 줄기차게 독립을 시도했지만 번번이 좌절되었다.

1944년 위구르인들이 다시 '동투르키스탄이슬람공화국' 정부를 수립했으나, 1949년 중국 인민해방군이 진주하여, 중화인민공화국 신장성으로 편입시키고, 1955년 신장위구르자치구로 개칭하였다.

신장은 전체의 85%가 사막이므로 쓸모없는 땅으로 여겨져 왔지만, 근래 새로 발견된 석유, 천연가스, 석탄, 철, 희토류 등 엄청난 지하자원으로 마치 미국의 서부개척시대 골드러시처럼 서부대개발사업이 진행되고 있다. 우루무치는 지구상에서 바다에서 가장 멀리 떨어진(2,250㎞) 한

적한 도시였으나, 지금은 동아시아와 중앙아시아·러시아 및 유럽을 잇는 항공·철도교통·국제물류의 중심지로서 인구 311만(2006년)의 대도시로 성장했다.

2010년 현재 자치구의 인구 2,181만 중 위구르족이 46.4%, 한족이 38.9%, 카자흐족이 7.0%, 후이족(회족回族)이 4.5%인데, 정부의 적극적인 한족 이주정책으로 한족이 급속도로 증가되고 있다.

신장위구르자치구박물관

신장위구르자치구박물관은 신장에서 출토된 유물 등 약 3만 점을 소장하고 있는데, 미라실에 전시된 10여구의 미라[古尸]들이 관광의 중심이다. 이 시체들은 연간 강우량 15㎜, 기온 45℃~—12℃의 건조한 혹서혹한의 사막에서 빠르게 건조되어, 방부 처리를 하지 않았음에도 썩지 않고 말라붙어 미라가 되었으며 보존상태 또한 좋다.

12 우루무치 신장위구르자치구박물관의 '누란의 미녀' 미라 복원도 /naver.rion0106

가장 유명한 미라는 1980년 타클라마칸 사막에 있는 고대 도시 누란(樓蘭러우란)에서 발견된 '누란의 미녀'다.[12] 웃는 듯한 묘한 표정에서 '죽음의 모나리자'라고 불리는 이 미라는 탄소측정법으로 연대를 조사한 결과 약 3,800년 전에 매장된 45세가량의 중년 여성이며, 신장 152㎝, 체중 10.1㎏, 혈액형 O형으로 밝혀졌다. 살아 있을 때 모습을 복원한 그녀의 얼굴은 금발에 황갈색 피부, 큰 갈색 눈과 높은 코를 가진 갸름한 얼굴인데, 과학적 조사 결과 고대 유럽의 백인종으로 밝혀졌다고 한다. 그러나 정착민인지 이주민인지는 의견이 분분하다.

임칙서 기념상

시가지 중심에 있는 홍산(紅山홍산)에 올라가니 뜻밖에 임칙서(林則徐, 1785~1850) 기념상[13]이 있다. 그는 1838년 흠차대신(欽差大臣)으로 광둥(廣東)성 광저우(廣州)에 파견되어, 영국 상인들로부터 2만 궤짝의 아편을 압수해 불태워 없애는 등 영국의 아편 밀수를 적극 저지하여, 외세의 침략에 신음하던 중화민족의 영웅으로 추앙 받았으나, 정치적으로 아편전쟁(1839~1842)을 도발했다는 책임을 뒤집어쓰고 1840년 변방인 이곳으로 좌천되었다. 그러나 그는 수로 개척, 하천 정비, 녹화사업 등 지역 개발에 힘쓰고 선정을 베풀어 주민들로부터 존경을 받았다.

13 우루무치 홍산공원의 임칙서 기념상
/네이버 블로그

투르판

고대 문화유산의 보고

뜨거운 땅

투르판(Turpan, 吐魯番, 위구르어로 '움푹 패인 땅', 2010년 인구 62만)은 톈산 산맥의 높은 산들로 둘러싸인 사막 속의 분지로 가장 밑바닥인 아이딩 호는 해수면보다 154m나 낮다.

이곳은 태양열이 이 분지 내의 지형을 솥단지 달구듯 달구어 실크로드 중에서도 가장 더운 곳으로 꼽힌다. 그래서 옛 이름은 화주(火州). 연간 강수량 16㎜, 연간 증발량 3,800㎜, 7월 최고기온의 평균은 39℃, 1월 최저기온의 평균은 -16℃, 혹서혹한의 가혹한 기후 조건이다.

8월 7일 오늘 낮의 기온은 48℃, 포항제철 열간압연공장에 들어섰을 때처럼 화끈하다. 금년 6월 23일 투르판의 기온은 52℃, 화염산(火焰山)의 지표온도는 83.5℃까지 올라가 넘어지면 화상을 입는다고 했다 한다(투르판의 역대 최고 기온은 66.7℃였다고 한다).

고창고성

고창고성(高昌故城, 카라호자Kara Khoja, 위구르어로 '성')은 기원전 1세기 차사전국(車師前國) 때부터 진흙에 마른 풀을 섞어서 쌓아 올려 만든 성으로, 진흙으로 만든 세계 최대의 도성이다. 성은 외성, 내성, 북쪽의 궁성, 세 부

14 투르판 고창고성, 현장법사가『인왕반야경』을 설법한 강경당 /서순하

분으로 나뉘어 있는데, 외성은 둘레 5.4㎞, 높이 12m, 성벽의 폭 10m, 넓이 220만㎡의 정방형 성이며, 그 안에 길이 3㎞의 내성이 있다.

이 성은 5세기에 정치·경제·문화의 중심지가 되었고, 501년 한인(漢人) 국씨(麴氏)가 고창국(高昌國)을 세워 번영의 절정을 누리다가, 640년 당 태종에 의해 멸망 당하고, 안서도호부가 설치되어 서역 경영의 거점이 되었다. 840년 북쪽 초원에서 위구르(回鶻회골) 15부족이 남하하여 이곳에 회골고창국(回鶻高昌國, 860~1284)을 세우고 번영했다.

1279년 칭기즈칸의 손자가 침입하여 완전히 파괴되었고, 지금은 궁전이나 사원 터에 큰 건물의 잔해만 남아 있을 뿐 거의 폐허가 된 상태다.

629년 현장(玄奘)은 인도로 가는 도중 고창 왕 국문태(麴文泰)의 간청으로 이곳에서 한 달간『인왕반야경(仁王般若經)』을 설법했다. 그 강경당

15 **고창고성 만불탑** /Colegota wikipedia

(講經堂)[14]은 400여 명을 수용할 수 있는 건물인데, 사각 벽체에 지붕이 뚫린 원형 천장을 가진 독특한 구조로, 네 귀퉁이에 소리 울림을 조절하는 장치가 있었다고 한다. 사원 한가운데 측면에 불감이 많이 있어 만불탑(萬佛塔)[15]으로 불리는 방형탑이 근처에 남아 있다.

교하고성

교하고성(交河故城, 야르호토Yar-khoto, 몽골어로 '절벽도시')은 무르툭(木頭溝) 강 가운데 길이 1,650m, 최대 폭 330m, 높이 30m의 벼랑 위, 버들잎 모양의 고도(孤島)에 성벽 없이 땅바닥을 아래로 파 내려가면서 만든 지구상에 하나밖에 없는 도성이다.

16 **투르판 교하고성 중앙대로(길이 350m)** /Colegota wikipedia

기원전 108년 이란계 차사(車師)인이 세운 차사전국의 수도로서 교통의 요충으로 번영하다가, 서기 73년 반초(班超)에게 정복 당해 후한(後漢)의 지배를 받았다. 640년 고창국이 멸망하고 당의 안서도호부가 설치되었으며, 9세기 이후 회골고창국 때에는 불교가 융성하여 50여 불교 사원이 있었다. 1279년 몽골의 침입 때 완전히 폐허가 되었다.

성의 중앙에 남북으로 길이 350m의 중앙대로16가 나 있고, 남쪽은 일반 주택가, 중앙은 사원과 관청가 및 왕궁, 북쪽은 사원구로 나뉜다. 중앙지구의 대불사는 넓이 5,100㎡의 대찰로서 북쪽 3층 기단 위에 높이 7m의 방형탑이 구축되어 있고, 북쪽 사원구에는 높이 10m의 중심탑과 그 네 모퉁이에 각 25기씩의 소탑이 있는 탑림(塔林)17의 잔해가 남아 있다.

17 **교하고성 탑림** /Colegota

베제클리크 천불동

베제클리크(Bezeklik, 柏孜克里克, 위구르어로 '아름답게 장식한 집')는 6세기 말에서 13세기에 걸쳐 화염산(火焰山) 북쪽 기슭, 무르툭 강의 서쪽 단애에 조영된 석굴사원군이다.[18] 발견된 83개의 석굴 중 벽화가 조금이라도 남아 있는 굴은 40여 개, 그 안에 6세기 국씨고창국 시대부터 13세기 원대까지 그려진 총면적 1,200㎡의 벽화가 있었다. 전성기는 9~10세기의 회골고창국시대였다.

1902~1914년 사이 독일의 알베르트 그륀베델(Albert Grünwedel)과 알베르트 폰 르코크(Albert von Le Coq, 1860~1930)가 이곳에 네 차례나 번갈아드나들며 벽화의 테두리를 칼로 깊이 파고 벽화의 뒤를 톱으로 썰어서

떼어 갔다. 그 후 영국의 오렐 스타인, 러시아의 세르게이 올덴부르그, 일본의 오타니 탐험대가 와서 나머지 벽화들도 떼어 갔다.

르코크는 9호굴의 서원도(誓願圖, 석가가 전세前世에 과거불께 성불의 서원을 세우고 수행함에 미래에 성불할 약속을 받는 것을 주제로 한 베제클리크 특유의 불화 양식)[19] 전부를 비롯하여 제17굴, 27굴 등에서 128상자분의 벽화를 떼어 내 베를린으로 반출했다. 그중 대형 벽화 28점은 철제 프레임에 끼워 베를린 민속박물관의 벽에 시멘트로 고정시켜 놨다가, 제2차 세계대전 중 일곱 차례 이상 연합군의 폭격을 받아 완전히 파괴되었다(『실크로드의 악마들』).

벽화가 떼어진 자리에는 베를린 인도미술관에 소장된 벽화의 사진이 대신 걸려 있고, 조금씩 남아 있는 벽화의 부분들도 손상이 심하여 참혹하기 이를 데 없다.

• 제9굴은 10세기 석굴 조영이 절정에 달했던 회골고창국 전성기 왕가의 사원이다. 서원(誓願)을 주제로 한 회골고창 왕과 왕비, 왕자와

18 **투르판 베제클리크 석굴의 바깥 경치** /『吐魯番栢孜克里克石窟壁畵藝術』(新疆人民出版社), p. 17

19 베제클리크 제9굴 〈서원도(誓願圖)〉 14번째 장면(9세기). 알베르트 폰 르코크가 톱으로 썰어서 떼어 내 베를린 민속박물관에 설치해 놨다가, 2차대전시 피폭되어 멸실된 벽화. 그림에 조각조각 떼어냈던 자국이 선명하다. /『吐魯番栢孜克里克石窟壁畵藝術』, p. 35

귀족들의 〈공양상〉이 섬세하고 우아한 필치로 굴 안 가득히 그려져 있었으나, 20세기 초 르코크, 일본의 오타니 탐험대 등이 떼어 가고, 아무것도 남아 있지 않다.

- 제27굴은 10~11세기경 완성된 왕가의 사원으로 양쪽 벽에 제9굴처럼 화려한 벽화가 그려져 있었는데, 20세기 초 르코크가 모두 떼어 가고 광배만 남아 있다.
- 제33굴은 11세기에 조영된 회골고창국 시대의 굴로서 반원형 천장 아래 대형 〈열반경변상도〉20가 그려져 있다. 석가의 열반을 애도하는, 얼굴 모습, 인종, 연령, 복식이 서로 다른 십수 명의 각국 사절단, 천룡팔부(天龍八部), 비구, 보살 들이 그려져 있는데, 정작 열반에 든 석가를 그린 아래 부분은 떼어 가 버리고 없다.

오타니 탐험대에 의해 수집된 서역 유물의 일부가 우여곡절 끝에 지금 우리나라 국립중앙박물관에 수장되어 있다.

20 베제클리크 제33굴 〈열반경변상도〉 /Colegota wikipedia

일본 정토진종(淨土眞宗)의 본산 교토 니시혼간지(西本願寺)의 제22대 문주(門主) 오타니 고즈이(大谷光瑞, 1876~1948)는 1902년부터 1914년 사이에 3차에 걸쳐 동투르키스탄(신장)을 탐험했는데, 사찰 재정 관리를 잘 못해 막대한 빚을 지고 1914년 5월 문주 자리에서 물러났다. 그 뒤 빚을 갚기 위해 일본 고베에 있는 그의 별저(別邸) 니라쿠소(二樂莊)를 매각할 때, 그 안에 수장되어 있던 오타니 컬렉션의 일부(대략 3분의 1)도 함께 일본 대장상(大藏相)을 지낸 정상(政商) 구하라 후사노스케(九原房之助)에게 양도되었다.

그 컬렉션은 1916년 구하라가 조선총독 데라우치 마사다케(寺內正義)에게 기증하여(조선의 채광권과 교환 조건이었다는 설이 있다) 조선총독부박물관으로 반입되고, 광복 후 1948년 국립박물관으로 이관되었다. 그 유물은 베제클리크와 쿠처의 키질에서 떼어 온 60여 점의 벽화를 비롯하여 불화, 아스타나 고분에서 발굴된 〈복희여와도〉[21] 등 총 1,700여 점에 이른다.

초대 국립박물관장(1949~1970)을 지낸 김재원(金載元) 박사는 서울의 벽화가 베를린과 델리(오렐 스타인의 수집품)의 것에 이어 세계에서 세 번째로 중요한 수집품이라고 했다.

국립중앙박물관은 1993년부터 10년간 중국 신장 지역에 대한 학술조사를 실시하여 정확한 출토지를 확인한 다음, 선진 기술을 도입하여 보존처리를 하고, 2003년 12월 '서역미술전'을 개최하여 전 세계가 오랫동안 궁금해 했던 유물들을 공개했다. 우리나라는 서역 유물 보유 세계 10대국의 하나가 되었다.

아스타나 고분군

동서 5㎞, 남북 2㎞, 넓이 10㎢의 풀 한 포기 없는 황량한 사막에 3세기부터 8세기 후반까지 흉노, 한, 위구르, 고창국과 당나라 때 조성된 수천

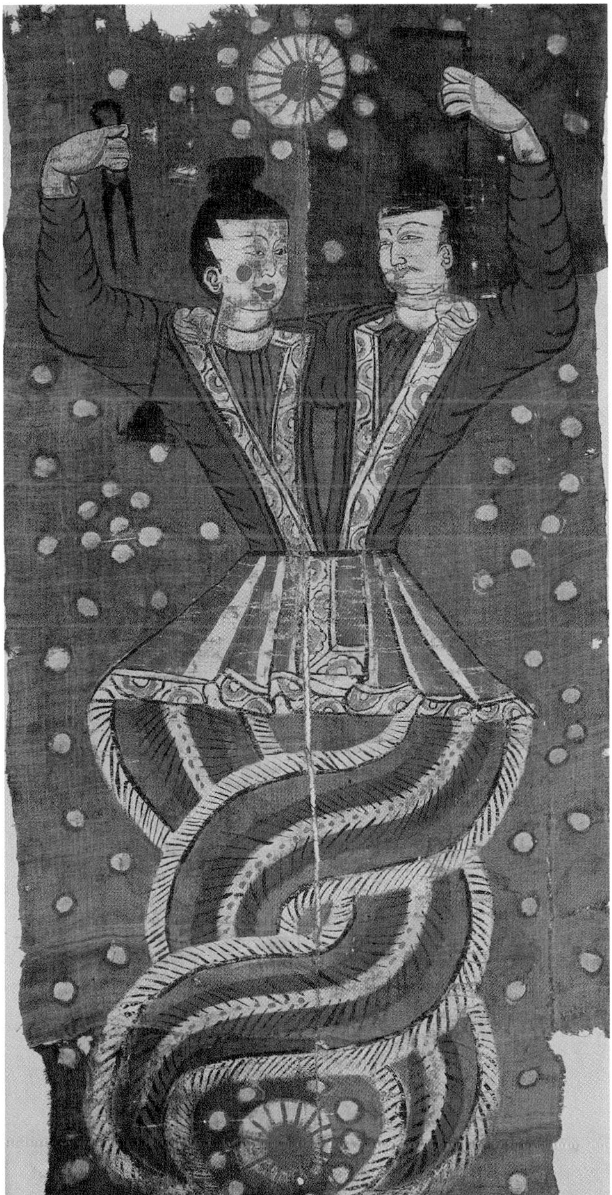

21 투르판 아스타나 고분 출토 〈복희여와도〉(마본에 채색, 7세기, 79×189 ㎝, 구舊 오타니 컬렉션, 한국 국립중앙박물관 소장)
/『서역미술』(한국박물관회·국립중앙박물관), p. 151

22 아스타나 제215호분 벽화 〈화조도〉 /『中國新疆吐魯番TURPAN-Xingiang China』(新疆人民出版社), p. 15

기의 아스타나(Astana, 阿斯搭那, 위구르어로 '휴식의 장소') 고분이 있다.

이 고분들은 1914년 영국의 오렐 스타인이 첫 발굴(실제로는 도굴)을 한 이래 러시아, 독일, 일본 등 세계 열강의 탐험대들에 의해 약탈당했다. 1953년 이후 중국 정부에 의해 456기가 정식으로 발굴되었다.

무덤은 지하로 내려가는 경사진 계단의 연도(羨道)와 묘실로 구성되어 있고, 건조한 기후 때문에 피장자들은 자연상태에서 저절로 미라가 된 상태로 발견되었다. 그들은 묘실 벽면에 자신들이 생전에 누리고자 했던 삶을 그려 놓았고, 묘지명(墓誌銘), 다량의 문서, 면직물, 견직물, 전폐(錢幣), 복희여와도(伏羲女媧圖), 토우, 목용(木俑) 등이 출토되었다. 관광객에게는 3기(基)의 고분만 개방한다.

- 첫 번째 제216호 고분은 15도 경사의 연도로 내려간 깊이 10m, 넓이 3.3m×3.6m의 묘실로서 정면 벽에 한인(漢人) 풍속의 〈사성인도(四聖人圖)〉가 6곡병풍을 펼친 것처럼 그려져 있다. 왼쪽으로부터 계영배(戒盈杯) 같은 원리의 기(攲)라는 용기(用器)(겸손), 옥인(玉人), 금인(金人), 석인(石人), 목인(木人), 돈궤(근검), 항아리, 붓(면학), 비단 등 유교의 교훈적인 내용들이다.
- 두 번째 제215호 고분에는 정면 벽을 6곡병풍 식으로 구획하고 여섯 폭의 〈화조도〉[22]를 그려 놓았는데, 각 폭마다 4계절을 나타내는 꽃나무와 꿩, 오리, 공작, 원앙 등의 새들을 배치하고, 위쪽에 먼 산과 날아다니는 제비들이 그려져 있다. 피장자는 중국 남부에서 이주해와 장사를 하던 사람인데 평소 애타게 그리워하던 고향의 동식물을 그려 넣은 것이라고 한다.

소공탑蘇公塔

소공탑은 투르판 왕 에민 호자(Emin Hoja, 額敏和卓, 1694~1777)가 청 왕조의 은혜에 보답하고 자신의 업적을 후세에 전하기 위해 짓다가 죽은 후, 차남 소라이만(蘇來滿)이 1777년 완공한 이슬람 사원이다. 원명은 에민탑(額敏塔). 이 탑은 높이 44m, 밑바닥 지름 10m의 길쭉한 병처럼 생긴 원추형 탑으로 신장 지방에서 가장 높다. 탑신은 황색의 네모난 벽돌로 정교한 기하학적 도안을 짜 가며 쌓아 올려 무척 아름답다.[23]

이 지방 토호였던 에민 호자는 1763년 청 건륭제가 준가르 부족을 토벌할 때, 일찍 항복하고 청의 장군으로 토벌에 앞장서 큰 공을 세웠다. 그리고는 그 공로로 청조에 의해 투르판 왕으로 봉해져, 청조 말까지 6대에 걸쳐 세습하며 왕의 권세를 누렸다. 침략군의 장군이 되어 이웃을 토벌한 정의롭지 못한 자의 기념물이다.

23 투르판 소공탑 미나레트 /Colegota wikipedia

카레즈박물관

카레즈(Karez, 坎儿井)는 고온건조하고 연간 증발량이 3,800㎜나 되는 사막 기후의 토지에 물을 끌어 오기 위한 지하수로다. 멀리 톈산산맥의 만년설은 녹아 땅속으로 스며들어 지하수를 형성한다. 그 수맥을 찾아 우물을 파고, 거기서 목적지까지 대략 30m 간격으로 수직우물을 판 다음, 이를 지하에서 횡으로 연결하는 굴을 뚫어 물을 끌어온다. 지하로 물을 끌어오므로 여름에는 시원한 물을 먹을 수 있고, 겨울에는 얼어붙지 않으며, 바람이 세게 불어도 먼지, 모래에 의해 물이 오염되지 않는다.

기원전 6세기부터 만들어 온 이런 물길은 톈산에서 투르판까지 1,200여 개, 가장 긴 수로는 30㎞, 그 총연장은 무려 5천㎞나 되어, 베이징에서 항저우(杭州)에 이르는 3,200㎞의 경항대운하(京杭大運河)보다 더 길다. 이 카레즈는 만리장성, 경항대운하와 더불어 중국 3대 역사(役事)의 하나로 꼽힌다. 물을 얻고자 하는 인간의 눈물겨운 노력에 숙연해지지않을 수 없다.

투르판 사람들은 카레즈를 통해 매년 20억 톤의 용수를 공급 받는다. 그리고 그 물을 이용하여 포도골짜기(포도구葡萄溝)에 길이 8㎞, 폭 500m~2㎞의 포도 대농장을 일구었다. 고온건조한 기후는 과일의 당도를 높여 세계적인 맛을 자랑하는 당도 18브릭스 이상의 포도 30여 종을 생산하며, 세계에서 가장 많은 건포도를 생산한다.

호희의 유혹

그날 저녁 투르판호텔 측은 저녁식사 후 뒷마당 야외무대에서 민속가무공연이 있다고 안내했다. 몸도 피곤한 데다 이런 오지에 뭐 볼 게 있으랴 싶어 그냥 쉬려고 했다. 그런데 문득 '호희(胡姬)'가 생각났다. 혹시 호희를 볼 수 있지 않을까? 나는 벌떡 일어나 공연장으로 발걸음을 재촉했다.

노래하고 춤추는 가무단원들은 튀르크계 위구르족인데, 그중에는 피부가 희고 얼굴이 갸름하며 눈이 크고 콧날이 오뚝한 미인도 섞여 있었다. 혹시 위구르족보다 더 서쪽 지역의 인종도 섞여 있는 것이 아닐까? 그렇다면 이 여인이 호희…란 말인가?

호희, 고대 실크로드의 동서 교역을 거의 독점적으로 중계했던 소그드(Sogd, 속특粟特) 상인. 그들은 비록 소수민족이지만 역사상 가장 뛰어난 국제상인이었다. 중앙아시아 아무다리야(Amu-Darya) 강과 시르다리야(Syr-Darya) 강 사이에 있는 소그디아나(Sogdiana)에 살고 있던 이란계 주민을 소그드인이라 했고, 소그드 여인을 중국인들은 '호희'라고 불렀다.

이백(李白)의 시 「소년행(少年行)」을 보면, 오릉(五陵)의 공자(公子, 부잣집 자제)가 백마를 타고 호희의 술집을 찾아가는 광경이 나온다. 당시 당나라 수도 장안에서는 호희들이 술장사와 매춘을 하면서, 푸른색 아이섀도를 바르고 고혹적인 눈길로 웃음 지으며 장안의 사내들을 유혹했다고 한다. 장안의 풍류남아들은 호희의 주루(酒樓)에서 백옥 같은 피부에 푸른 눈을 가진 꽃 같은 자태의 미녀들이 야광배(夜光杯)에 따라 주는 호주(胡酒)를 마시면서 호선무(胡旋舞)를 즐겼다고 한다. 호선무는 소그디아나의 중심인 사마르칸트(Samarkand, 강국康國)에서 전래된 무용으로, 회오리바람처럼 빠르게 돌아가며 추는 춤인데, 둔황(敦煌) 막고굴(莫高窟) 제220굴에 그려진, 호희가 호선무를 추는 벽화를 본 적이 있다(**제7장** 참조). 지금도 세계에서 이란계 종족에 미인이 가장 많다고 하는 걸 보면, 이란계였던 호희들도 굉장히 예뻤을 것이다.

그날 민속가무단은 서역의 음악과 무용을 선보였다. 남성 4인조 악단의 연주에 맞춰 춤은 주로 여인들이 추었다. 긴 머리채를 여러 갈래

땋아 내린 여인들은 소매가 좁은 저고리와 넓고 치렁치렁한 긴 치마 속에 하얀 통바지를 입고, 서역 특유의 빠른 음률에 맞춰 굉장히 빠른 속도로 회전하는 춤을 추었다. 옛날 호희가 추었던 호선무가 저런 것 아니었을까?

다음 코스는 둔황(敦煌)인데 별도의 장(章)으로 다루었으므로**(제7장)** 곧장 시안으로 들어간다.

시안

세계 최대의 역사와 문화의 도시

시안(西安, 2010년 인구 847만)의 옛 이름은 장안(長安). 기원전 1134년 주(周)나라가 이곳에 도읍을 정한 이래 907년 당(唐)이 멸망할 때까지 주(周), 진(秦), 전한(前漢), 서진(西晉), 전조(前趙), 전진(前秦), 후진(後秦), 서위(西魏), 북주(北周), 수(隋), 당(唐) 등 11왕조가 1,100여 년 동안 단속적(斷續的)으로 도읍했던 중국 제일의 고도(古都)이고, 세계적인 역사와 문화의 도시로, 중국에서 매장문화재가 가장 많은 곳이며, 도시 전체가 박물관이라 해도 과언이 아니다.

장안성長安城

8세기 당나라 최성기의 수도 장안성은 동서 9.72㎞, 남북 8.65㎞, 면적 87.27㎢, 성곽의 높이 5m, 폭 9~12m, 길이 36.7㎞, 성문 12곳이었다. 황성(皇城)은 도성의 가장 북쪽에 있고, 그 남쪽 중앙에 폭 147m의 주작대로(朱雀大路)를 경계로 좌우대칭으로 바둑판 모양의 110개의 방(坊)이 구획된, 넓이 84㎢, 인구 100만이 넘는 세계 최대의 도성이었다. 그때 장안성의 규모는 로마제국 최성기 로마의 6.5배, 447년에 건축된 비잔틴성의 7배, 명·청대 베이징성의 1.4배나 되었다.

또한 장안은 실크로드를 통해 인도, 페르시아, 아랍, 동로마제국 등과 통상을 하여 크게 번영한 국제교역도시였다. 서시(西市)는 페르시아, 아랍, 아르메니아, 투르크, 인도, 인도네시아, 몽골, 신라, 일본 등 세계 각국에서 온 상인들로 붐볐다. 종교의 자유가 보장되어 장안에는 불교·

조로아스터교·경교·마니교·이슬람교·힌두교 등 모든 종교의 사원이 존재했고, 외국인에게 거주의 자유가 주어져, 스키타이의 남진에 밀려온 푸른 눈 높은 코(벽안고비碧眼高鼻)의 이란계 주민들이 5천여 명 와서 살았으며, 호희(胡姬:: 중앙아시아 소그디아나Sogdiana 출신의 여인), 호복(胡服), 호주(胡酒), 호악(胡樂), 호선무(胡旋舞) 등 이국적 분위기의 화려한 페르시아풍 문물이 폭발적인 인기를 끈 세계화된 도시였다.

그 당시 동서양의 문화를 아우른 예술의 꽃이 난만(爛漫)하게 피어난 장안의 모습은 이시다 미키노스케(石田幹之助, 1891~1974)의 『장안의 봄』(이동철·박은희 옮김, 이산, 2004)에 잘 그려져 있다. 나는 그 책을 읽고 장안에 매료되어, 내세에 다시 태어난다면 당나라 현종 개원(開元) 연간(713~741)에 장안에 태어나 시선(詩仙) 이백(李白, 701~762)과 시주(詩酒)의 벗이 되어 호희의 주루(酒樓)에 찾아가 한번 마음껏 취해 보고 싶다 하였다.

시안비림박물관西安碑林博物館-섬서성박물관陝西省博物館

1087년 송(宋)나라 여대충(呂大忠)이 당나라 때 조각된 〈개성석경(開成石經)〉을 보존하기 위해 옮겨 온 것을 시작으로, 한·수·당·송·명·청에 이르는 역대 저명한 서가(書家)들의 원각비(原刻碑)와 조각 등 2,300여 점을 수집하였고, 4,530㎡의 진열 공간에 1천여 점을 진열하고 있다. 문자 그대로 비석의 숲이요, 돌로 된 도서관이다.

이 박물관은 왕희지(王羲之), 구양순(毆陽詢), 우세남(虞世南), 저수량(褚遂良), 안진경(顔眞卿), 유공권(柳公權), 장욱(張旭), 회소(懷素), 소식(蘇軾), 황정견(黃庭堅), 미불(米芾), 조맹부(趙孟頫) 등 중국 역대 명필들의 전·예·해·행·초(篆隸楷行草) 각 서체를 모두 견학할 수 있는 중국 서예의 보고다.

중앙에 있는 〈석대효경(石臺孝經)〉은 745년 당 현종이 친히 주해를 붙이고 서문을 짓고 예서로 쓴 가장 큰 비석(높이 620㎝×폭 120㎝의 사면 비석)

24 시안 비림 〈개성석경(開成石經)〉, 일명 '석각십삼경(石刻十三經)' /wikipedia

25 비림, 〈대진경교유행중국비(大秦景敎流行中國碑)〉의 비석 머리 /David Castor

이고, 〈개성석경(석각 13경)〉24은 당 문종 개성(開成) 2년(873) 114기의 비석, 228면에 십삼경(十三經) 65만 252자를 새긴 가장 방대한 비석이다. 〈대진경교유행중국비(大秦景教流行中國碑)〉25(높이 197㎝)는 781년 페르시아 선교사가 대진사(大秦寺) 경내에 건립한 비석으로, 비석 머리 '教(교)'자 위에 희미하게 십자가가 선각(線刻)되어 있으며, 경교(景教), 즉 네스토리우스파 기독교의 동방 전파를 알려주는 귀중한 자료다.

석각예술진열실에 당태종의 소릉(昭陵) 앞에 있던 6필의 준마를 석각한 '소릉육준(昭陵六駿)'이 있다. 이세민(李世民)은 당 초(唐初)의 통일전쟁 중 전장(戰場)을 질주하며 혁혁한 전공을 세운 6필의 애마를 석판(높이 1.5m, 너비 1.8m)에 각각 조각하여 자신의 능묘 앞에 나란히 세웠다. 그중 2필은 20세기 초 미국의 골동품상이 위안스카이(袁世凱, 1859~1916)의 아들과 결탁하여 훔쳐가, 지금 미국 필라델피아 펜실베이니아 대학 박물관에 소장되어 있다.

대안탑大雁塔

대안탑(大雁塔)26은 당 고종(高宗)이 황태자 시절 돌아가신 어머니 문덕황후(文德皇后)의 명복을 빌기 위해 건립한 자은사(慈恩寺) 경내에 있다. 645년 현장이 인도에서 가져온 산스크리스트어 경전 657부(部)를 봉안하고 번역하기 위해 652년 5층으로 건립되었다. 701~704년 측천무후의 명으로 동서 45.9m, 남북 48.8m의 기단에 돌과 푸른 벽돌을 사용하여 방종형(方鐘形)의 10층 전탑(磚塔)으로 다시 건립되었으며, 후에 전란으로 상부 3개 층이 무너져 현재는 7층, 높이는 64m이다.

신라 왕손 원측(圓測)법사가 현장의 제자가 되어 함께 법상종(法相宗)을 일으킨 법당이 있다.

26 시안 대안탑(높이 64m) /畵室輿與照相館

시안반파박물관西安半坡博物館

1953년 한 건설노동자에 의해 우연히 발견된 반파유적(半坡遺蹟)은 고대인들의 주거환경의 전모가 땅속에서 거의 그대로 나온 진귀한 문화유적이다. 반파유적은 6,800~6,300년 전 신석기시대 황하 유역에서 생활한 전형적인 모계씨족사회 공동체의 촌락 유적이다. 농업을 중심으로 수렵·낚시·목축을 영위하고 추상적인 문양의 채문도기(彩文陶器)를 사용한 앙소(仰韶앙샤오)문화 전기의 전형적 유적이다.

유적의 총면적은 약 5만㎡로 추정되며, 현재까지 약 1만㎡가 발굴되었다. 주거 45채, 가축우리 2개, 물품저장창고 200곳, 도기제조가마 6개소, 성인 묘 177기, 어린이 옹관(甕棺) 73개, 돌도끼, 토기, 화살촉, 낚시 등의 생산도구와 인면어문채도(人面魚紋彩陶)을 비롯한 생활용품 1만여 점이 출토되었다. 넓이 3,300㎡의 거대한 돔을 씌운 '반파씨족촌'은 발굴 현장에서 원시 선주민들의 생활상을 직접 생생하게 볼 수 있는 보기 드문 곳이다.

진시황릉秦始皇陵

진시황 영정(嬴政, 기원전 259~기원전 210)은 13세 때 진왕(秦王)에 올라, 22세 때부터 친정(親政)을 하고, 기원전 230년 통일전쟁을 시작해, 한(韓), 조(趙), 연(燕), 위(魏), 초(楚), 제(齊)의 순서로 6국을 정복하고, 기원전 221년(39세) 역사상 처음으로 천하를 통일하여, 중국 최초의 황제(재위 기원전 221~기원전 210)에 올랐다. 그는 봉건제를 폐지하고 전국을 군·현(郡縣)으로 개편하여 강력한 중앙집권체제로 직접 통치했다. 문자·화폐·도량형을 표준화하여 통일하고, 도로망과 관개시설을 확충하고, 만리장성을 축조하여 흉노의 침범을 막았다.

시안 동북쪽 37㎞ 지점, 풍광이 수려한 여산(驪山) 북쪽 기슭에 자신의 능을 조영하는 데는 그가 진왕으로 즉위한 기원전 246년부터 사망 직후인 기원전 208년까지 38년이 소요되었다. 천하통일 후에는 최대 70여만 명의 역부(役夫)와 죄수가 동원되었다. 사용된 노동력은 이집트의 피라미드보다 적지 않다. 원래의 높이는 122m였는데 현재는 76m로 낮아졌고, 내성(동서 580m, 남북 1,355m, 둘레 3,870m)과 외성(동서 940m, 남북 2,165m, 둘레 6,120m)으로 겹겹이 에워싸여 있으며, 넓이 203만 5천여㎡(61만 7천여 평)의 초대형 무덤이다. 진시황은 현세에 황제로서 누리는 권세와 영화를 사후에도 가져가 영원히 살고자 지상왕국을 지하로 옮겨 재건하려 하였다.

사마천(司馬遷, 기원전 145?~기원전 86?)의 『사기(史記)』에 의하면, 지하의 수맥을 세 번 꿰뚫고, 동판을 깔아 곽(槨)을 만들고, 그 가운데 궁전·누각, 백관의 연석(宴席)을 설치하고, 진기한 물건을 가득 채웠다. 도굴자가 가까이 오면 자동으로 화살을 날리는 쇠뇌(노궁弩弓) 장치를 하고, 도굴 방지를 위해 수은이 흐르는 강과 바다를 만들어 기계로 순환케 했다. 천장에는 일월성신(日月星辰)을, 바닥에는 구주오악(九州五岳)을 배치했다. 인어(人魚)의 기름으로 꺼지지 않는 불을 밝혔다. 묘의 비밀을 지키기 위해 시황제의 관을 안치한 공장(工匠)들이 현실(玄室)의 문을 잠그고 연도로 나오자 출구를 막아 전원을 생매장했다고 한다.

2003년 11월 진시황릉고고단장 돤칭보(段淸波)는 이 능을 고고원격탐사(考古遠隔探査)한 결과 지궁(地宮)은 황릉 봉토 35m의 지하에 동서 170m, 남북 145m의 규모로 건설돼 있으며, 그 중심부에 위치한 묘실은 높이 15m, 면적은 축구장만 한 것으로 확인됐다. 『사기』에 기록된 무덤 내부의 수은 존재 사실도 확인되었다. 묘실을 둘러싸고 있는 동서 168m, 남북 141m의 거대한 장벽(궁장宮墻)이 발견되었으며, 그 장벽 때문에 묘실

내부에 지하수가 침투하지 않아 묘실의 보존 상태가 완벽하게 유지되고 있는 것으로 확인되었다고 발표하였다(신화통신 재인용).

발굴 작업은 지금도 계속되고 있으나, 이 거대한 지하궁전을 유물 훼손 없이 발굴하기에는 아직 기술과 전문인력이 부족하다는 정부의 판단 아래 대대적인 발굴은 미루고 있다. 내 생전에 보기는 틀린 것 같다.

진시황릉병마용박물관秦始皇陵兵馬俑博物館

진시황릉의 동쪽 1.5㎞ 지점에 있는 병마도용갱(兵馬陶俑坑)은 시황제를 호위하고 지하궁전을 지키는 지하군단으로 진 왕조의 백만 정예군의 축도(縮圖)라 할 수 있다. 1974년 3월 29일 봄 가뭄을 해소하기 위해 우물을 파던 농부들이 4m쯤 파내려 갔을 때 곡괭이 끝에 진흙으로 빚어 불에 구운 테라코타(terracotta) 무인상이 나왔다. 이 소식은 고향에서 휴가를 보내고 있던 신화(新華)통신 기자에 의해 전 세계에 알려졌다. 그 후 국가문물국이 그곳을 대대적으로 발굴하여, 2천여 년 전 지하에 매장된 엄청난 역사문화재가 지상에 드러나자, 전 세계가 경악했다.

- 1호갱[27]은 동서 230m, 남북 62m, 총면적 1만 4,200여㎡, 깊이 4.5m의 가장 큰 갱으로, 주력군인 전포무사용(戰袍武士俑) 등 6천여 체의 병용(兵俑)과 마용(馬俑)이 1열에 68체, 83열의 병용이 종대로 늘어서 있고, 40량(輛)의 목제 전차가 출토되었다. 멀리 쏘는 무기인 활을 가진 경장(輕裝)의 선봉대 뒤에 긴 창을 갖고 갑옷을 입은 백병전 부대가 뒤따르고 있다.
- 2호갱은 1976년에 발견되었으며, 동서 124m, 남북 98m, 총면적 6천여㎡의 'ㄴ'자형 갱으로, 보병용 562, 기병용 116, 마용 472필, 목제 전차 89량이 출토되었다. 보병, 차병, 기병의 조합으로 편성된 혼성

27 시안 진시황릉 병마용 1호갱 /Kevinmcgill

9
18

기동부대로 좌익을 담당하는 기동력 있는 정예부대이다.

- 3호갱은 동서 17.6m, 남북 21.4m, 지하군단 지휘부로 추정되는 면적 520㎡의 가장 작은 갱으로, 갑옷 입고 칼·활·석궁·창 등으로 무장한 보병용 64체, 4필의 마용이 끄는 전차 1량이 출토되었다. 지휘부의 장막을 둘러싼 호위부대이다. 칼 등 금속제 무기는 크롬 도금을 하여 하나도 녹슬지 않아, 그들의 청동기 기술이 놀랄 정도로 발달되었음을 보여 준다.

지금까지 발굴한 갱 4개의 총면적은 2만 5,380㎡에 이르고, 병용·마용의 수는 전부 8,099체, 청동 병기는 10여 종 3만 점이 넘는다. 이들은 조직과 편대가 정연한 군진 대열로 당시의 군사 편제, 갑주, 무기 등의 연구에 구체적인 자료를 제공하고 있다. 장군[28]·장교·병사의 계급과 보병[29]·기병·차병의 병종(兵種)으로 구성된 도용들은 모두 키 178~196㎝(평균 180㎝), 육척장신에 기골이 장대하고 역할에 따라 다른 갑옷을 입고 있다.

지휘관의 명령이 떨어지기만 기다리는 결연한 표정의 병마용들은 기세가 하늘을 찌를 듯하고, 그들의 표정은 마치 살아 있는 것처럼 생동감이 넘친다. 하나같이 머리 모양, 얼굴 생김새와 표정이 달라 천인천면(千人千面)이고, 원래 광물질 안료로 채색되어 있던 훌륭한 조각예술품이었으나, 오랜 세월이 지나는 동안 안료는 벗겨졌다.

1980년 진시황릉분구(墳丘) 서쪽 20㎞ 지점의 갱에서 네 마리 말이 끄는 가장 완전하고 가장 화려한 2륜(輪) 동거마(銅車馬) 2량이 출토되었다. 금·은·청동으로 만들어진 3천여 개의 부품을 사용하여 실물 크기의 2분의 1로 조립하였다. 진시황이 전국을 순회할 때 탔던 마차를 모델로 제작한 것으로 추정된다.

28 진시황릉 병마용 〈장군용〉 (195㎝, 2호갱 출토) /『陝西省十大博物館』(廣彙貿易株式會社), p.43

29 진시황릉 병마용 〈입사용(立射俑)〉(왼쪽), 〈궤사용(跪射俑)〉(오른쪽) /『진시황』(진시황전시기획단), pp. 78-79

30 진시황릉 병마용 2호 동거마(안거安車, 길이 317㎝, 높이 106㎝, 무게 1,241㎏) /『陝西省十大博物館』, pp. 56-57

- 1호 동거마는 황제의 행렬을 선도하는 입거(立車, 길이 225㎝, 높이 152㎝, 무게 1,061㎏)로서 청동 우산 아래 어자(御者)가 서 있다.
- 2호 동거마30는 황제가 타는 안거(安車, 길이 3.17m, 높이 1.06m, 무게 1,241㎏)로서 중국 동거마 중 연대가 가장 이르고 가장 크며, 장식이 가장 정교·화려하고 보존 상태도 가장 좋다. 앞에는 어자가 앉아 있고, 궁륭형 타원 덮개로 덮인 후실에는 좌우에 창, 뒤에 개폐되는 문이 있으며, 누워서 쉴 수 있는 크기이다.

프랑스 전 대통령 자크 시라크(Jacques Chirac)는 총리 시절 "세계적으로 전에는 7대 기적이 있었는데, 진용갱(秦俑坑)의 발견은 제8대의 기적이다. … 진용들을 보지 않으면 중국에 왔었다고 할 수 없다"고 했다 한다.

화청지 華清池

당 현종과 양귀비

여산의 북쪽 기슭에 있는 해발 1,200m의 화청지(華淸池)는 수려한 풍광과 수온 43℃의 쾌적한 온천수 때문에 서주(西周) 말기 주(周) 유왕(幽王)이 여궁(驪宮)을 지었고, 진시황, 한무제, 당태종 등 여러 왕들이 행궁을 짓고 휴양하던 곳이며, 현존하는 최대 규모의 당나라 황실 원림(園林)이다. 당 현종(玄宗, 재위 712~756)은 이곳에 국고를 쏟아부어 넓이 60만㎡의 호화로운 이궁(離宮) 화청궁(華淸宮)을 짓고, 양귀비(楊貴妃)와 달콤한 향락에 빠져 몰락의 길을 걸었다.

양옥환(楊玉環, 양귀비의 이름, 719~756)은 풍만하고 농염한 미인('자질풍염資質豐艶')으로 가무와 음률에 뛰어났고, 군주의 마음을 사로잡는 재치와 총명을 겸비했다. 원래 현종의 제18왕자 수왕(壽王) 이모(李瑁)의 비(妃)였는데, 현종이 총애하여 궁에 들이고, 26세 때 귀비로 책봉했다. 양귀비의 사치와 6촌 오라비 국충(國忠)의 전횡, 자매들의 농단이 '안사(安史)의 난'(756~763)의 빌미를 제공하여, 756년 현종이 쓰촨(四川)성으로 도망가다가 마외역(馬嵬驛)에 이르렀을 때, 금군대장 진현례(陳玄禮)를 위시한 호위군사들의 양씨 일문에 대한 불만이 폭발하여, 양국충을 죽이고, 황제를 겁박하여 귀비를 끌어내 나무에 목매달아 죽였다.

정문에 곽말약(郭沫若귀모뤄, 1892~1978)이 쓴 '華淸池(화청지)'라는 비명(碑銘)이 있고, 경내에 넓이 5,300㎡의 구룡호(九龍湖),31 현종과 양귀비의 침실인 비상전(飛霜殿), 의춘전(宜春殿), 황제의 욕실인 연화탕(蓮花湯), 양귀비의 욕실인 해당탕(海棠湯, 일명 귀비지貴妃池)32이 있고, 화청궁의 정원인 환원(環園)에 연화전(蓮花殿)과, 양귀비가 긴 머리를 늘어뜨리고 경치

31 시안 화청지의 '화청궁(華淸宮)' 표석 /Uwe Aranas

32 화청지의 양귀비 욕실 해당탕(귀비지) /Uwe Aranas

33 화청지의 양귀비 상. 판허(潘鶴, 홍콩) 작 (1991) /Alex Kwok

를 감상했다는 비하각(飛霞閣) 등이 있다.

그러나 안사의 난 때 대부분 불타 없어지고, 현재 있는 것은 청 왕조와 중국 정부에서 화청궁의 30%가량만 복원해 놓은 것이라고 한다. 그러나 너무 황제와 귀비의 사랑 놀음에만 포커스를 맞춘 나머지 육감적인 〈양귀비나체상〉(판허潘鶴 작, 1971)33은 오히려 천박하다는 느낌마저 들고, 목조 건축물들은 1949년 이

후에 지은 것으로 고태(故態)가 나지 않는다. 지금 이곳은 마치 놀이공원 처럼 시끄러워 궁전의 품격을 떨어뜨리고 있다.

오간청

화청지 내에 중국 현대사와 나아가 세계사의 흐름을 바꿔 놓은 '시안사변(西安事變)'의 현장 오간청(五間廳)34이 있다. 홍군 토벌을 위하여 시안에 주둔하고 있던 국민당의 동북군총사령관 장쉐량(張學良, 1898~2001, 만주 군벌)과 서북군총사령관 양후청(楊虎城)은 1936년 12월 12일 일본의 중국 침략에 대한 투쟁에는 소극적이고 홍군 토벌에만 몰두하고 있는 국민당 정권의 총통 장제스(蔣介石)에게 반란을 일으켰다. 그들은 난징(南京)에서 독전(督戰)차 시안을 방문한 장제스를 체포하여 감금한 후, 내전을 중지하고 마오쩌둥(毛澤東)의 공산당과 합작하여 대일항전에 함께 나설 것 등을 요구했다.

34 화청지 오간청. 1936년 시안사변 당시 장제스를 체포하여 연금했던 장소 /風之淸揚

국민당의 쑹쯔원(宋子文), 쑹메이링(宋美齡)과 공산당의 저우언라이(周恩來)가 달려와 삼자회담 끝에, 같은 달 25일 내전 중지, 항일 투쟁 공동 전개, 정치범 석방, 언론·집회·결사의 자유 보장, 국민참정회 설치 등의 '제2차 국공합작(國共合作)'을 이끌어 냈다. 만약 이때 국공합작이 이루어지지 않았다면 홍군은 국민당군에게 궤멸되어 세계사의 흐름이 바뀌었을지도 모른다.

장제스가 감금되어 있던 오간청은 좁고 질박하지만 집무실, 회의실, 식당, 침실의 가구집기들이 그대로 보존되어 있고, 변란 때 총탄에 맞아 깨어진 유리창도 그대로 있다.

섬서역사박물관陝西歷史博物館

중국에서 매장문화재가 가장 많은 섬서(陝西산시)성에서 출토된 유물 등 37만 점을 수장하고 있는, 중국 최대 규모의 박물관이다. 주요 유물로는,

① 중국 최초의 갑골문자,
② 상·주(商周) 시대의 청동기,
③ 진(秦) 병마용, 한(漢) 병마용, 수·당 도용(隋唐陶俑), 당삼채용(唐三彩俑) 등의 도용(陶俑),
④ 장회태자·영태공주·의덕태자의 당묘벽화(唐墓壁畵),
⑤ 반파유적의 유물,
⑥ 기타 장건 시대의 중국산 실크, 200년경 중국 최초의 유약을 바른 도자기, 〈수수마노배(獸首瑪瑙杯)〉

등이 볼만하다.

35 시안 소안탑(높이 43.3m) /頤圓新居

소안탑 小雁塔

소안탑(小雁塔)[35]은 684년 당 중종(中宗, 재위 684~710)이 부왕 고종의 명복을 빌기 위해 지은 천복사(薦福寺) 경내에 있다. 이 탑은 707~709년 당나라 승려 의정(義淨, 635~713?)이 천축에서 가져온 경전 400권을 봉안하고 번역하기 위해 건립되었다. 제1층의 일변은 11m, 원래 15층으로 지은 방형(方形) 전탑(磚塔)이지만, 1557년 이 지역을 강타한 섬서 대지진 때 상부가 파괴되어, 현재 13층, 43.3m 만 남아 있다.

종루鐘樓와 고루鼓樓

명 태조 주원장(朱元璋, 재위 1368~1398)은 홍무(洪武) 17년(1384년) 시안성의 중심인 사대가(四大街) 교차로에 종루(鐘樓)[36]를 건립했다. 이를 중심으로 사방으로 곧게 뻗은 대로는 각각 성벽의 동·서·남·북 사대문과 연

36 시안 종루 /Uwe Aranas

결된다.

종루는 성문이 열리는 새벽부터 낮까지 종을 쳐서 시간을 알리던 곳으로, 높이 36m, 각 변의 길이 35.5m, 건축면적 1,377.4㎡이며, 현재 중국에 남아 있는 수많은 종루 가운데 가장 크고 가장 아름답고 가장 잘 보존되어 있다. 나무기둥에 못을 전혀 사용하지 않고 청벽돌로 쌓아 올린, 명대의 뛰어난 건축기술을 보여 주는 대표적인 건축물이다.

내부에 설치된 계단으로 누에 오르면, 시안 시내의 사방이 한눈에 내려다보인다. 당나라 시대 바둑판같이 정연했던 110방(坊)의 구획이나 넓은 주작대로(朱雀大路)는 간데없고 멋없는 현대식 건물들이 무질서하게 들어서 있어, 훼손된 천년고도 장안의 모습이 실망스럽다.

종루에서 260m 떨어진 곳에 고루(鼓樓)37가 있다. 1380년에 건립된 높이 33m의 누각 형태의 건물로 성문이 닫히는 시간부터 한밤중까지 북을 쳐서 시간을 알리던 곳이다.

37 시안 고루(鼓樓)의 야경 /ArishG

명대 성벽明代城壁

명 태조 홍무(洪武) 7~11년(1374~1378)에 걸쳐, 파괴된 당나라 장안성의 기초 위에 벽돌로 축조한 성벽38이다. 높이 12m, 아래폭 18m, 위폭 15m, 전체 둘레 13.9㎞의 높고 두터운 성벽이 옛 도시의 주변을 둘러싸고 있다. 동쪽의 장락문(長樂門), 서쪽의 안정문(安定門), 남쪽의 영녕문(永寧門), 북쪽의 안원문(安遠門), 사방으로 커다란 성문이 나 있고 문 위에 웅대한 성루(城樓)가 있다. 성내의 면적은 총 12㎢, 장안성 크기(둘레 36.7㎞, 넓이 87.27㎢)의 약 7분의 1정도이다.

명 숭정(崇禎) 9년(1636) 4대문에 옹성(甕城)을 만들었고, 청 건륭 46년(1781) 포(砲)와 해자(垓字)가 추가됐다. 성 주변에 넓고 깊은 호성하(護城河)가 흐르고 정문에서 호성하를 건너가는 조교(弔橋)가 놓여 있다. 성벽 위는 대로같이 넓어 마차 3대가 넉넉히 교행할 수 있다.39 엄청나게 큰 규모에 관광객들은 압도당하지 않을 수 없다.

38 시안 명대 성벽 /Jamguo

39 명대 성벽 위의 대로. 마차 3대가 교행할 정도로 넓다. /Maros

함양박물관咸陽博物館

함양(咸陽)은 중국 역사상 최초의 통일적 다민족국가인 진(秦) 왕조의 수도였다. 주요 유물은, 함양궁(아방궁阿房宮) 유적 출토물, 상앙(商鞅)의 네모되(방형승方形升), 전한 시대의 옥 조각품, 한 고조 장릉(長陵)의 배장묘인 양가만(楊家灣) 한묘(漢墓)에서 1965년 발굴된 높이 60~70㎝의 가채기병용(加採騎兵俑) 583구와 가채보병용 1,965구 등이다. 한대의 병마용은 여기서 처음 보았다.

건릉乾陵

건릉(乾陵)은 당나라 제3대 고종(高宗, 재위 650~683)의 황후이자 후에 스스로 황제의 자리에 올라 중국 역사상 황제가 된 유일한 여인 측천무후(則天武后, 624~705, 재위 690~705)가 조영하여, 684년 고종을 매장하고 706년 자신이 추장(追葬)된 능묘이다.

표고 1,047.5m의 양산(梁山) 남면에 자연지형을 이용하여 만든 길이 약 3㎞의 참도(參道)40 양쪽에 도합 124개의 대형 석조물이 늘어서 있다. 좌우로 화표(華表) 1쌍, 타조(駝鳥) 1쌍, 익마(翼馬) 1쌍, 석마(石馬)와 마부 각 5대(對), 문무 관원(옹상翁像) 10대, 서쪽의 고종 찬양비인 술성기비(述聖紀碑)와 동쪽의 무자비(無字碑, 높이 6.3m, 측천무후의 유언에 따라 글자를 새기지 않은 비석), 고종의 장례에 참석한 새외(塞外) 제족(諸族)의 수령(번신藩臣)과 우호국가 대사의 석상 61체(동쪽에 29체, 서쪽에 32체), 마지막으로 웅혼한 기상의 걸작 석사자 1쌍이 좌우대칭으로 늘어서 있다.

당나라 18대 황제의 능 중 가장 웅대하며, 건축이 견고하여 당대 18릉 중 유일하게 도굴의 피해를 입지 않은 능으로 여겨진다.

부근에 영태공주묘, 장회태자묘, 의덕태자묘 등 17기의 배총이 있다.

측천무후

본명은 무조(武照), 당 건국공신이자 큰 목재 상인 무사확(武士彠)의 딸로 태어나 14세 때 궁에 들어가 태종의 재인(才人)이 되었다. 태종 사후 관례에 따라 감업사(感業寺)에 비구니로 출가했으나, 태종의 아들 고종의 후궁으로 재입궁해 소의(昭儀)로 봉해졌으며, 655년 고종이 총애하는 소숙비(蕭淑妃)와 황후 왕씨를 폐출시키고 황후가 되었다. 그녀는 659년 북위의 황족으로 당 개국 일등공신이며 대권력자인 장손무기(長孫無忌)를 제거하여 권력을 장악하고, 663년 병약한 고종을 대신해 만기(萬機)를 친람(親覽)하였다. 그녀는 황태자 이충(李忠)을 폐하여 사사(賜死)하고, 자신의 장남 이홍(李弘)을 황태자로 세웠다가 독살하고, 차남 이현(李賢)을 황태자로 책봉했다가 폐출하여 유배지 파주(巴州)에서 죽였다. 3남 이현(李顯)을 태자로 세워 684년 고종 사망 후 중종(中宗)으로 즉위시켰다가 55일 만에 폐위시켜 여릉왕(廬陵王)으로 강등시켰다. 막내아

40 시안 건릉의 참배도 /猫猫的日記本

들 이단(李旦)을 예종(睿宗)으로 즉위시켰다가 또 폐위시켰다. 690년 그녀는 스스로 황제가 되어 국호를 주(周)라 칭하고 도읍을 낙양으로 옮겼다. 그녀는 705년 재상 장간지(張柬之) 등이 난을 일으켜 양위를 압박하자 태후로 물러나 앉고 중종이 복위됐으며, 같은 해 82세로 천수를 다하고 죽었다.

영태공주의 묘

영태공주(永泰公主)는 당 고종과 측천무후의 손녀로서 제4대 중종의 7녀 이선혜(李仙蕙)이다. 701년 무후가 총애하는 미소년 장이지(張易之)·창종(昌宗) 형제의 전횡을 비방했다고 무후의 노여움을 사 17세의 어린 나이에 남편 무연기(武延基)와 함께 죽임을 당했다. 무후 사후 706년 복벽(復辟)된 중종에 의해 영태공주의 시호(諡號)를 받고, 남편과 함께 배장되었다.

이 묘는 1960~1962년에 발굴한 결과, 연도(羨道), 소감(小龕), 용도(甬

41 건릉 영태공주묘 전실 정면(남벽)의 벽화 〈궁녀도〉 /『陝西省十大博物館』, p. 122

42 건릉 영태공주묘 전실 동벽 남반부(南半部)의 〈궁녀도〉 원화. 등신대의 시녀 8명과 종자 1명을 그린 그림. 당시 유행하던 머리 모양과 복식 등으로 인해 당묘 벽화의 대표적인 작품으로 꼽힌다.
/『世界の大遺跡 9: 古代中國の遺産』, f. 245

道) 전후 2실의 전축(塼築) 묘실이 이어지는 전장(全長) 87.5m의 대형 묘로 밝혀졌다. 가파른 연도 좌우에 부장품을 넣은 이실(耳室)이 있고, 좌우(동서) 벽면에 청룡, 백호, 누각, 의장대 등 장려한 채색벽화(이 묘의 원화는 떼어 섬서역사박물관으로 옮기고 모사한 벽화)들이 그려져 있다. 전실에는 정면인 남벽41과 동벽, 서벽에 각 2점씩 도합 6점의 빼어난 〈궁녀도〉가 그려져 있다. 그중 동벽 남반부의 〈궁녀도〉(198㎝×177㎝)42에는 등신대의 시녀 8명과 종자(從者) 1명이 그려져 있는데, 여인들은 머리를 높은 상투로 묶고, 스카프를 두르고, 짧은 저고리와 긴 치마를 입고, 운두리(雲頭履)를 신고, 손에 접시, 촛대, 부채, 불자(拂子) 등을 들고 있으며, 당시 유행하던 머리 모양과 복식으로 인해 당묘 벽화의 대표적인 걸작으로 꼽힌다. 후실 석문과 거대한 석곽에 그려진 유려한 〈선각사녀도(線刻仕女圖)〉도 뛰어나다.

장회태자의 묘

당 고종과 측천무후의 차남 이현(李賢, 653~684)의 묘이다. 그는 16세 때 황태자로 책봉되었으며, 총명하고 호학(好學)하여 고종의 신임을 받아 국사를 대리했다. 그러나 무후의 미움을 받아 모반을 꾀했다고 모해당해, 680년 폐서인(廢庶人)되어 파주(巴州)에 유배되었다가 684년 31세 때 죽임을 당했다. 무후 사후 706년 동생 중종에 의해 건릉에 배장되고, 711년 다음 동생 예종에 의해 장회태자(章懷太子)로 추증(追贈)되었다.

1971~72년에 발굴된 이 묘는 전장 71m, 전후 2실의 전축 묘실로 연도의 좌우 벽과 용도 및 전실에 54폭, 총면적 400여㎡의 대체로 완전한

43 건릉 장회태자묘 묘도 동벽 남부의 〈수렵출행도〉 원화(부분). 50여 명의 당대 귀족들이 삼림 속에서 말을 달리며 수렵하는 장면이 큰 화면에 정치하게 묘사되어 있다.
/『世界の大遺跡 9: 古代中國の遺産』, f. 243

벽화가 그려져 있다. 그중 〈수렵출행도(狩獵出行圖)〉, 〈타마구도(打馬毬圖)〉, 〈객사도(客使圖)〉(일명 예빈도禮賓圖), 〈관조포선도(觀鳥捕蟬圖)〉 등은 당대 벽화 최고의 걸작으로 꼽힌다.

묘도 동벽 남부의 〈수렵출행도〉43에는 50여 명의 당대 귀족들이 사냥개, 사냥표범, 매를 데리고 삼림 속에서 말을 달리며 수렵하는 장면이 큰 화면에 정치하게 묘사되어 당대 회화의 수준을 가늠케 한다. 묘도 동벽 중부의 〈객사도〉44에 그려진 인물들 중 왼쪽의 3인은 빈객을 응접하는 한인(漢人) 관리들이고, 오른쪽 3인은 용모와 복식이 모두 다른 외국 사절들이다. 그중 선두는 깊은 눈, 높은 코에 대머리인 서역인이고, 오른쪽은 모피 모자를 쓰고 둥근 소매의 옷과 모피 하의를 입은 유목민이다. 중간에 새 깃 두 개를 꽂은 모자(조우관鳥羽冠)를 쓰고 넓은 소매의 긴 저고리(대수포大袖袍)와 통이 헐렁한 바지(대구고大口袴)를 입은 가운데 인물은 신라의 사절로 추정된다.

44 건릉 장회태자묘 묘도 동벽 중부의 〈객사도〉 원화. 왼쪽 3인은 빈객을 응접하는 한인(漢人) 관리들이고, 오른쪽 3인은 외국 사절들이다. 오른쪽부터 유목민, 신라인(추정), 서역인으로 보인다.
/『世界の大遺跡 9: 古代中國の遺産』, f. 242

의덕태자의 묘

중종과 위후(韋后)의 장자이며 영태공주의 오빠인 이중윤(李重潤)의 묘이다.

조모인 무후가 총애하는 꽃미남 장이지 형제의 전횡을 비방했다고 무후의 진노를 사 701년 19세의 나이에 죽임을 당했다. 무후 사후 706년 중종에 의해 의덕태자(懿德太子)로 추증되어 건릉에 배장되었다.

1971년에 발굴된 이 묘는 전장 101m, 전후 2실의 전축 묘실이다. 연도와 묘실의 벽과 천장에 궐루도(闕樓圖), 청룡도, 백호도 등 거의 완전한 벽화 40여 폭이 그려져 있다. 그중 〈의장출행도(儀仗出行圖)〉, 〈궁녀도〉, 〈단선사녀도(團扇仕女圖)〉, 〈가응희견도(架鷹戲犬圖)〉 등이 뛰어나다. 후묘실 석곽 내외면에 궁녀와 화려한 문양이 새겨져 있다.

무릉茂陵과 곽거병 묘霍去病墓

무릉(茂陵)은 전한 제7대 황제 무제(武帝, 재위 기원전 141~기원전 87)의 능묘로서, 조영에 즉위 이듬해부터 죽을 때까지 53년의 세월이 소요되었다. 분구(墳丘)는 밑변이 동서 231m, 남북 234m, 높이 46.5m로 전한 황제의 능묘 중 가장 크다.

무제는 재위 54년간, 장건을 대월지국(大月氏國, 쿠샨)에 파견하고, 흉노를 토벌하고 하서사군을 설치하여 실크로드를 개척하고, 기원전 106년 조선을 멸하여 한사군을 설치하고, 푸젠(福建), 광저우, 윈난 방면의 변방을 개척하여 영토를 확장하고, 유학(儒學)을 장려하여 통치이념으로 삼고, 중앙집권체제를 확립하여 한(漢) 제국의 기초를 닦아 전한 최고의 전성기를 누렸다. 서역에서 활약한 무장 위청(衛靑), 곽거병, 곽광(霍光)과 김일제 등 혁혁한 공적이 있는 고관, 장군, 귀족들의 배총(陪塚) 20여 기를 근처에 두고 있다.

곽거병(霍去病, 기원전 140~기원전 117)은 한 무제의 황후 위(衛)씨의 조카로 기원전 123년 18세의 젊은 나이로 외삼촌인 대장군 위청을 따라 흉노 정벌에 나서 기련산(祁連山) 아래서 흉노를 무찔러 하서주랑을 획득하고 흉노 혼야왕(渾耶王)의 항복을 받았다.

그는 무제의 총애를 받아 20세에 표기장군(驃騎將軍) 대사마(大司馬) 관군후(冠軍侯)에 봉해졌으나, 24세 때인 기원전 117년 갑자기 병사했다. 무제는 비통해 하며 자신의 능 동쪽 1㎞ 지점 배총에 장례지냈다.

45 시안 무릉 곽거병 묘 〈마답흉노상〉. 묘의 정면에서 발굴된 화강암의 환조상(높이 1.4m). 말의 앞발 사이에 흉노의 머리가 끼여 있다.
/『世界の大遺跡 9: 古代中國の遺産』, f. 137

자연석의 원형을 최대한 살린 14개의 돌짐승 조각 중에서 말이 앞발 사이에 활을 쥐고 있는 늙은 흉노의 머리를 끼고 있는 〈마답흉노(馬踏匈奴)상〉(높이 1.4m)45이 걸작이다.

김일제(金日磾, 기원전 134~기원전 86)는 흉노 휴도왕(休屠王)의 장남으로, 14세 때 혼야왕(渾耶王)을 따라 곽거병에게 투항하여 한(漢)에 귀순했다. 무제의 신임을 받아 김(金)씨 성을 하사받고, 시중(侍中), 거기장군(車騎將軍)이 되었으며, 망하라(莽何羅)의 무제 암살 기도를 저지한 공으로 산둥(山東)성 투후(秺侯)에 봉해졌다. 신라 김씨 왕조의 조상으로 거론되는 인물. 무릉 근처 배총에 묻혔다.

흥교사興教寺

흥교사(興教寺)는 669년 시안 시내 동남쪽 24㎞ 지점에 창건된 사찰로서, 주변의 야트막한 구릉과 우거진 소나무 숲, 매미 우는 소리, 새들의 지저귐, 인적이 드문 한가한 경관이 우리나라의 여느 사찰 못지않게 친근하다. 스님 한 분이 나와서 일행에게 야광주 팔찌를 하나씩 주며 반기신다.

이 사원의 서원(西院)인 자은탑원(慈恩塔院)에 사리탑 3기가 있는데, 가운데 큰 탑은 현장탑, 그 오른쪽이 기사탑(基師塔, 규기窺基탑), 왼쪽이 측사탑(測師塔, 원측탑)46이다. 현장탑은 높이 23m, 저변 5.3m의 5층 전탑이고, 좌우 양탑은 그보다 훨씬 낮은 3층 전탑(높이 약 5m)인데 각 탑의 1층 감실 안에 세 분의 소조상이 각각 봉안되어 있다.

46 시안 흥교사, 신라 원측 법사의 분골을 봉안한 측사탑 /naver.byunsdd

원측(圓測, 613~696)은 신라 왕손으로 태어나 3세에 출가, 15세의 나이에 당나라로 유학을 떠나, 장안에서 법상(法常), 승변(僧辨)에게서 유식학(唯識學)을 배우고, 당 태종으로부터 도첩(度牒)을 받아 원법사(元法寺)에 머물렀다.

645년 현장이 귀환한 후에는 그 문하로 들어가 사사했다. 중국어와 산스크리트어에 능통하여, 현장을 도와 『보우경(寶雨經)』, 『화엄경(華嚴經)』 등 많은 경전을 한역(漢譯)하고, 현장이 연 법상종(法相宗)의 비조(鼻祖)의 한 사람이 되었다.

측천무후는 법사에게 생불과 같은 예우를 하면서, 신라 신문왕이 여러 번 요청했으나 원측의 귀국을 허락하지 않았다.

저서로는 일부가 실전되었다가 1992년 둔황에서 티베트어 본이 발견되어 세계 학계의 주목을 받은 『해심밀경소(解深密經疏)』와 『성유식론소(成唯識論疏)』, 『반야바라밀다심경찬(般若波羅多心經贊)』, 『인왕경소(仁王經疏)』 등 다수의 명저가 있다.

법사는 서명사(西明寺)에 주석(駐錫)하며 대덕(大德)의 지위에 오르고, 불수기사(佛授記寺)에서 84세를 일기로 입적했다. 법구(法軀)는 용문 향산사(香山寺)에서 다비(茶毘)되어 사리 49과(顆)가 나와 백탑(白塔)에 봉안됐고, 분골되어 종남산 풍덕사(豊德寺)에 탑이 세워졌으며, 송나라 때인 1115년 다시 분골되어 흥교사 현장탑 왼쪽에 모셔졌다.

선진문화대국에서 당대 최고의 대학승으로 우러러 존숭받은 법사를 흠모하고 자랑스러워 하는 마음이 절로 난다.

흥교사는 현대에 와서 다시 우리와 인연을 맺는다. 이 사찰 부근 종남산(終南山) 일대는 광복 직전 장준하(張俊河), 김준엽(金俊燁) 등 우리 광복군(총사령 지청천池青天) 제2지대(지대장 이범석李範奭)의 200여 병사들이 미국 전략정보국(OSS)과 협약을 맺고 본토 침투, 정탐, 파괴 등의 특무공작 훈련을 받은 곳이다. 그들은 1945년 4월 3일 고된 훈련을 마치고 산둥성으로 이동하여 미국 잠수함을 타고 국내 진공을 기다리던 중 일본의 무조건 항복으로 참전이 무산되고 말았다. 그들의 숙소가 바로 흥교사였다.

한국 사람이라면 이곳에 꼭 한번 가 보기를 권한다.

실크로드 기점起點의 조각상

서역 상인들의 활동 무대였던 서시(西市) 터에 실크로드의 출발점 개원문(開遠門)이 세워져 있다. 그 문을 나서면 낙타 등에 짐을 가득 싣고 먼 길을 떠나는 카라반을 형상화한 거대한 석조 조각상(길이 55.9m, 너비 3m)이 있다.

낙타 상단(商團)은 맨 앞에서 서역인이 이끌고 있으며,47 당나라 사람 3명, 페르시아 사람 3명, 낙타 14필, 개 3마리, 말 2필로 구성되어 있다. 먼 길을 떠나면서 새로운 세계에 대한 기대와 설렘, 미지의 수난에 대한 두려움, 고난을 극복하겠다는 결연한 의지가 교차된 긴장한 표정들을 짓고 있다. 이 조각상은 비단길이 열린 지 2,100년을 기념하여 1988년 시안미술학원에서 조각한 것이다.

47 시안 실크로드 기점의 조각상. 시안성을 나서서 실크로드로 향하는 낙타 상단 /네이버 블로그

제 11 장

당대唐代 불교 조각예술의 최고봉

용문석굴 龍門石窟 Longmen

낙양
용문석굴
빈양삼동
봉선사
고양동

낙양

1997년 7월 나는 티베트와 둔황 막고굴을 답사한 후, 2천 년의 고도 시안(西安)에 들어와 며칠 쉬면서 시안과 그 근교의 사찰, 능묘, 유적, 박물관 들을 두루 관광했다. 나는 거기서 곧바로 귀국하지 않고 조금 다른 여정을 택했다.

시안 → 낙양 → 선종(禪宗)과 소림권(少林拳)의 발상지인 소림사(少林寺) → 불탑 248기의 고대 탑예술 박물관 탑림(塔林) → 중국의 오악(五岳) 중 중악(中岳)인 숭산(嵩山, 해발 1,512m) → 허난(河南)성 최대의 도교 사원인 중악묘(中岳廟)의 준극전(峻極殿) → 2·7기념탑과 상대(商代) 유적의 정주(鄭州정저우) → 베이징 → 인천의 루트를 택했다. 이 여정을 택한 가장 큰 이유는 낙양에서 용문석굴을 보기 위해서였다.

낙양(洛陽뤄양, 인구 2010년 655만)은 시안(西安), 개봉(開封카이펑)과 더불어 중국 3대 고도(古都)의 하나로 기원전 770년부터 동주(東周)·동한(東漢)·조위(曹魏)·서진(西晉)·북위(北魏)·수(隋)·당(唐)·후량(後梁)·후당(後唐) 등 9개 왕조가 924년간 도읍했던 9조(朝)의 고도다.

낙양에서는 무덤의 대명사인 북망산(北邙山)의 낙양고묘(古墓)박물관, 낙양박물관, 서기 68년에 세워진 중국 최초의 불교 사원 백마사(白馬寺), 위(魏)의 조조(曹操)가 손권(孫權)이 보내온 관우(關羽)의 수급(首級)에 몸을 나무로 깎아 맞추고 예를 갖추어 장사 지낸 관림(關林), 그리고 용문석굴을 보았다.

01 용문석굴 봉선사 주존 '노자나불'. 부드럽고 자비로운 눈길, 입가에 번진 희미한 미소, 통통하고 복스러운 뺨, 예쁘고 기품 있고 후덕한 상호. 당대 불교조각의 최고봉이다. /Baiqitun

용문석굴

용문(龍門룽먼)석굴은 중국 허난성 낙양 남쪽 14㎞ 지점에 있는 석굴로, 둔황 막고굴, 대동(大同다퉁) 운강석굴(雲岡윈강石窟)과 더불어 중국 3대 석굴의 하나다. 이하(伊河)를 가운데 두고 용문산(龍門山, 서산西山)과 향산(香山, 동산東山)의 석회암 암벽을 따라 남북으로 약 1.5㎞에 걸쳐 마치 거대한 벌집처럼 늘어선 2,345개의 석굴과 벽감, 9만 7,306체의 불상, 39기의 석탑이 조각되어 있고, 불상 제작 후원자들의 동기와 목적을 기록한 석비와 비문이 2,860여 곳인 거대한 불교 석굴군이다.02

용문석굴은 북위(386~534) 효문제(孝文帝, 재위 471~499)가 대동에서 낙양으로 천도한 494년부터 운강석굴의 뒤를 이어 조성하기 시작해, 동위(東魏)·서위(西魏)·북제(北齊)·북주(北周)·수·당·북송(北宋)에 이르는 9세기

02 용문석굴, 용문산(서산) 1.5㎞의 파노라마 /Bencmq

까지 400여 년에 걸쳐 계속하여 조성되었다. 용문석굴은 초당(初唐, 7세기) 후기에 최성기를 맞았고, 주요 석굴은 대부분 불교미술의 전성기인 성당(盛唐, 8세기)까지 만들어졌으며 그 후에는 쇠퇴했다. 석굴의 약 30%는 북위 시대에, 약 60%는 당대에 조성된 것이며, 대형 굴은 서산에 28개, 동산에 7개 있다.

고양동과 빈양동에는 우수한 북위 불상이 많이 있고, 봉선사는 당대(唐代) 조각의 최고봉이다. 그 밖에 천장의 연꽃이 아름다운 연화동(蓮花洞), 높이 3㎝의 소불상 1만 5천여 존이 조각되어 있는 만불동(萬佛洞), 당나라 때의 약 조제법이 새겨진 석탑이 있는 약방동(藥房洞), 노룡동(老龍洞), 간경사(看經寺) 등이 유명하다.

다만, 오랜 세월 방치되면서 불상의 머리를 가지고 있으면 복이 온다는 미신 때문에 머리가 잘려진 불상이 많고, 국내외 도굴단에 의한 불법 반출, 문화혁명 당시 홍위병에 의한 파손 등으로 훼손된 부분이 많다.

빈양삼동

빈양삼동(賓陽三洞)은 북위 시대를 대표하는 석굴로 남동, 북동, 중동 세 개의 굴로 이루어져 있으며, 24년간 연인원 80만 명의 기술자와 인부들을 동원하여 조영했다.

중동(中洞)은 북위의 선무제(宣武帝, 재위 499~515)가 부왕 효문제를 위해 발원하고 조영한 북위미술 최고의 걸작으로, 500년에 시작하여 523년까지 24년간 공사가 계속되었다. 입구 너비 5.2m, 안길이 6m, 안벽의 폭 7.7m, 원형 천장의 높이 10m인 북위 최대의 석굴 내부에 11체의 대형 불상이 모셔져 있는데, 양식상의 특징은, 갸름하고 수려한 얼굴에 온화

03 용문석굴 빈양중동 정면(서벽)의 〈오존상〉. 석가모니불, 2제자, 2보살상
/『龍門石窟藝術』(香港永泰出版社), f. 16

한 미소를 머금고, 긴 목, 처진 어깨로 전체적으로 호리호리한 몸매이며(수골청상秀骨淸相) 고구려불에도 많은 영향을 미쳤다.

정면(서벽)에 본존 석가모니불좌상, 2제자(가섭, 아난), 2보살(문수, 보현)의 〈오존상(五尊像)〉03과 앞쪽의 좌우에 사자상이 안치되어 있는데, 온화한 미소를 머금은 단아한 본존03은 효문제를 모델로 조각한 것이라 하며, 북위미술 최고의 걸작으로 꼽힌다. 좌우 협시보살들은 화관과 영락으로 꾸미고, 삼굴(三屈)의 유연한 자세를 취하고 있다.

좌우 벽(남북면)에는 각각 1불 2보살의 〈삼존상〉04을 모셨으며, 동북쪽 구석 상층에 〈유마경변〉, 중층에 〈삿타 태자 본생담〉, 하층에 선무제가 자신의 부모인 효문제와 문소태후(文昭太后)의 명복을 빌기 위

04 빈양중동 남벽의 입불 〈삼존상〉 /『龍門石窟藝術』, f. 18

05 빈양중동의 〈황제예불도〉. 1930년 미국 메트로폴리탄 미술관의 극동부 주임 앨런 프리스트가 중국 골동상에게 떼어 달라고 주문하여 2년여에 걸쳐 조각조각 떼어 내 미국으로 가져다가 다시 붙여 뉴욕 메트로폴리탄 미술관에 팔아먹은 부조 /이유진

해 만든 〈황제예불도〉와 〈황후예불도〉가 마주하여 조각되어 있고, 굴 꼭대기 조정(藻井)에 새겨진 화려한 큰 연꽃을 둘러싸고 수많은 〈주악비천(奏樂飛天)〉이 날고 있으며, 요벽(腰壁)에는 〈십신왕(十神王)〉이 새겨져 있다.

이 굴은 일부가 몹시 훼손되었는데, 연세대 인문학연구소 연구원 이유진에 의하면, 1930년 미국 메트로폴리탄 미술관의 극동부 주임 앨런 프리스트(Alan Priest)가 베이징의 골동품상 웨빈(岳彬)에게 〈황제예불도〉와 〈황후예불도〉를 떼어 달라고 주문하고, 웨빈은 다시 낙양의 골동품상 마룽투(馬龍圖)에게 의뢰했다. 마룽투는 토비(土匪)를 고용해 망을 보게 하고, 석공들을 위협하여 밤에만 작업을 시켜, 2년여에 걸쳐 조각조각 떼어 냈다. 프리스트는 그 조각들을 미국으로 가져다가 다시 짜맞추어, 1935년 〈황제예불도〉05는 메트로폴리탄 미술관에, 〈황후예불도〉는 미국 넬슨 앳킨스(Nelson Atkins) 미술관에 각각 팔았다고 한다('이유진의 중국 도읍지 기행: 낙양', 「문화유산 용문석굴 빈양중동수난사」, 『주간경향』, 2016).

남동(南洞)과 북동(北洞)은 북위 때 착공되었으나 전란으로 인해 작업이 중단되어, 남동은 수대까지, 북동은 초당까지 공사가 계속되었으며, 모두 1불 2제자 2보살의 오존상을 안치했는데, 모두 당나라 풍의 풍만한 몸매를 지니고 있다. 남동의 본존 아미타불은 시무외인(施無畏印)을, 북동의 본존 아미타불은 V자 모양의 매우 특이한 수인(手印)을 짓고 있다.

봉선사

용문석굴에서 으뜸은 단연 봉선사(奉先寺)다. 이하(伊河) 건너편에서 용문산을 바라보면 남북으로 1.5㎞에 걸친 석굴군의 전모가 눈에 들어온다.02 마치 벌집처럼 숭숭 뚫린 작은 석굴들 중앙에 커다랗게 자리 잡은 봉선사는 본존불의 이목구비가 강 건너편에서도 또렷하게 보일 만큼 크다.06

봉선사는 이하의 하안(河岸)도로에서는 보이지 않다가, 가파른 층계를 한참 올라가면 먼저 불상의 얼굴이 보이고, 그다음 가슴까지 보이고, 100여 개의 층계를 다 올라간 순간 눈앞에 갑자기 웅장하고 화려한 사원의 전모가 불쑥 드러난다.07

06 용문석굴 봉선사 원경 /A1AA1A wikipedia

봉선사는 672년 당 고종의 칙령으로 조영이 시작되어 3년 후인 675년 낙성되었다. 봉선사는 굴이 아니다. 용문산 중앙의 산허리 암벽을 폭 35m, 높이 30m, 깊이 4m로 깎은 얕은 감(龕) 속에 1불 2제자 2보살 2천왕 2역사의 거대한 상들을 야외에 노출되게 조각한 것이다. 봉선사는 장대하고 수려하고 완벽한 조형미로 당대(唐代) 불교 조각예술의 최고봉이며 세계적인 걸작으로 꼽힌다. 바로 이것을 보려고 여기에 온 것이다.

본존인 〈노자나불(盧舍那佛)〉01은 전체 높이 17.14m, 머리의 길이 4m, 귀의 길이 1.9m, 연화대 위에 결가부좌한 불좌상으로 용문석굴의 불상 가운데 가장 크다. 상호는 둥글고 온화하며, 크게 휘어진 가지런한 눈썹, 부드럽게 내려다보는 자비로운 눈길, 오똑한 콧날, 도톰하고 윤곽선이 뚜렷한 입술, 입가에 번진 희미한 미소, 통통하고 복스러운 뺨, 영락없이 예쁘고 기품 있고 후덕한 여인의 얼굴이다. 이 얼굴은 당 고종이 황후인 측천무후(則天武后)의 모습을 담은 불상을 조성하라고 명하여 그녀를 모델로 조각하였고, 그녀는 자신도 2년 동안 쓸 화장품 값(지전脂錢) 2만 관(貫)을 재원으로 지원했다고 전해 온다.

본존을 향하여(이하 같음) 오른쪽에 가섭(迦葉) 존자, 왼쪽에 아난(阿難) 존자가 시립해 있다. 두 제자의 키는 모두 10m, 가섭의 얼굴은 파손되었지만 연만한 모습이고, 완벽하게 보존된 아난은 영민한 어린아이같이 준수한 모습이 둔황 막고굴 제45호굴의 아난을 닮았다.

가섭 옆에 문수보살08, 아난 옆에 보현보살, 키는 모두 13.25m, 보현은 두 팔이 훼손되었지만 문수는 다행히 잘 보존된 모습이다. 화려한 보관을 쓰고, 구슬 목걸이를 걸고, 몸은 성장(盛裝)하였으며, 모두 유연한 자세를 취하고 있다. 가슴은 풍만하고, 허리는 잘록하며, 얇은 치마를 통해 다리의 윤곽이 드러난다.

07 봉선사 전경. 장대하고 수려하고 완벽한 조형미로 당대 불교 조각예술의 최고봉.
왼쪽부터 보현보살, 아난, 본존 노자나불, 가섭, 문수보살, 북방다문천, 역사 /A1AA1A wikipedia

그다음 왼쪽의 남방증장(南方增長)천왕과 오른쪽의 북방다문(北方多聞)천왕08의 키는 모두 10m, 다문천왕은 갑옷을 입고 오른손에 탑을 들고, 발아래 악귀를 밟고 서 있다. 그 옆의 역사는 강건한 근육질 몸매에 수도(手刀) 고수의 자세, 부릅뜬 눈알은 튀어나올 듯하고, 입은 무섭게 포효하고 있다. 이 천왕과 역사는 봉선사의 조상 중에서 가장 완벽하게 보존된 조각이며, 거의 환조(丸彫)에 가깝게 조각되어 있어 당장 벽에서 튀어나올 듯한 약동감이 있다.

08 봉선사 본존 좌협시 문수보살 /『龍門石窟』(知識出版社)

고양동

고양동(古陽洞)은 마침 수리 중이어서 들어가 볼 수 없었다. 현지에서 구입한 『龍門石窟』(劉景龍 編著, 知識出版社, 1996)과 일본어 안내서, 네이버 지식백과 등으로 공부한 바는 다음과 같다.

고양동은 북위 효문제가 낙양으로 천도한 494년 조영하기 시작한, 용문에서 가장 오래된 석굴로서, 선무제 말년에 대충 완성했으며, 폭 6.75m, 안길이 13m의 말발굽형 평면에, 높이 11m의 높은 원형 천장을 가진 북위 최대의 석굴이다.

아주 깊은 정면의 2단 보단(寶壇) 위에 본존불좌상이 안치되어 있고, 그 후벽 좌우 구석에 두 협시보살, 앞쪽 좌우에 두 사자상이 있다. 좌협시보살은 화관과 영락으로 꾸미고, 허리를 앞으로 내민 포즈다.09 굴 주위 벽에 감(龕)을 파고 그 안에 북위의 것은 석가모니불좌상 24좌, 미륵교각상(彌勒交脚像) 29좌, 관음입상 11체, 이불병좌상(二佛並坐像) 등을 안치했으며, 조상명(造像銘)은 당대의 것을 포함하면 100여 개에 달한다. 높은 원형 벽의 중간에 돌아가며 상하 4~5단으로 감실을 파고, 정교한 불상을 하나씩 새긴 것은 원대한 계획과 징구한 세월에 걸쳐 대단한 공력을 들여 조성한 것으로 보인다.10

09 용문석굴 고양동 본존의 좌협시보살

/『龍門石窟』 f. 127

이하의 동안(東岸) 향산에 이백(李白), 두보(杜甫), 한유(韓愈)와 더불어 당시(唐詩) 4대가의 한 사람인 백거이(白居易, 772~846, 자字 낙천樂天, 호 향산거사香山居士)가 만년을 보내다가 세상을 떠난 향산사(香山寺)와 그의 묘가 있는 백원(白園)이 있다. 시간이 없어서 향산사만 잠깐 보고 백원에는 들르지 못했다.

용문석굴은 2000년 유네스코에 의해 세계문화유산으로 지정되었다.

10 고양동 북벽. 높은 원형 벽에 돌아가며 감실을 파고, 그 안에 불상을 하나씩 안치했다. /『龍門石窟』, f. 131

제 12 장

한반도인이 만든

일본 3대 미술문화재

고구려 풍의 걸작 벽화 호류지의 〈금당벽화〉

백제인의 세련된 솜씨 호류지 〈백제관음상〉

신라에서 보낸 고류지 〈미륵보살반가사유상〉

나는 1985년부터 2001년까지 아시아권 고대미술의 대형 유적인 보로부두르, 아잔타 석굴, 엘로라 석굴, 앙코르 유적, 바간의 불탑, 둔황 막고굴, 티베트와 용문석굴을 탐방했다.

이들을 본 내 감상은 대체로 '좋다'라기보다는 '크다'였다. 그들은 '질'보다 '양'을 과시하려고 했던 것 같다. 그러나 큰 규모로 깜짝 놀라게 하는 것은 높은 예술성으로 감동을 주는 것보다 차원이 낮다.

보로부두르와 앙코르 와트는 깜짝 놀랄 만큼 크지만 그 안에 드높은 예술정신이 깃들어 있지는 않은 것 같았다. 바간의 불탑들은 엄청나게 많지만 예술성에서는 많이 뒤떨어진다. 보로부두르의 굽타 양식의 등신불 좌상은 훌륭하지만 최고의 예술품이라기에는 부족한 듯하다.

아잔타 제1굴의 〈연화수보살〉과 제26굴의 〈석가열반상〉, 엘로라 제16굴 카일라사, 둔황 막고굴 제45굴의 〈채소칠존상〉, 제156굴의 〈장의조출행도〉, 용문석굴 봉선사 노자나불은 최고의 예술작품이라고 평가해도 좋을 듯하다.

나는 미술 전문가는 아니지만 내 눈에는 그렇게 보였다.

자, 이제 실크로드의 동쪽 끝 일본으로 가 보자.

01 호류지 금당재현벽화 6호벽 〈아미타정토변상도〉 좌협시 관음보살(부분) /호류지 발행 엽서

세계 최고의 미술문화재는 무엇일까?

프랑스 작가이자 예술비평가이며 문화부장관을 지낸 앙드레 말로(André Malraux, 1901~1976)는 지구 최후의 날에 지구 밖으로 반출해야 할 3대 미술문화재로 〈밀로의 비너스〉, 레오나르도 다빈치의 〈모나리자〉, 일본 호류지(法隆寺)의 〈금당벽화〉를 들고 있다.

범위를 좁혀서, 동양에서 지구 최후의 날에 지구 밖으로 반출해야 할 3대 미술문화재는 무엇일까?

중국의 〈운강석굴(雲岡石窟) 제20굴 석가모니불 좌상〉, 한국의 〈석굴암 본존불〉, 일본 호류지의 〈금당벽화〉를 든다고 한다.

앞서 본 아시아의 대형 유적군에서는 하나도 끼지 못했다.

범위를 더 좁혀서, 일본에서 지구 최후의 날에 지구 밖으로 반출해야 할 3대 미술문화재는 무엇일까?

호류지의 〈금당벽화〉와 〈백제관음상〉, 교토 고류지(廣隆寺)의 〈미륵보살반가사유상〉을 드는 것이 상식이라고 한다. 이들 셋은 모두 일본의 국보로 지정되어 있고, 서로 우열을 가리기 어려운 동양을 대표하는 유물들이다.

그런데 이들 셋은 모두 삼국시대 한반도인들에 의해 만들어진 것이라고 알려져 있다(『조선일보』 1992. 1. 14, '이규태 코너' 참조).

고구려 풍의 걸작 벽화

호류지의 〈금당벽화〉

일본 나라(奈良)현에 있는 호류지(法隆寺)는 스이코(推古)천황(재위 592~628)의 조카로 섭정이며 아스카(飛鳥) 문화의 중심 인물이었던 쇼토쿠 태자(聖德太子, 574~622)가 607년 창건한 7대 사찰 중 하나다. 〈금당벽화(金堂壁畵)〉는 호류지의 금당 벽면에 그려져 있는 일본에서 가장 오래된 벽화로서 인도 아잔타 석굴, 중국 둔황 막고굴과 함께 세계적인 벽화의 걸작으로 꼽힌다.

『일본서기(日本書紀)』에 의하면, 고구려 승려 담징(曇徵, 579~631)은 오경(五經)과 채화(彩畵)에 능했으며, 백제를 거쳐 610년 일본 승려 호조(法定)와 함께 일본으로 건너와 종이와 먹 제조법, 벼루와 연자방아에 대해서 알려주었고, 호류지에 기거하면서 오경과 불법을 강론했다고 한다.

그런데 언제부터인가 〈금당벽화〉는 담징이 그렸다는 구전(口傳)이 전해 온다. 한국의 초·중·고등학교 국사교과서에는 고구려의 승려인 담징이 일본의 자랑인 호류지의 금당벽화를 그렸다고 전해진다고 기술되어 있고, 그런 교과서로 배운 대부분의 한국인은 그런 것으로 알고 있다.

그러나 일본 학계에서는 누가 그렸다고 정확하게 밝힌 문헌이 남아 있지 않으므로 '작가 불명'이라 하고, 이동주·안휘준 선생 등 한국 학계에서도 담징이 그렸다고 단정하기 어렵다는 견해가 지배적이다.

『일본서기』에 의하면 호류지의 금당 건물은 670년 화재로 불에 탄 것으로 기록되어 있고, 현존하는 건물은 710년경에 재건되었다는 설이 지배적이므로, 만일 그 벽화가 재건 때의 그림이라면 631년에 사망한 담징 제작설은 시대가 맞지 않는다.

1980년대 이후 일본 학계의 중론은, 〈금당벽화〉는 한 사람의 솜씨가 아니며, 7세기 후반경 하쿠호(白鳳) 시대(645~709)에 그려진 것으로 추정하고 있다.

그렇다면 금당벽화 담징 제작설은 어떻게 시작된 것인가?

전남대 미즈노 슌페이(水野俊平) 교수에 의하면, 담징 제작설은 먼저 일본인들에 의해 시작되었다고 한다. 일찍이 한국 역사학자 이홍직(李弘稙, 1909~1970)은 「일본서기 소재 고구려 관계 기사고(考)」(1957)라는 논문에서, 원래 일본의 헤이안(平安) 시대(794~1185)와 가마쿠라(鎌倉) 시대(1185~1333)의 몇몇 문헌에는 백제계 불상 조각가인 도리후시(止利佛師)가 〈금당벽화〉를 그렸다고 기록되어 있고, 에도(江戶) 시대(1603~1867)에도 도리 제작설이 퍼져 있었다고 했다.

그런데 그와 함께 언제부터인가 "금당벽화는 담징이 그렸다"라는 속설이 전해졌는데, 그 근거가 되는 자료는 없다. 이 속설은 아마도 채화에 능한 담징이 호류지가 건립된 지 3년 후에 일본에 건너와 그 사원에 머물렀다는 『일본서기』의 기록으로부터 만들어진 것 같다고 한다.

메이지(明治) 시대(1867~1912)에 담징 제작설을 주장하기 시작한 사람은 미술학자 다카야마 조규(高山樗牛)였고, 그 속설은 그대로 조선에 전해졌다. 이 설은 한국 학계에서 그대로 받아들여져 문일평(文一平), 위창(葦滄) 오세창(吳世昌), 두계(斗溪) 이병도(李丙燾) 등이 담징 제작설을 주장했고, 현행 국사교과서는 모두 이를 따라, "고구려의 승려인 담징은 … 일본의 자랑인 호류지의 금당벽화를 그렸다고 전해진다"고 쓰고 있는 것이라고 한다(네이버 닉네임 '왕뚜껑').

〈금당벽화〉에는 인도 아잔타, 중앙아시아, 중국 당대(唐代) 회화의 영향이 함께 반영되어 있다. 그러나 한반도의 영향을 배제할 수는 없다. 즉 고구려 고분 벽화에 보이는, 중앙아시아적인 채색법이나 철선묘(鐵線描: 굵고 가는 데가 없이 꼿꼿하고 곧은 필선)를 위주로 한 묘법(描法)이 사용되어 있고, 고구려 출신의 화공 집안이 스이코조(朝) 이래 사원의 장식을 위하여 설치된 것을 생각하면, 금당벽화는 고구려계 화사씨족(畵師氏族)의 제작일 가능성이 대단히 높다고 한다(이동주, 『한국회화소사』, 서문문고, 1972 등 참조).

또한 안휘준(安輝濬) 선생은 금당벽화가 담징의 작품이든 아니든 간에 그에 사용된 요철법(凹凸法)과 채색법이 서역 화풍의 영향을 받은 고구려의 고분 벽화와도 상통하는 바 있으므로 고구려와 관계가 깊음을 말해 준다고 했다(안휘준, 『한국회화사』, 일지사, 1980).

그렇다면 〈금당벽화〉 제작자에 관한 국사교과서의 기술은 '담징'이라고 쓸 것이 아니라 '고구려계 화사씨족'에 의한 제작일 가능성이 높다고 고쳐 써야 하지 않을까?

호류지가 발간한 『法隆寺』에 의하면, 〈금당벽화〉는 흙벽에 회를 바르고 그 위에 그림을 그리는 이른바 프레스코화로서 일본에서는 거의 유일한 것이며, 일본에서 가장 오래되고 규모가 큰 걸작 불화다.

벽화는 대벽 4면과 소벽 8면으로 합계 12면인데, 대벽에는 여래를 중심으로 협시보살, 신왕(神王), 천부(天部) 등이 집단으로 그려져 있고, 소벽에는 보살상이 1체씩 그려져 있다. 그 구도는 웅대하여 기품이 높고, 표현의 우미 정교함과 채색의 화려함에 있어 고금에 유례가 없으며, 인도의 아잔타 벽화와 더불어 세계의 쌍벽이라고 일컬어지는 것이다.

4대벽 중 동벽에 석가(釋迦), 서벽에 아미타(阿彌陀), 북벽의 서쪽에 미륵(彌勒), 북벽의 동쪽에 약사(藥師) 4불의 정토변상도(淨土變相圖)가 그

02 호류지 금당재현벽화 6호벽 〈아미타정토변상도〉(부분) /호류지 발행 엽서

려져 있는데, 그중에서도 제6호벽 서대벽의 〈아미타정토변상도(阿彌陀淨土變相圖)〉02가 최고의 걸작이다. 협시보살은 향하여 오른쪽이 보관에 화불(化佛)을 붙인 관음보살,01 왼쪽이 보병(寶甁)을 붙인 세지보살이다.

실크로드는 간다라·굽타 불교미술을 싣고 유라시아 대륙의 동쪽 끝 신라 경주까지 달려온다. 그리고 바다를 건너 일본 교토와 나라까지 간다.

〈금당벽화〉의 삼존상은 모두 굽타 미술의 영향을 받은 당풍(唐風)으로 얼굴이 둥글고 몸은 풍만하다. 중앙의 아미타불은 연화좌(蓮花座)에 결가부좌(結跏趺坐)하고 전법륜인(轉法輪印)의 수인(手印)을 짓고 있으며, 중국화된 얇은 통견(通肩)의 풍성한 법의는 전신에 도식적인 뚜렷한 주름을 짓고 있다. 협시보살들은 본존을 향하여 배를 약간 내밀고 서 있는 유연한 삼굴(三屈)의 자세로 인도 굽타 양식의 영향을 반영하고 있다.

〈금당벽화〉는 세계에서 가장 오래된 목조건물 안에서 1,300여 년간 잘 보존되어 오다가, 1949년 1월 26일 금당의 내부 보수공사 도중 전기 취급 부주의로 불이 나 애석하게도 내진(內陣) 위쪽 소벽(小壁)에 그려진 비천상 외에는 모두 불에 타 버렸다.

현재 있는 것은 1968년 일본 최고의 화가 14명이 소실 전에 찍어 둔 사진자료에 근거해 1년여에 걸쳐 심혈을 기울여 제작한 재현 벽화다.

1987년 내가 호류지에 갔을 때는 금당의 실내 조명이 어둡고 철망 너머로 들여다보아야 하므로 제대로 감상하기 어려웠다.

백제인의 세련된 솜씨

호류지 〈백제관음상〉

나는 1985년부터 1994년까지 네 차례에 걸쳐 일본의 사찰, 고적, 박물관, 미술관 등을 답사했다.

1985년 8월과 1994년 11월에는 간토(關東) 지방을 답사했다.

① 도쿄에서 도쿄국립박물관, 국립서양미술관, 이데미쓰(出光) 미술관, 브리지스톤(Bridgestone) 미술관, 네즈(根津) 미술관, 일본민예관(1936년 야나기 무네요시 설립),
② 닛코(日光)의 린노지(輪王寺), 도쇼구(東照宮),
③ 하코네(箱根)의 '조각의 숲(彫刻の森)' 미술관, 하코네 미술관,
④ 아타미(熱海)의 모아(MOA) 미술관

등을 관람했다.

1987년 8월과 1992년 10월에는 고미술품 수집가인 재일교포 사업가 안주호(安周鎬) 사장과 도쿄 롯폰기(六本木)에서 한국고도자미술상을 하는 다스케(田附) 씨의 안내로 긴키(近畿) 지방을 본격적으로 답사했다.

① 교토에서 교토국립박물관, 고류지(廣隆寺), 기요미즈데라(清水寺), 긴카쿠지(銀閣寺), 산주산겐도(三十三間堂), 도지(東寺, 教王護國寺), 니시혼간지(西本願寺), 히가시혼간지(東本願寺), 료안지(龍安寺), 킨카쿠

지(金閣寺), 니조조(二條城), 고쇼(御所), 기온(祇園),

② 나라(奈良)에서 나라국립박물관, 고호쿠지(興福寺), 도다이지(東大寺), 호류지(法隆寺), 야쿠시지(藥師寺), 도쇼다이지(唐招提寺),

③ 아스카(飛鳥)에서 아스카데라(飛鳥寺), 아스카 자료관, 야마토분카칸(大和文華館), 이시부다이(石舞臺), 다카마쓰즈카(高松塚) 벽화관, 가시하라(橿原) 고고학연구소부속박물관,

④ 오사카에서는 오사카조(大阪城), 시텐노지(四天王寺), 동양도자미술관

등을 관람했다.

그중에서 가장 뛰어난 미술품은 단연 호류지의 〈백제관음상〉과 고류지의 〈미륵보살반가사유상〉이었다. 그 밖에는 호류지의 옥충주자(玉蟲廚子)와 고호쿠지의 예쁜 소녀 같은 얼굴을 가진 삼면육비(三面六臂)의 아수라상이 매우 인상적이었다.

호류지 〈백제관음상〉은 7세기 초 한 둥치의 녹나무(장목樟木)를 가지고 조각해서 만든 목조 관음입상(전체 높이 280㎝, 불상 높이 210.9㎝)이다.03

이 불상에 대하여 일본의 공식 자료는 백제와의 관련성을 드러내지 않고 '유래 불문(由來不問)'으로 소개하고 있지만, 그 이름에서도 알 수 있듯이 백제인이 만든 것이 틀림없을 것이다.

호류지의 「제당불체수량기 금당지내(諸堂佛体數量記金堂之內)」라는 문서에 "허공장보살(虛空藏菩薩)은 백제국에서 도래(百濟國ヨリ渡來)"했다고 기재되어 있고, 이 불상의 대좌 아래에서 '허공장 대륜(臺輪)'이라는 글자가 발견되었다. 이는 백제 제27대 위덕왕(威德王)이 나라(奈良) 땅 왜 왕실에 불상을 보냈다는 시기와 일치한다.

바로 그 허공장보살이 지금 호류지의 '백제관음당(百濟觀音堂)'에 모

03 호류지 〈백제관음〉(210.9㎝). S자형의 미려한 곡선, 11등신의 늘씬한 몸매

/『百濟觀音』(法隆寺, 1998)

셔져 있는 관음보살이고, 일본 사람들이 '구다라칸논(百濟觀音)'이라고 부르는 불상이다.

일본의 학자들 사이에서는, 〈백제관음상〉을 조각한 녹나무는 한반도에서는 자라지 않으므로 이 조각상은 일본 특산의 녹나무를 가지고 일본에서 제작된 것이라는 주장이 있고(지바千葉대 오바라 지로小原二郎 교수 등), 그에 대하여 원래 녹나무는 그 종자를 신라에서 일본에 가져다 심었다(도쿄대 사학과 구메 구니다케久米邦武 교수), 현재도 한국에는 녹나무가 엄연히 자생하고 있으므로 1,300년 전에 한국에 녹나무가 자생하지 않았다고 누구도 단언할 수 없다(장뇌사樟腦史 전문가 야마모토 렌조山本鍊趙)는 반론이 대립하고 있다.

미국의 저명한 동양미술사학자인 존 카터 코벨(Jon Carter Covell, 1910~1996) 여사는 백제관음의 제작기법은 백제에서 오랜 세월에 걸쳐서 터득한 백제식 기법이며, 일본이 단시일 내에 습득할 수 있는 것이 아니다, 일본에서는 이런 작품을 만들어 본 적이 없다고 반박했다.

그러므로 가사 이 불상이 백제에서 보내진 것이 아니라 하더라도 '백제관음'이라는 이름이 붙여진 유래는 적어도 백제에서 온 귀화인의 솜씨로 만들어진 것이기 때문이 아닌가 한다. 한·일 양국 학자들 간에 백제 멸망(660) 후 일본으로 건너간 유민(遺民)들의 작업이라는 설이 유력하다고 한다.

삼불(三佛) 김원룡(金元龍) 선생은 〈백제관음〉은 백제로부터의 귀화인에 의해 만들어진 것으로 믿어지는데, 그 세련된 우아한 팔등신의 몸과 회화적으로 처리된 옷과 옷주름에 담겨진 독특한 정신미는 백제 아니고는 이를 수없는 경지라고 했다(김원룡·안휘준, 『신판 한국미술사』, 서울대학교 출판부, 1994).

04 〈백제관음〉. 단아한 용모, 입가에 번진 잔잔한 미소, 머리에 쓴 보관의 정교한 금동투조 장식이 백제 무녕왕릉 출토 연화당초문 장식과 흡사하다. /『百濟觀音』

05 〈백제관음〉. 엄지와 중지로 보병의 목을 가볍게 쥐어 올리고 나머지 세 손가락은 끝을 살짝 들어 올린 왼손의 기막힌 퍼포먼스 /『百濟觀音』

06 〈백제관음〉. 고통 받는 중생들에게 어서 오라는 듯 내미는 구원의 손길 같이 자비로운 오른손의 표정 /『百濟觀音』

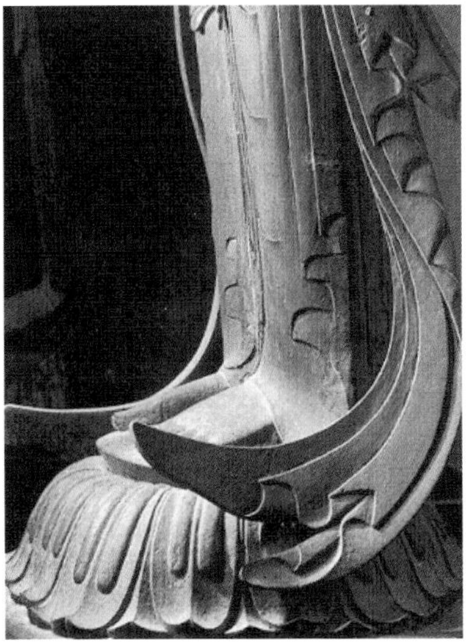

07 〈백제관음〉. 발아래까지 내려뜨려진 새의 날개처럼 날렵한 천의 자락 /네이버 블로그

나는 1987년과 1992년 두 번 이 〈백제관음상〉을 친견할 기회가 있었다.

관음보살님은 대보장전(大寶藏殿) 북창(北倉)에 우뚝 서 계셨다. 방 안은 햇빛이 안 들어와서 어두웠고 통풍도 안 되어 답답했다.

입구로 들어가서는 불상의 배후에서 좌측면을 돌아 정면으로 나아가게 되는데, 보살님은 정면에서보다는 반측면에서 보는 S자형의 미려한 곡선이 더 아름다웠다.03 사람의 상상을 뛰어넘는 11등신의 늘씬한 몸매는 현대의 예술가들도 시도하기 어려운 과감한 데포르마시옹(déformation)이다. 단아한 용모, 입가에 번진 잔잔한 미소,04 엄지와 중지로 보병(寶甁)의 목을 가볍게 쥐어 올리고 나머지 세 손가락은 끝을 살짝 들어 올린 왼손의 기막힌 퍼포먼스,05 고통 받는 중생들에게 어서 오라고 내미는 구원의 손길같이 자비로운 오른손의 표정,06 머리에 쓴 보관과 앞가슴까지 늘어진 수식(垂飾)의 정교한 금동투조 장식(무녕왕릉 출토 연화당초문 장식과 흡사하다), 백제 와당의 무늬를 연상케 하는 커다란 보주형(寶珠形) 광배, 발아래까지 내려뜨려진 새의 날개처럼 날렵한 천의(天衣) 자락,07 얇은 천의 속의 군더더기 없는 우아한 몸매가 백제인의 세련된 솜씨를 말해 주고 있었다.

1958년 프랑스 작가 앙드레 말로는 호류지를 방문하여, 1930년 방일(訪日)했을 때 보고 깊은 충격을 받았던 〈금당벽화〉가 불타 없어진 흰 벽 앞에서 형언할 수 없는 상실감에 빠져 있다가, 북창 특별실에 높게 서 있는 〈백제관음〉을 보고는 "이것이다. 이것이 백제다"라고 외치면서 부인 마들렌의 손을 잡은 채 "이 말할 수 없는 충격", "백제관음은 분명히 세계 조각의 최고봉 중의 하나다. 이 판단은 절대로 틀리지 않는다. 백제관음은 세계 10대 조각의 하나다"라고 흥분된 어조로 말했다고 한다(김윤식, 『문학과 미술 사이』, 일지사, 1979).

그는 또 "만약, 일본열도가 침몰하는 마당에 단 한 가지만 비상 지출(持出)이 허용된다면 나는 〈백제관음〉을 갖고 나갈 것이다"라고도 했다고 한다.

앙드레 말로가 백제예술에 대하여 얼마나 알고 있었을까? 아마 잘 몰랐을 거다. 그러나 동서고금의 조각에 통달한 전문가인 그는 백제인지 여부를 떠나 불상 자체를 갖고 평가한 것이라고 해야 할 것이다(『문학과 미술의 사이』.)

1974년 〈모나리자〉의 일본 전시가 성사되었을 때 사람들은 〈백제관음〉의 교환 전시를 위한 포석이라고 했고, 조르주 퐁피두(Georges Pompidou) 프랑스 대통령은 〈밀로의 비너스〉의 일본 전시 개막식에서 언젠가 동양의 대표적인 조각 〈백제관음상〉이 파리에서 전시되기를 희망한다고 했다.

1996년 자크 시라크(Jacques Chirac) 프랑스 대통령이 일본을 방문하여 〈백제관음상〉의 파리 전시에 합의를 보고, 일본은 그 이듬해 9월 10일부터 2주간 프랑스 정부가 정한 '일본의 해' 기념으로 파리 루브르 박물관의 중심 드농관(Denon Pavilion)에서 특별전시를 했다. 그런데 그 '전시실의 게시문'을 보자.

> "구다라(百濟)관음은 한국(구다라)으로부터 건너왔다는 전설이 있다. 그러나 비슷한 양식의 목조불상이 그 당시 중국이나 한국의 어디서도 발견되지 않는다는 점에 비추어 '의심할 나위 없이' 일본에서 제작되었다고 확신할 수 있다."

한국의 것이 아니라면, 당신들은 왜 이 불상을 '백제관음'이라고 부르는가? 일본은 왜 한국의 것을 한국의 것이라고 인정하는 데는 그토록 인색한가. 솔직히 말하면, 일본은 고대로부터 근세에 이르기까지 한반도에서 선진문화를 수혈받았음에도 불구하고, 평소 한국을 낮춰 보는 나

뺀 버릇 때문에 프랑스 사람들이 높이 평가하는 이 불상을 한국의 것이라고 인정하고 싶지 않았던 것이다. 차라리 게시문에 한국은 열등한 나라이므로 이런 훌륭한 예술품이 한국의 것일 리 없다고 쓰지 그랬나.

〈백제관음상〉이 오죽했으면 미술에 대한 안목이 높다는 프랑스 사람들이 국가적 차원에서 파리 전시를 위해 그토록 공을 들였을까.

영국박물관과 도쿄국립박물관은 〈백제관음상〉을 실물 크기로 모각(模刻)하여 전시하고 있다. 〈백제관음상〉은 그럴 만큼 세계적으로 높은 가치를 인정받고 있는 것이다.

서양에서는 이 〈백제관음상〉을 '동양의 비너스'라고 칭찬해서 부른다고 한다.

그러나 비너스가 누구인가? 아들 크로노스(kronos)에게 살해된 아버지 우라노스(Uranos)의 성기가 바다에 떨어져, 거기서 흘러나온 정액에서 거품이 생기고, 그 거품에서 태어난 비극적인 여인 아니던가? 헤파이스토스(Hephaistus)와 결혼한 어엿한 유부녀면서, 아레스(Ares), 헤르메스(Hermes), 디오니소스(Dionysus) 등 남신들과 끊임없이 바람을 피우고, 인간 안키세스(Anchises)까지 유혹해 로마제국의 시조 로물루스(Romulus)와 레무스(Remus)의 선조인 아이네이아스(Aineias)를 낳은 부정한 여인 아니던가? 걸핏하면 옷을 훌러덩 벗어 던지고 알몸으로 남성의 성적 욕망을 자극하는 불량한 여인 아니던가?

어디 감히 관음보살에게 그런 비천한 여인의 이름을 붙이는가.

아무데나 비너스를 갖다 붙이는 못된 버릇은 고쳐져야 한다. 성모 마리아를 비너스라고 하지 않듯, 성스러운 존재인 관음보살도 비너스라고 해서는 안 된다.

08 고류지 〈미륵보살반가사유상〉 /고류지 브로셔

신라에서 보낸
고류지 〈미륵보살반가사유상〉

교토에 있는 고류지(廣隆寺)는 603년에 건립된 고찰(古刹)로서 쇼토쿠 태자가 건립한 7대 사찰의 하나다. 『일본서기』에 의하면, 603년 쇼토쿠 태자가 교토 지역의 신라 출신 도래인 하타씨족(秦氏族)의 수장 진하승(秦何勝하타노 가와카스)에게 불상을 하사하고, 진하승이 그 불상을 본존으로 모시기 위해 호코지(蜂岡寺, 고류지의 전신)를 창건했다고 한다. 그리고 「고류지자재교체실록장(廣隆寺資材交替實錄帳)」을 보면, 그 본존이 바로 현존하는 〈미륵보살반가사유상(彌勒菩薩半跏思惟像)〉임이 확실하다고 한다.

또한 『일본서기』 623년 조(條)에도 신라에서 불상을 보내 와 이를 하타데라(秦寺, 고류지의 전신)에 모셨다는 기록이 있으므로, 지금 고류지에 있는 〈미륵보살반가사유상〉이 신라에서 일본으로 보내진 바로 그 불상이라는 것이다.

일본미술학자 구노 겐(久野健)은, 이 불상은 엄격한 작풍(作風)의 도리(止利)식 작품과는 달리 부드러움을 갖고 있고, 재료가 적송인 점, 경주 오릉 부근에서 출토된 반가사유상과 흡사한 점을 생각할 때, 사전(寺傳)에 있는 바와 같이 한반도에서 도래한 불상이 아닌가 생각된다고 했다 (구노 겐 외 2인 공저, 진홍섭 옮김, 『일본미술사』, 열화당, 1978).

이 수려한 〈미륵보살반가사유상〉**08**(전체 높이 147㎝, 불상 높이 125㎝)은 그 높은 미적 가치와 상징성으로 인해 1897년 일본 국보 제1호로 지정되어 있었지만, 종전(패전) 후 국보에 번호를 붙이는 제도가 폐지됨에 따라 지금은 번호가 없다. 그러나 오래된 습관대로 지금(1992년 현재)도 고

09 고류지 〈미륵보살반가사유상〉의 얼굴. 깊은 사색에 빠져 있는 고요한 표정
/고류지 발행 엽서

류지 참배권에는 아스카 시대의 '국보 제1호 미륵보살반가사유상(백제 전래)'라고 쓰여 있다.

나는 1987년과 1992년 두 번 이 불상을 친견할 기회가 있었다.

미륵보살님은 영보전(靈寶殿) 중앙 높은 대좌에 잘 연출된 조명을 받으며 앉아 계셨다. 나는 두 손을 모으고 우러러보았다. 살포시 감은 웃음기 어린 가늘고 긴 두 눈, 선명한 눈썹과 그에서 연결된 오똑 선 콧날, 윤곽의 선이 뚜렷한 입술, 입술의 양끝에 살짝 힘을 주어 입가에 번진 엷은 미소, 부드럽고 온화한 얼굴 표정, 볼에 그려진 동심원의 은은한 나뭇결(목리木理), 깊은 명상에 잠긴 우아한 자태, 나는 그 숭고한 아름다움에 경탄하지 않을 수 없었다.09 이 불상의 미소는 진리를 깨닫는 순간의 희열로 영혼의 저 깊은 곳에서 떠오르는 회심의 미소이며, 고대 그리스 조각의 '아르카익 스마일(archaic smile)'이나 '모나리자의 미소'보다 한층 더 심오한, 철학적이고 종교적인 미소다.

그런데 이 불상은 우리나라 국립중앙박물관에 있는 국보 제83호 〈금동반가사유상〉(높이 93.5㎝)10**(제15장)**과 양식 면에 있어서 쌍둥이처럼 닮았다.

반가(半跏)의 형태에 사유(思惟)의 자세, 소박한 삼산관(三山冠), 별다른 장식이 없이 소략하게 처리된 세장(細長)한 벗은 상체, 간결한 목걸이, 대좌에 풍성하게 드리워진 하체의 치마(군의裙衣), 왼쪽 옆으로 치마의 띠를 꿴 옥대(玉帶), 입가에 감도는 잔잔한 미소, 절제된 단순미, 우아한 자태 등 형태와 제작 기법에 있어서 둘은 아주 유사하다. 다만, 금동과 목재라는 재료의 다름에서 오는 차가움과 따뜻함의 차이, 한국의 금동상이 깨달음의 환희로 천진난만한 소년이 빙긋 웃는 생동감 있는 표정이라면,[11] 일본의 목조상은 내적으로 깊은 사색에 빠져 있는 고요한 표정이라는 점에서 차이가 느껴진다.09

우리나라의 한 미술사학자는 "일본 고류지의 보살상에는 내적으로 깊은 사유의 고요함이 배어 있다. … 숭고하고 적막한 사색의 경지를 있는 듯 없는 듯 나타내고 있다"고 평했다.

10 국보 제83호 〈금동반가사유상〉(왼쪽), 일본 고류지 〈미륵보살반가사유상〉(오른쪽)
/국립중앙박물관, 고류지 브로셔

11 국보 제83호 〈금동반가사유상〉의 얼굴. 깨달음의 환희로 천진한 소년이 빙긋 웃는 듯한 생동감 있는 표정 /국립중앙박물관

1960년대 초 이 불상에 매혹된 일본의 한 대학생이 자신도 모르게 다가가 껴안으려 하다가 오른손 새끼손가락을 부러뜨리는 소동이 일어났다. 이를 복원하기 위해 정밀검사를 한 결과 재료가 한반도 경북 봉화군 춘양면 등지에 많이 자생하는 적송(赤松, 일명 춘양목春陽木 또는 금강송金剛松)이라는 사실이 밝혀졌다.

일본의 초기 목조 불상들은 일반적으로 녹나무를 사용했고, 신체의 각 부분을 따로따로 만들어 조립한 반면, 이 불상은 한국의 불상들처럼 한 둥치의 적송으로 조각되었다는 점, 일본에는 적송으로 만든 불상이 없다는 점에서, 7세기경 삼국시대 한반도에서 제작되어 일본으로 전래된 것으로 추정된다.

이 불상아 삼국 중 어느 나라의 상(像)인가에 대하여는 아직 정확히 알 수 없다. 이 상의 원형이라고 짐작되는 우리나라 국보 83호 상이 일본인 문화재 약탈꾼들에 의해 약탈되는 바람에 출처가 분명치 않게 되어(**제15장** 참조), 신라 제작설과 백제 제작설이 대립되어 있어 어느 나라의 작품인지가 분명치 않다.

1945년 독일의 실존주의 철학자 카를 야스퍼스(Karl Jaspers, 1883~1969)는, "… 이 불상에는 진실로 철저하게 완성된 인간 실존의 최고의 이념이 남김없이 표현되어 있습니다. 그것은 이 지구상에 있어서의 모든 시간적인 속박을 초월하여 도달된 인간존재의 가장 청정하고 가장 원만하며 가장 영원한 모습의 표징(表徵)이라고 생각합니다. 나는 오늘날까지 수십 년간 철학자로 살면서 일찍이 이처럼 참다운 인간 실존의 평화로운 모습을 구현한 예술품을 본 일이 없습니다. 이 불상은 우리 인간이 지니는 마음의 영원한 평화라는 이상을 실로 유감없이 최고도로 표현하고 있습니다"라는 감상기를 써서, 이 불상이 동서고금을 막론하고 인간이 만든 가장 완전한 예술품이라고 찬양했다.

만약 앙드레 말로나 카를 야스퍼스가 우리나라 국보 83호 〈금동반가사유상〉을 보았다면 뭐라고 평했을지 궁금하다.

일본 학계에서는 〈금당벽화〉는 7세기 후반경 하쿠호 시대에 작자 미상의 화가가 그린 것이라 하고, 〈백제관음상〉은 고대 일본 특산의 녹나무를 가지고 일본이 자체 제작한 것이라 하고, 〈목조미륵보살반가사유상〉은 출처에 대해 언급하지 않고 일본에도 적송이 있다면서 굳이 한반도 관련설을 부인하거나 축소하려고 애를 쓴다.

3부

한국 고대 불교문화유산

제 13 장

백제의 미소

서산瑞山 마애여래삼존상磨崖如來三尊像

01 서산 마애여래삼존상 /문화재청

천년의 미소

최근 몇 년간 대학 동창 친구들이 한 달에 한 번씩 관광버스를 대절하여 하루에 갔다 오는 국내여행을 다녔다. 어느 날 내가 다음 달에는 서산 마애불을 보러 가자고 제안했더니, 미리 연구해 가지고 와서 해설을 하란다. 그래서 발표 준비를 하면서 '이렇게 대단한 것을 왜 진작 찾아가지 않았나' 하며 자책했다.

이 불상은 흔히 '백제의 미소'로 잘 알려진 국보 제84호 서산 용현리 마애여래삼존상(瑞山 龍賢里 磨崖如來三尊像)01, 02이다. 이 천년의 미소가 세상에 알려진 것은 놀랍게도 불과 50여 년 전의 일이었다.

1959년 오랫동안 국립부여박물관장을 지내고, 백제사 연구에 일생을 바친 연재(然齋) 홍사준(洪思俊) 선생은 서산에 있는 백제 시대의 보원사(普願寺) 터에서 유물을 조사하면서 다른 문화재에 대해서도 수소문을 하고 다녔는데, 어느 날 한 나이 많은 나무꾼이 저 깊은 산속 인바위 벼랑에 웃고 있는 산신령이 조각되어 있다고 알려줘, 마침내 긴 세월 깊은 산속에 묻혀 있던 이 불상이 세상에 그 모습을 드러내게 되었다고 한다.

이 불상에 관해서는 오랫동안 마을 사람들 사이에 전해 오는 '산신령과 두 마누라' 이야기가 있다.

환하게 웃고 있는 산신령의 양옆에 본마누라와 작은마누라가 있는데, 작은마누라가 의자에 다리를 꼬고 앉아 손가락으로 볼을 찌르고 슬슬 웃으면서 "용용 죽겠지" 하고 놀리니까 본마누라가 화가 나서 장

02 〈서산 마애여래삼존상〉 /이상규

돌을 쥐고 벼르는데, 가운데에 산신령이 서 있어 던지지 못하고 있다는 해학적인 이야기다.

이 마애불은 서산 가야산(伽倻山)의 속칭 '강댕이골'이라는 계곡 안 거대한 인바위(인암印岩)의 동쪽 면에 조각되어 있는데, 동짓날 해 뜨는 방향으로 서 있어 사시사철 햇빛을 풍부하게 받을 수 있고, 바위 벼랑 위로는 불쑥 내민 큰 바위가 처마 역할을 하고, 마애불이 새겨진 바위는 앞으로 80도 숙여져 있어 비바람이 정면으로 들이치는 일이 없도록 되어 있다고 한다.

이 삼존상은 내가 전에 본 적이 없는 이례적인 삼존불 양식이다. 일반적으로 삼존상은 중앙의 여래를 중심으로 좌우로 같은 자세의 보살이 대칭적으로 배치되기 마련인데, 이 삼존상은 중앙에 여래입상이 있고, 좌협시(左脇侍)보살은 반가좌상(半跏坐像)이고, 우협시(右脇侍)보살은 두 손으로 보주(寶珠)를 들고 있는 입상이다. 이는 중국 남북조시대 말기의 제주(齊周) 양식, 즉, 북제(北齊, 550~577)와 북주(北周, 557~581) 시기 약 30년(550~581) 간의 불상 양식이라고 한다.

동국대 문명대(文明大) 교수는, 이 삼존상은 『법화경』의 수기삼존불(授記三尊佛)로 본존은 석가여래불, 우협시는 제화갈라보살(提華羯羅菩薩), 좌협시는 미륵보살이라고 한다.

제화갈라보살은 연등불(燃燈佛)의 전신(前身)으로 석가의 전신인 선혜보살(善惠菩薩)이 머리카락을 진흙땅에 펼쳐서 연등불에게 밟고 가도록 공경을 표한 바 있어, 장차 부처가 되리란 수기(授記)를 준 적이 있는 과거불이고, 석가는 현세불, 미륵보살은 석가가 입멸할 때 미래에 부처가 될 수기를 주면서 미래의 중생을 제도하기를 당부한 미래불이다. 그러므로 이 삼존상은 과거·현세·미래의 부처인 삼세불(三世佛)이라는 것이다.

03 ‘백제의 미소’라고 불리는 본존 〈석가여래상〉 /이상규

그러나 강우방(姜友邦) 선생은 두 손으로 보주를 감싸 쥐고 있는 우협시보살은 백제에서 창안된 봉보주보살(捧寶珠菩薩)로서 관음보살이라고 한다. 그래서 이 삼존상의 존명(尊名)은 본존은 석가여래, 우협시는 관음보살, 좌협시는 미륵보살일 가능성이 높다고 하고(『한국미의 재발견 3: 불교조각 1』, 솔, 2003), 일찍이 황수영(黃壽永) 선생도 같은 견해를 피력한 바 있다(황수영, 『불탑과 불상』, 교양국사총서 5, 세종대왕기념사업회, 1974).

서산에 가기 전에 이 마애불을 이미지로는 많이 보았지만, 현지에서 실물로 대하니 실로 감동적이다. 중앙에 있는 본존불03은 환하게 웃고 계신데, 내가 본 부처 중에 이렇게 눈을 크게 뜨고 활짝 웃는 부처는 처음이다. 인도의 마투라불이 웃고 있다고 하지만 이 정도는 아니다. 이 웃음을 '백제의 미소'라고 한 말은 삼불 김원룡 선생이 자신의 저서 『한국미의 탐구』(열화당, 1978)에서 처음 사용했는데, 그 후 아주 이 부처의 별칭이 되어 버렸다.

본존은, 오른손은 중생의 두려움을 없애 주겠다는 시무외인(施無畏印)을, 왼손은 중생의 소원을 들어 주겠다는 여원인(與願印)을 짓고 있는데, 왼손의 끝 두 손가락을 꼬부리고 있고, 활짝 웃으며 찾아오는 사람들을 환영해 주시는 것 같다. 이토록 따뜻한 미소를 보내는 부처, 이렇게 친근하고 인간미 넘치는 부처를 본 적이 있는가? 신앙의 대상인 절대자가 아니라, 누구나 쉽게 다가가서 친해질 수 있는 이웃집 아저씨 같은 부처가 또 있을까? 나는 합장 배례를 하면서 속으로 너무 늦게 찾아뵈어 송구스럽다는 생각을 했다.

이 삼존상은, 중앙의 여래상은 고부조(高浮彫)로, 좌우협시보살은 저부조(低浮彫)로 조각되어 있는데, 7세기 초엽 백제 후기의 작품이며, 자유로운 불상의 배치와 뛰어난 조각 솜씨로 인해 우리나라 최고의 마애불로 꼽힌다.

본존여래입상(높이 280㎝)은 체구가 당당하고, 머리는 소발(素髮) 위에 낮은 육계(肉髻)가 있다. 상호(相好)는 둥글고 풍만한 얼굴에 반원형의 눈썹, 살구 씨 모양(행인杏仁형)의 눈, 납작하고 벌어진 코, 두꺼운 입술은 지극히 한국적인 얼굴 모습이다. 목에는 삼도(三道)가 없고, 떡 벌어진 두 어깨를 감싼 통견대의(通肩大衣)는 U자형 주름을 반복하여 그리면서 아래로 내려와 발등까지 덮고 있는데, 옷이 두꺼워서 신체의 굴곡은 드러나

04 〈우협시관음보살상〉 /이상규

05 〈좌협시미륵보살반가상〉 /이상규

지 않는다. 광배(光背)는 보주형(寶珠形) 두광(頭光)이며, 안쪽에는 연화문(蓮華紋)이, 바깥쪽에는 화염문(火焰紋)이 양각되어 있고, 발밑에는 홑꽃잎 연화(단판연화單瓣蓮華)가 간략하게 음각되어 있다.

우협시보살(높이 170㎝)04은 머리에 화려하게 장식된 높은 보관을 쓰고, 약간 긴 상호는 살이 올라 복스러우며, 만면에 미소를 띠고 있다. 목에는 짧은 목걸이를 걸치고 두 손을 가슴 앞에서 모아 보주를 아래 위로 감싸 쥐고 있다. 두 팔에 걸친 천의는 길게 늘어져 앞에서 U자 모양의 주름을 이루고 있고, 상체는 옷을 입지 않았으며, 하체에 두른 치마(군의裙衣)는 발등까지 길게 늘어져 있다. 광배는 보주형 두광이며, 중심에 연꽃이 양각되어 있고, 발밑에는 복련연화좌(覆蓮蓮華座)가 양각되어 있다.

좌협시보살(높이 166㎝)05은 머리에 꽃무늬를 장식한 보관을 쓰고 의자에 앉아 오른쪽 다리를 왼쪽 무릎 위에 올려놓고, 오른팔을 반가한 무릎에 괴고 손가락을 오른뺨에 살며시 댄 전형적인 반가사유(半跏思惟)의 자세를 취하고 있다. 목에는 짧은 목걸이를 걸치고, 상체는 역시 벗은 몸이며, 하체에 두른 치마는 매우 얇고 옆으로 넓게 퍼져 발등까지 덮었다. 광배는 보주형 두광이며, 중심에 연꽃이 양각되어 있고, 발밑에는 큰 꽃잎으로 새긴 복련연화좌가 있다(온라인 '한국민족문화대백과사전' 등 참조).

그런데 당시 백제는 중국 남조에서 불교문화를 수입했으면서도, 이 불상들의 상호는 한국인의 얼굴이다. 백제인들은 이 불상에 웃고 있는 자신들의 얼굴을 새겨 넣었던 것이다. 모두 쾌활한 인상의 이 삼존상의 미소는 각각 다른 특징을 가지고 있다. 본존은 큰 눈을 활짝 뜨고 얼굴 가득히 환하게 웃는 쾌활한 웃음이고, 우협시보살은 터질 것 같은 웃음을 참으면서 부끄러워서 얼굴이 발갛게 상기된 수줍은 백제 여인의 웃음이며, 좌협시보살은 본존을 외면하고 돌아앉아 웃는 천진난만한 어린 아이의 익살스런 웃음이다.

어떻게 세 분을 한 바위 면에 나란히 조각하면서 차갑고 단단한 돌에 이렇게 따뜻하고 개성 있는 웃음을 조각할 수 있단 말인가? 나는 이날 우협시보살의 수줍은 백제 여인의 웃음에 반해서 한 사나흘간은 보살님의 웃는 얼굴이 뇌리에서 떠나지 않아 혼자서 빙긋이 웃곤 했다.

이 불상들의 미소는 태양의 조도(照度)와 비치는 시각에 따라 각기 다르게 보인다고 한다. 이 마애불의 지킴이 성원(性圓) 정장옥(鄭張玉)에 의하면, 이 불상의 미소는 조석으로 다르고 계절에 따라 다르게 나타나는데, 아침에 보는 미소는 밝은 가운데 평화로운 미소이고, 한낮이 되면 미소가 없어지며, 저녁에 보이는 미소는 은은한 가운데 자비로운 미소다. 일년 중 가장 아름다운 미소는 가을 해가 서산을 넘어간 어둔녘에 보이는 잔잔한 미소라고 했다 한다(유홍준, 『나의 문화유산답사기 3』, 창작과 비평사, 1997).

서산시가 만든 한 간판 안내문에는, "우리나라에 있는 마애불 중 가장 뛰어난 백제 후기의 걸작품이다. 얼굴 가득한 미소는 백제인의 쾌활한 장자풍(長者風)의 모습을 잘 표현하고 있다. 여기에 특유의 부드러움과 세련된 조각미는 백제인의 독특한 수법이며, 이 유쾌한 미소는 '백제의 미소'로 명명되었다"라고 쓰여 있다.

그런데 이 마애불은 왜 이곳 가야산 깊은 계곡에 새겨져 있는 것일까?

백제는 475년 고구려 장수왕에게 하남위례성(河南慰禮城)을 함락 당하고, 웅진(熊津)으로, 다시 538년 사비(泗沘)로 천도(遷都)하고, 553년 신라 진흥왕에게 한강 유역을 빼앗겨 중국과 교통하던 육로와 해로를 모두 잃고 만다. 그러자 중국의 산둥(山東)반도와 가장 가까운 당진, 태안 부근의 서산 일대에 중국과 교통할 새 항구를 연다.

태안에 내려진 중국의 선진 문물은 서산을 거쳐 육로를 통하여 웅진·사비로 들어가게 되는데, 가야산 계곡이 그 길목이었다고 한다. 따라서 중국의 선진 불교문화가 들어오는 입구인 서산 지역에도 불교문화가 크게 융성하여 보원사나 개심사(開心寺) 같은 큰 절이 지어지고, 중국을 왕래하며 무역을 하는 사람들이 항해의 안전과 돈 많이 벌게 해 달라고 기원하면서 이곳 가야산 협곡에 이 부처를 새겼을 것이다.

이 마애불을 보러 갈 때, 나는 삼국 중 가장 허약한 후진국이었던 신라가 외세를 끌어들여 백제와 고구려를 멸망시키고, 그 찬란했던 백제문화를 모두 말살해, 이제 몇 개 남지 않은 백제를 보기 위해, 그 백제를 보기 위해, 백제 망국에 대한 추모와 백제예술에 대한 사모의 정을 품고서 갔다.

제14장

신라인들의 극락정토

경주慶州 남산南山

프롤로그
남산리 동·서삼층석탑
칠불암 마애불상군
신선암 마애보살반가상
배리 석조여래삼존입상
삼릉계의 마애불상들
탑곡 마애불상군
미륵곡 석조여래좌상
에필로그

프롤로그

이 글은 내가 1986년 봄 어떤 잡지에 썼던 글을 수정 보완하여 다시 쓰는 것이다. 그래서 1980년대의 시점(視點)에서 본 경주 남산을 그리는 것이다.

그 당시 경주 남산(南山)은 일반인에게는 그다지 알려져 있지 않았던 것 같다. 그 무렵 남산에는 답사자가 별로 눈에 띄지 않았고, 경주에서 태어나 고등학교까지 경주에서 다니고 서울대를 나와 사회 명사가 된 한 친구는 남산에 한 번도 올라가 보지 않았고, 그 산에 무엇이 있는지도 모른다고 했다.

그러나 외국인들의 남산에 대한 관심은 달랐다. 1980년대 중반 어느 날 이른 아침에 칠불암을 향하여 가파른 산길을 올라가다가, 혼자서 내려오는 스무 살쯤 된 여성을 만났다. 그냥 산에서 스치는 사람끼리 나누는 의례적인 인사를 했더니, 그녀는 뜻밖에 일본에서 혼자 남산의 유적을 답사하러 온 대학생이었다.

그때 나는 40대가 되어서야 제 딴엔 선구적(先驅的)으로 내 나라의 문화유산을 답사한답시고 나섰는데, 20대 초반의 외국 여성이 남의 나라 유적을 먼저 답사하고 있음을 목격하고는, 어떤 열패감(劣敗感) 같은 것을 느끼지 않을 수 없었다.

01 경주 남산 미륵곡 석조여래좌상(부분) /출처 불명

02 인화문 뼈단지(골호骨壺, 통일신라시대, 높이 37.5㎝). 2001년 필자가 국립중앙박물관에 기증한 토기 1,580점 중 대표적인 유물 /『국립중앙박물관 기증유물: 최영도 기증』(2010), p. 244

남산은 신라 도성의 진산(鎭山)으로 일명 '금오산(金鰲山)'이라고 한다. 매월당(梅月堂) 김시습(金時習)이 만년에 이곳 용장사(茸長寺)에 머물면서 『금오신화(金鰲新話)』를 저술했다는 산이다. 이 산은 북쪽의 금오봉(높이 468m)과 남쪽의 고위산(高位山, 높이 494m), 두 봉우리로 이루어져 있으며, 동서 4㎞, 남북 8㎞인 긴 타원형으로 생겼다. 동쪽 사면(斜面)은 가파르고 짧은 반면, 서쪽 사면은 완만하고 길며, 동서 양쪽으로 흐르는 물을 따라 계곡이 서른여섯 개 나 있다.

남산은 신라인들의 믿음의 도량(道場)이자 정신적 고향이었다. 그들은 대략 7세기 초부터 9세기까지 이 산의 골짜기마다 평탄한 곳을 만나면 절을 짓고 불탑을 세우고, 큰 바위를 보면 거대한 마애불상을 조각하여, 산 전체를 아미타여래의 영장(靈場)으로 만들었다. 신라인들은 이곳을 극락정토로 생각하고, 죽어서는 화장되어 뼈가 이 산에 묻히기를 염원하였다.

실제로 이 산에서, 화장한 유골을 담은 통일신라시대의 인화문(印花文) 뼈단지(골호骨壺)02가 많이 발굴되었으며, 그 뼈단지들은 그 옛날 이 산을 미륵의 극락정토라고 여겼던 신라인들의 두터운 불교 신앙심을 증언하고 있고, 계곡 사이에서 은은하게 넘쳐 나오던 범패(梵唄), 범종(梵鐘), 법고(法鼓) 소리가 지금도 바로 산바람이 되어 봉우리마다 불어 올 듯이 생각된다는 것이다.

특히 산을 덮고 있는 마애석불을 위시하여, 석탑, 석등, 초석 등은 모두 각각 시대를 달리하고, 그 구조 양식에도 각각 특성을 나타내는 신라시대 불교예술의 대표적인 걸작들이며, 또한 건축 및 공예의 역사에도 다시없는 보물창고라는 것이다. 그러므로 경주에 왔어도 남산을 오르지 않은 자는 경주를 보았다고 하지 말라는 것이다(경주시, 『남산불적』 참조).

경주시가 발행한 『남산불적(南山佛蹟)』이란 브로셔에 따르면, 이 산의 36개 계곡에는 절터 110, 입체불상 28, 마애불상 50, 석탑 61, 석등 19, 불상좌대 9, 귀부(龜趺)와 비석대 6, 정자 터 3, 왕릉 9, 봉화대 1, 돌확(석조石槽) 4, 부도 10, 성터 1, 창고 터 3, 우물 3, 당간지주 1개 등 통틀어 324개의 유적이 있다(이 숫자는 그 후 유적이 새로 발견되어 점점 늘어나게 된다). 그중에는 국보 1점, 보물 12점, 사적 12곳, 지방유형문화재 9개, 중요민속자료 1개가 있다. 그야말로 산 전체가 불적(佛跡)인 노천 박물관이라고 해도 과언이 아니다.

정부는 1985년 경주 남산 일원(一圓) 18.1㎢를 사적 제311호로 지정했다.

1984년 가을 나는 이화여대 진홍섭(秦弘燮) 교수가 쓴 『경주의 고적』(열화당, 1975)이란 책 한 권을 들고, 남산을 답사하기 위해 아내와 함께 경주에 내려갔다. 경주시에서 발행한 관광안내도를 구입해 보니 남산 지역은 텅 비어 있고 유적이 하나도 표시되어 있지 않았다. 관광 경주를 표방하는 경주시 관계자들의 무능, 나태, 불친절과 직무유기에 화가 치밀었다. 하는 수 없이 진 교수의 책 뒤에 있는 간단한 고적 분포도에 의지해 이틀 예정으로 남산 답사에 나섰다.

남산리 동·서삼층석탑

보물 제124호

남산 동쪽 기슭에 있는 화랑교육원에서 출발하여 칠불암(七佛庵)을 향하여 남쪽으로 내려가니 밭 가운데에 서 있는 석탑 두 개03가 보인다. 남산리(南山里) 동·서삼층석탑인데 두 탑은 건립 양식이 판이하다.

서탑(높이 5.55m)은 각 층이 별석(別石)으로 된 전형적인 신라 3층탑인데, 상층 기단의 각 면을 탱주(撑柱)로 양분하고 각 면마다 우수한 솜씨로 팔부신중(八部神衆)을 2구씩 양각04하였다.

03 경주 남산, 남산리 동·서삼층석탑. 동탑(왼쪽), 서탑(오른쪽) /문화재청

04 남산리 서탑 상층 기단부의 팔부신중상 /문화재청

동탑(높이 7.04m)은 모전석탑(模塼石塔)의 유형으로, 바닥에 지대석(址臺石)을 이중으로 깔고 그 위에 여덟 개의 석재를 2단으로 쌓아 단층 기단을 형성한 것이 특이하다. 탑신은 옥신(屋身)과 옥개(屋蓋)가 일석(一石)으로 되어 있고 우주(隅柱, 귀기둥)를 양각하지 않아 단순미가 있다.

칠불암 마애불상군

국보 제312호

이 곳에서 남쪽으로 약 4㎞쯤 가파른 산길을 숨가쁘게 올라가면 봉화골 안에 칠불암이라는 작은 암자가 있다. 이 산을 올라가다 카메라를 여러 개 메고 혼자 올라가는 캐나다 청년을 만났다. 그는 빅토리아에서 온 잡지사 기자인데, 영문으로 된 한국여행안내서 한 권을 들고 1주일 예정으로 경주를 답사하겠다고 나선 가상한 젊은이였다. 그와 벗이 되어 하루 동안 남산을 같이 답사하기로 했다.

그가 가진 영문 안내서를 보니 남산의 유적들을 간략하게 소개하고 유적 분포도까지 그려져 있어, 외국인들의 남산 유적에 대한 관심에 새삼 놀랐다.

칠불암 오른쪽에 돌출한 병풍바위(높이 5m, 너비 8m)에 풍만한 〈마애삼존불(磨崖三尊佛)〉이 조각되어 있고, 그 앞에 1.7m의 좁은 간격을 두고 별도의 사각 석주(1.6m×1.6m×12.7m)에 〈사면석불(四面石佛)〉이 조각되어 있다. 불상이 모두 일곱이라 칠불암(七佛庵)이라고 부른다.**05**

〈마애삼존불〉**06**의 본존(높이 2.66m)은 환조(丸彫)에 가깝도록 높게 조각되었으며, 앙련(仰蓮)과 복련(覆蓮)의 화려한 연화좌에 결가부좌(結跏趺坐)하고 항마촉지인(降魔觸地印)을 취하고 있다. 어깨가 떡 벌어진 당당한 체구에 머리는 소발(素髮) 위에 큼직한 육계(肉髻)가 솟아 있고, 풍만한 상호는 근엄하고 위엄이 있으며, 편단우견(偏袒右肩)인 법의의 깊게 파인 주름이 아름다운 곡선을 짓고 있고, 머리 뒤에는 무늬 없는 보주(寶珠)형 두광이 새겨져 있다.

05 경주 남산 칠불암 마애불상군. 왼쪽부터 〈삼존불〉의 대세지보살, 본존, 〈사면석불〉 남면의 석가 여래, 동면의 약사여래 /한국민족문화대백과사전

06 경주 남산 칠불암 〈삼존불〉 /문화재청

07 경주 남산 칠불암 〈사면석불〉, 서면의 아미타여래상(왼쪽), 남면의 석가여래상(오른쪽) /문화재청

풍만하고 육감적인 체구의 협시보살들은 모두 보관을 쓴 머리에 보주형 두광(頭光)을 갖추고, 연화대 위에 서서 삼굴(三屈)의 유연한 자세를 취하고 있다.

우협시 대세지보살(높이 2.11m)은 내려뜨린 오른손에 감로병(甘露瓶)을 쥐고 왼손은 엄지와 중지를 대어 가슴 앞에 들고, 온몸에 영락(瓔珞)을 걸쳤으며, 좌협시 관세음보살(높이 2.11m)은 왼손은 천의(天衣) 자락을 잡고 오른손으로는 보상연화(寶相蓮花)를 들어 가슴에 올리고 있는데 모두 조각 솜씨가 뛰어나다.

그런데 애석하게도 이 석불들의 코가 모두 깨어져 성한 것이 없다. 캐나다 친구에게 그 이유를 알겠느냐고 물은즉, 그는 대뜸 "재패니즈?" 라고 반문했다.

돌부처의 코를 떼어 먹으면 아들을 낳는다는 미신이 있어 부인들이 떼어다 먹었다고 설명하니, 그는 배를 잡고 깔깔대며 웃는다.

삼존상 앞에 있는 〈사면석불〉**07**은 석주(石柱) 사방에 불상이 하나씩 조각되어 있는데, 모두 보주형 두광을 두르고 연화좌 위에 가부좌를 틀고 앉아 있으며, 소발 위의 육계와 원만한 상호를 지니고 있다. 동면이 약사여래상(높이 1.18m), 서면이 아미타여래상(높이 1.13m), 남면이 석가여래상(높이 1.00m), 북면이 미륵여래상(높이 0.72m)이며, 조각 솜씨는 북면이 조금 뒤떨어진다.

전문가들은 이 불상들이 8세기 석불사보다 조금 앞선 시기의 작품으로 원래 그 앞에 있던 목조 전실 안에 봉안되었던 것이라고 한다.

이 칠불암 마애불상군은 원래 보물 제200호로 지정되어 있다가, 2009년 9월 2일 국보 제312호로 승격되었다.

신선암 마애보살반가상

보물 제199호

칠불암 뒤편의 가파른 바위를 50m쯤 타고 오르면, 절벽 위의 동쪽으로 돌출된 암석에 경주시와 토함산을 내려다보며 앉아 있는 수려한 보살상이 있다. 〈신선암 마애보살반가상(神仙庵磨崖菩薩半跏像)〉[08]이다.

암벽에 배 모양(주형舟形)으로 얕은 감실(높이 2.3m, 폭 1.3m)을 파고 그 안에 높이 1.4m가량의 보살상을 조각해 놓았다. 머리엔 보관을 쓰고, 보관에 장식된 관영(冠纓)은 어깨까지 길게 늘어져 있다. 둥글고 복스러운 얼굴에 눈은 가늘게 뜨고 입가엔 희미한 미소를 띠었으며 두 볼은 통통하다.

얇은 천의는 육체의 굴곡을 드러내 보이면서 흘러내려 좌대까지 덮고 있다. 왼손은 설법인(說法印)을 짓고, 오른손은 보상화(寶相華) 가지를 들어 가슴 앞에 올리고 있으며, 왼발은 대좌 위에 얹고, 오른발은 대좌 아래로 내려 족좌(足座) 위에 얹어서, 유희좌(遊戲坐)에 가까운 반가상(半跏像)을 취하고 있다.

대좌 밑에는 구름을 조각하여 마치 보살이 구름 위에 떠 있는 것같이 보인다. 광배는 삼조선(三條線)으로 두광과 신광을 구분하고 그 밖으로 다시 넓은 감실의 윤곽이 거신광(擧身光)을 나타내고 있다.

이 보살상은 8세기 후반 통일신라시대에 조성된 우수한 작품으로 꼽힌다.

이 불상의 바로 1.5m 앞이 까마득한 낭떠러지다. 잠시 사진을 찍기도 진땀이 나는데, 여기에다 어떻게 불상을 조각했는지 상상이 되지 않는다.

이 불상은 내가 남산에서 가장 좋아하는 불상 두 점 중의 하나다.

08 경주 남산 〈신선암 마애보살반가상〉 /문화재청

배리 석조여래삼존입상

보물 제63호

남산의 서쪽 기슭에 있는 포석정(鮑石亭)에서 남쪽으로 조금 내려가면 선방골(禪房谷)에 〈배리 석조여래삼존입상(拜里石彫如來三尊立像)〉09이 있다. 이 세 분의 석불은 모두 환조(丸彫)이며, 양쪽 뺨을 한껏 부풀린 동안(童顔)의 입가에 고졸(古拙)한 미소를 띠고 있다.

중앙의 여래상(높이 2.75m)은 대략 사등신(四等身)으로 어린아이의 신체 비례를 하고 있으며, 전체적으로 풍만하고, 입가에 미소를 띠고 있

09 경주 남산 〈배리 석조여래삼존입상〉 /한국민족문화대백과사전

다. 오른손은 시무외인(施無畏人)을, 왼손은 여원인(與願人)을 짓고, 두꺼운 통견(通肩)의 법의에는 굵은 옷주름이 새겨져 있으며, 맨발을 드러낸 모습이다.

좌협시보살상(높이 2.36m)은 왼손에 보병(寶甁)을 쥐고 있는데, 삼존 중에서 가장 조각 솜씨가 떨어지는 편이다. 우협시보살상(높이 2.36m)도 사등신의 신체 비례이며, 이중의 연화대 위에 삼면보관을 쓰고 서 있는데, 목에서 발목 근처까지 굵은 영락을 드리우고 있다. 오른손에 영락을, 왼손에는 연꽃을 쥐고, 원형 두광에는 다섯 화불(化佛)이 새겨져 있다.

보병을 쥐고 있는 좌협시보살을 관음보살로, 연꽃을 들고 있는 우협시보살을 대세지보살로, 중앙의 본존을 아미타여래로 본다고 한다.

철학자 조요한(趙要翰) 선생은 "이 불상이 우리나라에서 염화미소(拈華微笑)를 가장 잘 표현한 불상이다. 본존불의 미소도 일품이지만, 왼편의 협시불이 그 왼손에 연꽃을 들고 잔잔한 미소를 띠고 서 있는 모습이 염화미소(이심전심以心傳心으로 진리를 전했다는 미소)의 본보기이다. 네모난 얼굴에 투박한 손과 발, 그리고 전체의 균제미가 부족하지만, 고졸미(古拙美)와 적조미(寂照美)를 담고 있는 염화미소에서 우리는 한국미의 참모습을 찾을 수 있다"고 했다(『한국미의 조명』).

이 삼존상은 신라 말 통일신라 초기인 7세기 전반에 만들어졌으며, 경주 지역의 대표적 작품이라고 한다.

우리나라 사람은 한 명도 보이지 않는데, 일본인 관광단 열댓 명이 이곳까지 찾아와, 가이드의 설명을 진지하게 들으며 관람하고 있었다.

삼릉계의 마애불상들

남산 서쪽 기슭의 삼릉골(삼릉계三陵溪)은 남산에서 가장 깊고 넓으며, 그 안에 11곳의 절터와 15체의 불상이 산재해 있다. 초입에서부터 왼쪽의 가까운 바위에 마애관음보살상(높이 1.55m, 8~9세기, 경상북도 지방유형문화재 제19호), 머리가 없어진 석조여래좌상(높이 1.6m, 무릎너비 1.56m), 선각육존불상(지방유형문화재 제21호), 선각여래좌상(높이 5.2m, 지방유형문화재 제159호), 상인암 마애석가여래좌상(유형문화재 제158호) 등 마애불들이 줄줄이 이어서 나타난다.

〈선각육존불(線刻六尊佛)〉10은 남향한 바위에 동서로 나뉘어 있는데, 동쪽(향하여 오른쪽) 바위에는 중앙에 석가여래좌상(높이 2.4m), 왼쪽에 문수보살(높이 2.6m), 오른쪽에 대세지보살(높이 2.6m)의 석가삼존상이 선각(線刻)으로 새겨져 있다. 서쪽(왼쪽) 바위에는 중앙에 아미타여래입상(높이 2.65m), 왼쪽에 관세음보살(높이 1.8m)과 오른쪽에 대세지보살(높이 1.8m)이 모두 윤왕좌(輪王坐, 한쪽 무릎을 세우고 앉는 자세)로 앉아 본존을 향하여 꽃쟁반을 들어 공양하는 아미타삼존상이 선각으로 새겨져 있다. 다듬지 않은 자연석 표면에 능숙하고 활달한 솜씨로 살아서 움직이는 드로잉을 하고 돌을 쪼아 낸 이 불상들은 조각 수법이 뛰어나서 우리나라 선각마애불 가운데 으뜸가는 작품이라고 한다.

『경주 남산』(대원사, 1989)의 저자 윤경렬 선생은, 보살들이 앉아 있고 여래가 서 계신 것은, 착한 사람이 죽었을 때 그 영혼을 마중 나오시는 내영아미타여래(來迎阿彌陀如來)이며, 이 자리는 극락세계의 아미타여래가 이승의 석가여래로부터 생명을 인계 받아 극락으로 데려가시는 자리이므로 석가삼존상과 아미타삼존상이 한곳에 새겨져 있는 것이라고 설명한다(윤경렬, 『경주 남산』, 대원사, 1989).

삼릉계 정상 가까이에 있는 〈상인암(上人庵) 마애석가여래좌상〉11은 높이 5.2m, 무릎너비 3.5m의 거상(巨像)으로, 불두는 고부조(高浮彫)로 두드러지게 조각하였고, 불신은 박부조(薄浮彫) 윤곽에, 동체(胴體)와 팔다리는 선각하였다. 상호는 원만하고 잘생겼다.

10 경주 남산 〈삼릉계 선각육존불〉. 아미타 삼존상(왼쪽), 석가 삼존상 /『경주』(경주시)

11 경주 남산 〈삼릉계 상인암 마애석가여래좌상〉 /『경주』

탑곡 마애불상군

보물 제201호

둘째 날에는 먼저 남산의 동쪽 기슭에 있는 탑골(탑곡塔谷)로 들어가 옥룡암(玉龍庵) 뒤에 있는 〈탑곡 마애불상군(塔谷磨崖佛像群)〉으로 갔다.

이곳에 동, 서, 북 3면은 모두 벼랑이고 남면만 편편한 높은 땅에 면한 높이 약 9m, 둘레 30m가량의 큰 바위가 있는데, 그 4면에 불보살, 천인, 승려와 속인 등 인물상 23체와 탑, 사자, 보리수 등 수많은 조각이 빈틈없이 양각되어 있어, 우수한 조각이라고 할 수는 없지만 일대 장관을 이루고 있다. 윤경렬 선생은, 이 부처바위는 땅 위에 옮겨진 화려하고 장엄한 부처님의 세계라고 하였다.

불보살들은 모두 연화좌와 광배를 갖추었고, 천인은 하늘을 날고, 승려와 속인은 불보살에게 공양을 하는 자세이며, 조성 연대는 9세기경으로 추정된다고 한다.

- 남면의 바위는 가운데가 갈라진 두 개의 바위(너비 7.66m, 높이 3m)로 되어 있는데, 오른쪽 바위에 직사각형의 얕은 감실을 파고 그 안에 다소 익살스러운 삼존불좌상(높이 1.45m)12이 양각되어 있고, 왼쪽 바위에는 상체만 보이는 동안(童顔)의 승려가 두 손을 가슴에 모은 모습이 부조되어 있다.

  그 앞에는 별도로 환조(丸彫)된 불상(높이 2.14m)이 하나 서 있는데, 가슴이 풍만하고 허리가 잘록하며 엉덩이가 풍만한 글래머 여래입상이다.12 이 불상은 왼손을 아랫배에 대고 있어, 산신(産神)으로 신앙

12 경주 남산 〈탑곡 마애불상군〉의 남면, 필자의 아내(1988) /최영도

되어 왔으며, 자손을 얻으려는 부인들의 기도가 많다고 한다. 그 오른쪽 옆 바위에는 나한상(羅漢像) 하나가 뛰어난 솜씨로 조각되어 있고, 마당 건너 남쪽 숲 속에 전형적인 신라 삼층석탑(높이 4m, 15의 왼쪽)이 세워져 있다.

- 서면은 높이와 넓이가 각 6m의 바위이며, 두 그루의 보리수 아래 여래좌상(높이 1.45m)13이 새겨져 있고, 그 위를 한 천녀가 젓대를 불며 날아다니고 있다.
- 북면은 높이 9m, 너비 6m의 바위 절벽이다. 중앙 높은 곳에 여래좌상이 있고, 왼쪽에 9층탑과 오른쪽에 7층탑이 목조탑파(木造塔婆)의 양식으로 상륜부(相輪部)까지 선명하게 조각되어 있다. 각 탑 아래 사자가 앞발을 들고 상대하여 지키고 있으며, 여래좌상의 두광에는 꽃

13 경주 남산 〈탑곡 마애불상군〉의 서면 /문화재청

14 경주 남산 〈탑곡 마애불상군〉의 북면, 9층탑과 7층탑 /한국민족문화대백과사전

잎들이 햇살처럼 그려져 있다. 그 머리 위에는 천개(天蓋)가 떠 있고, 그 위로 두 천인이 날아다니고 있다.14

- 동면은 높이 7m, 너비 12m의 바위가 크게 셋으로 갈라져 있는데, 오른쪽 바위의 중앙에는 큰 연꽃 위에 앉아 있는 높이 1.75m의 아미타여래좌상이 있고, 그 오른쪽에 관세음보살좌상이 본존을 향하여 합장하고 있으며, 그 왼쪽 하단에 향로를 받쳐 든 승려가 있고, 그분들의 머리 위에서는 상서로운 구름을 타고 일곱 분의 천인이 하늘에서 날아 내려오는 모습이 조각되어 있어, 마치 한 폭의 그림을 보는 듯하다.15~17

아미타여래는 가늘게 뜬 눈초리에 화사한 웃음이 가득하고, 두 손은 앞섶 옷자락 속에 넣고 있으며, 관세음보살은 본존 쪽으로 얼굴을 돌리고 두 손을 가슴에 모아 합장하고 있는데, 두 분 모두 원형

15 경주 남산 〈탑곡 마애불상군〉의 동면 /문화재청

16 경주 남산 〈탑곡 마애불상군〉의 동면 우측의 비천상 /문화재청

두광에 햇빛처럼 방사(放射)하는 연꽃 문양이 있어, 우리나라에서 그 유례가 없는 것이라고 한다.[17] 한편 가운데 바위에는 두 그루의 보리수 아래서 참선하는 승려상이 조각되어 있다.

17 경주 남산 〈탑곡 마애불상군〉의 동면. 아미타여래, 관세음보살, 비천, 향을 공양하는 승려상(오른쪽 맨 아래) /『한국의 미 10: 불상』(중앙일보사), f. 143

미륵곡 석조여래좌상

보물 제136호

탑골 아래로 언덕 하나를 넘어서면 미륵골에 보리사(菩提寺)라는 절이 있고, 그 절의 불당 뒤에 아름다운 불상이 하나 있다. 〈미륵곡 석조여래좌상(彌勒谷石彫如來坐像)〉(전체 높이 4.36m)[18]이다.

겹복련(覆蓮)과 8각의 중대석(中臺石) 및 겹앙련(仰蓮)으로 구성된 높이 1.35m의 좌대 위에 높이 2.24m의 불상이 앉아 있는데, 단아한 모습에 얼굴이 수려하고 입가에는 부드러운 미소가 감돌고 있다.[01] 머리는 나발(螺髮) 위에 육계(肉髻), 법의는 통견(通肩)이며, 결가부좌(結跏趺坐)한 무릎 위에 항마인(降魔印)을 짓고 있다. 높이 2.7m, 넓이 1.9m의 별석(別石)으로 된 보주형 거신(擧身) 광배에는 화불 16구와 화염문(火焰紋), 연화문이 화려하게 조각되어 있다. 광배 뒷면에 후에 새긴 것으로 추정되는 약사여래좌상(지방유형문화재 제193호)이 있다.

이 불상은 8세기 후반 통일신라시대의 작품으로, 다행히 대좌와 불상과 광배가 온전히 보존되어 있고, 이들이 모두 아름다운 조화를 이루고 있으므로, 남산에 있는 석불 가운데 가장 완전하고 가장 우수한 불상이라는 평을 듣고 있다.

내가 가장 좋아하는 남산의 불상 둘 중 다른 하나다.

보물 제198호 〈불곡 석불좌상(佛谷石佛坐像)〉은 부처골(불곡佛谷)을 아무리 헤매도 찾지 못해 포기하고 말았다.

이틀 동안 남산을 답사하는데 지도 한 장 없고, 변변한 안내 표지판도 없으며, 길도 제대로 나 있지 않아 동네 사람들에게 묻고 또 물으며 찾아다니느라고 시간도 많이 걸리고 고생도 많이 했다.

18 경주 남산 〈미륵곡 석조여래좌상〉 /문화재청

에필로그

1985년 1월 초 나는 겨울 휴가를 가족과 함께 경주로 갔다. 경주시내와 그 가까운 거리에 있는 이름난 유적들—김유신 묘(金庾信墓), 김인문 묘(金仁問廟), 태종무열왕릉(太宗武烈王陵), 오릉(五陵), 대릉원(大陵苑, 천마총·황남대총), 첨성대(瞻星臺), 안압지(雁鴨池), 석빙고(石氷庫), 계림(鷄林), 분황사(芬皇寺) 석탑, 황룡사지(皇龍寺址), 굴불사지(掘佛寺址) 사면석불, 국립경주박물관(고선사지高仙寺址 삼층석탑, 성덕대왕신종), 석불사, 불국사, 괘릉(掛陵), 성덕왕릉(聖德王陵) 등—을 둘러본 다음, 100리 안팎에 있는 볼만한 유적들을 찾아 나섰다.

① 동해 감포(甘浦) 해변에 있는 신라 삼층쌍탑의 표본인 감은사터(감은사지感恩寺址) 동·서삼층석탑(높이 13.4m, 7세기 후반, 국보 제112호),
② 문무왕(文武王)의 해중릉 대왕암(大王巖, 사적 제158호)과 이견대(利見臺, 사적 제159호),
③ 월성군 외동면 모화리 원원사터(원원사지遠願寺址, 사적 제46호)에 있는, 십이지신좌상과 사천왕입상이 조각된 동·서삼층석탑(높이 7m, 8세기 후반),
④ 안강읍 육통리에 있는, 호석(護石)에 십이지신상이 새겨진 흥덕왕릉(興德王陵, 835년, 사적 제30호),
⑤ 경주시 율동 두대리(斗垈里) 마애삼존불(보물 제122호),
⑥ 월성군 견곡면 나원리(羅原里) 오층석탑(높이 9.8m, 7세기 말, 국보 제39호)
⑦ 월성군 외동면 영지리(影池里) 아사달미륵불

등을 답사했다.

1월 초이기는 하지만 가는 곳마다 답사하는 사람이 보이지 않았고, 나원리 오층석탑에 갔을 때에는 스님 한 분이 나와서 맞으며, 이렇게 훌륭한 국보탑이 경주 가까이 있는데, 1년에 찾아오는 사람은 겨우 열다섯 명 정도이고 그 태반은 외국인이라면서, 우리 국민의 무관심을 한탄했다.

또 원원사 터 동·서삼층석탑은 적어도 보물로 지정될 법한데 왜 문화재로 지정되지 않았는지 모르겠다.

마지막 날에는 남산의 탑골 마애불상군과 미륵골 석불좌상에 한 번 더 가서 아이들에게 설명을 해 주며 남산이 신라인들에게 지니는 의미를 다시 한 번 반추했다.

그날도 부처골에 가서 불곡 석불좌상을 찾아 헤맸으나 끝내 찾지 못해 또다시 서운한 마음으로 돌아섰다.

1986년 8월에는 불교신자이신 연로한 아버지(81세)를 모시고 탑골 마애불상군과 미륵골 석불좌상 등 남산 불적들을 안내하여 즐겁게 해 드렸고, 1988년 4월에는 고등학교 동창들을 안내하여 다시 한 번 남산을 답사했다.

그렇게 한때는 경주 남산에 몰두하여 마치 남산 전도사 같았는데, 그 후엔 해외 답사 다니기에 바빠서 그만 소홀히 하고 말았다.

제 15 장

한국 불교조각 최고의 걸작

금동반가사유상 金銅半跏思惟像

망국과 함께한 기구한 운명
국보 제83호 금동반가사유상
국보 제78호 금동반가사유상
국보의 국외 반출에 대하여

망국과 함께한 기구한 운명

국립중앙박물관에 가면 발걸음이 떨어지지 않는 불상이 두 점 있다. 바로 〈국보 제83호 금동반가사유상〉과 〈국보 제78호 금동반가사유상〉이다. 이 두 불상을 석굴암(석불사)의 조각과 더불어 우리나라 불교조각을 대표하는 최고의 걸작으로 꼽는 데 이의를 달 사람은 아마 없을 것이다.

예전에는 두 불상을 한꺼번에 나란히 전시하여 비교 감상하기에 편리한 때도 있었지만, 지금은 만약의 사태에 대비하여 동시에 전시하지 않고, 6개월마다 교체 전시를 한다고 한다.

위 두 불상은 나라가 망할 때 기구한 운명을 함께 겪었다. 한일합병을 전후한 시기, 두 패거리의 일본인 문화재 약탈꾼들이 일본 아스카(飛鳥) 불상의 원형을 찾아 한반도 남부를 뒤지다가 어느 지역에선가 삼국시대 최대의 걸작 불상 2구를 각각 약탈해 서울로 불법 반출했다.

그중 하나가 바로 〈국보 제83호 금동반가사유상〉01이다. 이 불상은 1912년 2월 가지야마 요시히데(梶山義英)라는 일본인이 이왕가(李王家)박물관(1909년 순종이 설립한 대한제국 제실帝室박물관, 한일합병 후 이왕가박물관으로 격하)에 거금 2,600원을 받고 팔았다. 도둑이 주인에게 장물을 판 격이었다.

범인들은 범행을 은폐하고, 그 장물의 반출지를 흐리기 위해 경주 오릉 부근의 폐사지에서 출토되었다는 거짓 풍문을 퍼뜨렸고, 도쿄제대 세키노 다다시(關野貞) 교수 등 전문가들은 이를 그대로 믿어, 그 불상은 뚜렷한 근거도 없이 신라 불상으로 여겨지게 되었다.

01 국보 제83호 〈금동반가사유상〉 /국립중앙박물관

그러나 1915년 이네다 슌스이(稲田春水)라는 일본인이 그 불상은 1910년 충청도 벽촌에서 올라온 것이라고 단정적으로 증언하여 백제 불상일 수도 있다는 가설이 성립되었다(이구열, 『한국문화재 비화』, 한국미술출판사, 1973 참조).

이 불상은 출처가 불명함에 따라 신라불이냐 백제불이냐를 두고 설이 나뉘어 있다. 이 불상과 쌍둥이처럼 닮은 일본 교토 고류지(廣隆寺)의 〈미륵보살반가사유상〉**(제12장)**이 신라에서 전래되었다는 설 등을 근거로 신라불이라는 주장이 우세하지만, 우현(又玄) 고유섭(高裕燮, 1905~1944) 선생은 백제의 것인지 신라의 것인지 확실치 않다고 회의를 표했고, 김원룡·강우방 선생은 백제불 쪽에 더 무게를 두고 있다. 그래서 이 불상은 공식 분류명이 애당초 신라 불상에서 백제 불상으로 바뀌었고, 다시 '삼국시대 불상'으로 모호해졌다.

일본인 문화재 약탈꾼들이 약탈한 다른 하나의 불상은 〈국보 제78호 금동반가사유상〉**04**이다. 이 불상은 서울에서 거액의 판로를 찾다가 관헌의 주목을 받게 되자, 1912년 후치가미 데이스케(淵上貞助)라는 일본인이 조선총독 데라우치 마사다케(寺內正義毅)의 관저에 기증 형식으로 들여보냈다. 데라우치는 이 불상을 개인 소유로 가지고 있다가, 1916년 총리대신으로 승격하여 본국으로 돌아갈 때 조선총독부박물관(1915년 일제가 설립한 박물관)에 기증하고 갔다(『한국문화재비화』 참조).

그렇게 하여 우리나라를 대표하는 최고의 불상 두 점은 간신히 일본인의 마수에서 벗어나 한국 땅에 남게 되었다.

이런 세계 최고의 불상이 하나만 있어도 고마울 터인데, 둘이나 있으니 이는 대한민국에 대한 축복이다.

두 반가사유상은 의자에 앉아, 왼발은 내려 작은 연화족좌(蓮花足座)를 밟고, 왼쪽 무릎 위에 오른쪽 다리를 걸친 반가(半跏)의 형태에, 오른 팔꿈치를 오른쪽 무릎 위에 괴고 손가락을 뺨에 살며시 댄 채 깊은 생각에 잠긴 사유(思唯)의 자세를 취하고 있다.

이러한 형식의 불상은 싯다르타 태자가 출가하기 전 '약육강식'과 '생로병사'를 목격하고, 인생의 무상함을 느껴 고뇌하며 명상에 잠긴 모습에서 비롯된 것이라고 한다.

반가사유상은 인도에서는 간다라 불전도의 부조에 등장하였고, 중국에서는 대부분 어떤 주된 불상에 종속되거나 부분적인 존재에 불과했으나, 백제에 들어와서는 그런 종속적인 관계에서 벗어나 독립적인 조형성을 획득하고, 6~7세기 무렵 미륵 신앙이 유행하면서 더 독창적으로 발전되어 그 절정을 보이게 되었다고 한다(『한국미의 재발견 3: 불교조각 1』).

02 국보 제 83호 〈금동반가사유상〉. 빙긋 웃는 소년의 생동감 있는 얼굴 모습 /국립중앙박물관

국보 제83호 금동반가사유상

국보 제83호 〈금동반가사유상〉(이하 '국보 83호상')은 높이 93.5㎝로 금동으로 만든 반가사유상 중에서 가장 크다. 원형 대좌에 앉아 낮은 삼산관(三山冠)을 쓰고, 동그랗고 풍만한 얼굴에는 선명한 두 눈썹의 선이 오똑한 콧마루로 시원하게 이어진다. 가늘게 뜬 눈은 끝이 위로 살짝 치켜 올라가 있고, 도톰한 작은 입가엔 천진난만한 소년이 빙긋 웃는 듯한 잔잔한 미소가 서려 있다. 그 미소는 진리를 깨닫는 순간의 법열(法悅)로 내면의 깊은 곳에서 떠오르는 회심의 미소다.02 전체적으로 부드럽고 온화한 얼굴 표정, 깊은 명상에 잠긴 우아한 자태는 숭고하게까지 느껴진다.

상체는 두 줄의 목걸이를 걸친 외에는 별다른 장식 없이 소략(疏略)하게 처리된 세장(細長)한 나신(裸身)이고, 왼손은 반가한 오른 발목에 얹었다. 하체에는 옷주름이 깊은 치마(군의裙衣)가 풍성하게 드리워져 있으며, 왼쪽 옆으로 옥을 꿴 치마의 띠가 늘어져 있다.

오른손의 검지와 중지를 뺨에 살며시 대고 약지와 새끼손가락을 구부린 손가락의 미묘한 움직임은 율동감이 있으며, 잔뜩 힘을 주어 구부린 오른발의 발가락03은 생동감이 느껴진다(권강미, 「국보 83호 반가사유상」 등 참조).

근원(近園) 김용준(金瑢俊) 선생은 〈국보 83호상〉에 대하여 "알맞은 젖가슴과 꽃송이 같은 손가락들, 하체로 감긴 옷주름도 〈국보 78호상〉에서는 볼 수 없는 자유자재한 곡선을 그리면서 편안히 묵상에 어린 앉음새. 이 불상을 볼 때 누가 이것을 조각이라 하겠는가. 따뜻한 정과 영원한 아름다움을 느끼지 않겠는가"라고 했다(조요한, 『한국미의 조명』에서 재인용).

삼불 김원룡 선생은, "아름다운 몸의 곡선과 청순 숭고한 안상(顔相)

이 만들어 내는 종교적 세계는 고금(古今) 독보(獨步)이며, 이 반가상은 그 당시 우리나라에 세계 최고의 조각가가 있었다는 것을 누구도 부인 못하게 하는 걸작"이라고 했다(『한국의 미의 탐구』).

또한 삼불 선생은 앞·뒤·옆 어느 쪽에서 보아도 걸리는 곳 없는 전신의 곡선, 상·하반신에서 보는 정(靜)과 동(動)의 대조적 효과, 나무랄 곳 없는 완벽한 모델링 등에서 볼 때 이 보살상은 확실히 석굴암 조각과 함께 인류가 낳은 최고 수준의 종교 조각이라고 떳떳하게 자부할 수 있는 우리 미술의 위대한 기념물이라고 했다(김원룡· 안휘준, 『신판 한국미술사』).

〈국보 83호상〉은 이미 '일본의 3대 미술문화재' 편**(제12장)**에서 말했듯 고류지의 〈미륵보살반가사유상〉과 쌍둥이처럼 닮아서, 둘은 자주 비교된다. 반가의 형태에 사유의 자세, 소박한 삼산관, 소략하게 처리된 세장한 상반신, 입가에 감도는 잔잔한 미소, 절제된 단순미, 우아한 자태 등 형태와 제작 기법에 있어서 둘은 아주 유사하다. 그래서 위 목조상의 한반도 전래설과 더불어 이 금동상이 목조상의 원형이 아닌가 생각된다.

03 국보 제83호 〈금동반가사유상〉. 힘을 주어 구부린 발가락의 생동감 있는 모습 /김규영

국보 제78호 금동반가사유상

국보 제78호 〈금동반가사유상〉(높이 83.2㎝, 이하 '국보 78호상')04은 〈국보 83호상〉과 더불어 우리나라의 조각예술을 대표하는 걸작이다. 반가의 형태, 사유의 자세, 가는 눈을 아래로 내리뜨고, 얼굴 가득 웃는 잔잔한 웃음, 균형 잡힌 몸매, 우아한 자태가 〈국보 83호상〉과 비슷하다. 그러나 〈국보 83호상〉이 장식성을 최대한으로 배제한 단순미라면, 〈국보 78호상〉은 화려하고 복잡하게 꾸민 장식미라고 하겠다.

〈국보 78호상〉의 가장 눈에 띄는 특징은 화려한 보관05을 쓰고 있고, 수식(垂飾)이 어깨까지 늘어져 있다는 점이다. 이 보관의 장식은 탑 모양이 돌출되어 있고 태양과 초승달을 결합한 특이한 형식으로 흔히 일월식(日月飾)이라고 하는데, 원래 사산(Sassan)조 페르시아의 왕관에서 유래·발전하여 실크로드를 타고 동쪽으로 전파되면서 보살상의 보관으로 차용되었으며, 인도 간다라 보살상이나 중국 둔황석굴, 운강석굴, 용문석굴 등에서 다양한 예가 나타난다고 한다(『한국미의 재발견 3: 불교조각 1』).

이 일월식 보관은 미국 샌디에이고 박물관 소장의 간다라 보살 불두(100년경, 파키스탄 사흐리 바흐롤 출토), 미국 메트로폴리탄 박물관 소장의 간다라 보살 흉상(3~4세기, 파키스탄 출토), 영국 빅토리아앤드앨버트 뮤지엄 소장의 간다라 보살 불두(150~300년경), 아프가니스탄 카불 박물관 소장의 간다라 보살 흉상(7~8세기, 아프가니스탄 출토. 이상, 위키피디아 '간다라 불상' 도판), 둔황 막고굴 제249굴의 서위 시대 〈공양보살도〉(『敦煌藝術精華』, p. 31), 제254굴의 〈시비왕(尸毘王) 본생도〉(『敦煌藝術精華』, p. 27), 제257굴의 북위 시대 〈구색록(九色鹿) 본생도〉(『敦煌石窟』, p. 19) 등에서 그 유례를 찾아볼 수 있다.

04 국보 제78호 〈금동반가사유상〉의 날씬한 체구 /wikipedia

05 국보 제78호 〈금동반가사유상〉. 화려한 보관을 쓰고 미소를 한껏 머금은 얼굴 모습 /국립중앙박물관

〈국보 78호상〉은 네모난 얼굴에 광대뼈가 나와 있고 턱이 둥근 전형적인 한국인의 얼굴 모습이며, 온 얼굴에 미소를 한껏 머금고 있다. 두 팔에는 팔찌를 끼었고, 어깨는 좁고 허리는 가늘고 날씬하며, 손과 발은 체구에 비하여 큼직한 편이다. 전체적인 몸매는 〈국보 83호상〉보다 더 늘씬하고 매끄럽고 탄력 있다.

이 불상이 〈국보 83호상〉과 또 다른 점은 상체에 천의(天衣)를 입고 있는 것인데, 양쪽 어깨를 감싼 천의 자락은 새의 깃처럼 날렵하게 치켜 올라가 있고, 밑으로 내려온 천의는 무릎에서 교차되었다. 하체에 입은 치마는 〈국보 83호상〉이 풍성하게 흘러내리며 굵고 깊은 주름이 자연스럽고 불규칙하게 조각되어 있는 데 반하여, 〈국보 78호상〉의 치마는 U자형 주름이 가늘고 규칙적으로 반복되며, 도식적으로 표현되어 있다.

〈국보 83호상〉은 7세기 전반에, 〈국보 78호상〉은 그보다 빠른 6세기 후반에 제작된 것으로 보이며, 〈국보 78호상〉은 높이가 83.2㎝인 큰 금동불임에도 불구하고 두께는 2㎜밖에 되지 않아 뛰어난 주조 기술을 보여 주고 있다고 한다.

〈국보 78호상〉 역시 일본인 문화재 약탈꾼에게 약탈되는 바람에 출처가 분명치 않아 제작국을 두고 백제불이냐 신라불이냐 하는 설이 나뉘어 있는데, 강우방 선생은 오히려 고구려 불상일 가능성이 높다고 한다. 황수영 선생은 일정(日政) 초기에 경북 안동에서 일본인에 의해 반출된 것이라고 전한다 했는데(황수영 책임감수, 『불상』, 중앙일보사, 1979), 약탈자들이 범행지를 제대로 댔다고 믿을 수 없으므로 그대로 받아들이기 어렵다.

국보의 국외 반출에 대하여

국보 제83호 〈금동반가사유상〉은 2013년 10월 29일부터 2014년 2월 23일까지 미국 뉴욕 메트로폴리탄 박물관(메트)에서 개최된 '황금의 나라, 신라' 특별전에 전시되었다.

그 한 달 전인 2013년 9월 29일 문화재청은 위 불상의 해외 반출을 불허한 바 있다. 그것은 위 불상이 그간 8회에 걸쳐 약 3천 일간 전시를 위해 장기간 국외로 반출된 바 있고, 외국의 경우 해외 전시에 따른 훼손 우려로 중요 문화재의 국외 반출을 자제하고 있다는 점과, 문화재위원회의 권고사항 등 문화재의 보존 관리 측면을 신중히 고려해 국외 반출을 불허했던 것이다.

그러자 메트 측이 우리나라 최고위층에게 로비를 했다는 소문이 나고, 문화체육관광부장관이 나서서 적극적으로 중재해, 문화재청은 불과 11일 만인 10월 9일 불허 결정을 번복하여, 아홉 번째로 국외 반출을 허가했다.

소관청인 문화재청에서 일단 불허했으면 그만이지, 일개 외국의 박물관이 일국의 최고위층에 로비를 하고, 그 로비가 먹혀서 장관이 개입하여 그 결정을 뒤집는 짓은 국격을 떨어뜨리는 아주 후진적인 행태다.

당국은 위 불상을 해외에 반출하며 미화 5천만 달러(한화 약 537억 원)라는 큰 액수의 보험에 들었다고 홍보한다. 그러나 최근에 소더비즈(Sotheby's) 또는 크리스티즈(Christie's) 경매에서 프랜시스 베이컨(Francis Bacon, 1909~1992), 잭슨 폴록(Jackson Pollock, 1912~1956), 윌렘 데 쿠닝(Willem de Kooning, 1904~1997), 재스퍼 존스(Jasper Johns, 1930~), 앤디 워홀(Andy Warhol, 1928~1987) 같은 현대 화가들의 그 많은 작품 중의 하나가 1억 달러 이상의 고액으로 경매되고 있는 것에 비교하면, 그 보험금은 턱없이 부족한 것 아닌가? 그것은 한번 훼손되면 대체(代替) 불가한 동양 최고의 미술품에 대한 예의가 아니다.

또한 당국은 위 불상을 오동나무 상자 2개에 차례로 넣고, 다시 알루미늄 상자 안에 넣어 삼중으로 특수포장을 한 다음, 무진동 차량에 실어 경호차량의 경호를 받으며 공항으로 이동해, 대한항공 화물칸에 가장 늦게 싣고, 뉴욕 JFK공항에 도착한 후 가장 먼저 내려, 공항 보안요원들이 호송관의 차량에 싣고, 국빈을 방불케 하는 경호를 받으며, 메트까지 이송했다고 자랑하듯 홍보한다.

그러나 그쯤은 프랑스 사람들이 〈모나리자〉를 미국으로 보낼 때에 호들갑을 떨었던 것에 비하면 아무것도 아니다. 프랑스는 만일의 추락사고를 염려해 비행기로 보내지 않고, 배가 침몰하더라도 물 위에 뜰 수 있도록 특별히 고안된 방수 상자에 넣어 1962년 12월 14일 프랑스 르아브르 항에서 대형 쾌속선에 실어 보냈다. 뉴욕에 상륙한 그림은 교통을 통제하고 국가원수급의 엄중한 경호를 받으며 워싱턴국립미술관으로 모셔졌다. 1963년 1월 8일 위 미술관에서 성대한 환영회가 있었고, 주미 프랑스 대사관에서는 케네디 대통령이 참석한 특별만찬이 열렸다(도널드 새순, 윤길순 옮김, 『모나리자』, 해냄, 2003).

우리는 국보 중의 국보를 너무 헤프고 소홀하게, 그리고 너무 자주, 또 오랜 기간 국외에 내돌리고 있는 것은 아닌가? 이제 우리도 '공인 전시 복제품 제도' 같은 것을 도입하여 국외전시에 활용하는 방안을 적극 검토할 때가 되지 않았을까?

제 16 장

세계에서 가장 아름다운 석조예술품

석불사石佛寺

01 석불사 주실 /한국학중앙연구원

프롤로그

1994년 8월, 실로 오래간만에 석불사를 찾았다. 나는 석불사 입구 안내판 앞에서 일행 다섯 명에게 평면도와 측면도를 짚어 가며 간단한 설명을 하다가, 갑자기 불어난 50여 명의 청중을 상대로 30여 분간 신바람 나게 석불사 강의를 했다.

그날 나는 내가 소속된 단체 덕분에 특별한 대접을 받아 유리벽 안으로 안내되었다. 오래간만에 은은한 조명 아래서 조각상들을 하나하나 천천히 감상하면서 옛날 생각에 감개가 무량했다. 굴 안으로 들어가서 본 것은 그것이 마지막이 되었다. 그 후에는 가지 않았다. 당국의 석불사 보수와 관리 방식이 맘에 들지 않았고, 유리벽 안으로 들어가 석굴 내부를 볼 수 없는데 뭣하러 가나.

그동안 내가 자바의 보로부두르, 인도의 아잔타와 엘로라 석굴, 버마의 바간 유적, 캄보디아의 앙코르 유적, 중국의 둔황 막고굴과 용문석굴, 그리고 티베트, 파키스탄의 간다라 지역에서 중국의 시안에 이르는 고대 실크로드를 횡단하는 등 많은 불교 유적들을 탐사하게 된 것은 어쩌면 내가 석불사를 알게 되고, 불교미술의 동점(東漸)과 석불사의 연원(淵源)을 캐 보고 싶어 그랬던 것이 아닌가 하는 생각이 든다.

그리고 그러한 세계적인 대형 문화유산들을 둘러보고 나서는, 그때마다 우리 석불사가 비록 규모는 작지만 세계에서 으뜸이라는 생각이 점점 더 굳어져 갔다. 이것은 결코 국수적(國粹的)인 생각이 아니다. 공정하고 객관적인 눈으로 평가해도 그렇다는 말이다.

나는 2013년 7월 일본 고류지(廣隆寺)의 〈미륵보살반가사유상〉(제12장)을 탈고한 다음 〈석불사〉 편을 쓰려다가, 유홍준 교수의 "보지 않은 자는 보지 않았기에 말할 수 없고, 본 자는 보았기에 말할 수 없다"(『나의 문화유산답사기 2』, 창작과비평사, 1994)라는 명언에, 무엇을 어떻게 써야 할지 감히 엄두가 나지 않아 2년 반 동안 한 줄도 쓰지 못했다.

그러나 이제는 이 긴 여행을 마무리해야 한다. 내놓기 창피한 졸문(拙文)이 되어도 할 수 없다는 각오로 2015년 세모부터 펜을 잡는다. 이 글을 쓰기 위해 30년이 넘는 세월 세계를 한 바퀴 돌아 오지 않았던가.

석불사 개관

대승불교는 서기 1세기경 후한(後漢) 명제(明帝, 재위 58~75) 때 실크로드를 타고 중국에 전래되어, 도교의 노장(老莊) 사상과 융합해 선불교(禪佛教)를 탄생시켰다. 우리나라에는 비교적 일찍 중국에서 불교가 전래되었다. 고구려에는 372년(소수림왕 2년) 전진(前秦)의 왕 부견(苻堅)이 순도(順道)를 보내 불상과 불경을 전했고, 백제에는 384년(침류왕 1년) 인도의 고승 마라난타(摩羅難陀)가 동진(東晉)으로부터 바다를 건너와 불법을 전해, 두 나라가 모두 불교를 수용했다.

그러나 신라에서는 순탄하지 않았다. 고구려의 묵호자(墨胡子)와 아도(阿道)가 연달아 불법을 전하여 왕실이 공인코자 했으나, 씨족 중심의 귀족들이 반대하여 실패했다. 신라 왕실은 527년(법흥왕 14년) 이차돈(異次頓)의 순교를 계기로 배불파(排佛派)를 제압하고 뒤늦게 불교의 공인을 선포했다. 그 후 불교는 법흥왕(法興王, 재위 514~540)에 의해 크게 발전되고, 진흥왕(眞興王, 재위 540~576)은 불교를 진흥시켜 불교 국가를 건설했다. 통일신라 시기에는 원효(元曉, 617~686), 의상(義湘, 625~702), 표훈(表訓) 등 고승들의 활약으로 백성들을 교화시키고, 경덕왕(景德王, 재위 742~765) 때 이르러 불국사와 석불사를 조영하게 된다.

석불사는 신라의 재상을 지낸 김대성(金大城, 경덕왕 대에 중시中侍를 지낸 김대정金大正으로 추정, 700~774)이 신라 불교예술의 전성기인 751년(경덕왕 10년)에 착공하여, 완성하기까지 20여 년이 걸렸을 것으로 추정된다. 그 기간 중에는 내내 매일 해가 뜰 때부터 해 질 녘까지 돌을 때리는 쇠망치와 정 소리가 토함산 골짜기에 메아리쳤을 것이다. 상상만 해도 오싹하는 전

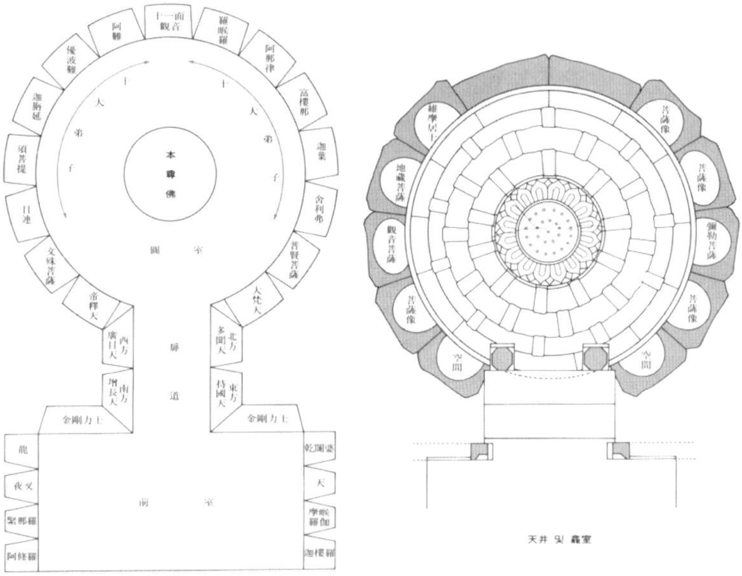

02 석불사 평면도 /한국민족문화대백과사전

율이 느껴지지 않는가?

김대성이 석불사를 조영한 8세기 중엽은 불국사 다보탑과 석가탑(751년, 국보 제20, 21호), 성덕대왕신종(聖德大王神鐘, 771년, 국보 제29호) 등 세계 최고의 예술품들을 제작한 때로서 신라의 예술이 각 분야에 걸쳐 최성기(最盛期)를 이루었던 시기였다. 그래서 석불사 조영에도 최고의 예술적 기량을 발휘할 수 있었을 것이다.

김대성은 석불사를 조영함에 있어 붓다의 본향(本鄕)인 인도의 모습도 리얼하게 담고 싶었을 것이다. 그러기 위해 신라의 천축(天竺) 구법승(求法僧)과 천축의 신라 포교승(布敎僧)들, 천축과 중국 문화에 정통한 각 분야의 전문가들을 초빙하여 참여시켰을 것이다. 그리하여 간다라·마투라·굽타 미술이 실크로드를 타고 중국을 거쳐 한반도까지 동점(東漸)

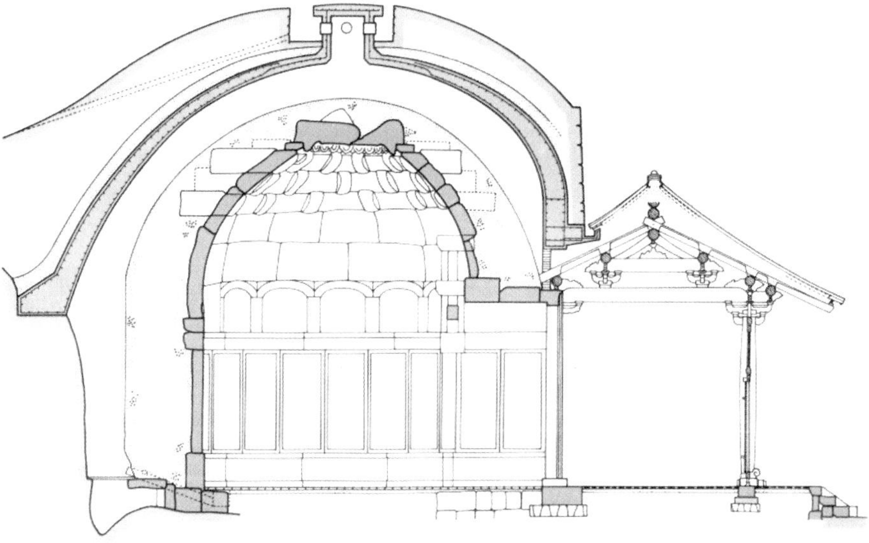

03 석불사 입면도 /한국민족문화대백과사전

하면서 동서양의 문명이 혼합되고, 거기다가 신라인들의 미의식까지 융합된 석불사를 창조해 낼 수 있었을 것이다.

석불사는 깊은 산 험한 벼랑에 감추어진 덕분에, 창건 후 1,100여 년 동안 98년간의 몽골의 침입, 7년간의 임진왜란, 수백 회의 왜구의 침략 등 전국이 초토화되는 수 많은 전화(戰禍)와 도둑들의 발호(跋扈)를 겪으면서도 부처님의 가호(加護)신가, 온전히 살아남았다. 그것은 기적이었다.

석불사는 1891년 울산 병사(兵使) 조순상(趙巡相)에 의해 크게 중수되었다는 기록이 있는 것으로 보아 잊혀진 절은 아니었던 것 같다. 1907년 우연히 석굴을 들여다본 어느 우편집배원이 일본인 우체국장에게 알리자, 마치 땅속에 묻혀 있던 석불이 발견된 것같이 소문이 퍼져 나갔고, 일본인들은 그때 비로소 석불사의 존재를 알게 되었다. 그러나 이른바 발견 당시의 퇴락한 모습을 보면 상당한 기간 돌보지는 않았던 것 같다.

1912년 일본 도쿄제대 세키노 다다시(關野貞) 교수가 조선총독부의 의뢰로 석불사를 조사하고 "동양 무비(無比)의 미술품"이라고 복명(復命)한 데 이어, 1919년에는 야나기 무네요시(柳宗悅)가 「석불사의 조각에 대하여」라는 본격적인 연구논문을 발표하여, 석불사의 위대함이 세상에 알려지기 시작했다.

석불사는, 하늘의 세계인 주실(主室)은 둥글게, 지상의 세계인 전실(前室)은 네모나게 만든 전방후원(前方後圓)의 평면 구조이며,[02] 주실에는 궁륭형(穹窿形) 돔(dome) 천장을 얹고 불상을 가운데 모신 구조이다.[03]

이런 구조를 가진 석굴의 기원은 차이티야(chaitya, 탑원塔院)인데, 인도에서 기원전부터 만들어져 무불상 시대(無佛像時代)에는 주실 중앙에 스투파(stupa, 탑)를 세워서 예배를 하고, 기원후에는 그 무렵 제작되기 시작한 불상도 안치했다. 이런 석굴은 인도의 아잔타 제9·10·19·26굴, 엘로라 제10굴과 중국 둔황의 막고굴 제246·251·427·428굴 등에서 그 예를 찾아볼 수 있는데, 그 석굴들은 모두 천연의 바위를 파고 들어간 굴착식 석굴이다.

반면에, 석불사는 석굴이 아니라 석실(石室)이다. 10개의 화강암 대석(臺石, 91㎝×182㎝) 위에 15개의 화강암 판석(板石, 262㎝×119.5㎝)을 세워 나무통을 짜듯 주벽(周壁)을 두르고 그 위에 궁륭식 천장을 덮은, 세계에서 유례를 찾아볼 수 없는 독창적인 인공 석실이다. 석질이 단단한 화강암이 대부분인 한반도에서는 암석을 파고 들어가는 석굴 조성은 불가능했기 때문이다.

석불사의 규모는 보로부두르나 아잔타·엘로라 석굴에 비하면 수십분의 1 내지 수백분의 1에 불과하다. 그래서 석불사의 왜소함에 열등감을 드러내는 분들이 더러 있다. 그러나 예술품은 규모만 가지고 단순 비교하여서는 안 된다. 예술의 척도는 '양'이 아니라 '질'이다.

위의 대형 사원들은 붓다의 영광을 찬양하기 위해, 또는 조영자의 힘을 과시하기 위해, '붓다 중심'으로 지었기 때문에 그렇게 크다. 그러나 석불사는 '인간 중심'으로 구조와 규모를 결정하고, 그에 따라 설계하고 조영한 것이기 때문에 크지 않다. 석불사는 불상의 적절한 크기를 먼저 결정하고, 그에 알맞은 예배 공간의 넓이를 정한 다음, 먼저 불상을 조영하고, 그 주위에 벽을 두르고, 그 위에 천장을 덮어씌우는 순서로 지었을 것으로 추정된다.

그러므로 쾌적한 거리, 높이, 넓이와 좌우대칭으로 설계된 굴은 넓지도 좁지도 않은 아담한 규모다. 진실로 붓다를 예배하고 붓다와 소통하는 데 그 이상의 규모가 무엇 때문에 필요하겠는가.

1932년 석불사를 측량한 일본인 토목기사 요네다 미요지(米田美代治)에 의하면, 석불사는 주실의 반지름인 12당척(唐尺)(3.56m. 1당척은 29.7㎝)을 기본으로 설계되었다고 한다. 따라서 주실의 지름은 24척(7.13m), 주실과 전실을 합한 종축(縱軸)은 그 배인 48척, 참배자의 위치와 본존불의 거리는 그 반인 24척, 본존불 대좌의 밑지름과 전실과 주실을 잇는 비도(扉道)의 길이와 너비는 다시 그 반인 12척으로 정했다. 그리고 원형 주실에는 본존불 높이의 약 배가량 되는 높이 29.17척(8.66m)의 궁륭형 천장을 덮었다.

전실에는 팔부신중, 두 인왕, 사천왕 등 열네 분의 수호신장이 주실을 수호하고, 주실에는 두 천부, 세 보살, 십대제자 등 열다섯 분의 입상으로

04 석불사 전실 입구에서 주실의 본존을 바라본 광경 /naver.gilgeo

주벽을 두르고, 그 위 열 개의 감실에 여덟 분의 좌상이 배치되고, 중앙에 본존불을 모셨으니, 현존하는 조각상은 모두 서른여덟 분이다. 단단한 화강암에 생명력을 불어넣은 이 조각상들은 신라 조각예술의 정점이며, 교리적 위계에 따라 본존을 중심으로 조화롭고 주도면밀하게 배치되어 있다.

자, 이제 굴 안으로 들어가 보자.04

석불사 관람

팔부신중

전실의 좌우 벽에 사천왕의 권속(眷屬)으로 불법을 수호하는 팔부신중(八部神衆)이 네 분씩 마주보며 서 있다. 1960년 내가 처음 갔을 때에는 입구 쪽 맨 끝의 좌우 신중상이 안쪽으로 절곡(折曲)되어 있었고(1963년 보수공사 때 전개展開되었으나 논란이 많다), 전실에는 지붕이 없어 신중상과 인왕상은 비바람도 피할 수 없이 노천에 드러나 있었다(1963년 석굴의 전실에 기와지붕을 이은 목조건물이 세워졌으나 이 또한 논란이 많다).

이 신중상들은 모두 경직된 자세로 조각된 정면상인 데다가, 다른 상들에 비해 조각 솜씨가 현저히 떨어져, 하급 조각가들이 작업한 것으로 보인다. 황수영·강우방 선생 등은 이 조각들이 연대를 달리하여 훨씬 후대에 조각되었을 것이라고 한다. 이 조악(粗惡)한 조각들로 인해 다른 상들의 아름다움은 더욱 돋보인다.

인왕

전실에서 비도로 들어가는 좌우 벽에 바깥쪽을 향하여 사원의 수문신장(守門神將)인 〈두 인왕(仁王)〉(또는 금강역사金剛力士. 좌인왕 높이 2.03m, 우인왕 높이 2.13m)05의 반라상이 서 있다. 이들은 우람한 근육질의 몸매에 돌주먹을 불끈 쥐고, 두 눈을 부릅뜨고, 한국 전래의 맨손 격투기인 수박도(手搏道) 고수의 자세를 취하고 있다. 전신에 생동하는 힘이 넘치

05 석불사 〈왼쪽 인왕〉(왼쪽)과 〈오른쪽 인왕〉 /naver.gilgeo

는 용맹한 모습은 당장에라도 돌벽에서 뛰쳐나와 달려들 것 같은 기세다.

참배자가 비도를 지나갈 때 측면에서 보는 시각을 배려해 환조(丸彫)에 가까운 고부조(高浮彫)와 일부는 투조(透彫)로 조각되어 있다.

사천왕

방형 전실과 원형 주실 사이에 이들을 연결하는 폭 12척의 비도가 있고, 그 좌우 벽에 사찰의 호법신장(護法神將)인 사천왕(四天王)이 두 분씩 조각되어 있다.

본존을 향하여(이하 같음) 오른쪽에는 〈동방지국천(東方持國天)〉(높이 1.93m)과 〈북방다문천(北方多聞天)〉(높이 1.88m)**06**이, 왼쪽에는 〈서방광목천(西方廣目天)〉과 〈남방증장천(南方增長天)〉**07**이 가벼운 모자를 쓰고, 엄심갑(掩心甲) 입고, 각반 치고, 샌들 신고, 기괴한 모습의 악귀를 밟고 서 있다.

허리를 비튼 삼굴(三屈)의 날렵한 자세, 바람에 살짝 날리는 가벼운 옷자락, 손과 발의 섬세하고 정교한 조각 솜씨는 예전에 소설 『삼국지』에 뛰어난 솜씨로 그려 있던 여포(呂布)·장비(張飛)·허저(許褚) 같은 맹장들의 삽화를 보는 것 같다.

다문천**06 오른쪽**은 오른손을 위로 쳐들어 보탑(寶塔)을 치켜들고 있는데, 중국 용문석굴(龍門石窟) 봉선사(奉先寺)의 우천왕이 오른손으로 보탑을 치켜들고 있는 모습과 자세가 비슷하다.

비도의 맨 끝 좌우에 연꽃으로 장식된 팔각형 돌기둥(八角柱, 한 변의 길이 24㎝)이 서 있는데, 이 기둥이 전실과 주실을 구분하고 욕계(欲界)에서 불계(佛界)로 들어가는 경계다. 참배자는 전실에서 팔부신중과 인왕, 사천왕을 지나오면서 그 위세에 눌려 자신의 잘못을 성찰하고 속세의 때를 벗은 다음 굴 안으로 들어가 본존불 앞으로 나아가도록 설계되어 있는 것이다.

06 석불사 사천왕 〈북방다문천〉(왼쪽), 〈동방지국천〉 /naver.gilgeo

07 석불사 사천왕 〈남방증장천〉(왼쪽), 〈서방광목천〉 /kumdreams

천부

굴 안으로 발길을 옮기면, 그곳은 불보살의 내면적 세계다. 입구에서 오른쪽으로 돌면 호법(護法)의 천부(天部)인 〈제석천(帝釋天)〉(인드라Indra, 높이 2.13m)08이, 그 맞은편에 〈대범천(大梵天)〉(브라흐마Brahma)09이 서 있다. 이들은 원래 힌두 신화 속에 나오는 신들이었는데, 붓다로부터 계(戒)를 받고 충실한 불제자가 되었다고 한다. 제석천은 수미산 정상의 33천(天) 도리천(忉利天)을 주재하는 천왕이고, 대범천은 욕계를 벗어난 색계(色界)에서 사바(娑婆)세계를 다스리는 천왕이다.

여기서부터 석불사는 조영 중에 기량이 더욱 발전한 듯 안으로 들어갈수록 점점 더 완성도 높은 세계 최고의 예술작품들을 보여 준다.

나는 어려서부터 집에서 제석천, 대범천, 보현보살, 문수보살, 십일면관음보살, 이 다섯 분의 큰 사진을 눈이 시리도록 매일 보면서 자랐다. 그 사진들은 선친께서 유명한 사진작가가 촬영한 작품이라며 표구해서 벽에 걸어 놓고 늘 완상하셨다.

제석천은 오른손에 중생의 먼지를 털어 주는 불자(拂子)를, 왼손에는 번뇌를 물리치고 깨달음의 지혜를 상징하는 금강저(金剛杵)를 들고 있고, 대범천은 오른손에 불자를, 왼손에는 중생의 번뇌를 씻어 주는 깨끗한 물을 담은 군지(軍持)를 들고 있다.

이 천부들은 허리를 비튼 삼굴의 유연한 자세에, 얇은 천의(天衣)가 어깨에서 부드럽게 흘러내리며 옷 속의 풍만한 몸매를 드러낸다. 이들은 남신이면서도 여성의 자태로 표현되어 있다. 이들은 보관을 쓰고 아리따운 여인의 얼굴에 반개(半開)한 두 눈으로 세상을 굽어보며, 작은 입가에는 희미한 미소가 번져 있고, 연주(連珠)로 엮어진 도란형(倒卵形, 달걀

08 석불사 〈제석천〉 /한국민족문화대백과사전

09 석불사 〈대범천〉 /『한국미의 재발견 3: 불교조각 1』(솔)

을 거꾸로 놓은 모양)의 화려하고 커다란 두광(頭光)을 두르고 있다.

이들의 다섯 손가락과 발가락의 묘사는 특히 섬세하다. 대범천의 왼손은 검지와 중지 사이에 물병의 주둥이를 가볍게 끼워서 들고, 엄지와 새끼손가락은 자연스럽게 살짝 편 모습이다. 실제로 실험해 보니 손가락 모양이 자연히 그렇게 된다. 또 큰 잎사귀(하엽荷葉) 위에 서 있는 이들의 엄지발가락은 안쪽으로 오므라져 둘째 발가락에 살짝 포개진 모습인데, 영락없이 내 어머니께서 버선을 신던 시절의 발가락 모습이다. 얼마나 철저한 리얼리티인가.

삼불 김원룡 선생은 범천상에 대해 "이 화강암 위에 새겨진 흐르는 것 같은 부드러운 미(美)와 꿈꾸는 듯한 창조된 얼굴은 신라 이외에서는 찾아볼 수 없다. … 석굴암에서 보는 이 신라의 종교미는 신라인들의 불타에 대한 감정이 그들의 미의식과 결합해서 구형화(具形化)한 것이며, 고대 불교의 청순성이 천재의 손을 통해 백만경언(百萬經言)보다 더 뚜렷이 묘출(描出)되어 있다"고 했다(『한국미의 탐구』).

보살

천부 다음 오른쪽에는 〈보현보살(普賢菩薩)〉(Samantabhadra, 높이 1.98m)[10]이, 왼쪽에는 〈문수보살(文殊菩薩)〉(Mañjuśri)[11]이 서 있다. 보살은 원래 남녀의 성별이 없는 존재인데, 천부들보다 더 아름다운 여성으로 표현되어 있고, 모두 허리를 틀고 어깨를 뒤로 젖혀 삼굴의 유연한 자세를 취하고 있다.

이 세상에서의 교화(敎化)라는 원(願)을 실천하는 행원(行願) 보현보살은 오른손을 높이 쳐들어 작은 보발(寶鉢)을 들고 있고, 왼팔은 자연스럽게 늘어뜨려 안으로 오므린 왼손으로 팔뚝에 걸친 천의 자락을 슬쩍 제

10 석불사 〈보현보살〉 /『한국미의 재발견 3: 불교조각 1』

11 석불사 〈문수보살〉 /『한국미의 재발견 3: 불교조각 1』

어하고 있는데, 새끼손가락이 살짝 들려 약지 위로 올라가 있다.

지혜의 화신인 문수보살은 왼손에 경권(經卷)을 쥐고, 오른팔은 자연스럽게 내려뜨려 천의 자락을 슬쩍 거머쥐고 있다. 연화대 위에 서 있는 발은 외씨버선을 신었다가 방금 벗은 듯이 엄지발가락이 안으로 오므라든 모습이다.

성낙주 선생은 "이들의 몸에서는 싱그러운 풀 내음이 감돈다. 물방울이라도 튕기고 있는 듯한 손가락들을 보라. 꽃이파리 못지않은 앙증맞은 발가락들을 보라"고 다소 격정적인 감상을 토로한다(『석굴암, 그 이념과 미학』, 개마고원, 1989).

윤희순(尹喜淳) 선생은 한걸음 더 나아가 청각적(聽覺的)이다. "문수보살의 비단옷 주름 밑으로 두 다리와 젖가슴의 기복(起伏)조차 구슬 꾸러미가 알알이 쏟아질 듯 흘러내리며 감겨 있어, 새벽바람이라도 불어 들면 금시에 재그락 구슬 부닥치는 소리가 날 것 같다"고 했다(『토함산 해마지』, 1946, 신영훈, 『석굴암』, 조선일보사, 2003에서 재인용).

이들은 보관을 쓰고 화려한 목걸이와 영락(瓔珞)으로 치장을 했으며, 얇은 천의는 부드럽게 흘러내리며 난숙한 여인의 풍만하고 관능적인 몸집을 드러낸다. 그러나 우리는 이들에게서 속되고 관능적인 에로티시즘의 인상은 받지 않는다.

김원룡 선생은, 그것은 신라 불교 자체가 청결하기도 했지만, 작가들의 인간적이면서도 잡념 없는 깨끗한 어프로치가 고대 한국인들의 소박하고 조작 없는 생활철학의 발로였기 때문이다, 그것은 마치 천진난만한 어린아이가 그린 여인의 나체화에서 에로틱한 감정이 일어나지 않는 것과 같은 이치라고 했다(『한국미의 탐구』).

십대제자

그다음에는 부처님의 십대제자(十大弟子)인 아라한(阿羅漢)들[12,13]이 좌우 벽면에 다섯 분씩 열 분 조각되어 있는데, 그 박진감 있는 그로테스크한 조형과 예술성으로 높이 평가 받고 있다. 이들은 높은 경지에 도달한 고승대덕(高僧大德)의 원만한 풍모가 아니라, 치열한 고행을 하는 비구(比丘)들의 강렬한 인상과 제스처로 그려져 있다.

야나기 무네요시 선생은 "나는 이처럼 내면의 깊이와 신비를 잘 나타낸 불교예술을 일찍이 본 적이 없다. 이런 것을 만들 수 있었던 제작자의 종교적 경험에 나는 한없는 외경(畏敬)을 금할 길이 없다.… 이처럼 얼마 되지 않는 선과 단일한 형체로써 이만큼 복잡한 미의 깊이를 나타낸 것이 달리 어디에 있을 것인가! … 이 얼마나 놀라운 그로테스크인가! 그러나 여기에 바로 추와 미의 결합이 있다. 헤아릴 수 없는 깊이의 신비 그대로가 나타나 있다.… 거스를 수 없는 율동과 움직일 수 없는 정적이 여기서는 혼연일체가 되어 있다. 고요의 깊이이자 힘이다.… 누구든지 그 앞에 멈추어 섰을 때, 오싹하는 전율을 느낄 것이다"라고 고백했다(「석불사의 조각에 대하여」).

이들은 커다란 짱구머리, 쏘는 듯한 깊은 눈과 휘어진 높은 코(심목고비深目高鼻), 주걱턱, 합죽이, 처진 귀, 굽은 등, 밭은 목 등 추하고 기괴한 형상의 늙은이들 모습으로 묘사되어 있다. 이들은 모두 석가모니 생존시 실제로 살았던 사람들이므로 인도 사람의 모습으로 표현되어 있다.

제작자는 이들 열 사람의 출신과 성격과 생애를 철저하게 고증하여 몸의 형태와 자세, 얼굴의 생김새, 복식과 신발, 지물(持物) 등을 각자 그에 맞게 차별화했다. 제작 팀이 인도의 문화와 제자들의 신상에 대한 정확한 정보 없이는, 이런 제자상들은 제작할 수 없었을 것이다.

12 석불사 십대제자 중 '부루나'
/한국민족문화대백과사전

13 석불사 십대제자 중 '가전연' /네이버 블로그

한국불교연구원은 그들 조각상에 나타난 특징들에 의해 어떤 조각상이 누구인지 조심스럽게 구별하여 십대제자에 존호(尊號)를 붙였다. 오른쪽은 지혜제일(智慧第一) 사리불(舍利佛), 두타제일(頭陀第一) 가섭(迦葉), 설법제일(說法第一) 부루나(富樓那),[12] 천안제일(天眼第一) 아나율(阿那律), 밀행제일(密行第一) 라후라(羅睺羅)이고, 왼쪽은 신족제일(神足第一) 목건련(目犍連), 해공제일(解空第一) 수보리(須菩提), 논의제일(論議第一) 가전연(迦旃延),[13] 지율제일(持律第一) 우파리(優波離), 다문제일(多聞第一) 아난(阿難)이다(한국불교연구원, 『석굴암』, 일지사, 1974).

나는 처음에는 십대제자를 왜 이렇게 추한 모습으로 새겼는지 그 의미를 알지 못했다. 제작자는 두 천신과 두 보살로 최미(最美)의 세계를 보여 준 후 십대제자로 추(醜)의 세계를 보여 준 것이다. 그리고 맨 뒤의 십일면관음보살까지 합쳐 미와 추, 그리고 다시 미…, 여성의 부드러움과 남성의 억센 힘을 번갈아 보여 준다.

십일면관음보살

드디어 우리는 굴의 맨 안쪽 본존불의 뒤에서 자비와 구원의 보살 〈십일면관음보살(十一面觀音菩薩)〉(Avalokiteśvara Bodhisattva, 높이 2.18m)[14,15]을 만나게 된다. 제작자는 이 굴원에서 가장 뛰어난 기법으로 가장 화려하고 아름답게 조각된 여신을 가장 깊숙한 곳에 숨겨 놓았다.

'아! 아름답고 숭고하도다.'

감탄이 절로 나온다. 성처녀처럼 청순한 이미지의 그녀는 신라인들이 이상으로 삼은 여성미의 전형이었을 것이다. 그녀의 매력적이고 육감적인 자태는 보는 이의 마음을 설레게 하지만 종교적 숭고미에 압도되어 에로틱한 상상은 일어나지 않는다.

혜곡(兮谷) 최순우(崔淳雨) 선생은 "십일면관음보살의 얼굴을 바라볼 때마다, 나는 신라 여성들이 지녔던 높은 절조와 청정한 풍김을 연상하면서 마음이 설레곤 했다. 이러한 아름다움이야말로 한국미의 본바닥에 흐르고 있는 선과 미의 음률이다"라고 감탄했다(최순우, 『무량수전 배흘림기둥에 기대서서』, 학고재, 1994).

14 석불사 〈십일면관음보살〉 /한국민족문화대백과사전

15 석불사 〈십일면관음보살〉(부분) /문화재청

그녀는 가장 화려한 목걸이를 걸고, 가장 많은 영락을 걸치고, 복잡한 술과 섬세한 천의를 걸쳤으나, 하나도 꼬이거나 흐트러짐이 없이 유려하게 흘러내리며 신체의 굴곡을 드러낸다.

그녀가 왼손을 가슴 높이로 치켜들어 쥐고 있는 정병(淨甁)에 꽂힌 가지에서 한 송이의 연꽃이 피어난다. 오른손은 아래로 내려뜨려 영락 한 가닥을 살짝 거머쥐고 있는데, 엄지와 중지로 구슬을 가볍게 쥐고, 나머지 세 손가락은 위로 살짝 들려 있다. 그 손은 내 손녀의 서너 살 때 손처럼 포동포동하고 예쁘다.

목수(木壽) 신영훈(申榮勳) 선생은 "참 앙증스럽다. 덥석 감싸 쥐면 따뜻한 체온이 그 손에 통하고 있을 것만 같다. 아! 아름다운 손이여"라고 찬탄한다(신영훈, 『석불사·불국사[신영훈의 역사기행 2]』, 조선일보사, 1998).

아무리 굳은 화강석을 사뭇 떡 주무르듯 다루어 낸 신라 조각가들이었다고 하지만(최순우), 그 손을 가만히 들여다보고 있으면 실제로 피가 돌고 신경이 살아 있는 것처럼 느껴진다.

[…]
圓光寶冠(원광보관)이 모두 거룩하다
부드러운 두 볼
날씬한 두 억개
春山娥眉(춘산아미)가 으적이 열린 미테
결곡하게 드리우신 코
어엽부다 방울조차 읎구나

고운지고 보살의 손
돌이면서 白魚(백어) 갔다
新羅(신라) 옛 美人(미인)이

저러트시 거룩하오?

무릅 꿀어 울어러 만지면

薰香(훈향)내 높은 훈훈한 살 기운

당장 곧 따수할 듯 하구나

—월탄(月灘) 박종화(朴鍾和, 1901~1981), 「십일면관음보살」

(『삼천리』 제11권 제1호, 1939. 1. 1)

내가 석불사에 처음 갔을 때, 그 도톰한 손등은 손때가 타 돌에 새카맣게 더캐가 앉아 있었다. 사람들은 절실한 부탁을 할 때에는 자세를 낮추고 상대의 손을 잡고 도와줄 것을 청한다. 천여 년 동안 얼마나 많은 열성신도들이 "나무관세음보살"을 외우고 소원을 빌면서 그 손을 잡았을까? 또 어떤 이는 종교적인 신앙심을 떠나 그 아름다움에 취해서 자기도 모르는 사이에 손을 잡았을 것이다. 나 또한 그 손이 너무 예뻐서 한 번 만져 보고 싶어서 손을 내밀었던 것 같다.

이 보살상을 수평의 시점에서 찍은 사진이나 도해(圖解)로 보면 6.5등신이다. 머리는 지나치게 크고 키는 작아서 신체의 비례가 맞지 않는다. 그러나 이 보살상과 본존 사이의 너비 1m도 안 되는 좁은 공간에 들어가서 올려다보면 머리의 크기와 키의 비례가 알맞다. 멀면 작게 보이는 착시 효과 때문이다. 이 보살은 8등신의 늘씬한 보현보살이나 문수보살에 비하면 키가 작지만, 한국 여인처럼 작고 아담한 체구여서 더욱 정감이 간다.

이 보살상은 그 위치상 정면에서보다는 좌우 반측면(半側面)에서 올려다보기 마련이다. 그래서 제작자는 이 보살상을 가장 두드러지게 고부조로 새겨서 참배자들이 반측면에서도 봐도 아름답고 숭고하게 보이도록 세심하게 배려했다.

감실의 조각상들

굴 안의 주벽 윗단에 열 개의 감실(龕室)을 파고, 그 안에 높이 85~95㎝의 작은 좌상(坐像)들이 하나씩 안치되어 있었는데,16 그중 감실 두 개는 비어 있고 여덟 분만 남아 있다. 모두 지고(至高)의 아름다움을 보여 주는 상이지만 그중에서 유독 내 눈길을 끄는 조각상이 두 분 있다.

유희좌보살(遊戲坐菩薩, 86㎝)
오른쪽 세 번째 감실에 있는 이 조각상17은, 왼쪽 다리를 세워 그 무릎 위에 왼쪽 팔꿈치를 괴고, 손등으로는 옆으로 누인 얼굴을 받치고 있으며, 오른손으로는 좌대를 짚어 기울어지는 몸을 버티고 있다. 머리에는 보관을 쓰고 구슬을 꿴 목걸이를 걸었다. 부드러운 몸매에 아리따운 얼굴, 오른쪽 어깨에 늘어진 머리카락, 오수(午睡)에 취한 듯 나른해 보이는 자유분방한 자세의 이 여인은 이쁜 짓 하며 애교 부리는 소

16 석불사 감실의 불좌상, 문수보살(왼쪽)과 관음보살 /문화재청

17 석불사 감실의 조각상 〈유희좌보살〉 /네이버 블로그

녀의 천진한 몸짓 같다. 도대체 신라인들의 이런 기발한 착상은 어디서 오는 것일까?

유마거사(維摩居士, 95㎝)

왼쪽 다섯째 감실 안에 있는 이 조각상18은 거친 솜씨로 얼굴만 늙은이 모습으로 조금 다듬고, 나머지 부분은 정 자국이 뚜렷한 미완성 상태처럼 두었다. 이 늙은이는 주미(麈尾)를 들고 웅크려 앉아서 상체를 앞으로 내민 도전적인 자세로, 무언가 열심히 말을 하고 있는 것 같다. 이 상은 둔황 막고굴 제103, 220굴의 〈유마경변상도(維摩經變相圖)〉에서 짐짓 칭병(稱病)하고 누워 있다가, 문병 온 문수보살을 상대로 "중생이 병들었으니까 나도 병을 앓는다"며 불꽃 튀는 불법 논쟁(佛法論爭)을 벌이고 있는 유마거사(**제7장, 도판 20**)의 모습과 많이 닮았다.

완성도가 높은 불보살들의 세계에 미완의 속인상(俗人像)을 하나 집어넣은 의도는 무엇일까? 진리는 불보살의 전유물이 아니다. 재가신도도 진리를 논할 수 있고, 깨칠 수 있다는 사실을 은유(隱喩)하는 것은 아닐까?

18 석불사 감실의 조각상 〈유마거사〉 /한국학중앙연구원

19 석불사 본존불 /Junho Jung

본존불

굴 안을 두루 순례했으니, 이제 마지막으로 본존불을 뵈러 가자.

본존불의 대좌는 본존 앞의 공간을 확보하기 위해 주실 중앙에서 뒤쪽으로 84㎝ 물러난 곳에 위치한다. 대좌는 2단의 원형 지대석(地臺石, 3.63m) 위에 원형의 복련하대석(伏蓮下臺石), 모서리마다 투각(透刻)한 여덟 개의 5각기둥을 세운 정팔각형의 중대석(中臺石), 그리고 원형의 앙련상대석(仰蓮上臺石, 지름 2.72m)을 차례로 얹어, 신라에서 가장 아름다운 좌대(높이 1.64m)로 만들었다. 그리고 그 위에 우리나라 불교조각의 절정을 이루는 높이 3.42m의 거대한 본존불**01, 19, 20**을 안치했다.

강우방 선생은 요네다 미요지가 측량한 이 본존상의 키(11.5척), 무릎과 무릎 사이의 너비(8.8척), 어깨 너비(6.6척)가 현장(玄奘)의 『대당서역기』에 기술된 인도 보드가야(Bodhgayā) 마하보디사(Mahabodhi Vihara, 대각사大覺寺)의 붓다 성도상(成道像)과 일치할 뿐만 아니라, 항마촉지인(降魔觸地印)의 수인(手印)과 동쪽을 향한 좌향(坐向)도 같다는 점을 발견하고, 이 본존상은 마하보디사의 성도상을 경주 토함산에 재현한 것이라고 했다(강우방, 『미의 순례』, 예경, 1993). 그것은 참 중요한 발견이었다. 이 본존상은 석가모니가 오랜 고행 끝에 정각(正覺) 즉, 깨달음을 얻는 순간의 모습을 형상화한 마하보디사의 성도상을 재현한 것이었다.

한국불교연구원은 "이 본존불은 그 조각의 종교성과 예술성에 있어서 우리 조상이 낳은 가장 탁월한 작품이며, 전 세계의 종교예술사상 가장 탁월한 유산"이라고 했다(『석굴암』, 일지사).

내 얕은 재주로는 이 위대한 불상을 표현할 길이 없어, 다시 야나기 무네요시 선생의 미문(美文)으로 본다.

> "위대한 불타(佛陀)는 적연(寂然)히 그 부동의 모습을 연대(蓮臺) 위에 갖춘다. 우러러보는 자는 그 상모(相貌)의 장엄과 미에 감동되지 않을 수 없다. 이곳은 완전히 내적인 영(靈)의 세계다. … 여기는 밖인 위력(威力)의 세계가 아니다. 내적인 깊이의 세계다. 미와 평화의 시현(示現)이다. 또한 장엄과 그윽함의 영기(靈氣)다. 얼마나 선명한 대비가 굴의 안팎에 나타나 있는가! … 여기서 종교와 예술을 나눌 수는 없다. 미(美)와 진(眞)을 둘로 셀 수는 없다."
>
> "누가 능히 이 조각에 나타난 그의 뜻을 말할 수 있을 것인가. 말할 수 없다는 사실에 이 불상의 아름다움이 있으니 말이다."
>
> "그는 그윽하고 고요한 이 굴원 속에 앉아서 참으로 깊은 선(禪)의 세계에 잠겨 있다. 그것은 모든 것을 말하는 침묵의 순간이다. 모든 것이 움직이는 정사(靜思)의 찰나다. 일체를 품은 무(無)의 경지다. 그 어떤 진실이, 그 어떤 아름다움이 이 찰나를 초월할 것인가. … 여기에선 종교도 예술도 하나다."
>
> —「석불사의 조각에 대하여」

우현 고유섭 선생은 이렇게 말한다.

> "동양 제일, 세계 제일의 추앙을 받고 있는 석가본존상이야말로 무엇보다도 고마운 존재이다. … 피도 없고, 물도 없고, 정(情)도 없는 화강석에서 맥박이 뛰고, 신성이 넘치고, 호흡이 고르고, 온(溫)과 엄(嚴)을 구비한 위대한 모습이 드러날 때, 환희는 장인의 손끝에 있지 않고, 신라 천지를 휩쌌을 것이고, 천지를 울렸을 것이다."
>
> —고유섭 저, 진홍섭 엮음, 『구수한 큰 맛』(다홀미디어, 2005)

원각(圓刻)된 본존상은 어느 각도에서 보아도 신체 각 부의 비례가 완벽하여 주시점(主視點) 없이 받아들여지는 탁월한 조각작품이다. 그리고 그의 이미지는 장중(莊重)하고 거룩하면서도, 고요한 분위기 속에서 그 신

20 석불사 본존불의 정면 /석굴암 홈페이지

비로움을 더해 간다. 장부다운 떡 벌어진 원만한 어깨와 두터운 가슴, 둥근 팔과 무릎과 다리는 인도 굽타 불상의 건장한 체격을 빼닮았다.

그러면 본존상의 상호(相好: 얼굴)[20]는 어떠한가?

인도의 불상은 실크로드를 타고 중국으로 들어와 현지에 동화되어, 다소 군림하는 듯한 모습의 당불(唐佛)이 되었고, 다시 신라로 들어와서는 신라인들이 이상으로 삼는 얼굴로 신라화되었을 것이다.

어떤 이는 본존상의 상호에 고구려 불상이나 그와 이웃한 선비족(鮮卑族)이 세운 북위(北魏) 불상과의 친연성(親緣性)이 없을까 한다. 그러나 북위가 5~6세기에 조성한 용문석굴 고양동(古陽洞)이나 빈양 중동(賓陽中洞)의 불상들, 그리고 6세기 고구려의 연가칠년명 금동여래입상(延嘉七年銘金銅如來立像, 국보 제119호, 국립중앙박물관 소장)을 보면, 그들의 얼굴은 한결같이 길고 준수하다. 그러나 이 본존상의 얼굴은 넙적하므로 그 모습부터 완연하게 다르다.

본존상의 상호는 인자하지만은 않다. 반개(半開)한 쭉 째진 봉(鳳)의 눈매는 매섭고, 웃음이 가신 표정은 우미(優美)하나 근엄하며, 함부로 범접하기 어려운 위엄을 간직하고 있다. 이런 이미지는 부드러운 여성미의 보살상과 극명하게 대비된다. 나는 이 불상 앞에만 가면 그 위엄에 눌려 저절로 선재동자(善財童子)처럼 움츠러든다.

본존상의 머리는 낮은 육계(肉髻)에 정연한 나발(螺髮)이고, 법의는 편단우견(偏袒右肩)이며, 결가부좌(結跏趺坐)한 자세에, 오른손은 성도 당시와 같은 항마촉지인을, 왼손은 선정인(禪定印)을 짓고 계시다. 그런데 오른손 검지가 중지 위에 슬며시 올라가 있고, 새끼손가락은 살짝 들려 있다.[21] 신영훈 선생은 기분이 썩 좋을 때 장단을 맞추어 치려면 손가락을 그렇게 한다고 했다(『석굴암』, 조선일보사).

그 손은 굴 안에 음악이 울려 퍼지고, 그 가락에 장단을 맞추고 있는 것처럼 리드미컬하다. 피가 돌고 신경이 꿈틀거리며 살아 있는 것 같은 손이다. 나만 그렇게 느끼는 것이 아니다.

일찍이 조지훈(趙芝薰) 시인은 "돌에도 피가 돈다. 나는 그것을 토함산 석굴암에서 분명히 보았다. … 양공(良工)의 솜씨로 다듬어 낸 그 우람한 석상의 위용은 살아 있는 법열(法悅)의 모습 바로 그것이었다. 인공이 아니라 숨결과 핏줄이 통하는 신라의 이상적 인간의 전형이다. 그러나 이 신라인의 꿈속에 살아 있던 밝고 고요하고 위엄 있고 너그러운 모습에 숨결과 핏줄이 통하게 한 것은 이 불상을 조성한 희대의 예술가의 드높은 호흡과 경주(傾注)된 심혈이었다. … 나는 석굴암에서 그것을 보았던 것이다. 돌에도 피가 통한다는 것을 말이다. 나는 그 앞에서 찬탄과 황홀이 아니라 감읍(感泣)하였다"고 했다(조지훈, 「돌의 미학」, 『한국 수필 베스트 70』, 혜문서관, 2009).

21 석불사 본존불의 항마촉지인. 마치 가락에 장단을 맞추는 것처럼 율동적인 손가락 모양이다.
/신영훈, 『석굴암』(조선일보사, 2003)

'진달래꽃'이란 닉네임을 쓰는 블로거는 "석불사 조각상들의 의상은 입으로 후~ 하고 불면 옷자락이 날릴 것같이 아름답게 조각되어 있고, 본존불은 손을 잡으면 따뜻한 체온, 가슴에 귀를 대고 있으면 심장의 고동 소리가 들려올 것만 같다"고 감각적인 감상을 토로하기도 한다.

도대체 이름조차 전해지지 않는 이 사원의 위대한 설계자는 누구며, 이 조상(彫像)들을 조각한 천재 조각가는 누구일까? 양식은 다르지만 미켈란젤로 부오나로티(Michelangelo Buonarroti) 같은 거장이 온다고 한들 이보다 더 잘할 수 있었을까?

미켈란젤로가 석질이 무른 대리석에 인간의 영혼이 깃든 사실적 묘사에 충실하려 했다면, 이 본존불의 불사(佛師)는 석질이 단단한 화강석에 눈에 보이지 않는, 붓다의 드높은 정신세계를 담으려 했다.

목 놓아 터뜨리고 싶은 통곡을 견디고
내 여기 한 개의 돌로 눈 감고 앉았노니
천년을 차거운 살결 아래 더욱
아련한 핏줄, 흐르는 숨결을 보라

목숨이란! 목숨이란—
억만 년을 원(願) 두어도
다시는 못 갖는 것이매
이대로는 못 버릴 것이매
[…]
뉘라 알랴!
하마도 터지려는 통곡을 못내 견디고
내 여기 한 개 돌로

적적(寂寂)히 눈감고 가부좌하였노니.

—청마(青馬) 유치환(柳致環, 1908~1967), 「석굴암대불」

대개 광배(光背)는 불상의 몸에 부착시키는 것이 일반인데, 이 본존상의 두광(頭光)은 멀리 떨어진 뒷벽에, 복선단판(複線單瓣)의 연꽃으로 윤곽을 장식한 둥근거울형(지름 2.24m)으로 새겨져 있다.22 이것은 아마 세계에서 유례를 찾기 힘든 독창적인 아이디어일 것이다. 이런 대담한 발상의 전환에 신라인의 지혜가 번뜩인다.

22 석불사 뒷벽에 새겨져 있는 〈본존불〉의 광배 /한국민족문화대백과사전

전실 중앙에서 본존을 바라볼 때, 본존의 머리가 두광의 한가운데 정확하게 맞춰지는 자리는 꼭 한 군데뿐이다.[20] 그 자리가 부처님을 예배하는 자리다. 제작자는 당시 신라인의 평균적인 키와 눈높이까지 고려하여 두광의 위치를 정했을 것이다.

이 광배가 본존의 뒷머리에 붙어 있다고 상상해 보라. 얼마나 답답하고 부자연스럽겠나.

1980년 영남대 김익수 교수는 김대성의 키가 170㎝라는 신기한 주장을 폈다. 주실 뒷벽에 붙어 있는 광배는 정원(正圓)이 아니고 상하로 4㎝ 더 긴 타원이다. 그 이유는 아래에서 위를 올려다보았을 때 상하의 길이가 실제보다 짧아 보이기 때문이다. 그 타원이 정원으로 보이는 일정한 지점이 있는데, 전실의 정중앙에 해당하는 자리가 그곳이다. 거기서 눈높이가 160㎝일 때 불두는 두광에 정중앙에 놓이게 된다. 눈높이가 160㎝가 되려면 키가 172㎝가 되어야 하고, 이때 신발의 높이 2㎝를 빼면 김대성의 키는 170㎝가 된다는 것이다(유홍준, 『나의 문화유산답사기 2』에서 재인용).

석불사의 과학

석불사에는 종교와 예술만 있는 게 아니다. 현대인도 몰랐던 깜짝 놀랄 과학이 있다. 석불사는 수학, 기하학, 물리학, 천문학, 건축학 등 과학과 종교와 예술이 하나 된 총체의 실현이라고 한다. 그중 몇 가지만 보자.

동양 최초의 궁륭형 천장

궁륭형 천장은 서양에서는 기원전 13세기 미케나이 시대부터 건축되었으나('아트레우스의 보고寶庫', 기원전 1세기 고대 로마의 '판테온' 등) 동양에는 그 유례가 없었다. 그래서 신라인들은 아무런 모델 자체가 없는 상황에서 천장 건축을 처음부터 창의적으로 기획하고, 설계하고, 시공했을 것이다.

그들은 돌머리를 비녀 모양으로 다듬은 '동틀돌'이라는 리벳(rivet, 대갈못) 30개를 천장의 면석 사이사이에 끼워 넣어, 그 돌머리로 면석을 걸어 잡아당기고, 동틀돌의 긴 몸뚱이 부분은 적심석(積心石)으로 눌러 추락하지 않도록 고정시켜서 궁륭형 천장을 완벽하게 쌓아 올렸다.

그리고 그 중앙에 단선복판(單線複瓣)의 연화문을 새긴 외부지름 3m, 바닥지름 2.5m, 두께 1m, 무게 20톤짜리 거대한 천개석(天蓋石)을 덮었다. 그리하여 동틀돌들이 마치 밤하늘의 별들처럼 전방위(全方位)에 자리 잡은 아름다운 모습의 하늘까지 굴 안에 들여놨다.[23]

이는 신라인들이 서양과는 다른 방식의 창의적인 수리(數理)와 기하학으로 설계를 하고, 고난도의 토목건축 기술로 건축을 하여, 세계건축사에 길이 남을 위업을 달성한 것이다. 그런데 천개석이 세 조각으로 깨

23 석불사 천장. 30개의 동틀돌 머리가 전방위에 별처럼 자리한 둥근 하늘 모양의 천장 /오세윤

져 있다. 이 무슨 변고인가? 인간에게 100% 완벽이란 없다. 무결점은 신의 세계다. 너무 완벽하면 신도 시샘을 한다는 말이 있다. 천장을 쌓아 올리고 천개석을 덮으려는 순간 인부들이 실수로 떨어뜨려 깨뜨린 모양이다. 김대성은 하늘의 뜻이라 생각하여 다시 만들지 않고 그대로 두었을 것이다.

샘물 위에 석실을 건축한 이유

1913년 일본인들은 석불사를 해체 수리할 때 석굴 뒤쪽의 바위 밑에서 두 개의 샘물이 솟아올라 석굴 바닥 밑으로 흐르는 것을 발견했다. 그들은 물이 흐르는 석굴 바닥을 강회로 막고 연관(鉛管)으로 샘물을 밖으로 빼돌렸다. 그 후 석실 벽에는 이슬이 맺히고 조각상의 풍화작용이 심해졌다.

1973년 서울대 이태녕(李泰寧) 박사는 석굴 밑에 흐르는 샘물 때문에 석굴 바닥의 온도가 벽면보다 낮아져 바닥돌에서만 결로(結露) 현상이 나타나고 벽면에는 결로가 되지 않았었는데, 일본인들이 그 이치를 모르고 샘물을 돌려 빼내는 바람에 바닥돌의 온도가 높아져 벽면에 결로 현상이 생기는 것이라고 그 이유를 밝혀 냈다.

바닥이 차면 벽에 결로 현상이 일어나지 않는다는 이치를 응용할 줄 아는 신라인들의 지혜가 얼마나 놀라운가.

석굴도 숨을 쉬어야 한다

1999년 카이스트 송태호 교수는 석불사 석굴이 1천 년 이상 원형을 보존하게 된 비밀은 '열린 통풍 구조' 때문이었다는 논문을 발표했다.

원래 석불사의 천개석 위에는 돌을 얼기설기 쌓고 흙을 덮어, 곳곳의

'다공성(多孔性) 구조물'이 공기층을 함유하고 있어, 굴이 숨을 쉬면서 드나드는 공기의 온도와 습도를 자연적으로 조절하여, 항상 제습된 한랭 건조한 공기만 굴 안으로 들여보내 결로 현상이 생기지 않았다.

그런데 1913년 공사 때 일본인들은 누수를 차단한다며 두께 2m의 시멘트콘크리트 벽으로 석굴 전체를 싸 발랐다. 그로 인해 밀폐된 석굴이 숨을 쉬지 못하여 조절 능력을 상실하게 되자, 굴 안에 습기가 차서 벽면에 물방울이 맺히고, 푸른 이끼까지 끼면서 돌이 부스러지는 치명적인 풍화 현상이 일어나게 됐다는 것이다.

1963년 공사 때 한국 정부는 일본인이 싸 바른 콘크리트 외벽 밖에 약 1m 폭의 공간을 두고 그 외부 전체에 또 철근콘크리트로 된 이중 돔을 씌웠다. 그리고 외부에서 유입되는 습기를 차단하겠다며 석굴의 전실에 기와지붕을 씌운 목조건물을 건축했다. 그러나 석굴의 습기는 더욱 극심해졌다. 그래서 1966년에는 이중 돔 사이의 공간 안에 공기 냉각 장치를 설치하여 온도와 습도를 기계에 의해 인공적으로 조절하기 시작했다. 1971년에는 관람객들이 배출하는 이산화탄소로부터 유물을 보호한다는 구실로 전실 입구에 유리벽을 설치하여 석굴을 완전히 밀폐하고, 유리벽 안으로는 관람객의 출입을 모두 금지시키기에 이르렀다.

선조들이 자연의 이치를 응용하여 지혜롭게 만든 문화유산을 공연히 건드려서 이제는 돌이킬 수 없는 재앙을 초래하고 만 것이다.

석불사의 정확도

서울대 남천우 교수는 석불사를 측정하고 나서, "석불사의 정확도는 10m를 재었을 때 1㎜의 오차도 허용하지 않았다. 다시 말하여 1만분의 1의 실수도 보이지 않은 것"이라고 하며, 신라인들의 기하학, 수학의 수준에 경탄을 금치 못했다(유홍준, 『나의 문화유산답사기 2』).

본존불이 앉은 방향

석불사 본존불의 좌향(坐向)은 동짓날 해 뜨는 방향에 정확히 맞춰져 있다. 당대인들이 새해의 기점으로 삼은 동짓날에 맞춘 것이다.

1960년부터 1964년까지 4년 남짓 석불사에 상주하면서 발굴, 측량, 기상 조사 업무를 담당했던 동국대 정명호(鄭明鎬) 교수는 일년 중 동지 때 단 이틀간 아침 햇살이 굴 안으로 들어와 본존불을 비추는 신비한 광경을 목격했다고 한다. 수평선에서 해가 올라오면 먼저 부처님의 육계를 붉게 물들이고, 그다음 시간이 지날수록 햇빛은 점점 아래로 내려오면서 불두, 광배, 불신(佛身), 대좌까지 비추는데, 조사(照射)된 부분은 처음에는 붉은색을 띠었다가 점점 옅어지면서 나중에는 노란색으로 변했다고 한다.

석불사 모형관 건립은 필요한가

오늘날 관람객들은 5천 원을 내고 표를 사서 목조 전실로 들어가면, 유리벽 밖에서 어두운 조명 아래 멀리 있는 본존상, 인왕상의 정면과 팔부신중의 측면을 간신히 들여다본다. 정작 비도(扉道)의 사천왕상으로부터 이 석굴에서 가장 아름다운, 주실에 있는 천부상, 보살상, 십대제자상, 감실 안의 조각상들은 하나도 보지 못한다. 기대에 부풀었던 관람객들은 실망하여 불만을 토로한다.

2002년 문화재청은 관람객들의 불만을 해소하기 위해 제2석굴암 건립 계획을 공식 발표했다가 약 1년 동안의 거센 논란 끝에 건립 계획을 유보키로 했다. 반대의 논리는, 문화재 가치의 진정성을 훼손한다, 석불사는 종교시설이지 관람의 대상이 아니다, 복제품은 아무리 잘 만들어도 감동이 없다는 것 등이다.

그러나 반대의 논리는 석불사를 본 사람들의 얘기다. 석불사는 1962년 국보 제24호로 지정된 우리나라 최고의 문화유산이자, 1995년 유네스코가 지정한 세계문화유산이다. 그러므로 석불사는 종교시설인 동시에 관람의 대상이고, 국민은 석불사를 관람할 권리가 있다.

석굴을 유리벽으로 막아 버린 지 46년이 지났다. 우리 국민 중 60세 이하, 전 국민의 80% 이상은 석불사를 볼 기회조차 없었다. '석굴암'을 모르는 국민은 없는데, 본 사람은 없다. 석불사가 세계 유수의 위대한 유산이라고 자랑만 하지 말고 보여 줘야 한다. 석불사 보존 상 공개가 어렵다면, 모형관을 만들어서라도 보여 줘야 한다. 프랑스는 라스코 동굴(Lascaux)을 닫고, 복제를 만들어 공개하고 있지 않은가.

여정을 마치며

8세기 중엽 유라시아 대륙의 동쪽 끝 신라 땅에 사는 사람들이 실크로드의 종착지 금성(金城, 경주)에 종교와 예술과 과학을 어울러, 어느 것 하나 흠잡을 데 없는, 세계에서 가장 아름답고 가장 완벽한 석굴사원을 만들었으니, 이에 견줄 만한 것은 이 세상 어디에도 없다.

석불사는 보로부두르나 앙코르 와트처럼 크지도 않고, 바간이나 막고굴처럼 많지도 않으며, 시슈 마할이나 타지 마할처럼 사치하지도 않고, 카일라사나 포탈라처럼 위압적이지도 않다. 또한 백성들을 오랜 기간 가혹하게 착취한 반인권적이고, 비종교적인 산물도 아니다.

석불사는 참배자가 붓다를 예배하기에 쾌적한 거리와 높이, 넓지도 좁지도 아니한 가장 이상적인 규모로 조영되었으며, 그 안에 붓다를 위시하여 신중과 인왕, 천왕과 천부, 보살과 제자가 알맞은 구성과 크기로 조각되어, 조화롭고 주도면밀하게 배치되어 있다.

석불사는 인도의 간다라·마투라·굽타 미술이 실크로드를 타고 당나라를 겨쳐 신라에 들어와, 동과 서의 예술이 서로 어우러져, 탁월한 예술적 기량을 뽐내어, 붓다의 드높은 정신세계를 펼친 것이니, 이를 어찌 세계에서 가장 빼어나고 가장 위대한 예술문화유산이라 하지 않을 수 있겠는가. 이것은 내가 한평생 추구하고 지구 반 바퀴를 답사하고 돌아와, 공정한 눈과 객관적인 잣대로 내리는 결론이다. 이런 위대한 유산이 우리 조상의 손으로 만들어졌고, 또 오랜 세월 온전하게 보전되었으니, 왜 자랑스럽지 아니한가.

'세계 제일이다', '견줄 데가 없다'는 견해는 나만의 생각이 아니다.

야나기 무네요시는 "석불사는 실로 수·당(隋唐) 불교의 결정(結晶)이요, 나아가 동양의 종교 및 예술의 귀결이다", "이와 유사한 작품이 중국에 있지나 않을까 하여 오랫동안 찾아 헤맸으나 찾지 못했다. 일본에서는 이와 견줄 만한 대불(大佛)을 보지 못했다. 가마쿠라(鎌倉)의 대불은 예로부터 그 미모로 알려져 있지만, 아름다움에 있어서나 위엄에 있어서나 도저히 이것을 따르지 못한다"고 했다(『석불사의 조각에 대하여』).

강우방 선생은, "석굴암은 우리나라 미술품 가운데 가장 훌륭하고 위대할 뿐만 아니라, 세계적으로 이에 견줄 만한 것이 없을 만큼 빼어나다. 세계의 위대한 미술품을 열 손가락으로 꼽으라면 석굴암은 그 첫 번째로 꼽히리라 믿는다. 불국사와 석굴암의 예술은 드높은 정신과 고매한 사상이 깃들어 있어서 아름다우면서도 위대한 것이다. 우리는 마음껏 그 아름다움과 위대함을 세계에 자랑할 수 있고, 그것을 이루어 낸 신라인에게 감사하며, 그 후예인 우리는 자긍심을 가질 수 있을 것"이라고 했다(『미의 순례』).

지금 누가, 석불사가 왜 어떤 점이 어째서 좋으냐고 물어 오면, 낙제점은 면한 답변을 할 수 있을 것 같다.

이제 내가 반백년 세계를 한 바퀴 떠돈 불교미술유적 답사는 여기서 마친다.

하느님, 제게 이렇게 즐겁고 행복한 삶을 살게 해 주신 당신의 크나큰 사랑에 깊이 감사 드립니다.

부록

세계에서 가장 아름다운 종교회화

고려 불화 高麗佛畵

고려 불화에 눈뜨다

2005년 내가 어느 기관의 수장으로 있을 때, 200여 명의 직원이 모인 자리에서 "세계 최고의 명화는 어떤 그림일까?"라는 질문을 던졌다. 예상했던 대로 여기저기서 "〈모나리자〉"라는 대답이 나왔다. 거의 대부분의 사람들이 그렇게 대답할 것이다. 나는 서양 최고의 명화가 〈모나리자〉라면(그러나 1985년 어느 미술잡지가 미술계 저명인사들에게 '역사상 최고의 명화는 무엇인가?'라는 질문을 했을 대 그중 대부분은 주저 없이 에스파냐 화가 디에고 벨라스케스[Diego Velazquez, 1599~1660]의 〈시녀들(Las Meniñas)〉을 꼽았다), 동양 최고의 명화는 우리나라 사람이 그린 것이라며, 고려 불화 사진을 보여 줬다.

나는 진정으로 고려 불화는 〈모나리자〉와 견주어 양식과 기법이 다를 뿐 결코 손색이 없는 그림이라고 생각한다. 그런데 왜 우리나라 사람들은 그런 사실을 모르고 있는 걸까? 외국 것만 가르치고 우리 것의 우수성은 가르치지 않았기 때문일 것이다.

나는 1980년대 초 우연히 어느 고미술상에서 일본 야마토분카칸(大和文化館)이 개최한 '고려불화특별전' 도록을 보고 깜짝 놀랐다. 거기에 내가 전에 듣지도 보지도 못한 섬세하고, 화려하고, 우아한 고려 불화 50여 점이 출품되어 있었다. 그 당시 우리나라에는 국립중앙박물관에 서너 점, 호암미술관에 한두 점이 있을 뿐이고, 그중에 수작이라고 할 만한 것은 별로 없는 것으로 알고 있었기에 충격은 더욱 컸다.

01 일본 교토 후지이(藤井) 제성회유린관(齊成會有鄰館) 소장 〈수월관음도〉(부분)
/『한국의 미 7: 고려불화』(중앙일보사, 1981) 표지.

그때 고려 불화에 대한 관심이 부쩍 생겨서 공부하고 싶었으나 마땅한 자료가 없었다. 그 당시 대부분의 우리나라 국민들은 고려 불화에 대하여 깜깜했고 접근할 기회도 전혀 없었다. 그 뒤 중앙일보사가 발간한 『한국의 미 7: 고려불화』(1981)를 보며 갈증은 조금씩 해소되어 갔다.

고려 불화 개관

고려 불화는 불교회화의 진수로서 한국 불교미술의 백미이며, 세계에서 가장 아름다운 종교예술품으로 꼽힌다.

불교를 국교로 삼았던 고려에서는 삼국시대와 통일신라로 이어 오면서 축적된 불교예술의 역량이 숭불 정책의 전폭적인 지원을 받아 만개하였고, 불화도 이에 힘입어 세계 최고의 경지에 이르렀다(네이버 블로그 '산호의 세계여행').

13세기 후기에서 14세기까지 고려의 왕실이나 귀족층에서는 집중적으로 수준 높은 불화가 주문 제작되었는데, 이때 뛰어난 기량을 지닌 작가들에 의해 개경(開京)의 70여 개의 사찰과 왕실의 법회와 도량(道場)에서 사용된 불화와 귀족들의 원당(願堂)에 봉안된 불화가 화격 높은 작품으로 상당수 제작되었다(동아대 박은경).

고려 불화의 아름다움은 바로 형, 색, 선, 무늬의 조화와 섬세함에서 비롯되었다. 섬세하고 단아한 형태, 원색을 주조로 한 화려한 색채와 호화로운 금니(金泥), 그리고 화면 가득 촘촘한 무늬를 넣어 특유의 독창적인 양식을 발전시킨, 흐르는 듯 유려하면서도 힘 있는 선묘를 지닌 고려 불화는 동아시아의 독보적인 미의 세계를 창조했다(국립중앙박물관 이용현).

고려 불화는 도상에 따라 관경변상도(觀經變相圖), 미륵하생경변상도(彌勒下生經變相圖), 아미타여래도, 관음보살도, 지장보살도(地藏菩薩圖), 나한도(羅漢圖) 등으로 분류되는데, 그중에서 대중적인 사랑을 받는 관음보살도가 가장 많이 그려졌다. 그 이유는 '위로는 진리를 찾고 아래로는 중생을 제도한다(상구보리, 하화중생上求菩提, 下化衆生)'는 대승불교의 이상을 몸소 실천하는 관음보살이 여러 모습으로 나타나 중생을 재난과 질병에서 구제하고 안락한 세계로 이끌어 주는 자비의 화신이라고 믿기 때문이다.

그중에서도 '수월관음도(水月觀音圖)'가 가장 아름답고 가장 인기 있는 고려 불화의 꽃이었다. 수월관음도는 섬세한 기법과 화려한 색채, 유려한 선묘와 정교한 문양, 복채법(伏彩法: 화면 뒤에서 칠을 하여 안료가 앞으로 배어 나오도록 하는 기법)과 금니의 사용으로 화려와 장엄의 극치를 이룩하였다.

'수월관음도'의 '수월(水月)'이란 문자 그대로 '물에 비친 달'이라는 뜻이다. 물에 비친 달이 아무리 잡으려 해도 잡히지 않는 허상(虛像)에 불과한 것처럼, 인간이 집착하는 욕망도 허망한 것이다. 수월관음도는 그 허망한 욕망을 버리고 진리를 구하는 진정한 불심을 찾아야 한다는 신앙적 의미를 함축적으로 담은 그림이라고 한다.

수월관음도는 『화엄경(華嚴經)』「입법계품(立法界品)」에 나오는 구도자 선재동자(善財童子, Sudana)가 문수보살의 가르침에 따라 53명의 선지식(善知識)을 두루 찾아 가르침을 받고, 마지막으로 보현보살의 가르침을 받아 진리를 체득하는 과정에서, 28번째로 관음보살을 찾아가 가르침을 구하는 장면을 형상화한 것이다.

일반적으로 수월관음도는 달이 높이 떠올라 휘영청 밝은 가운데, 관음보살이 인도 남쪽 바닷가에 있는 보타락가산(補陀洛迦山)의 연못가 바위에 걸터앉아, 선재동자에게 설법을 하고, 선재동자는 대각선 위치에서 합장을 하고 관음을 우러러보는 것을 기본적 구도로 한다.

그리고 두 그루의 대나무, 버드나무 가지가 꽂힌 정병, 연꽃, 산호 등도 공통으로 등장하는 구성요소다. 관음보살은 전신을 감싸는 원광(圓光)을 두르고, 화불이 들어 있는 보관을 쓰고, 천의(天衣)를 걸치고, 투명한 사라(紗羅, 베일)로 전신을 덮은 모습으로 바위 위에 앉아 한쪽 발을 연꽃 위에 올려놓고 있다.

현존하는 고려 불화는 전 세계에 160여 점밖에 안 된다. 그중 약 80%인 130여 점이 일본에 있고, 20여 점이 미국과 유럽에, 나머지 10여 점이 한국에 있는데, 걸작, 수작은 거의 다 일본에 있다.

그중 지금까지 공개된 수월관음도는 전 세계에 40여 점뿐이며, 그중 다수가 일본에 있다. 일본에 있는 고려 불화는 대부분 교토와 그 인근에 있는 사찰이나 신사들이 소장하고 있다. 그리하여 고려 불화를 연구하려면 일본으로 가지 않으면 안 된다고 하니 참으로 아이러니라 하지 않을 수 없다.

우리나라는 1980년대 호암미술관이 〈지장보살도〉(보물 제784호)와 〈수월관음도〉(보물 제926호)를 구입한 뒤에야 비로소 수준급 고려 불화의 실물을 갖게 되었다. 그 후 호림박물관이 〈수월관음도〉와 〈지장시왕도(地藏十王圖)〉(보물 제1048호), 우학문화재단(용인대학교)이 〈아미타삼존도〉(보물 제1238호)와 〈수월관음도〉(보물 제1286호), 김영무 씨가 〈지장보살삼존도〉(보물 제1287호), 2009년 아모레퍼시픽미술관이 〈수월관음도〉(보물 제1426호), 삼성미술관 리움이 〈아미타삼존도〉(국보 제218호)를 고가로 구입해 와 겨우 10여 점의 수준급 고려 불화를 보유하게 되었다.

그러면 고려 불화가 한국 내에 희귀한 이유는 무엇일까?

조선시대 숭유억불(崇儒抑佛) 정책으로 사대부들이 불화를 천시하는 동안 상당수가 멸실된 데다가, 숱한 외적의 침입과 전쟁으로 전 국토가 초토화될 때 불타 없어졌거나 약탈당했기 때문이다.

고려 불화가 일본에 많이 있는 이유는 무엇일까?

고려시대 말기 왜구들이 빈번하게 침략했을 때, 임진왜란 때, 구한말의 혼란기와 그 후 일제강점기에 약탈하여 불법으로 밀반출하거나, 조선인의 무지와 가난을 틈타 빼앗듯이 가져간 것이 많기 때문이다.

그렇게 흩어진 고려 불화는 1978년 일본 나라(奈良)현 야마토분카칸에서 고려 불화 52점이 출품된 '고려불화: 일본에 청래(請來)된 이웃나라의 금빛 부처님들' 특별전을 통해 그 화려한 모습과 위상을 최초로 세상에 드러냈고, 단번에 세계적인 명품으로 부각되었다.

우리나라가 고려 불화에 대한 학문적 정보와 실물의 도판을 접하게 된 것은 그 후부터다. 1981년 일본 아사히(朝日)신문사에서 발간한 『고려불화』라는 화집과 같은 해 우리나라 중앙일보사에서 발간한 『한국의 미 7: 고려불화』가 그 시발점이 되었다.

걸작 수월관음도 5선

고려 불화 중의 꽃은 역시 수월관음도다. 이 책에서는 고려불화 중 범위를 좁혀서 수월관음도에 관해서만 보기로 한다. 책의 도판이나 인터넷 이미지로 본 국내, 일본, 미국, 유럽에 있는 수월관음도 중에서 최고의 걸작이라고 생각되는 수월관음도 다섯 점을 뽑아 보았다.

(1) 서구방(徐九方) 필(筆) 일본 교토 센오쿠하쿠코칸(泉屋博古館) 소장본
(2) 일본 교토 다이도쿠지(大德寺) 소장본
(3) 일본 사가(佐賀)현 가가미진자(鏡神社) 소장본
(4) 일본 교토 후지이(藤井) 제성회유린관(齊成會有鄰館) 소장본
(5) 일본 도쿄 센소지(淺草寺) 소장 혜허(慧虛) 필본

그 그림들은 모두 일본에 있으며, 학문적 연구의 대상으로 활용되고 있고, 중앙일보사 간행 『한국의 미 7: 고려불화』에 수록되어 있다.

그 다섯 점의 수월관음도를 위 책의 해설을 위주로 하여 보기로 한다.

(1) 서구방徐九方 필筆 일본 교토 센오쿠하쿠코칸泉屋博古館 소장 〈수월관음도〉

1323년, 비단에 채색, 165.5㎝×101.5㎝, 스미토모(住友) 가문 소장

이 그림02은 1323년(고려 충숙왕 10년) 육정(六靜) 스님이 발원하여 화원(畵院)의 화사(畵師) 서구방(徐九方)이 그린 것으로, 수월관음도를 대표하는 걸작이며, 화사, 발원자, 제작 연대가 확실한 귀중한 연구 자료다.

관음보살은 바닷가 청록빛의 기이한 바위 위에 화면 가득히 비스듬

02 서구방(徐九方) 필(筆) 교토 센오쿠하쿠코칸(泉屋博古館) 스미토모(住友) 가문 소장 〈수월관음도〉(1323년, 비단에 채색, 165.5㎝×101.5㎝) /『한국의 미 7: 고려불화』(중앙일보사), f. 26

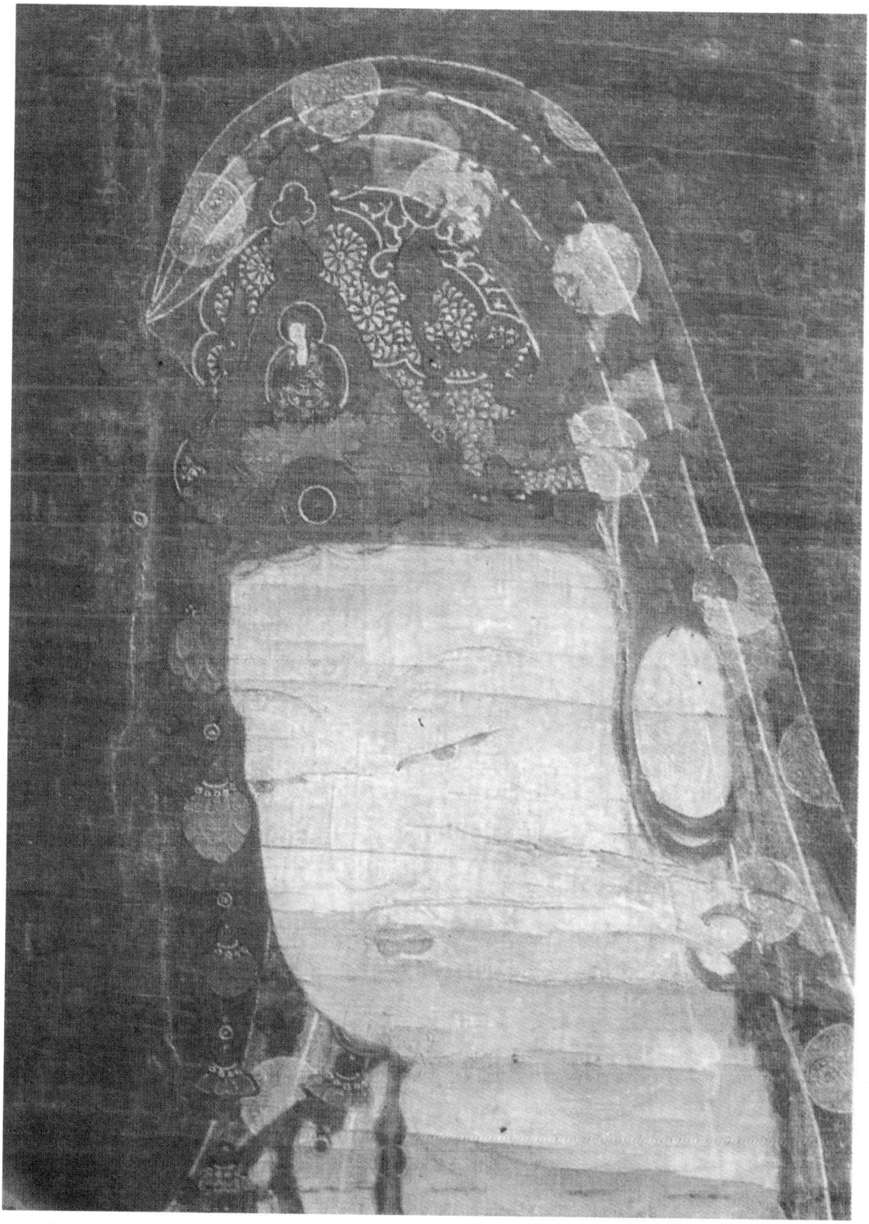

03 서구방 필 〈수월관음도〉, 얼굴 부분 /『한국의 미 7: 고려불화』

04 서구방 필 〈수월관음도〉(부분), 사라의 문양 /『한국의 미 7: 고려불화』

05 서구방 필 〈수월관음도〉(부분), 오른손 /『한국의 미 7: 고려불화』

하게 걸터앉아 대안(對岸)의 선재동자를 굽어보고 있다. 관음의 어깨 뒤로는 괴이한 절벽이 위태롭게 솟아 있고, 거기에 대나무 한 쌍이 겹쳐 있으며, 발아래에는 산호를 그린 연못이 있다. 화면 왼쪽에는 둥근 두광과 전신광(全身光)을 그리고, 바위 낭떠러지 위에는 투명한 수반에 놓인 버들가지를 꽂은 정병(淨甁)이 배치되어 있다.

관음보살은 꽃무늬와 화불이 화려하게 그려져 있는 보관을 머리에 쓰고 있고, 풍만한 얼굴은 가는 눈, 작은 입 등으로 근엄한 표정을 짓고 있다.03 그러나 둥글면서도 부드러운 어깨, 풍만한 가슴, 미끈한 팔과 손은 꽃무늬가 수놓인 흰 사라(베일)를 통해서 은은히 비치고 있어 육감적인 아름다움까지 한껏 묘사되어 있다. 화관에서 전신을 감싸고 흘러내린 흰 사라04의 부드럽고도 투명한 감촉, 밝고 선명한 붉은 바탕의 천의(天衣)에 수놓인 귀갑(龜甲) 무늬의 치밀함이나 당초 무늬의 세련됨, 화려한 목걸이, 손목걸이, 팔찌, 발아래의 꽃과 산호의 호화로움 등은 이 보살의 고귀함을 한결 돋보이게 한다.

관음이 앉아 있는 바위와 절벽 사이에는 도안화된 폭포수가 두 구비 시원하게 쏟아지고, 연못 기슭에는 붉고 흰 산호초들이 있으며, 못 한가운데 갓 핀 연꽃 봉오리와 활짝 핀 연꽃 위에 관음의 덕스러운 왼발이 놓여 있다. 대안의 바위 위에는 관음을 찾아뵙고 법을 청하는 왜소하기 짝이 없는 선재동자가 꿇어앉아 관음을 우러러 보며 합장 배례하고 있다.06

이 그림은 '서구방필 양식'이라는 불화 양식을 만들었으며, 수월관음도의 전형이 되었다(『한국의 미 7: 고려불화』 참조).

이 그림을 볼 때마다 나를 가장 매혹하는 부분은 염주를 쥐고 있는 오른손05이다. 세상에 어쩌면 저렇게 예쁜 손이 있을까? 하얀 섬섬옥수, 가늘고 기다란 손가락, 아름답게 다듬은 긴 손톱, 엄지와 중지를 맞대고 나머지 세 손가락을 살짝 펴서 들어 물방울을 튕기는 듯이 율동적이고 고아한 모양새, 이 모든 것들이 나를 매혹한다.

안휘준(安輝濬) 선생은, “우리나라 역사상 가장 높은 수준으로 발달한 고려시대 불교회화의 특징은 서구방이 1323년에 그린 〈양류관음반가상〉에서 잘 드러나는데, 가늘고 긴 부드러운 팔과 손, 가볍게 걸쳐진 투명하고 아름다운 사라, 화려한 군의(裙衣: 치마), 얼굴과 가슴 그리고 팔과 발에 복채법으로 설채된 황금빛, 화려하면서도 가라앉은 품위 있는 색채, 섬세하고 정교한 의문(衣紋), 균형 잡힌 구성 등으로 동양에서 가장 높은 수준으로 발전했다”고 하였다(김원룡·안휘준, 『신판 한국미술사』).

06 서구방 필 〈수월관음도〉(부분), 선재동자 /『한국의 미 7: 고려불화』

07 교토 다이도쿠지(大德寺) 소장 〈수월관음도〉(비단에 채색, 227.9㎝×125.8㎝) /『한국의 미 7: 고려불화』, f. 30

(2) 일본 교토 다이도쿠지大德寺 소장 〈수월관음도〉

1310년경, 비단에 채색, 227.9㎝×125.8㎝

이 그림07은 현존하는 수월관음도 중에서 가장 완벽한 미학이라고 꼽히는 최고의 걸작이다. 관음보살이 구름 같은 절벽과 쌍죽(雙竹)을 배경으로 바닷가의 기이한 바위 위에 약간 오른쪽 측면을 향하여 반가(半跏)한 자세로 걸터앉아 있고, 왼쪽에 정병이 있는 것 등 기본적인 구성은 수월관음도의 전형을 따르고 있다.

그러나 대부분의 수월관음도에서 선재동자가 있는 화면 왼쪽 아래 자리에 공양인물 군상이 그려져 있고, 선재동자는 화면 오른쪽 아래 파도의 물거품 위에 떠 있는 커다란 연잎 위에 서서 관음을 우러러보며 합장하고 있는 점,08 화면 왼쪽 위에서 꽃가지를 입에 문 청조(靑鳥) 한 마리가 나뭇가지에 앉아 관음을 바라보고 있는 모습이 그려져 있는

08 다이도쿠지 소장 〈수월관음도〉(부분), 선재동자 /『한국의 미 7: 고려불화』

09 다이도쿠지 소장 〈수월관음도〉(부분), 얼굴 /『한국의 미 7: 고려불화』

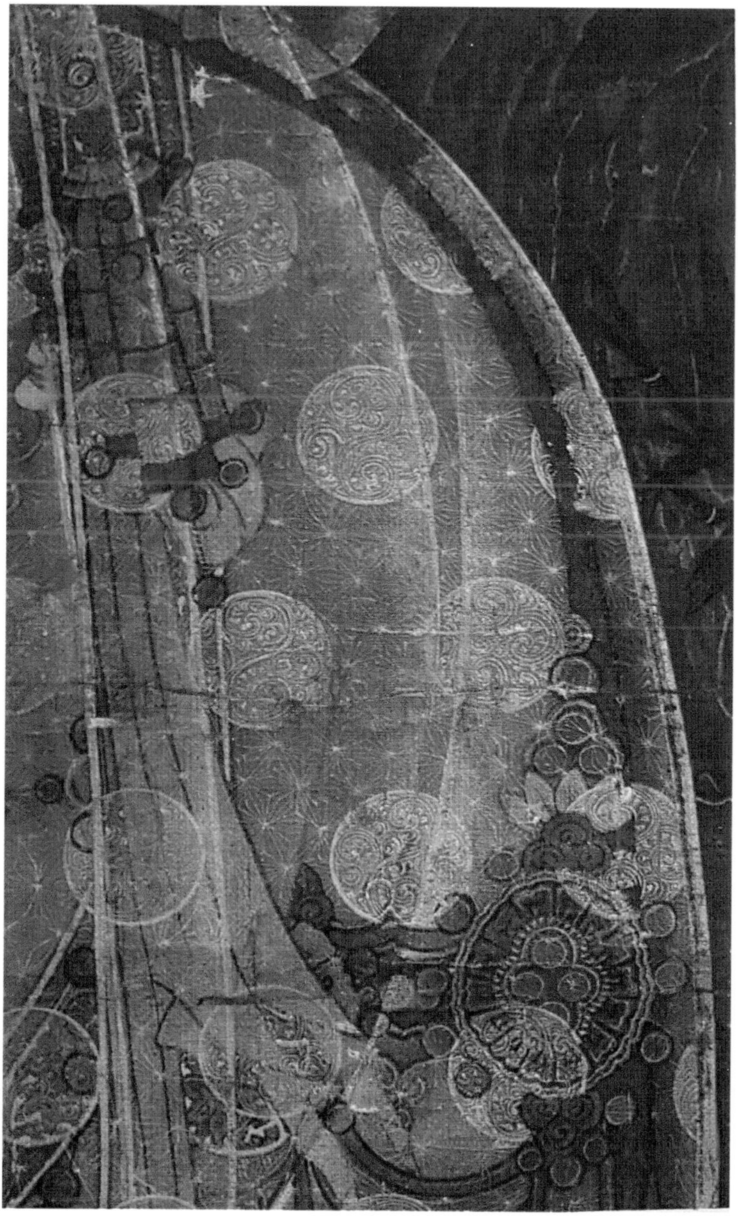

10 다이도쿠지 소장 〈수월관음도〉(부분), 사라의 문양 /『한국의 미 7: 고려불화』

점 등은 다른 데서 유례를 찾아보기 힘든 독특한 구성이다.

이 관음상은 화불이 있는 화려한 보관을 쓴 풍만한 얼굴의 모습, 선재동자를 굽어보는 그윽한 눈빛,09 부드러운 어깨의 곡선, 유연한 팔다리의 처리, 담홍색으로 표현한 밝고 선명한 색감의 신체, 전신을 감싸고 흘러내린 흰 사라의 투명한 감촉,10 붉은 바탕에 수놓인 귀갑 무늬 등의 치밀함, 목걸이, 손목걸이 등 장신구의 호화로움, 안정된 구도와 짜임새 있는 화면의 구성 등 서구방필 양식의 수월관음도를 대표할 만한 걸작품이다(『한국의 미 7: 고려불화』 참조).

화면 하부에는 용왕,11 그 부인과 권속, 귀자모(鬼子母), 종규(鍾馗) 등 도교의 설화에 등장하는 12명의 공양인물 군상이 수월관음도 중 가장 풍부하게 묘사되어 있는데, 이들의 상징성은 불교에 도교가 습합(習合)된 도상으로 의미가 크다고 한다.

11 다이도쿠지 소장 〈수월관음도〉(부분), 용왕공양상 /『한국의 미 7: 고려불화』

(3) 일본 사가佐賀현 가가미진자鏡神社 소장 김우문金祐文 등 필筆 〈수월관음도〉

1310년, 비단에 채색, 419.5㎝×254.2㎝

이 그림[12]은 현존하는 수월관음도 40여 점 중 가장 크고(서구방 필본의 6.4배) 뛰어나며, 수월관음도를 대표하는 최대의 걸작이다.

대다수의 수월관음도는 관세음보살이 왼쪽을 향하여 앉아 있는데, 이 그림은 오른쪽을 향하여 앉아 있는 것이 특이하다. 그러나 바위 절벽과 쌍죽을 배경으로 바위에 걸터앉은 자세, 발 아래 연못, 대안(對岸)의 선재동자의 대각선 구도, 정병에 꽂은 버들가지 등은 놓여진 향(向)만 반대일 뿐 서구방 필 〈수월관음도〉와 거의 비슷하다.

이 보살의 자태는 서구방 필본보다는 풍만하고 얼굴은 덕성스러우며, 시원한 눈매, 작고 예쁜 입, 매력적인 코 등의 묘사는 보다 부드럽고 자비롭다.[13] 투명한 사라의 흰색이나 귀갑무늬로 새겨진 상의(裳衣)의 밝고 선명한 붉은색 장식이나 선묘의 찬란한 금색은 서로 조화되어 전(全) 화면의 분위기를 호화찬란하고 밝은 분위기로 만들고 있다(『한국의 미 7: 고려불화』 참조).

이 그림은 현란함의 극치를 보여 주고 있는 뛰어난 무늬의 아름다움을 표현하고 있다.

관음보살의 얼굴과 몸은 고귀하게 보이도록 금분을 아교에 녹여 금니로 찬란하게 채색하고, 사라천에는 세밀한 금선으로 봉황과 구름 모양을 치밀하게 그렸으며, 군의(裙衣)는 선명한 붉은 바탕에 흰색 안료로 육각형의 거북등 문양을 그린 후, 그 안에 다시 작은 연꽃 모양을 그려 넣었다.

이 그림은 다양하게 그려진 장식적 문양들의 빼어난 표현들로 치밀한 회화적 완성도를 보이고 있으며, 찬란한 채색과 세련된 운필의 아름

12 사가(佐賀)현 가라쓰(唐津)시 가가미진자(鏡神社) 소장 김우문(金祐文) 등 필 〈수월관음도〉 (1310년, 비단에 채색, 419.5㎝×254.2㎝) /『한국의 미 7: 고려불화』, f. 28

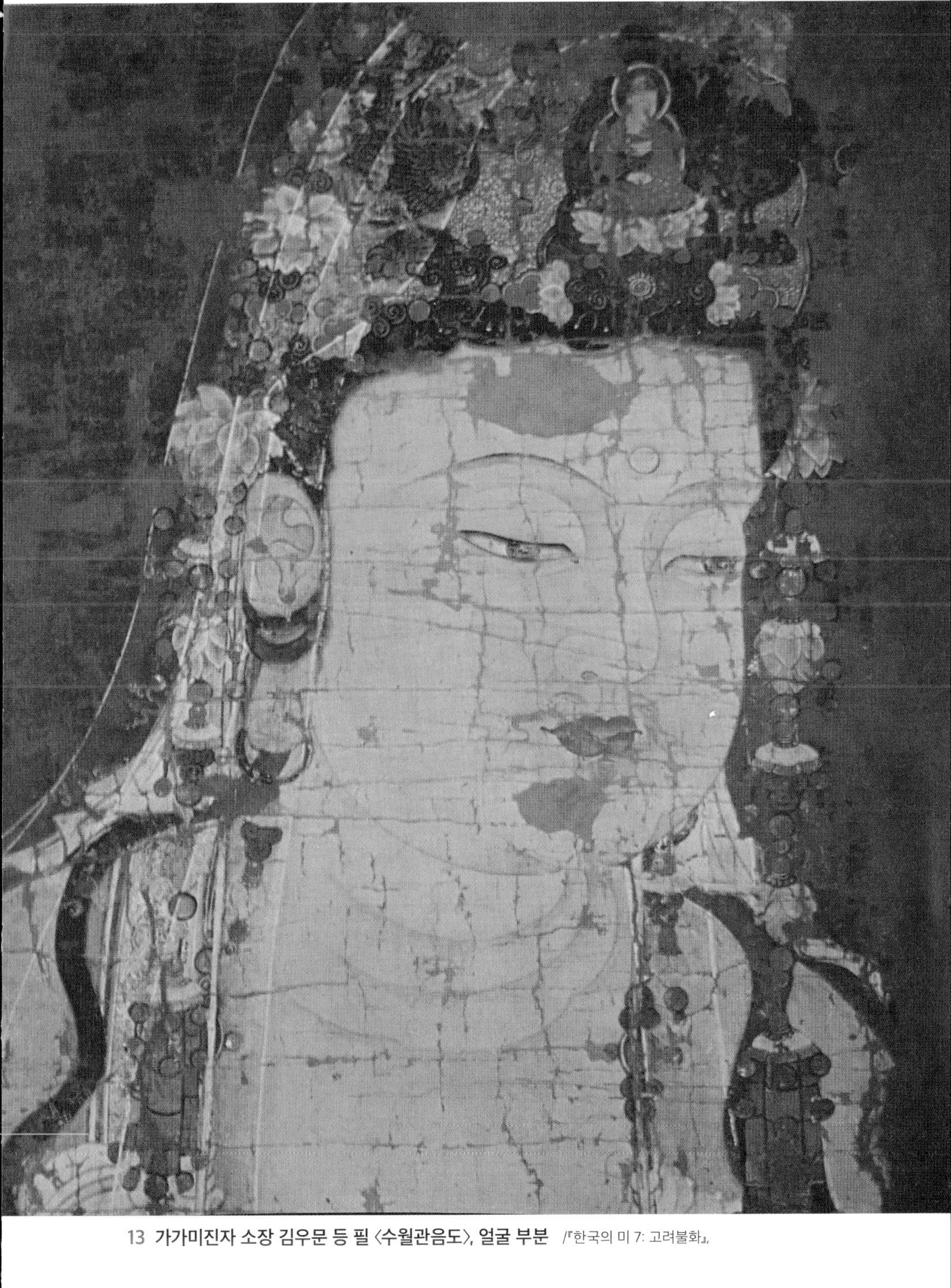

13 가가미진자 소장 김우문 등 필 〈수월관음도〉, 얼굴 부분 /『한국의 미 7: 고려불화』,

다움으로 종교적 감정을 불러일으키는 신비한 작품이다(상명대 지순임, 『수월관음도의 예술적 특성 연구』).

화기(畵記)에 의하면, 이 그림은 충선왕(忠宣王) 복위(復位) 2년째인 1310년에 왕숙비(王叔妃)가 발원하였으며, 화사(畵師)는 화원(畵院) 소속의 화원(畵員)으로 생각되는 내반종사(內班從事) 김우문(金祐文) 외 4인이 그린 궁정화다. 1391년 고려 말 왜구들의 노략질에 의해 약탈당한 것으로 양각(良覺), 양현(良賢) 두 사제(師弟)에 의하여 가가미진자(鏡神社)에 바쳐져 진보(珍寶)로 숭앙받아 왔다(『한국의 미 7: 고려불화』 참조).

이 귀중한 작품이 2009년 4월 30일부터 같은 해 6월 7일까지 경남 양산 통도사(通度寺)에서 전시되었는데 그때 알지 못해서 못 본 것이 한이다.

(4) 일본 교토 후지이藤井 제성회유린관齊成會有鄰館 소장 〈수월관음도〉
비단에 채색, 105.5㎝×54.3㎝

이 그림01, 14은 서구방 필 〈수월관음도〉와 구도, 형태, 색채 등에서 가장 유사한 작품인데, 그보다 화면이 훨씬 밝고 선명하여 궁정 귀족 취향의 고려 수월관음의 특징이 가장 잘 표현되어 있다.

풍만한 얼굴에 날카로운 눈, 근엄한 표정은 물론, 흰 사라에 투명하게 비치는 가슴의 풍만함, 부드러우면서도 탄력 있는 어깨의 굴곡선, 손이나 발의 날렵한 모양 역시 서구방 필본 그대로지만, 보관(寶冠)에서부터 전신을 감싸고 있는 베일의 윤곽선과 주름선을 흰색 위에 다시 금선으로 강조하였고, 의상에는 금으로 그린 연화, 보상화, 각종 꽃무늬, 봉

14 일본 교토 후지이(藤井) 제성회유린관(齊成會有鄰館) 소장 〈수월관음도〉(비단에 채색, 105.5㎝×54.3㎝) /『한국의 미 7: 고려불화』, f. 29

황, 용 등 다양한 무늬로 가득 차 있다.

구름무늬가 수놓인 경묘(輕妙)한 흰 사라 상의(裳衣)의 선명한 붉은색, 찬란한 금색과 녹색의 배합은 붉은 기가 감도는 신체의 살색과 조화되어 호화찬란함을 마음껏 발휘하고 있어, 이런 점에서는 서구방 필본이 결코 따를 수 없다.

서구방 필본과 비슷한 연대인 1320년 전후에 제작된 것으로 추정되는데, 좀 더 호화찬란한 아름다움이 한결 돋보이는 작품이다(『한국의 미 7: 고려불화』).

(5) 일본 도쿄 센소지淺草寺 소장 혜허慧虛 필筆 〈수월관음도〉

비단에 채색, 144㎝×62.6㎝

이 그림15, 17에 대하여는 다음 절에서 보기로 한다.

위의 수월관음도들은 동양미술을 대표하는 세계 최고의 명화들이지만 아직 세계적인 조명을 받지 못하여 잘 알려져 있지 않다. 빨리 파리와 뉴욕에서 전시되어 그 진가를 인정 받는 날이 왔으면 좋겠다.

15 도쿄 센소지(淺草寺) 소장 혜허(慧虛) 필(筆) 〈수월관음도〉(비단에 채색, 144.0㎝×62.6㎝)
/『한국의 미 7: 고려불화』, f. 27

16 나라(奈良)현 단잔진자(談山神社) 소장 〈수월관음도〉(비단에 채색, 109.5㎝×57.8㎝)로 디자인한 국립중앙박물관 '고려불화대전: 700년만의 해후'(2010) 포스터 /국립중앙박물관

고려불화대전

700년 만의 해후

1997년 일본 규슈대에서 박사학위를 받은 동국대 정우택 교수가 고려 불화에 대한 우리나라 첫 연구물인 『고려시대의 불화』를 펴냈다. 그것은 때늦은 감은 있지만 우리가 고려 불화 연구에 본격적으로 뛰어들기 시작했다는 데서 의미가 크다. 하지만 그 연구 성과는 소수의 사람들만 공유하는 것이고, 대다수의 국민들에게 고려 불화는 여전히 미지의 세계였다.

그러다가 2010년 국립중앙박물관이 개최한 '고려불화대전: 700년 만의 해후'[16] 전시회를 계기로 고려 불화에 대한 국민적 관심과 인식이 폭발적으로 증대되었다.

국립중앙박물관은 2010년 10월 12일부터 11월 21일까지 고려 불화 61점, 고려 불화와 비교 감상을 위한 중국과 일본 불화 20점, 고려 불화의 전통을 계승한 조선 전기 불화 5점, 고려시대 불상과 공예품 22점, 총 108점으로 '고려불화대전: 700년 만의 해후' 전을 개최하였다. 전 세계에 현존하는 고려불화 160여 점 가운데 약 40%가 출품된 사상 최대 규모의 전시회였다. 그 내역은 일본 소재 27점, 미국과 유럽 소재 15점, 국내 소재 19점이었으며, 이 전시회의 포스터에 사용된 그림은 일본 나라현 단잔진자(談山神社) 소장 〈수월관음도〉[16](비단에 채색, 199.5㎝×57.8㎝)이다.

국립중앙박물관은 전시 2년 전부터 고려 불화 소장처들을 상대로 끈질긴 설득을 한 끝에, 교섭한 곳 중 약 80%의 출품 동의를 얻어 내어, 국내와 일본, 미국, 프랑스, 독일, 러시아 등 총 6개국 44개처에서 작품을 대여 받아 왔다. 평소 한두 점 보기도 쉽지 않은 고려 불화 수십 점을 한꺼번에 볼 수 있는 이번 전시회는 평생에 한 번 있을까 말까 한 전시회였고, 앞으로도 전무후무할 전시회였다.

대부분은 교섭이 어려웠으나, 일부 출품을 허락한 소장자는 "불화도 한번쯤은 자기 고향에 돌아가고 싶어 하지 않겠냐"면서 대여를 흔쾌히 허락하기도 했다고 한다.

역사상 가장 많은 고려 불화가 출품된 이번 전시회를 성사시킨 국립중앙박물관 관계자들의 노고에 심심한 감사와 경의를 표한다.

일본 도쿄 센소지淺草寺 소장 혜허慧虛 필筆 〈수월관음도〉

이 수월관음도[15, 17]는 이번 전시회의 대표 전시품이자, 만인의 눈길을 모은 마스코트였다.

이 작품을 빌려 오는 데는 매우 힘들었다고 한다. 이 그림은 국사 교과서에 고려 불화를 대표하는 불화로 소개되며 사진으로만 전해 왔고, 실물은 세상에 한 번도 공개된 적이 없었다. 야마토분카칸 전시에도 출품되지 않았고, 아사히신문사가 초호화판 화집 『고려불화』를 발간할 때에도 촬영조차 허락 받지 못했다는 것이다. 우리나라 국립중앙박물관이 존재 여부만이라도 확인시켜 달라고 요청하자 간신히 응했다고 한다.

그때 직접 갔던 최광식(崔光植) 국립중앙박물관 관장은 다음과 같이 회고한다.

"주지스님이 내어 온 '수월관음도'를 보는 순간, 나도 모르게 세 번 절을 한 다음 무릎을 꿇고 합장했다. 물방울 광배 안에 서 있는 관음보살

17 센소지(淺草寺) 소장 혜허 필 〈수월관음도〉(부분), 상반신 /네이버 블로그

앞에 찬탄이 절로 나왔다. … 주지스님은 '불교 신자냐'며 묻고는 고개를 끄덕였다. 아마도 그는 내가 이렇게 경배할 정도라면 그림을 보내 줘도 소중히 다룰 것이라고 생각한 듯했다. 하지만 '한국에서 문화재 환수 분위기가 있어 잘못하면 돌려받지 못하는 것 아닌가' 하고 불안해 했다. 결국 도쿄국립박물관이 보증을 서 줘서 보물 중의 보물 수월관음도가 700년 만에 현해탄을 건너오게 됐다."

이 작품은 구도와 형태가 특이하다. 화면 중심에 있는 물방울 모양(또는 버들잎 모양)의 전신 광배 안에, 오른손에 버들가지를, 왼손에는 정병을 든 관음보살이 서서 왼쪽 모서리에서 보살을 우러러 쳐다보는 선재동자를 맞이하고 있다.

이 보살의 풍만한 얼굴은 온화하며, 부드러우면서도 세련된 어깨의 곡선이나 완만한 굴곡을 이루는 신체의 흐름과 오른쪽으로 휘어진 늘씬한 자태의 기품 있는 뛰어난 모습은 이런 면에서는 타의 추종을 불허한다. 꽃무늬가 화려하게 수놓인 엷고 은은한 천의의 금선과 흰 선의 강렬한 대비 등은 어두운 갈색 바탕에서 훨씬 돋보이고 있다.[17]

오른쪽 하단에 "海東癡衲慧虛筆(해동치눌혜허필: 고려의 어리석은 중 혜허가 그리다)"라는 화기(畵記)가 있으며, 불화 양식으로 보아 1310년 또는 1300년 전후한 시기의 작품으로 보인다고 한다(『한국의 미 7: 고려불화』 참조).

오른손에 버드나무 가지를 들고 있어 일본에서는 '양류관음(楊柳觀音)'이라 불리는 이 그림은, 바위 위에 앉아 있는 여느 수월관음과는 달리 서 있는 자세다. 늘씬하고 우아한 관음보살이 은은한 녹색 물방울 모양의 신광(身光) 안으로 들어가 왼쪽 모서리에 있는 선재동자에게 먼저 다가가는 모습이 영롱하게 비춰져 있어 '물방울 관음'이라고도 한다.

이동주(李東洲) 선생은 "낙수(落水) 모양의 틀 속에 보살님을 넣은 것이 특징인데, 섬세하고 화사하며 어딘지 호사스런 고려의 귀족 취미가 잘 표현되었다. 실로 고려 불화에는 우리의 전통적 향기가 담뿍 담겨져 있다"고 했다(이동주, 「아름답다! 고려불화」, 조요한, 『한국미의 조명』 재인용).

구스타프 클림트(Gustav Klimt, 1862~1918)의 금빛 찬란한 작품 〈입맞춤(The Kiss)〉(1907~1908)을 세계에서 가장 화려한 그림이라고 생각했던 사람들은 전신이 금니로 휩싸인 이 〈수월관음도〉17를 보는 순간 생각을 바꿔야 할 것이다.

전시실 내부는 낮은 조도(照度) 때문에 어두워서 잘 보이지 않아 안타까웠다. 그래서 실물의 세부는 도록을 펴 놓고 대조하며 어림잡아 보아야만 했다. 이는 출품처가 그림을 보호하기 위해 습도 50%, 조도 100룩스를 항상 유지한다는 조건으로 대여해 주었기 때문이라고 한다.

18 아시카가 요시마사(足利義政)의 '히가시야마(東山) 보물' 〈수월관음도〉

새로 발견된 걸작 수월관음도

2014년 10월 20일 연합뉴스는 현존하는 고려 불화 160여 점 중에서 최고 걸작이라 할 수 있는 수월관음도가 700년 만에 일본에서 발견되어, 지금 도쿄 미쓰이(三井)기념미술관에서 열리고 있는 '히가시야마 보물의 미(東山寶物の美)' 전에 전시되어 있다고 보도했다. 이 전시회는 무로마치(室町) 바쿠후(幕府)의 8대 쇼군(將軍) 아시카가 요시마사(足利義政, 1436~1490)의 가보를 소개하는 전시회라고 했다.

처음 소개되는 이 〈수월관음도〉(가로 86㎝×세로 160㎝)18는 사진으로만 보아도 현존하는 수월관음도 중에서 가장 완벽한 미학이라고 꼽히는 일본 다이도쿠지(大德寺) 소장 〈수월관음도〉07보다 채색이 선명하게 살아 있고 보존 상태도 좋아 보인다.

아시카가는 예술에 탐닉한 당대 이름난 컬렉터이며, 높은 감식안으로 동아시아 최고의 걸작들을 수집한 것으로 알려져 있다.

걸작 고려 불화가 하나 더 발견된 것은 기쁜 소식이지만, 한편으로는 배가 아프다.

참고문헌

『불멸의 이야기 보루부두르』, 서규석, 리북, 2008.

Borobudur, Jürgen D. Wickert, Pt. Intermasa, 1975.

『世界の大遺跡 12: アンコールとボロブドゥル』, 大林太良 編著, 講談社, 1987.

『아잔타 미술로 떠나는 불교여행』, 하진희, 인문산책, 2013.

Ajanta & Ellora, The Guidebook Co. Ltd., 1991.

『世界の大遺跡8: インドの聖域』, 桶口隆康 編著, 講談社, 1988.

『신화가 만든 문명 앙코르 와트』, 서규석, 리북, 2003.

『앙코르 와트·월남 가다(上)(下)』, 도올 김용옥, 통나무, 2005.

『앙코르 장엄한 성벽도시』, 브뤼노 다강, 이종인 옮김, 시공사, 1997.

『앙코르·티베트·돈황』, 최영도, 창작과비평사, 2003.

『앙코르 기행』, 심인보, 새로운사람들, 2002.

『끝없는 旅路, 金燦三 2차 世界旅行』, 金燦三, 三中堂, 1972.

『アンコール遺跡見聞録』, 內田弘慈, KDDクリエイティブ, 1993.

Angkor, Asia Books Co. Ltd., 1996.

Ancient Angkor, Michael Freeman and Claude Jacques, River Books, 1999.

Angkor: Cities and Temples, Claude Jacques and Michael Freeman, Thames and Hudson.

Of Gods, Kings, and Men, Albert le Bonheur, Serindia Publications, 1995.

『바간 인 미얀마』, 서성호 글, 김성철 사진, 두르가, 2006.

『民學會報』 32, "미얀마 불교건축의 이해", 民學會, 1996.

『地球の歩き方 30: ミヤンマ』, タイヤモント·ビッグ社, 1996.

Pagan, Kiscadale Publications (Scotland), 1996.

Pagan, Asia Books Co. Ltd., 1995.

『敦煌』, 井上靖, 崔俊鎬 옮김, 日新出版社, 1979.

『돈황석굴』, 타가와 준조(田川純三), 박도화 옮김, 개마고원, 1999.

『실크로드의 악마들』, 피터 홉커크, 김영종 옮김, 사계절, 2000.

『돈황의 역사와 문화』, 나가사와 가즈토시(長澤和俊), 민병훈 옮김, 사계절, 2010.

『돈황 가는 길』, 정찬주, 김영사, 2001.

『돈황학이란 무엇인가』, 류진바오(劉進寶), 전인초 역주, 대우학술총서, 2003.
『敦煌石窟』, 田川純三, 日本放送出版協會, 1982.
『世界の大遺蹟 9: 古代中國の遺産』, 樋口隆康, 講談社, 1988.
『地球の歩き方 39: シルクロード』, タイヤモント・ビッグ社, 2001.
『敦煌石窟』, 甘肅文化出版社, 2000.
『絲路勝迹』, 吳健, 新疆人民出版社, 1996.
『敦煌藝術精華』, 敦煌研究院, 香港廣彙貿易有限公司, 1996.
『敦煌石窟知識辭典』, 馬德, 甘肅人民美術出版社, 2000.
『티베트 신비와 명상』, 김규현, 도피안사, 2000.
『티베트 역사 산책』, 김규현, 정신세계사, 2003.
『바람의 땅 티베트』, 글 김규현, 사진 이상원, 실크로드문화센터, 2008.
『티벳 속으로』, 여동완, 이레, 2000.
『티벳 死者의 書』, 파드마삼바바 지음, 라마카지 다와삼둡 번역, 에반스 웬츠 편집, 류시화 옮김, 정신세계사, 2000.
『티베트의 死者의 書』, 河邑厚德 外, 번역 하일범 외, 불교춘추사, 1993.
『모독(冒瀆)』, 박완서, 학고재, 1997.
『황하에서 천산까지』, 김호동, 사계절, 1999.
『티베트의 미술』, 화정박물관·한빛문화재단, 1999.
『布達拉宮, The Potala』, 中國大百科全書出版社, 1995.
Travel on the Roop of the World, 中國旅游出版社, 1995.
Tibetan Legacy, Hahn Cultural Foundation, 2003.
Art of Thangka, vols. 1~3, 田中公明, 한빛문화재단, 1997, 1999, 2001.
『씰크로드학』, 정수일, 창작과비평사, 2001.
『실크로드 문명 기행』, 정수일, 한겨레출판, 2006.
『실크로드의 역사와 문화』, 나가사와 가즈토시(長澤和俊), 이재성 옮김, 민족사, 1990.
『실크로드 견문록』, C. 리히터 바우단 외, 박종대 옮김, 다른우리, 1999.
『실크로드 이야기』, 수잔 휫필드, 김석희 옮김, 이산, 2001.
『비단길에서 만난 세계사』, 정은주 외, 창비, 2005.
『중국 실크로드 기행』, 문명대, 한국언론자료간행회, 1993.
『서역 실크로드 탐사기』, 문명대, 한국언론자료간행회, 1994.
『반주류(反主流) 실크로드사』, 김영종, 사계절, 2004.
『실크로드의 역사와 문화』, 국립제주박물관 편, 서경문화사, 2008.
『실크로드, 움직이는 과거』, 차병직 외, 강, 2007.

『실크로드의 영혼들』, 박진순, 어드북스, 2006.
『내가 본 실크로드』, 오정환, 네이버 블로그.
『서역의 달은 서쪽으로 흘러간다』, 김영현, 학고재, 1996.
『실크로드와 돈황』, 국립중앙박물관, 2010.
『서역 미술』, 국립중앙박물관·(사)한국박물관회, 2003.
『大唐西域記』, 玄奘法師, 權德周 옮김, 일월서각, 1983.
『往五天竺國傳』, 慧超, 李錫浩 옮김, 乙酉文化社, 1970.
『東方見聞錄』, 마르코 폴로, 鄭雲龍 옮김, 乙酉文化社, 1964.
『世界の大遺蹟 7: シルクロードの殘映』, 杉山二郎, 講談社, 1988.
『シルクロードの遺宝』, 東京國立博物館 外, 日本經濟新聞社, 1985.
『地球の歩き方 48: パキスタン』, タイヤモント·ビッグ社, 2001.
Lahore, Mohamed Amin and Duncan Willetts, Ferozsons (Pvt) Ltd.
『불상의 탄생』, 다카다 오사무(高田修), 이숙희 옮김, 예경, 1994.
『간다라미술』, 이주형, 사계절, 2003.
『불교미술기행』, 조병활, 이가서, 2005.
『한국미의 재발견 3: 불교조각 1』, 강우방 외, 솔, 2003.
『고대불교조각대전』, 국립중앙박물관, 2015.
Taxila: An Ancient Metropolis of GANDHARA, Muhammad Ilyas Bhatti and Mrs. Munazza Ilyas, 2002.
Taxila: Story in Stone, A. Waheed Jan.
The Buddha Story in the Peshawar Museum, Fidaullah Sehrai.
A Guide to Takh-i-Bahi, Fidaullah Sehrai.
Archeological Museum Saidu Sharif Swat, Makin Khan, 1997.
『中國』, 日本交通公社 132, 1989.
『세계를 간다 1: 중국』, 중앙일보사, 1996.
『新疆旅遊 Tour in Xinjiang』, 新疆人民出版社, 2001.
『中國 新疆 吐魯番 Turpan-Xingiang China』, 新疆人民出版社, 1989.
『喀什旅遊 Tour in Kashgar』, 新疆美術撮影出版社, 2001.
『吐魯番相孜克里克石窟壁畵藝術』, 新疆人民出版社, 1990.
『陝西省十大博物館』, 理智 外, 廣彙貿易株式會社, 1994.
『장안의 봄』, 이시다 미키노스케(石田幹之助), 이동철 외 옮김, 이산, 2004.
BANPO, 西安半坡博物館 編, 陝西旅游出版社, 1995.
『秦始皇帝地下大軍團』, 吳曉叢, 安義運 외 옮김, 中國旅遊出版社, 1993.

『秦始皇』, 글·편집 김병준, 秦始皇展示企劃團, 2003.
『中國乾陵』, 張永祥 主編, 陝西旅游出版社.
『龍門石窟』, 劉景龍 編著, 知識出版社, 1996.
『龍門石窟藝術』, 龍門石窟研究所 編著, 香港永泰出版社, 1994.
Britannica Atlas, Encyclopedia Britannica, 1969.
『나의 문화유산답사기 3』, 유홍준, 창작과비평사, 1997.
『한국민족문화대백과사전』, 한국정신문화연구원, 1991.
『慶州의 古蹟』, 秦弘燮, 悅話堂, 1975.
『新羅의 廢寺 II』, 韓國佛教研究院, 一志社, 1977.
『경주남산(하나)(둘)』, 윤경렬, 대원사, 1989.
『南山佛蹟』, 慶州市.
『慶州』, 慶州市.
『韓國美의 照明』, 趙要翰, 열화당, 1999.
『韓國의 美 10: 佛像』, 황수영 책임감수, 中央日報社, 1979.
『韓國과 그 藝術』, 야나기 무네요시, 朴在森 옮김, 국민문고사, 1969.
『조선을 생각한다』, 야나기 무네요시, 심우성 옮김, 학고재, 1996.
『石窟庵』, 韓國佛教研究院, 一志社, 1974.
『석굴암, 그 이념과 미학』, 성낙주, 개마고원, 1999.
『석굴암』, 신영훈, 조선일보사, 2003.
『석불사·불국사』, 신영훈, 조선일보사, 1998.
『韓國美의 探究』, 金元龍, 열화당, 1978.
『美術과 歷史의 사이에서』, 姜友邦, 열화당, 1999.
『美의 巡禮』, 姜友邦, 藝耕, 1993.
『구수한 큰 맛』, 고유섭 지음, 진홍섭 엮음, 다홀미디어, 2005.
『무량수전 배흘림기둥에 기대서서』, 최순우, 학고재, 1994.
『韓國美 한국의 마음』, 崔淳雨, 知識産業社, 1980.
『나의 문화유산답사기 2』, 유홍준, 창작과비평사, 1994.
『유물의 재발견』, 남천우, 학고재, 1997.
『한국 수필 베스트 70』, 혜문서관, 2009.
『新版 韓國美術史』, 金元龍·安輝濬, 서울대학교 출판부, 1994.
『불탑과 불상』, 황수영, 서울대학교 출판부, 1974.
『韓國의 美 7: 高麗佛畵』, 中央日報社, 1981.
『高麗佛畵의 研究』, 洪潤植, 同和出版公司.

우루무치
키르기스스탄
투르판
쿠처
우즈베키스탄
신장
둔황
카슈가르
타지키스탄
디슈쿠르간
호탄
쿤자랍 고개
카리마바드(훈자)
길거트
중국
아프가니스탄
이슬라마바드
페샤와르
탁실라
라왈핀디
라호르
티베트
라싸
파키스탄
시가체
청
델리
뉴델리
네팔
마투라
부탄
카트만두
아그라
방글라데시
인도
버마
(미얀마)
아잔타
엘로라
라오스
아우랑가바드
바간
뭄바이
양곤
태국
아라비아해
벵골만
앙코
방콕
캄보디
프놈펜
스리랑카
말레이시아
쿠알라룸푸르
싱가포
인도양